ITH-Tagungsberichte 42

Transnationale Netzwerke im 20. Jahrhundert
Historische Erkundungen zu Ideen und Praktiken, Individuen und Organisationen

Transnational Networks in the 20th Century
Ideas and Practices, Individuals and Organizations

ITH-Tagungsberichte 42

Herausgegeben von der
International Conference of Labour and Social History (ITH)

ITH, A-1010 Wien, Wipplingerstraße 8 (Altes Rathaus)

Transnationale Netzwerke im 20. Jahrhundert

Historische Erkundungen zu Ideen und Praktiken, Individuen und Organisationen

Transnational Networks in the 20th Century

Ideas and Practices, Individuals and Organizations

Herausgegeben von Berthold Unfried, Jürgen Mittag und Marcel van der Linden
unter Mitarbeit von Eva Himmelstoss

im Auftrag der
International Conference of Labour and Social History
(ITH)

Akademische Verlagsanstalt
2008

ITH-Tagungsberichte 42:
43. Linzer Konferenz der International Conference of Labour and Social History: *Transnationale Netzwerke der Arbeiter(bewegung)/Transnational Networks of Labour*, 13.–16. September 2007, und internationale wissenschaftliche Tagung: *Transnationale Netzwerke. Beiträge zur Geschichte der ‚Globalisierung'/ Transnational networks. Contributions to the history of 'Globalisation'*, Wien 16.–18. November 2007

Bibliografische Information Der Deutschen Bibliothek
Die Deutsche Bibliothek verzeichnet diese Publikation in der Deutschen Nationalbibliografie; detaillierte bibliografische Daten sind im Internet über http://dnb.ddb.de abrufbar.

Satz: Volker Hopfner, Berlin
Druck: DDF GmbH, Leipzig
Vertrieb: AVA, Akademische Verlagsanstalt, Oststraße 41, D-04317 Leipzig

ISBN 978-3-931982-57-7

Inhalt / Content

Jürgen Mittag / Berthold Unfried

Transnationale Netzwerke – Annäherungen an ein Medium des Transfers und der Machtausübung

Die Bedeutung nationalstaatlicher Grenzen unterliegt tief greifenden Veränderungen. Während Grenzen und Grenzziehungen immer durchlässiger werden, spielen Verflechtungen und Wechselbeziehungen für Gesellschaften eine zunehmend wichtigere Rolle. Kategorien wie Globalisierung, Entgrenzung oder Transnationalisierung haben Eingang in die Alltagssprache gefunden, um diese Entwicklung begrifflich zu erfassen und ihren Prozesscharakter zu veranschaulichen. Zugleich hat die anhaltende Dynamik weltweiter Verflechtungen in den vergangenen Jahren ein immer größeres Forschungsinteresse an Themen grenzüberschreitender Natur nach sich gezogen. Mittlerweile sind grenzüberschreitende Prozesse und Verflechtungen zu einem Konjunkturthema wissenschaftlicher Forschung – mit steigendem theoretisch-methodologischen Anspruch – avanciert.

In den einzelnen akademischen Disziplinen hat sich diese Grundtendenz jedoch sehr unterschiedlich niedergeschlagen: Während Sozial- und Wirtschaftswissenschaftler sich schon seit längerem mit der Analyse grenzüberschreitender Entwicklungen auseinandergesetzt haben, hat die Geschichtswissenschaft erst vor kurzem begonnen, sich eingehender mit transnationalen Prozessen zu beschäftigen.[1] Erscheinungen, Beziehungen und Strukturen, die nicht nur einen,

1 Vgl. aus der Vielzahl jüngerer Forschungsüberblicke Jürgen Osterhammel, Geschichtswissenschaft jenseits des Nationalstaats. Studien zu Beziehungsgeschichte und Zivilisationsvergleich, Göttingen 2001 und Matthias Middell, Transnationale Geschichte als transnationales Projekt. Zur Einführung in die Diskussion, in: Historical Social Research/Historische Sozialforschung 2/2006, 110-117. Siehe aber auch die folgenden Zeitschriften- (Schwerpunkt-)Beiträge: Historia Contemporánea 16/1998; David Thelen (Hg.), The Nation and Beyond. Transnational Perspectives on United States History, special issue of The Journal of American History 86/1999 und Philipp Ther, Beyond the Nation. The Relational Basis of a Comparative History of Germany and Europe, in: Central European History 1/2003, 45-73.

sondern mehrere Nationalstaaten oder gar Kontinente umfassen, wurden zwar bereits im Rahmen der Geschichte der internationalen Beziehungen oder der vergleichenden Geschichte eingehender untersucht – in der Migrationsforschung, in den *Area-Studies* oder in der Kolonial- und Imperialismusgeschichte. Die Fixierung auf nationalstaatliche Grenzen als konstitutives Moment der Trennung von verschiedenen räumlichen Einheiten oder Untersuchungsobjekten wurde dabei jedoch nur selten überwunden. Erst in jüngster Zeit rückten – "nachholend", aber umso intensiver – Ansätze der Transnationalisierung und Globalisierung verstärkt ins Blickfeld der Forschung.[2]

Die zunehmend wichtiger werdenden transnationalen Aspekte der Historie bilden auch den Ausgangspunkt des vorliegenden Bandes. Unter transnationalen Entwicklungen werden gemeinhin Prozesse grenzüberschreitender Interaktion verstanden. Der Begriff "transnational" ist nicht frei von Ambivalenz: Transnationale Interaktionsstrukturen zielen zwar auf die Überschreitung von nationalen Grenzen, implizieren einem verbreiteten Verständnis zufolge zugleich aber auch ihr Fortbestehen. Die historische Forschung richtet in diesem Zusammenhang ihr Augenmerk explizit auf die temporale Dimension von Transnationalität.[3] Sie zielt nicht nur auf den Austausch und Transfer, sondern auch auf die komplexen Vernetzungen, durch die gewachsene Strukturen neu geformt oder in Beziehung gesetzt und verändert werden. Anders als bei historischen Vergleichen stehen also vor allem die durch Interaktionen bedingten Veränderungen und nicht die Vergleichskategorien im Mittelpunkt. Die Beschäftigung mit Fragen der Transnationalisierung wird an sehr unterschiedlichen Phänomenen empirisch festgemacht. Vor dem Hintergrund nationen- und grenzüberschreitender technischer und wirtschaftlicher Entwicklungen, wachsender Migration, erhöhter transnationaler Mobilität, gesellschaftlicher Verflechtungserscheinungen, verstärkter kultureller Austauschprozesse, veränderter Kommunikationsformen, aber auch der zunehmenden Relevanz von Kategorien wie Raumbewusstsein oder Vertrauen – um nur einige Beispiele zu nennen – werden immer mehr Themenfelder und Akteure beforscht.

Netzwerken kommt in diesem Zusammenhang eine zentrale Rolle als Transmissionsmedien der grenzüberschreitenden Verbreitung von Wissen, Normen,

2 Vgl. hierzu etwa das von Pierre-Yves Saunier und Akira Irye für 2009 geplante Palgrave Dictionary of Transnational History mit fast 500 Einträgen für den Zeitraum ab 1850.

3 Vgl. in diesem Sinne vor allem Kiran Klaus Patel, Überlegungen zu einer transnationalen Geschichte, in: Zeitschrift für Geschichtswissenschaft 52/2004, 626-645 und Michael Werner/Bénédicte Zimmermann, Vergleich, Transfer, Verflechtung. Der Ansatz der Histoire croisée und die Herausforderung des Transnationalen, in: Geschichte und Gesellschaft 28/2002, 607-636.

Einstellungen, kulturellen Praktiken und Lebensstilen zu.[4] Transnationale Netzwerke stellen infolgedessen ein Kernthema der auf grenzüberschreitende Prozesse ausgerichteten Forschungsanstrengungen in den Geistes- und Sozialwissenschaften dar. Zumeist wird die Analyse von transnationalen Netzwerken dabei in ein Spannungsverhältnis zur Entwicklung des Staatsbegriffs gerückt. Angesichts anhaltender Entterritorialisierungs-[5] und Entgrenzungsprozesse, so die verbreitete Sichtweise, ist es zu einer grundsätzlichen Veränderung von Staatlichkeit gekommen, die kongruente staatliche Territorien in Frage stellt oder zumindest erheblich relativiert. Während Staaten an Fähigkeit verloren haben, politische, wirtschaftliche und gesellschaftliche Entwicklungen im Rahmen bestehender territorialer Strukturen zu steuern, haben sich neue politische Räume herausgebildet. Netzwerke werden in dieser Konzeptualisierung deutlich vom Territorial- oder Nationalstaat abgesetzt – oder dem Staat diametral gegenüber gestellt.[6] Zwischen Staaten und transnationalen Netzwerken herrscht ein latenter Spannungszustand. Staaten versuchen, transnationale Netzwerke zu kontrollieren und transnationale Verbindungslinien nach Möglichkeit zu unterbinden. Infolgedessen florieren Netzwerke vor allem in jenen Bereichen, die sich staatlicher Regulierung entziehen. Aus wissenschaftlicher Perspektive wird vor diesem Hintergrund das Regieren "jenseits des Staats" zum zentralen Signum erhoben.[7] Betont wird in diesem Kontext, dass die Steuerung bzw. Regelung menschlichen Handelns nicht allein durch die Staatsgewalt erfolge, sondern zunehmend auch durch autonome gesellschaftliche Regulierung auf unterschiedlichen Ebenen.

4 Vgl. grundlegend Barry Wellman/Steve D. Berkowitz (Hg.), Social Structures. A Network Approach, Cambridge 1988 und Mario Diani, Introduction. Social Movements, Contentious Actions, and Social networks. "From metaphor to Substance", in: ders./Doug McAdam (Hg.), Social Movements and Networks. Relational approaches to Collective Action, Oxford 2003.

5 Vgl. Niklas Luhmann, Die Gesellschaft der Gesellschaft, Erster Teilband, Frankfurt am Main 1997, 148f.

6 Vgl. für einen diszplinübergreifenden Ansatz zur Debatte um die Staatswerdung (Europas) Charles Tilly, Reflections on the History of European State-Making, in: ders. (Hg.), The Formation of National States in Western Europe, Princeton 1975, 3-84. Siehe auch Stein Rokkan, Dimensions of State Formation and Nation-Building. A Possible Paradigm for Research on Variations within Europe, in: ebd., 562-601. Siehe des Weiteren Charles S. Maier, Transformations of Territoriality. 1600-2000, in: Gunilla Budde/Sebastian Conrad/Oliver Janz (Hg.), Transnationale Geschichte. Themen, Tendenzen und Theorien, Göttingen 2006, 32-55.

7 Vgl. James N. Rosenau/Ernst-Otto Czempiel (Hg.), Governance without Government. Order and Change in World Politics, Newcastle upon Tyne 1993. Vgl. stellvertretend für zahlreiche weitere ähnliche Analysen David Held, Democracy and the Global Order. From the Modern State to Cosmopolitan Governance, Cambridge 1995.

Ebenso wie die Bezeichnung "Transnationalisierung" hat auch der Begriff "Netzwerk" eine ausgesprochen vielschichtige Wortbedeutung, die kaum eindeutig zu definieren ist. Das Wortverständnis ist mit Blick auf Begriffe wie Klientelismus, Clanstrukturen, Seilschaften, kriminelle Netzwerke, terroristische Netzwerke oder Geheimgesellschaften häufig negativ konnotiert, umspannt aber auch Beziehungsgeflechte im weitesten Sinn – von der Familie bis hin zu internationalen Organisationen und Unternehmen. Um die enorme Vielfalt von Netzwerken halbwegs begrifflich zu fassen, erscheint es hilfreich, Netzwerke vor und nach dem Aufkommen moderner formaler Organisationen und der Durchsetzung des modernen Territorial- und Nationalstaats zu unterscheiden. Clanstrukturen oder mafiöse Strukturen wären dann vormoderne Formen, die von formalen Organisationen und vom Staat zurückgedrängt werden obwohl sie weiter existieren. Mit zunehmender Ausdifferenzierung zerfielen diese formalen Organisationen dann wieder in informellere Formen – Netzwerke neuen Typs.[8]

In dem hier vorliegenden Band soll es um diesen zweiten historischen Typus von Netzwerken gehen. Hier interessieren Netzwerke in erster Linie als Strukturen, die den Transfer von Ideen, Meinungsbildungsprozessen und Lebensstilen erlauben, die zugleich aber auch der Ausübung von Macht und Einfluss dienen und damit auch der Ausübung von Gegenmacht. In diesem Zusammenhang werden Netzwerke oft mit Nicht-Regierungs-Organisationen ("NGOs") und Strukturen von "global governance" assoziiert, also einer globalen politischen Normensetzung und -kontrolle durch nichtstaatliche Akteure in nicht-hierarchischem Kontext. Gerade NGOs werden oft als Ausdruck einer "internationalen Zivilgesellschaft" verstanden – das ist die meist positiv besetzte Seite des Netzwerkbegriffs.[9] Ein näherer Blick zeigt aber auch hier eine grundsätzliche Ambivalenz, durch die sich der Netzwerkbegriff einer eindeutigen Zuordnung entzieht. Politische Netzwerke, so genannte "advocacy networks", bilden sich um bestimmte Anliegen, zu deren Advokaten sie sich machen. Das kann eine globalisierungskritische Bewegung wie *Attac* sein, aber auch eine politik- und einflussorientierte Wissensgemeinschaft wie die *Mont Pèlerin Society* oder ein

8 So eine Anregung von Renate Mayntz, Policy-Netzwerke und die Logik von Verhandlungssystemen, in: Patrick Kenis/Volker Schneider (Hg.), Organisation und Netzwerk. Institutionelle Steuerung in Wirtschaft und Politik, Frankfurt am Main/New York 1996, 477.

9 Vgl. in diesem Sinne etwa Christian Kreutz, Protestnetzwerke. Eine neue Dimension transnationaler Zivilgesellschaft?, Münster 2003; Elmar Altvater/Achim Brunnengräber/Markus Haake/Heike Walk (Hg.), Vernetzt und Verstrickt. Nicht-Regierungs-Organisationen als gesellschaftliche Produktivkraft, Münster 1997.

politisch-ökonomischer Kommunikationszirkel wie das *World Economic Forum* in Davos, der *Bohemian Grove* oder die *Bilderberg Konferenz*. Aber auch ad-hoc-Koalitionen wie jene zu den *Millennium Development Goals* oder zu *Clean Clothes* sowie Netzwerke mit dem Ziel der Durchsetzung internationaler Normen können unter dieser Bezeichnung subsumiert werden.

Mit Blick auf diese allgemeinen Überlegungen zum Charakter von Netzwerken versucht der vorliegende Band zunächst, eine begriffliche Annäherung an das Konzept der "transnationalen Netzwerke" vorzunehmen und Verbindungslinien zu transnational ausgerichteten Ansätzen der historischen und sozialwissenschaftlichen Forschung zu ziehen. Diese konzeptionellen Überlegungen werden dann von den Beiträgen der thematischen Sektionen des Bandes exemplifiziert. Mit der hier angelegten impliziten Vergleichsperspektive bietet der Band auch eine Grundlage für weiterführende Untersuchungen, in denen der Frage nachgegangen werden kann, ob die seitens der Arbeiter und der Arbeiterbewegung herausgebildeten transnationalen Entwicklungspfade Parallelen und Gemeinsamkeiten mit anderen Netzwerken wie den hier ebenfalls behandelten Wissens-, Protest-, Religions- und Expertennetzwerken aufweisen oder ob die unterschiedlichen transnationalen Netzwerke hinsichtlich Struktur und Form der Handlungskoordination je eigene Charakteristika aufweisen.

Transnationalisierung

Der Begriff "Transnationalisierung" lässt sich nach gegenwärtigem Kenntnisstand auf den amerikanischen Kritiker Randolph Bourne zurückführen, der im Jahr 1916 in dem Beitrag "Trans-national America" die Idee einer kulturell und ethnisch offenen amerikanischen Gesellschaft vertrat. Obgleich die Bezeichnung im Laufe des 20. Jahrhunderts immer wieder aufgegriffen wurde, so ist sie doch erst in den beiden letzten Dekaden in den allgemeinen Sprachgebrauch eingegangen. Greift man das dabei zugrunde gelegte Begriffsverständnis auf, erweist sich allerdings weder dessen terminologische Präzision als hinreichend trennscharf noch dessen analytische Dimension als allgemein tragfähig. Dies dokumentiert etwa die vor allem von den Sozialwissenschaften vorgenommene Unterscheidung zwischen internationalem und transnationalem Handeln im Sinne einer Differenzierung der Aktivitäten von staatlichen und nichtstaatlichen Akteuren. Überzeugender kann Transnationalisierung aus systemtheoretischer Sicht "relational, durch das Verhältnis zwischen Außen- und Binneninteraktionen eines Teilsystems der Gesellschaft", mithin zwischen "Inter- oder Transaktionen innerhalb eines Nationalstaats – und über seine Grenzen hinweg"

– umrissen werden.[10] In diesem Sinne wird weniger auf Abgrenzungs- oder Inkorporierungsprozesse rekurriert, sondern vielmehr das Spannungsverhältnis, das sich aus der Konstruktion des "Fremden" und des "Eigenen" ergibt, ins Blickfeld gerückt. Über die Richtung und Zielsetzung solcher Interaktionen wird dabei aber zunächst keine Aussage getroffen, sondern eine prinzipielle Offenheit des Prozesses unterstellt.

Transnationale Analysen sind weniger durch ihre konkreten Untersuchungsobjekte, sondern vielmehr durch ein spezifisches Erkenntnisinteresse geprägt. Dieses Interesse ist durch die Dynamik der Transnationalisierungsprozesse bedingt, die es vermag, neue Perspektiven – auch auf die Vergangenheit – zu entwickeln. Das Nationale bleibt zwar ein Bezugspunkt der Analyse, wie der zusammengesetzte Begriff "transnational" andeutet. Im Mittelpunkt stehen aber die wechselseitigen Konstruktionsprozesse zwischen Nationalem und Transnationalem und vor allem die Art und Weise, wie die Grenzen des Nationalen über- und unterschritten werden. Von besonderer Bedeutung sind die dabei entstehenden sozialen und kulturellen Beziehungen sowie die Konsequenzen, die aus dieser Interaktion für handelnde Akteure und Strukturen erwachsen.[11] So spiegeln sich transnationale Interaktionsprozesse vor allem in der Beobachtung wider, dass neben staatlichem Handeln und der Kommunikation diplomatischer Dienste auch gesellschaftliche Beziehungen, technische Austausch- und Entwicklungsprozesse, Migrationen, globale Handels- und Warenwelten oder kulturelle und wissensbezogene Transferleistungen von Relevanz sind.

Transnationalisierungsprozesse beziehen sich jedoch nicht nur auf konkrete Interaktionen von Menschen, Gütern und Informationen, sondern auch auf abstrakte und normative Zugehörigkeitsgefühle, kulturelle Gemeinsamkeiten und alltägliche Lebensformen. Insofern erscheint Transnationalisierung in sozialwissenschaftlicher Perspektive als ein "Prozess der Herausbildung relativ dauerhafter und dichter plurilokaler und nationalstaatliche Grenzen überschreitender Verflechtungsbeziehungen von sozialen Praktiken, Symbolsystemen und Artefakten", dessen Dynamik durch die Wechselwirkungen zwischen seinen verschiedenen – ökonomischen, politischen, sozialen, kulturellen – Dimensionen

10 Siehe hierzu Dimitrij Owetschkin, Transnationale Parteiengeschichte? Anmerkungen zur Transnationalisierung und Europäisierung aus geschichtswissenschaftlicher Perspektive, in: Jürgen Mittag (Hg.), Politische Parteien und europäische Integration. Entwicklung und Perspektiven transnationaler Parteienkooperation in Europa, Essen 2006, 61-76.

11 Vgl. grundlegend vor allem Steffen Mau, Transnationale Vergesellschaftung. Die Entgrenzung sozialer Lebenswelten, Frankfurt am Main/New York 2007.

bedingt ist.[12] Seitens der Geschichtswissenschaft ist diese Sichtweise weitgehend adaptiert worden, aber auch mit Blick auf die temporale Dimension präzisiert und von Globalisierungs- oder Europäisierungskonzepten abgegrenzt worden. Das Erkenntnisinteresse der Transnationalisierungsforschung bezieht sich demzufolge weder auf globale Makrostrukturen noch auf das subjektlose Wirken von weltumspannenden Triebkräften, sondern vor allem auf "alltagsweltliche, organisationsbezogene und (...) institutionalisierte Verflechtungsbeziehungen zwischen individuellen und kollektiven Akteuren"[13] sowie auf die in unterschiedlichen räumlichen Kontexten stattfindenden Vergesellschaftungen, die nicht mehr ausschließlich nationalstaatlich determiniert sind.

"Transnationale" Ansätze richten ihre Aufmerksamkeit auf "Ströme" (*flows*, die schon von Manuel Castells als genuine Organisationsform der "Globalisierung" bezeichnet worden sind) und auf Netzwerke, die diese Ströme transportieren. Das Interesse für Transnationalisierung ist daher eng verknüpft mit der Konjunktur von Netzwerken als Forschungsobjekt.

Transnationale Netzwerke

Ebenso wie der Begriff "Transnationalisierung" gewinnt auch der Netzwerkbegriff sehr unterschiedliche Bedeutungen, sobald es über eine formale Definition, die Netzwerke als Beziehungen zwischen Knotenpunkten beschreibt, hinausgehen soll. Untersucht werden von den einzelnen Disziplinen die Eigenschaften der "Knoten" sowie die Art der Beziehungen – die Charakteristika der Netzwerkstrukturen im Hinblick auf ihre Dichte und ihren Umfang. Jenseits dieser abstrakten Gemeinsamkeit differieren das Erkenntnisinteresse und die Strategien der Einzeldisziplinen bei der Netzwerkanalyse beträchtlich.[14] Die Anfänge der Netzwerkanalyse reichen bis zum Beginn des 20. Jahrhunderts zurück und finden sich zunächst vor allem in den technischen Disziplinen und der Mathematik. Frühzeitig setzten sich Netzwerkansätze auch im Bereich der Sozialpsychologie

12 Ludger Pries, Transnationalisierung der sozialen Welt?, in: Berliner Journal für Soziologie 12/2002, 264.

13 Ludger Pries, Die Transnationalisierung der sozialen Welt, Frankfurt am Main 2008, 16.

14 Vgl. grundlegend zum Hintergrund Stanley Wasserman/Katherine Faust, Social Network Analysis. Methods and Applications, Cambridge u.a. 1999; John Scott, Social Network Analysis. A Handbook, 2. Aufl., London u.a. 2000 sowie Johannes Weyer (Hg.), Soziale Netzwerke. Konzepte und Methoden der sozialwissenschaftlichen Netzwerkforschung, München 2000 und Jens Beckert, Soziologische Netzwerkananalyse, in: Dirk Kaesler (Hg.), Aktuelle Theorien der Soziologie. Von Shmuel N. Eisenstadt bis zur Postmoderne, München 2005, 286-312.

und der Sozialanthropologie durch.[15] Erst weitaus später, in der zweiten Hälfte des 20. Jahrhunderts, zeichnete sich in der Ökonomie und in der Breite der Sozialwissenschaften ein dezidiertes Interesse an der Netzwerkanalyse ab. Diese Forschungstendenz hatte seit dem Ende der 1970er Jahre die Herausbildung eigener Methoden und differenzierter Untersuchungen zur Konsequenz, die das Ziel verfolgten, die Beziehungsstrukturen von sozialem Verhalten und Netzwerken zu ermitteln. In den Mittelpunkt rückte dabei immer stärker die Frage, wie soziale Beziehungen strukturiert sind und welche Formen der Handlungskoordination sich hieraus ableiten lassen. In diesem Sinne definiert Dorothea Jansen sowohl für die Institutionenökonomik als auch für den soziologischen Institutionalismus Netzwerke als "spezifische Formen der Handlungskoordination (...), die gegen andere Formen, z.B. den Markt oder die Hierarchie bzw. die Organisation abgegrenzt werden."[16] In sozialwissenschaftlichen Analysen wurde fortan mit immer differenzierteren Ansätzen untersucht, inwieweit die Wahrnehmung und das Handeln von Akteuren durch soziale Netzwerke geprägt werden.[17] Während das Erkenntnisinteresse der Soziologie dabei hauptsächlich auf die Form der sozialen Interaktionen gerichtet ist, beschäftigt sich die systemtheoretische Netzwerkforschung eingehender mit dem Verhältnis der einzelnen Netzwerkteile zueinander sowie mit deren Bedeutung für das Gesamtsystem. Auf die Geschichtswissenschaft, die erst zum Ende des 20. Jahrhunderts begann, sich explizit mit Netzwerkanalysen zu beschäftigen, üben die Sozialwissenschaften den seither wohl wichtigsten Einfluss aus. Dies hatte zur Folge, dass sich die Historiographie – in enger Allianz mit der Kulturwissenschaft – in den vergangenen Jahren auf Spurensuche nach den Ursprüngen des Netzwerkkonzeptes begeben hat.[18] Obgleich Netzwerke häufig als traditionelles Fundament gesellschaftlicher Organisation bezeichnet werden,[19] werden die wichtigsten Spuren im 18. und dem 19. Jahrhundert geortet, in dem nicht nur die Idee der Zirkulation

15 Vgl. hierzu insbesondere die Arbeiten der so genannten "Manchester School" um James Clyde Mitchell und Bruce Kapferer. Vgl. exemplarisch James Clyde Mitchell, Social Networks in urban situations. Analyses of personal relationships in Central African towns, Manchester 1969. Siehe des Weiteren auch Jeremy Boissevain, Friends of Friends. Networks, Manipulators and Coalitions, Oxford 1976.

16 Dorothea Jansen, Einführung in die Netzwerkanalyse. 2. Aufl., Opladen 2003, 12.

17 Vgl. Franz Urban Pappi, Die Netzwerkanalyse aus soziologischer Perspektive, in: ders. (Hg.), Methoden der Netzwerkanalyse, München 1987, 11-36.

18 Vgl. Manfred Faßler, Einführung in die Netzstruktur. Netzkultur und die Realität verteilter Gesellschaftlichkeit, München 2001.

19 Vgl. in diesem Sinne Manuel Castells, Materials for an Exploratory Theory of the Network Society, in: British Journal of Sociology 1/2000, 5-24.

zunehmende Bedeutung gewann, sondern auch – ausgehend von Initiativen wie dem staatsübergreifenden General-Wegeplan für Deutschland von Christian Friedrich von Lüder (1779) und dem von Friedrich List konzipierten deutschen Schienensystem, das vom ihm als "Netz" bezeichnet wurde – der Begriff des Netzes gebräuchlich wurde. Die Internationale Telegraphen Union von 1865 wurde als erstes staatsübergreifendes Netzwerk bezeichnet.[20]

Im Kontext dieser Forschungen stellt sich die Frage, ob Netzwerke eine eigene, genuine Organisationsform darstellen, die man von anderen Organisationen, Institutionen und Bewegungen eindeutig unterscheiden kann, oder ob sie einen Aspekt, einen Modus der Organisation von Beziehungen und Kommunikation darstellen, auf den hin man grundsätzlich alle Organisationsformen untersuchen kann. Netzwerke sind informeller, fluider, zeitlich begrenzter, weniger verfestigt und seltener auf Dauer angelegt als Institutionen. Ihr Zusammenhalt ist instabil und kann – so Boyer in seinem Beitrag für diesen Band – in Richtung organisatorisch formalisierter Hierarchie oder in Richtung volatiler "Markt" kippen. Netzwerke sind zumeist nur schwach institutionalisiert, und ihre Hierarchien sind nicht formalisiert. Sie werden als informelle oder gewohnheitsmäßige Gebilde betrachtet, gelten aber nicht als prinzipiell hierarchielos.

In formaler Hinsicht bestehen Netzwerke aus Beziehungen, die als Verbindungen von Knotenpunkten dargestellt werden. Diese Verbindungen können verschiedene Formen annehmen, von der direkten menschlichen Begegnung bis hin zur virtuellen Kommunikation. Man kann sie nach Dichte und Frequenz unterscheiden sowie nach Bedeutungs- und Hierarchiekriterien. Knotenpunkte können Individuen, Gruppen und Organisationen sein. Sie können innerhalb oder außerhalb von Institutionen angesiedelt sein. Sie können zudem auf ihre Ordnungsfunktion und auf Formen der Machtausübung hin befragt werden. Umstritten ist die Frage, ob Netzwerken Handlungseigenschaft zugeschrieben werden kann. Oder können sie nur im metaphorischen Sinn als "Akteure" betrachtet werden, und ist es nachvollziehbarer und leichter zu operationalisieren, nur die Knoten eines Netzwerks, also wichtige Individuen oder Organisationen, als "Akteure" zu bezeichnen? Kann Netzwerken angesichts disparater Einzelakteure überhaupt eine einheitliche Zielsetzung unterstellt werden?

Es ist ein ausgesprochen weites Feld, das mit dem Begriff Netzwerk in das Blickfeld gerät. Der vorliegende Band versucht, die eine oder andere Schneise in den Dschungel des noch unübersichtlichen Terrains zu schlagen und Denkanstöße

20 Vgl. hierzu Hartmut Böhme, Einführung. Netzwerke. Zur Theorie und Geschichte einer Konstruktion, in: Jürgen Barkhoff/Hartmut Böhme/Jeanne Riou (Hg.), Netzwerke. Eine Kulturtechnik der Moderne, Köln u.a. 2004, 17-36.

zu liefern. Aus der großen Bandbreite von Netzwerken sind in diesem Band nur einige Formen vertreten: Netzwerke, die offiziellen Strukturen von Organisationen unterliegen, und Netzwerke, die sichtbar nach außen hin operieren; Netzwerke des Ideologietransfers als Mittler der globalen Verbreitung von Wissen, Normen, kulturellen Praktiken und Lebensstilen; personenzentrierte und organisationszentrierte Netzwerke; Wissensnetzwerke von Experten, die Organisationen zuarbeiten und untereinander als Wissens- oder Erkenntnisgemeinschaften (*epistemic communities*) vernetzt sind; politische Stiftungen und internationale Organisationen sowie *think tanks*, die Netzwerke unterhalten und auf Wissen zurückgreifen, das in solchen Netzwerken kommuniziert wird; religiöse Netzwerke, in denen Heilsgüter erzeugt werden und zirkulieren; schließlich Migrationsnetzwerke, die transnationale – oder vielleicht zutreffender, wie Dirk Hoerder in seinem Beitrag ausführt: translokale, transregionale oder auch transkulturelle – Lebensräume aufspannen.

Themen und Beiträge im Überblick

Der Band versucht, das Potenzial und die Grenzen der Analyse von Transnationalisierungs- und Netzwerkansätzen anhand von Studien zu konkreten Erscheinungsformen auszuloten. Besondere Aufmerksamkeit wird der Rolle von transnationalen Netzwerken im Rahmen weltweiter Veränderungen gewidmet. In Netzwerken zirkulieren einerseits Menschen, andererseits Ideen, Einstellungen und Vorstellungen, ohne dass sich die Menschen, die diese verbreiten, selbst räumlich bewegen müssen. Diese einfache Unterscheidung erlaubt zunächst eine Grobstrukturierung zwischen Netzwerken, die in erster Linie Menschen bewegen bzw. primär durch die Zirkulation von Menschen entstehen, und solchen Netzwerken, die insbesondere Werthaltungen, Konzepte, Vorstellungen und entsprechende Praktiken zirkulieren lassen, bzw. die durch die Zirkulation solcher Vorstellungen und Werthaltungen bedingt sind. Dieser Kategorisierung folgte auch die Struktur der beiden Symposien, die dieser Publikation zugrunde liegen.

Der vorliegende Band integriert demgegenüber stärker beide Perspektiven und ist stärker thematisch geordnet. Nach den begrifflich und konzeptuell ausgerichteten Beiträgen des ersten Hauptkapitels richtet ein zweiter Themenblock den Blick auf hegemoniale und normative (Normen verbreitende) Netzwerke. In diesem Bereich ist die Zirkulation von Ideen, Einstellungen und Vorstellungen stark gebunden an Kategorien von Macht und Einfluss. Der dritte Hauptabschnitt des Bandes rückt den Aspekt des Transfers von Wissen und die Rolle von Experten in den Mittelpunkt. Ein Hauptthema ist der Transfer von politikorientiertem

Wissen über Netzwerke mit Blick auf die Rolle von Experten und von Stiftungen sowie *think tanks* als Knoten von Netzwerken. Der vierte Themenblock schließlich ist explizit dem Themenfeld Arbeiter und Arbeiterbewegungen gewidmet. Beiträge zu diesem Themenfeld sind auch in anderen Themenblöcken vertreten. In aktuellen Debatten zu grenzüberscheitenden Prozessen wird der Beitrag der Arbeiterbewegung vielfach vergessen oder übersehen. Selten nur werden die Begriffe "Transnationalisierung" und "Netzwerk" sowie "Arbeit" und "Arbeiterbewegung" in Beziehung zueinander gestellt.[21] Dieser Umstand ist wohl in erster Linie darauf zurückzuführen, dass die Welten der Arbeit und der Arbeiterbewegungen – trotz aller internationalen Rhetorik – vorwiegend mit dem Nationalstaat in Verbindung gebracht werden, in dessen Rahmen sie ihre Organisationen in Europa zu Einfluss gebracht haben. Dies ist jedoch nur eine Seite der Geschichte der Arbeiterbewegung. Auf der anderen stehen ihre den Nationalstaat übersteigenden Kooperationsformen, die im vorliegenden Band ebenfalls eingehender Berücksichtigung finden und die dokumentieren, dass die Arbeiterbewegung mit ihrem weltumspannenden Anspruch auch transnational angelegte Vernetzungen ausgebildet hat.

Diese Systematik des Bandes wird in 16 Einzelbeiträgen weiter ausdifferenziert: Die Auftaktsektion des Bandes unterstreicht sowohl die Problematik, sich auf Begriffe zu verständigen, als auch die Bandbreite der in diesem Themenfeld anzutreffenden Ansätze und Konzepte. *Susan Zimmermann* (Budapest) beleuchtet in ihrem Überblick einleitend den Forschungsstand und die Forschungsperspektiven der Kategorie "Internationalismus" – ein Begriff, dem sie der mittlerweile gängigeren Bezeichnung "Transnationalismus" gegenüber weiterhin den Vorzug gibt. In diesem Zusammenhang setzt sie sich insbesondere mit den Themenfeldern auseinander, die von der historischen Internationalismusforschung aufgegriffen werden und erörtert den Einfluss, den die Globalisierungsforschung auf die Debatte ausübt. Ihrer Ansicht nach zeichnet sich die Internationalismus- bzw. Transnationalismusforschung dabei weiterhin durch eine Konzentration auf globale Zentren und eine Vernachlässigung des Blicks auf globale Ungleichheit aus.

Christoph Boyers (Salzburg) Beitrag zum Nutzen und Nachteil von Netzwerktheorien für die Geschichtswissenschaft stellt Netzwerke als Organisationsform vor, die sich insbesondere durch den Transaktionskostenvorteil Vertrauen – verstanden als vorhersehbares Verhalten der Netzwerkbeteiligten – auszeichnet.

21 Siehe aber als einige der wenigen Ausnahmen Bénédicte Zimmermann/Claude Didry/Peter Wagner (Hg.), Le travail et la nation. Histoire croisée de la France et de l'Allemagne, Paris 1999 und Marcel van der Linden, Transnational Labour History. Explorations, Aldershot 2003.

Boyer kennzeichnet Netzwerke als Organisationsformen, die den Individuen eine Teilnahme durch bewusste Entscheidung erlauben: Anstelle einer hierarchielegitimierten Reglementierung dominieren Selbstorganisation und Wahlfreiheit. Boyer weist aber darauf hin, dass Netzwerke keine Assoziationen von Gleichen sind. Sie reproduzieren vielmehr Ungleichheit, allerdings nicht in hierarchisch geordneter Form.

Die Sozialhistoriker *Wolfgang Neurath* (Wien) und *Lothar Krempel* (Köln) stellen die Methode der Sozialen Netzwerkanalyse und deren Potenziale und Anwendungsformen im Rahmen der historischen Forschung vor. Die Soziale Netzwerkanalyse ist ein methodisch präzise definiertes sozialwissenschaftliches Konzept der Erforschung und Darstellung von Netzwerken auf Basis quantitativer Daten. Besondere Aufmerksamkeit wird von den Autoren der Visualisierung dieser Netzwerke zugemessen, mit deren Hilfe weitere Erkenntnisse gezogen und neue Perspektiven eröffnet werden können. Aufgrund ihrer Aufwändigkeit – vor allem im Hinblick auf umfangreiche Datenerfassung und ein spezialisiertes elektronisches Programmwissen – hat die computergestützte, quantitative Soziale Netzwerkeanalyse bisher indes nur begrenzte Anwendung durch Historiker/innen gefunden.

Der Beitrag von *Dirk Hoerder* (Arizona) führt die Versuche zur Begriffsbildung auf dem Gebiet der Migration von Menschen fort, indem er die Pertinenz der Begriffe "transnational", "transregional" und "transkulturell" für die Analyse von Netzwerken von Arbeitsmigranten im 19. und 20. Jahrhundert diskutiert. Der transnationale Zugang in den Migrationsstudien, der sich in diesen Begrifflichkeiten ausdrückt, hat mittlerweile die einseitig gerichtete Wortbedeutung von Immigration/Emigration ersetzt. Hoerder schlägt vor, die dauerhaften "diasporischen" Vernetzungen von Migranten vorzugsweise auf translokaler, transregionaler und transkultureller Ebene zu untersuchen.

Ravi Ahuja (Heidelberg/London) liefert mit seinen Überlegungen, in denen er die Gegenüberstellung von hierarchischen Institutionen und "zentrumslosen" Netzwerken am Beispiel einer Fallstudie zu den Netzwerken indischer Seeleute kritisiert, eine stark konzeptuell angelegte Studie, die auch grundlegend auf die Frage eingeht, inwieweit die Netzwerkkonzeption für eine transterritoriale – und nicht bloß transnationale – Geschichte der Arbeit nutzbar gemacht werden kann. Das Spannungsverhältnis der Migration von Ideen, Normen und Praktiken einerseits und der grenzüberschreitenden Interaktion von Eliten und Experten andererseits durchzieht den zweiten Themenblock des Bandes.

Kees van der Pijl (Sussex) unternimmt zunächst den Versuch, den Netzwerkbegriff für eine Analyse hegemonialer Strukturen im System der globalen politischen Ökonomie fruchtbar zu machen. Van der Pijl zielt darauf, verschiedene

Typen von Netzwerken, die Vertreter von Wirtschaft, Politik und Medien in einem strategischen Herrschaftsprojekt zusammenbringen, in ihrer historischen Abfolge – in einem großen Bogen von der industriellen Revolution bis in unsere Zeit hinein – auszumachen.

Mit einer spezifischen Gruppe von Experten in rechtlicher Normensetzung beschäftigt sich der Beitrag von *Ariel Colonomos* (Paris) – den Spezialisten im humanitären Völkerrecht in Kriegseinsätzen, die diese Rechtsnormen aus ihrer Praxis konkretisieren. Die Experten der US-Armee arbeiten manchmal buchstäblich in Militärstiefeln, wenn sie als Rechtsberater in Fragen der Auswahl zulässiger Angriffsziele und Kampfmethoden bei Kampfeinsätzen fungieren. Ihnen stehen Experten auf Seiten von NGOs gegenüber, die sich hauptsächlich auf Menschenrechtsthemen spezialisiert haben. Zwischen den beiden Bereichen gibt es zwar eine gewisse Fluktuation – Experten in humanitärem Völkerrecht bilden zweifellos auch eine teilweise vernetzte Wissensgemeinschaft unabhängig von ihren jeweiligen Auftraggebern; sie sind jedoch in unterschiedliche politische Projekte eingebettet.

Auch der Beitrag von *Sebastian Schüler* (Münster) befasst sich mit Normenproduzenten. Sein Untersuchungsgegenstand ist eine spezifische Gruppe von "Normenunternehmern" – religiöse Bewegungen oder konkret: evangelikale Sekten. Besonderes Augenmerk richtet er dabei auf die Transnationalisierung globaler Heilsgüter am Beispiel der Pfingstbewegung. Als globale Heilsgüter untersucht Schüler handlungsorientierende Normen, Werte, Ideologien und Weltanschauungen, die in Form von materiellen und immateriellen Produkten, Medien und Gütern gehandelt werden und die durch diesen Transfer religiöse Netzwerke generieren.

Im anschließenden dritten Themenblock wird der Aspekt der – über Expertennetzwerke vermittelten – Zirkulation von Wissen in den Mittelpunkt gerückt. Die Art und Weise, wie Experten den unterschiedlichsten Organisationen zuarbeiten und untereinander in Wissensgemeinschaften vernetzt sind, findet dabei besonderes Augenmerk; zugleich wird die Beschaffenheit der Netzwerke eingehender behandelt. So beschäftigt sich *Giuliana Gemelli* (Bologna) mit jener für die USA so typischen Organisationsform der Stiftung, die Forschung mit dem Zweck fördert, sie für ein breit definiertes gesellschaftliches Projekt in die Politik einzuspeisen. Kernfunktion politischer Stiftungen ist es, anwendungsorientierte Forschung und Politik zusammen zu bringen. Sie sind "organisations between thought and action". Gemelli zeigt, dass die politisch motivierte Förderung europäischer Universitäten, Forschungs- und Ausbildungseinrichtungen durch US-amerikanische Stiftungen nach dem Zweiten Weltkrieg ausgetrocknete akademische Strukturen und Ausbildungsformen modernisierte und frischen Wind in die Wissenschaft brachte, die stärker mit der Politik und der Verwaltung kommunizieren sollte. Gleichzeitig förderte sie das breite Projekt des Aufbaus einer breiten Koalition für einen "westlichen" Weg der Modernisierung der europäischen Gesellschaften.

Maria Mesner (Wien) beschreibt in ihrem Beitrag die Entwicklung eines US-amerikanischen Netzwerks mit den Knoten Eugenik, Geburtenkontrolle und Bevölkerungswissenschaft. Besondere Beachtung schenkt sie der Kommunikation innerhalb dieses Netzwerks, die auf Treffen stattfindet, auf Fundraising-Veranstaltungen und auf Tagungen, durch Transfers über Beraterteams in Zielländer, durch Schulung von dortigem Personal oder durch Einladungen von Studierenden aus Zielländern, welche die vermittelten Programme dann in ihren Ländern unterstützen.

Patrik von zur Mühlen (Bonn) bietet mit seinem Überblick zur Geschichte der Friedrich-Ebert-Stiftung eine Vergleichsfolie für internationale Vernetzungsinitiativen im Bereich der Arbeiterbewegung. Der Beitrag zeigt, dass die Friedrich-Ebert-Stiftung mit ihrer Arbeit in der Dritten Welt Tätigkeiten der deutschen Gewerkschaften aufgriff, übernahm, und fortsetzte, die die westdeutsche Gewerkschaftsbewegung aus Personal- und Kostengründen nicht mehr fortführen wollte. Mit wachsenden Erfahrungen schuf die Stiftung jedoch auch ihre eigenen Netzwerke, indem sie die Kontakte zu früheren Partnern systematisch fortsetzte und sie in neue Konstellationen einband, auch wenn die offizielle Zusammenarbeit längst abgeschlossen war.

Eine internationale ("multilaterale") Organisation als Knotenpunkt eines Netzwerks behandelt *Daniel Maul* (Berlin), der sich mit der International Labour Organization (ILO) als Knotenpunkt des transnationalen Netzwerks zur Reform kolonialer Sozialpolitik 1940–1944 auseinandersetzt. Maul untersucht die Entwicklung und die Funktionsweise dieses informellen kolonialreformerischen Experten-Netzwerks aus Arbeitsrechtlern, Sozialpolitikern und (keynesianischen) Ökonomen, das ein Reformprogramm zu aktiver wirtschaftlicher und sozialer Entwicklungspolitik für die kolonialen Bevölkerungen entwickelte, sowie seine Anbindung an die ILO.

Dieter Plehwe (Berlin) untersucht die Erzeugung und Verbreitung von "neoliberalem", *policy*-orientiertem Wissen am Beispiel der *Mont Pèlerin Society*, eines Zusammenschlusses "neoliberaler" Intellektueller, Wirtschaftsmanager, Journalisten und Politiker. Das Argument der prinzipiellen Unsichtbarkeit von Netzwerken gilt auch für diesen in den USA eingetragenen Verein, der 1947 auf dem Mont Pèlerin am Genfer See gegründet wurde. Plehwe zeigt die *Mont Pèlerin Society* als wenig im öffentlichen Bewusstsein verankertes wirkmächtiges Netzwerk mit beträchtlichen Kapazitäten sowohl im akademischen Spektrum als auch im Bereich der Politikberatung. Spezifisches Anliegen des Beitrags ist es, mit Hilfe einer Netzwerkanalyse auf Basis von Konferenzteilnehmer-, Redner- und Funktionärslisten auf Personenkreise aufmerksam zu werden, die "im Schatten von Hayek und Friedman" (den beiden berühmtesten Protagonisten der *Mont Pèlerin Society*) standen und dennoch für die Entwicklung ihres Netzwerks bedeutsam waren.

Von welcher Relevanz politische Netzwerke für die Migration von Ideen und Praktiken politischer Netzwerke sind, verdeutlichen die nächsten Beiträge des Bandes, die zum Themenfeld der Arbeiter und Arbeiterbewegung überleiten. Der Transfer sozialistischer Theorieelemente wird von *Augusta Dimou* (Leipzig) eingehender untersucht. Sie geht der Frage nach, wie sozialistische politische Theorieelemente in der Zeit der Zweiten Internationale nach Südosteuropa im doppelten Sinn übertragen – verbreitet und übersetzt – wurden. Dimou verfolgt diese Netzwerke anhand der Lebensläufe von Trägern dieser Theorien (oftmals Studenten und politische Migranten), von persönlichen, beruflichen und brieflichen Kontakten und anhand der Zeugnisse des Auftauchens von Sprachelementen dieser Theorien.

Mit der 1915 entstandenen Zimmerwalder Bewegung beschäftigt sich *Ottokar Luban* (Berlin). Er zeigt, wie dieser Kreis um Rosa Luxemburg unter Bedingungen zeitweiliger Illegalität den Zusammenhalt bewahrte und für eine aktive Friedenspolitik mit Massenaktionen eintrat. Besondere Bedeutung kommt nach Luban dabei den vielfältigen informellen Verbindungen zu, die zu einem Großteil aus der internationalen Arbeit der Vorkriegszeit resultierten und zur Wiederherstellung und Pflege von Kontakten erheblich beitrugen.

Bruno Groppo und *Catherine Collomp* (Paris) präsentieren schließlich in ihrem Beitrag transatlantische Netzwerke im Rahmen des Jewish Labour Committee, mittels derer die US-amerikanische Organisation in den 1930er und 1940er Jahren die Emigration europäischer Sozialdemokraten bewerkstelligte und Emigranten unterstützte.

Bilanz und Ausblick

Zieht man ein vorläufiges Resümee über den Nutzen und die Nachteile eines Zugangs zur Geschichte hegemonialer Herrschaftsstrukturen, zur Geschichte globalen Wissenstransfers und zur Geschichte sozialer Bewegungen und der Arbeiterbewegung über transnationale Netzwerke, so bietet sich ein vielschichtiges Bild. In den Beiträgen ist versucht worden, Erfahrung zu systematisieren, kohärente Modelle für ihre Erklärung zu finden und diese anhand von Fall-studien zu testen. Einheitliche Schlüsse lassen sich daraus nur begrenzt ziehen. Aus den Beiträgen lässt sich vor allem kein einheitlicher Netzwerkbegriff destillieren. Das heuristische Konzept "Netzwerk" dient in erster Linie als "stimulans", nicht aber als einheitliches Strukturierungselement für einen Sektor der Forschung. Vor diesem Hintergrund kann der Anspruch des vorliegenden Sammelbandes nicht darin bestehen, lückenlose Antworten zu finden, sondern vielmehr Ideen und Ansätze aufzuzeigen, in welche Richtung sich die Analyse transnationaler Netzwerke entwickeln kann. Mit seiner Betrachtung einzelner Interaktionsformen will der Band Grundlagen für die weitere empirische Forschung eröffnen und Schneisen für gangbare Wege schlagen.

Es bleiben reichlich offene Fragen zu diskutieren, insbesondere auf Ebene der Begriffe, welche die Forschungsfelder "Transnationalität" und "Netzwerke" abstecken. So könnte es im Sinne einer Präzisierung als sinnvoll erachtet werden, den Begriff "transnational" für Menschen oder Konzepte zu reservieren, die sich durch eine permanent mobile Lebensform auszeichnen, und für Organisationsformen, die systematisch jenseits nationaler Grenzen angesiedelt sind. Zu fragen bleibt auch, ob man Netzwerke grundsätzlich als *die* hybride Vergemeinschaftungsform des modernen Individuums ansehen kann. Das wäre eine Form von Kommunikation und Bindung, in die sich das Individuum leicht und selbstbestimmt ein- und wieder ausschalten kann. Damit wäre auch ein wesentlicher Unterschied zu traditionalen Netzwerken, solchen der Verwandtschaft, der Angehörigkeit zu Clans oder zu Geheimgesellschaften benannt, denen es an diesem Element des selbstbestimmten Ein- und Austritts mangelt.

Das gegenwärtige manifeste Interesse am Netzwerkthema drückt sicherlich reale Entwicklungen aus, die mit diesem Begriff umschrieben werden können. Ein Grund für die Beschäftigung mit Wissensnetzwerken ist vermutlich darin zu suchen, dass solche Netzwerke zunehmend anwendungsorientierte Forschung über die Form der Expertise mit Politik, Wirtschaft und der "Zivilgesellschaft" verbinden. Das Interesse dafür, wie Konzepte und Erklärungen erzeugt und weltweit verbreitet werden, hat sicherlich mit solchen realen Erfahrungen zu tun. In dieser Hinsicht mag der Band auch Anregungen zur Deutung von gegenwärtigen Entwicklungen der Gesellschaft geben.

Zu diesem Band

Die Beiträge des vorliegenden Bandes gehen auf zwei wissenschaftliche Tagungen zurück, in denen transnationale Netzwerke im Blickfeld standen: Die Linzer Konferenz der ITH im September 2007 thematisierte die Entstehung, die Rolle und die Aktivitäten von transnationalen Netzwerken der Arbeiterbewegung. Sie wurde von einem wissenschaftlichen Komitee vorbereitet, dem unter der Leitung von Berthold Unfried (Institut für Wirtschafts- und Sozialgeschichte der Univ. Wien) Bruno Groppo (Centre d'histoire sociale du XXe SIÈCLE, Univ. de Paris I), Jürgen Mittag (Institut für soziale Bewegungen, Ruhr-Universität Bochum), Michael Schneider (Friedrich-Ebert-Stiftung Bonn) und Marcel van der Linden (IISG Amsterdam) angehörten. Das Wiener Symposion im November 2007 griff diese Sichtweise auf, erweiterte das Thema der Linzer Konferenz aber noch über die Arbeiterbewegungen hinaus. Diese zweite Konferenz wurde von der ITH in Zusammenarbeit mit dem Institut für Wirtschafts- und Sozialgeschichte der Universität Wien (Josef Ehmer) und dem Karl Renner-Institut, Wien, organisiert.

Die Herausgeber danken allen Referent/innen dieser beiden Tagungen – auch denjenigen, die nicht mit einem eigenen Beitrag in diesem Band vertreten sind – für ihre ausgeprägte Bereitschaft zur offenen und themen- wie disziplinenübergreifenden Diskussion. Bei den einzelnen Beiträgen handelte es sich zumeist um "Werkstattberichte" aktueller Forschungsprojekte, die mit dem Netzwerkbegriff operieren. Dieser Umstand verlieh den Konferenzen einen primär experimentellen Charakter. Gerade dieser Umstand, dass die Forschungsanstrengungen nicht abgeschlossen sind, dass die Dinge um das Forschungskonzept "transnationale Netzwerke" herum im Fluss sind, regte die Diskussion aber an. Der Netzwerkbegriff führte die Teilnehmer/innen in einer "tour de force" durch die Disziplinen und vereinte sie in einer kurzfristigen, aber dichten Diskursgemeinschaft.

Eva Himmelstoss (ITH, Wien) hat die Symposien organisiert, die Herausgeber koordiniert, sowie die Beiträge lektoriert und zu einem Ganzen gefügt. Den Unterstützern der Linzer Tagung (Arbeiterkammer Oberösterreich, Friedrich-Ebert-Stiftung) sei ebenso gedankt wie dem Bundesministerium für Wissenschaft und Forschung und dem Kulturamt der Stadt Wien für die Förderung des Wiener Symposions.

Susan Zimmermann

International – transnational: Forschungsfelder und Forschungsperspektiven

Den folgenden Betrachtungen geht es um Konzepte, Forschungsfelder und Forschungsperspektiven, die mit den Begriffen "transnational" und "international" in Zusammenhang stehen. Dass ich in diesem Beitrag das genannte Begriffspaar und somit auch einen Begriff diskutiere, der im Titel des Bandes nicht angesprochen wird, verdankt sich nur zu einem geringen Teil meinem eigenen wissenschaftlichen Interesse an der Erforschung von Geschichte und Gegenwart von "reform"-orientierten internationalen Organisationen, Bewegungen und Netzwerke, also der von mir so bezeichneten "Reform"-Internationalismen. Zentral geht es mir in diesem Beitrag vielmehr darum, beide Begriffe – den langweiligen älteren und den modischen jüngeren – erstens in ihrem oft vergessenen und keineswegs nur historischen Zusammenhang zu diskutieren und zweitens die mit ihnen verbundenen Forschungsfelder und Forschungsperspektiven auf eine wie ich hoffe produktive Weise zu problematisieren.

Kleine Begriffsgeschichte

Die Verwendung des Begriffes "internationalism" wird vom *Oxford English Dictionary* auf nicht vor 1851 angesetzt. Dass die Entwicklung der folgenden Jahrzehnte Beobachtern bereits vor dem Ersten Weltkrieg rückblickend als "Flutwelle des Internationalismus" erschien,[1] wäre ohne den diese Jahrzehnte kennzeichnenden Eintritt immer neuer Staaten in ein nun multinationales Industriezeitalter – das die Epoche der Alleinherrschaft des britischen "workshop of

1 Beides nach Madeleine Herren, Hintertüren zur Macht. Internationalismus und modernisierungsorientierte Außenpolitik in Belgien, der Schweiz und den USA 1865–1914, München 2000, 13, 16.

the world" ablöste – undenkbar gewesen. Internationalismus als institutionalisierte zwischenstaatliche Kooperation und als Zusammenschluss vielerlei anderer Akteure und AktivistInnen ist seit damals ungeachtet aller Wellenbewegungen und Wandlungen ein Grundtatbestand der modernen Welt. Der Internationalismus ist Teil des elementaren politischen Instrumentariums all jener, denen die möglichst friktionsfreie Expansion der kapitalistischen Marktwirtschaft und/oder deren Reform zugunsten von Mehrheitsbevölkerungen, bestimmten Gruppen oder Regionen ein Anliegen ist.[2] Selbst die Gegner dieses Internationalismus organisieren sich international.

Die Genealogie der Begriffe "transnational" und "Transnationalismus" – letzterer findet sich als "transnationalism" (bis dato) wesentlich häufiger im Englischen als im Deutschen – reicht weniger weit zurück, und die explosionshafte Vermehrung des wissenschaftlichen und politischen Gebrauchs dieser Begrifflichkeit ist ein reines Gegenwartsphänomen. Historisch findet sich der Begriff "trans-national", zur Beschreibung der kulturellen Heterogenität der USA als Einwanderungsland und als Ruf nach positiver Wertung des daraus entstandenen und sich perpetuierenden trans-nationalen Kosmopolitismus des Landes, schon im Jahr 1916.[3] Eine erste wichtige Verbreiterung stellten die berühmt gewordenen Ausführungen des US-amerikanischen Rechtswissenschaftlers Philip Jessup dar, der von den 1940er Jahren bis Ende der 1960er Jahre rund um die und in den Vereinten Nationen und unter anderem an deren Internationalem Gerichtshof in Den Haag tätig war. Jessup fasste unter dem Begriff *Transnational Law*[4] all jenes Recht, "which regulates actions or events that transcend national frontiers". Dabei bezog er sich nicht nur auf privates und öffentliches Recht, sondern auch auf all jene "other rules which do not wholly fit into such standard categories". Seine Arbeit lässt sich unter anderem als Plädoyer für eine integrative und pragmatische Auffassung und Handhabung von transnationalem Recht und transnationaler Rechtsprechung lesen. Jessup ging davon aus, dass in dieser

2 Vgl. Susan Zimmermann, "Reform"-Internationalismen und globale Ungleichheit im 19. und 20. Jahrhundert. Traditionen und Optionen der Internationalismusforschung. In: Karin Fischer/ Susan Zimmermann (Hg.), Internationalismen. Transformation weltweiter Ungleichheit im 19. und 20. Jahrhundert, Wien 2008, 7-38.

3 Nach Constance DeVereaux/Martin Griffin, International, Global, Transnational: Just a Matter of Words?, in: Eurozine 2006-10-11 [www.eurozine.com/articles/2006-10-11-devereauxgriffin-en.html] (4.9.07); Org-Text von 1916 unter [www.swarthmore.edu/SocSci/rbannis1/AIH19th/ Bourne.html] (4.9.07).

4 So der Titel eines Buches von Philip Jessup, erschienen New Haven 1956. Jessup verwies in seiner Studie auf weitere Rechtswissenschaftler, die Mitte der 1950er Jahre den Begriff eines "transnationalen" Rechts eingeführt bzw. diese Begrifflichkeit benutzt hatten. Jessup, Transnational Law, 2.

(Rechts-)Sphäre Individuen, Unternehmen, Staaten, zwischenstaatlichen Organisationen und anderen Gruppen der Status von Rechtsubjekten zukam. Außerdem sollte die transnationale Rechtsprechung verschiedene Rechtsquellen, darunter nationales Recht, internationales Gewohnheitsrecht, allgemeine Rechtsprinzipien, die Bezugnahme auf frühere Rechtsentscheidungen, etc. in flexibler Weise zur Anwendung bringen und kombinieren. Jessup entwickelte diese Perspektive auf der Grundlage einer Diskussion der bestehenden vielfältigen Praxis transnationaler Rechtssprechung und Konfliktlösung und argumentierte, dass sich diese Verfasstheit und Handhabung von transnationalem Recht nicht grundsätzlich von jener des nationalen Rechts verschiedener Länder unterscheide.[5]

Wie schon erwähnt, ist die Geschichte des organisierten Internationalismus und der grenzüberschreitenden organisierten Kooperation (einschließlich der rechtsförmigen Zusammenarbeit bzw. Auseinandersetzung) seit dem 19. Jahrhundert tatsächlich ohne jeden Zweifel beides: eine Geschichte der zwischenstaatlichen Kooperation und eine Geschichte der grenzüberschreitenden Kooperation einer bunten Vielfalt von Akteuren. Dennoch bedurfte es offenkundig des vermehrten und verdichteten Auftretens bestimmter Formen grenzüberschreitender Aktivität in den Jahrzehnten des weltwirtschaftlichen Booms nach 1945, um – und zwar zunächst in traditionell besonders staatsfixierten wissenschaftlichen Disziplinen – den Bedarf nach einer neuen Begrifflichkeit hervorzubringen. In den 1970er Jahren manifestierte sich dieser Bedarf auf drei Hauptgebieten, und die Entwicklungen in diesen Bereichen legten schließlich den Grundstein für die heutige Verallgemeinerung des Begriffes.

Erstens wurde von Seiten der Abteilung Internationales Recht in der Disziplin der Rechtswissenschaften der Begriff des "transnational law" nun vermehrt aufgegriffen. Ein Sammelband würdigte die Arbeit von Jessup[6], seit Mitte der 1970er Jahre erschienen mehrere Serienpublikationen zu Spezialgebieten des transnationalen Rechts, darunter die Titel *Transnational Contracts, Law and Practice, Transnational Economic and Monetary Law* und *Transnational Legal Problems*. Zweitens fand die neue Terminologie seit Beginn der 1970er Jahre in der aufblühenden Disziplin der Internationalen Beziehungen eine gewisse Verbreitung. Vertreter verschiedener Perspektiven reagierten damit auf das, was sie als zunehmende Einsicht in die *Networks of Interdependence*[7] beschrieben, die

5 Jessup, Transnational Law, bes. 2-9, und Kapitel 3.

6 Vgl. dazu Peer Zumbansen, Transnational Law, in: Jan Smits (Hg.), Encyclopedia of Comparative Law, Cheltenham Glos 2006, 738-754, hier 739, 751.

7 So der Titel des 1979 erschienenen Buches von Harold Jacobson.

die globalen Zusammenhänge der modernen Welt zunehmend kennzeichnen würden.[8] Der gewichtige Vertreter der (neo-)realistischen Schule der internationalen Beziehungen Robert Keohane gab schon 1971 eine thematische Schwerpunktnummer der Zeitschrift *International Organization* zum Thema "Transnational Relations and World Politics" heraus. Die Beiträge in diesem Heft waren berufen, in "reaction against the overemphasis on intergovernmental organization [...] to start from the patterns of interaction in the world". Demgegenüber wurde nun betont, dass "[a] good deal of intersocietal intercourse, with significant political importance, takes place without governmental control."[9] James Rosenau, ein durchaus anders orientierter Doyen der Disziplin, beschäftigte sich – ähnlich wie Jessup es schon in den 1950er Jahren getan hatte –, mit der Verzahnung von nationalen und internationalen Angelegenheiten[10] und leitete seit 1973 das Institute for Transnational Studies an der University of Southern California.[11] Im Bereich der mit internationalen Phänomenen beschäftigten Wissenschaften von Recht und Staat diente also die Einführung des Begriffes "transnational" eindeutig der Kritik an der eigenen, staatszentrierten Vergangenheit und der Etablierung neuer Perspektiven, die der Vielfalt grenzüberschreitender Beziehungen gerecht werden sollten.

Der dritte Hauptbereich, in dem sich die terminologische Neuerung vollzog, war zunächst kein im engeren Sinne wissenschaftlicher. Der Ausgangspunkt war in diesem Fall die Auseinandersetzung mit dem Phänomen der multinationalen Konzerne und des Wandels der grenzüberschreitenden wirtschaftlichen Aktivitäten überhaupt, und zwar insbesondere im Nord-Süd-Kontext. Diese Entwicklung stand unverkennbar im Zusammenhang mit einem Phänomen, das bald als *Neue Internationale Arbeitsteilung*[12] bezeichnet werden sollte und als Ausgangspunkt

8 Vgl. Zimmermann, "Reform"-Internationalismen, 18f.

9 Keohane und sein Mitherausgeber Joseph S. Nye nahmen dabei unter anderem Bezug auf das von Raymond Aron in den 1960er Jahren entwickelte Konzept der "transnational society" und auf einen 1969 erschienenen Aufsatz von Karl Kaiser, Transnationale Politik. Zu einer Theorie der multinationalen Politik, in: International Organization 3/1971, V, 330, 721, 724.

10 International Studies in a Transnational World, in: Millennium. Journal of International Studies 1/1976, 1-20; Capabilities and Control in an Interdependent World, in: International Security 2/1976, 32-49.

11 Im selben Jahr schritten auch Vertreter linker und imperialismuskritischer Positionen an die Gründung eines Transnational Institute, das schließlich 1974 in Amsterdam als internationaler Ableger des Institute for Policy Studies in Washington DC ins Leben trat [www.tni.org] (4.2.08).

12 So der Titel des Buches von Folker Fröbel/Jürgen Heinrichs/Otto Kreye, Die neue internationale Arbeitsteilung. Strukturelle Arbeitslosigkeit in den Industrieländern und die Industrialisierung der Entwicklungsländer, Reinbek 1977.

für den Eintritt in das neoliberale Zeitalter betrachtet werden kann. 1973 setzte der Economic and Social Council der Vereinten Nationen (ECOSOC) ein Expertengremium ein, das sich mit Fragen der Auswirkung von Angelegenheiten im Zusammenhang mit "transnational corporations" und deren Wirkung auf den "development process" beschäftigen sollte. In der Folge wurde bei den Vereinten Nationen das Centre on Transnational Corporations (CTC) gegründet, das seine Arbeit 1974 aufnahm und seit 1976 den *CTC Reporter* als periodische Publikation herausgab.[13] Die Tatsache, dass der Begriff der "transnational cooperation" in die UN-Terminologie Eingang gefunden hatte, trug gewiss in bedeutendem Maße zur weltweiten Verbreitung und Popularisierung der Terminologie des Transnationalen bei. (Seit) Ende der 1970er Jahre schmückten Begriffe wie *Transnational Unionism*[14] die Titelseiten neu erschienener Monographien, und das CTC gab eine ganze Buchreihe zu verschiedenen Aspekten des Phänomens der *Transnational Cooperations* heraus.

Zwar war in den 1980er Jahren eine gewisse weitere Diffusion des Begriffes "transnational" über die Themenfelder internationales Recht, TNCs und internationale Beziehungen hinaus zu beobachten.[15] Die Wissenschaft beschäftigte sich nun beispielsweise mit transnationaler Parteienkooperation, transnationalem Terrorismus und transnationaler Kommunikation. Den wirklichen Durchbruch zum wissenschaftlichen Allerweltsbegriff erlebte das Transnationale allerdings erst in den 1990er Jahren. Zentrale Impulse gingen dabei von der Migrationsforschung aus[16], von der Phänomene wie die "transnational communities", "transnational peasants", und "transnational motherhood" etc. entdeckt wurden. Rasch gesellte sich, in einem bis heute nicht enden wollenden Strom, Studie um Studie aus den Themenbereichen transnationale Kultur(-Studien), Demokratie bzw. Governance, Religion, Klassenbildung, Umweltstudien, soziale Bewegungen (mit besonderer Betonung von – unter anderem – "transnational feminist activism" und neuerdings "new social movements"), Sozial- bzw. Armutspolitik, intellektuelle Netzwerke, Zivilgesellschaft, Kriminalität, etc. hinzu. Der substantivierte

13 [untc.unctad.org/Data/Publication/FDIandTNCS/1973–2003Revised.pdf] (4.9.07).

14 John P. Windmuller, The Shape of Transnational Unionism. US Department of Labour, Bureau of International Labour Affairs, Washington 1979.

15 Als Referenz nicht nur für diese Epoche eignen sich unter anderem die verschiedensten Bibliothekskataloge. Ich habe insbesondere jene der Arbeiterkammer Wien, der Universitätsbibliothek Wien und der Central European University Budapest verwendet.

16 Von Bedeutung waren u.a. Nina Glick Schiller (Hg.), Towards a Transnational Perspective on Migration. Race, Class, Ethnicity, and Nationalism Reconsidered, New York 1992; Rainer Bauböck, Transnational Citizenship: Membership and Right in International Migration, Aldershot 1994; Diaspora. A Journal of Transnational Studies (erster Jg. 1991).

Begriff transnationalism datiert bis mindestens in das Jahr 1990 zurück[17] und wurde auch schon in der ersten Ausgabe von *Diaspora. A Journal in Transnational Studies* 1991 gebraucht. Die Institutionalisierung von "Transnational Studies" im höheren Bildungswesen in Gestalt von Studienprogrammen, Institutionen und Netzwerken kam nach der Jahrtausendwende voll in Gang.[18]

Definitionen beider Begriffe und Problemzonen ihrer Verwendung

Wie aber steht es nun um Verwendung und Geltungsbereich der beiden Begriffe? Der *Duden*[19] definiert die Bedeutung der aus dem Lateinischen stammenden Vorsilbe "trans ..., Trans ..." als "quer, durch – hindurch, hinüber, jenseits". Und tatsächlich! Jenseits der Leitha liegt für die HistorikerInnen der Habsburgermonarchie Transleithanien; die transsibirische Eisenbahn fährt quer durch ganz Sibirien, geradeso wie der Trans-Canada Highway als transkontinentale Fernstraße die Atlantik- mit der Pazifikküste verbindet; als Transkription schließlich wird unter anderem das Umschreiben eines Tonwerkes für eine andere als die ursprüngliche Besetzung, oder auch die Übertragung eines Wortes ("hinüber") in eine andere Schrift bezeichnet. Für die Vorsilbe "inter ..." findet sich zwar kein eigener Eintrag, doch gibt es einen solchen selbstredend für den Begriff international. Dieser wird keineswegs nur als "zwischenstaatlich", sondern gleichermaßen als "nicht national begrenzt" erklärt bzw. eingedeutscht.

Die beiden Begriffe enthalten gemäß dieser Definitionen somit weitaus mehr Gemeinsamkeiten als häufig angenommen. Diese liegen – zum einen – unübersehbar darin, dass, in welcher Wortbedeutung auch immer, eine Grenze überschritten, oder zumindest berührt wird. Jenseits dieser Grenze liegt etwas Anderes, das sich aufgrund ganz bestimmter Kriterien (Kontinent versus Ozean, Orchestersatz versus Klavierauszug) klar als solches erkennen bzw. bestimmen lässt. Dass es sich – zum zweiten – bei beiden Begriffen, um die es hier geht, bei diesem Anderem um die andere Nation bzw. die anderen Nationen handelt, stellt der gemeinsame Wortbestandteil "national" unzweifelhaft klar.

17 Michael Lacktorin, Transnationalism. Fitting Japan into your Transnational Strategy (= Business Series Bulletin. Sophia University. Nr. 129), Sophia 1990.

18 Beispiele unter anderen: die Transnational Studies Initiative seit 2002 [http://www.transnational-studies.org] (4.4.08), MA/MPhil/PhD program in Transnational Studies, University of Southampton [www.transnational.soton.ac.uk/about.html] (4.4.08); BA degree in Diaspora & Transnational Studies, University of Toronto [www.artsci.utoronto.ca/prospective/programs ofstudy/pdfs/diasporaandtransnationalstudies.pdf] (4.4.08).

19 Achtbändige Taschenbuch-Ausgabe von 1973.

Forschungen zu Geschichte und Gegenwart des Internationalismus und der institutionalisierten internationalen Kooperation – im folgenden kurz als Internationalismusforschung bezeichnet – beschäftigen sich zumeist mit einem einigermaßen klar umgrenzten Ausschnitt jener historischen und gegenwärtigen Phänomene, die grenzüberschreitenden Charakter hatten bzw. haben: mit internationalen Organisationen, international organisierten sozialen Bewegungen und den im Umfeld dieser Organisationen und Bewegungen auftretenden Phänomenen wie zum Beispiel internationalen Kongressen und Mobilisierungen, sowie – bislang noch in geringerem Maße – mit Kulturen und Diskursen des Internationalismus. Zu keinem Zeitpunkt beschränkten sich die Forschungen in diesem Interessensfeld rund um das Internationale auf zwischenstaatliche Interaktionen und Organisationen. Dies verdankt sich mehreren Faktoren. Von Bedeutung ist zum einen die Tatsache, dass der Internationalismus und die grenzüberschreitende organisierte Kooperation historisch als Phänomene auf den Plan traten, an denen nicht-staatliche AkteurInnen einen wichtigen Anteil hatten. Dies gilt nicht nur für typische grenzüberschreitende soziale Bewegungen wie die Arbeiter- oder die Frauenbewegung, sondern beispielsweise für die grenzüberschreitenden Organisationen und Aktivitäten der Antisklavereibewegung oder die Völkerrechtswissenschaft des 19. Jahrhunderts. Zum anderen stieß die Forschung bei der Suche nach der Vorgeschichte zwischenstaatlicher Kooperation und Organisation regelmäßig auf den häufig bedeutenden Beitrag zivilgesellschaftlicher Akteure, Bewegungen, Organisationen.[20] Dies war bei einer ganzen Reihe von Studien auch dann der Fall, wenn sie diesem Thema nur in einleitenden Bemerkungen und Kapiteln Platz einräumten.

Realiter beschäftigten sich dementsprechend frühe Reflexionen über den Internationalismus bzw. Studien zu internationaler Interaktion expressis verbis beispielsweise mit *The Structure of Private International Organizations*[21], andere frühe Arbeiten bezogen die nicht-staatlichen AkteurInnen systematisch mit ein.[22] Heutige Arbeiten sprechen durchgehend etwa von "intergovernmental" und "non-governmental international" Kooperation, oder von "private international associations" versus "public international unions" bzw. weisen explizit darauf

20 Eine Zusammenschau dieser historischen Abläufe bietet Zimmermann, "Reform"-Internationalismen.

21 Lyman Cromwell White, Philadelphia 1933.

22 Z.B. Paul S. Reinsch, International Unions and Their Administrations, in: The American Journal for International Law 3/1907, 579-623.

hin, dass und warum sie sich in bestimmten Zusammenhängen mit dem Einen und dem Anderen, nur mit Einem von Beiden, oder etwa mit der "symbiotic ... relationship" zwischen Beidem beschäftigen.[23]

Es besteht mit alledem für die Internationalismusforschung kein Anlass, sich der oben skizzierten terminologischen Revision, die von bestimmten Vertretern der bis dato besonders staatsfixierten internationalen Abteilungen der Rechts- und Staats- bzw. Politikwissenschaften insbesondere seit den 1970er Jahren vollzogen wurde, ohne Wenn und Aber anzuschließen. Die in der boomenden Transnationalismusforschung immer wieder kolportierte oder mitschwingende Vor- bzw. Unterstellung, "international" bedeute "zwischenstaatlich", ist im Lichte der lexikalischen Definitionen, der Geschichte, und der Geschichtsschreibung zum Thema wenig zutreffend.

Dass die neueren Forschungen zum Transnationalen gegenüber den Themenfeldern der älteren und jüngeren Forschungen zum Internationalen bedeutende Erweiterungen vornehmen, ist trotz alledem eine unbezweifelbare Tatsache. Sie beschäftigen sich, wie schon oben angedeutet, thematisch mit mehr, bzw. zumeist mit anderen Phänomenen als die Forschungen zu organisierter internationaler Interaktion. Dabei werden immer neue transnationale Phänomene unter die wissenschaftliche Lupe genommen, immer neue Forschungsperspektiven vorgestellt. In diesem "excited rush to address an interesting area of global activity and theoretical development", so kommentierte dementsprechend Steven Vertovec, mittlerweile Professor of Transnational Anthropology an der University of Oxford, "there is not surprisingly much conceptual muddling."[24] Die Feststellung, dass der Begriff "transnationalism [...] has been overused and misused, and furthermore often used without conceptual or definitional clarity"[25], gehört mittlerweile bei Teilen der Transnationalismusforschung fast zum guten Ton. Vertovec selbst schlug 1999 eine plausible Systematisierung wichtiger Forschungsthemen oder -cluster vor. Er unterschied zwischen "transnationalism as a social morphology, as a type of consciousness, as a mode of cultural reproduction, as an avenue of capital, as a site of political engagement, and a

23 Zitate aus Clive Archer, International Organizations, London/New York 2001. Ein jüngeres Standardwerk zu den "nongovernmental organizations" ist John Boli, George M. Thomas (Hg.), Constructing World Culture. International Nongovernmental Organizations since 1875, Stanford 1999.

24 Conceiving and Researching Transnationalism, in: Ethnic and Racial Studies, 2/1999, 447-462, hier 448.

25 Nadje Al-Ali/Khalid Koser (Hg.), New Approaches to Migration: Transnational Communities and the Transformation of Home, London 2002, 1.

reconstruction of 'place' or locality." Häufig beschäftige sich die Transnationalismusforschung in diesem Rahmen unter anderem mit "social formation[s] spanning borders", mit "dual or multiple identifications", mit dem "flow of cultural phenomena" und der damit verbundenen Hybridität oder bricolage, und mit dem kapitalnahen Transnationalismus "von oben" und dem sozial bewegten Transnationalismus "von unten".[26]

In einem solch weit (und noch weiter) gefassten Forschungsfeld entzieht sich der gemeinsame Zentralbegriff des Transnationalen naturgemäß weitestgehend Bemühungen um eine übergreifende und zugleich einigermaßen präzise Definition. Dennoch lassen sich zwei Elemente der gemeinsamen Identität der Transnationalismusstudien identifizieren. Diese werden zum Beispiel dort, wo einzelne Studien, Programmschriften und sonstige Darstellungen sich um knappe Beschreibung oder Einführung bemühen, immer wieder genannt. Transnationalismusforschung beschäftigt sich erstens mit Phänomenen grenzüberschreitenden Charakters. Transnationalismus "broadly refers to multiple ties and interactions linking people or institutions across the borders of nation-states", heißt es etwa in der Beschreibung einer Buchreihe zu "Transnationalism".[27] Damit kehrt die Transnationalismusforschung mit Blick auf den Wortbestandteil "trans" zu einem gemeinsamen Nenner zwischen den Begriffen "transnational" und "international" zurück, der schon in den lexikalischen Definitionen feststellbar war. Das zweite Element des verbreiteten Konsenses in der Selbstdefinition der Transnationalismusstudien knüpft demgegenüber unverkennbar an jener zentralen inhaltlichen Bestimmung der Unterscheidung zwischen "inter"- zu "transnational" an, wie sie von um terminologische Revision bemühten Vertretern der internationalen Abteilungen der Rechts- und Staats- bzw. Politikwissenschaften insbesondere in den 1970er Jahren vollzogen wurde: Transnationale Forschung ist demnach gleichbedeutend mit der Überwindung traditioneller Formen der Staatsfixiertheit in den beteiligten Wissenschaften. "[T]heoretical approaches to the study of

26 Vertovec, Conceiving. Insbesondere die Einbeziehung der letztgenannten Forschungen zum Transnationalismus "von oben" und "von unten" in das weit gefasste Feld der Transnationalismusstudien lässt die Frage aufkommen, ob die Internationalismusforschung im oben definierten Sinne nicht schlicht und einfach in ihrer Gesamtheit als Teil der Transnationalismusstudien begriffen werden sollte oder könnte. Dass ich im Rahmen dieses Beitrages an der Unterscheidung festhalte, hängt im Kern mit dem unterschiedlichen Verhältnis beider Forschungsrichtungen zur Frage der Staatlichkeit zusammen, die weiter unten diskutiert wird.

27 [www.transcomm.ox.ac.uk/wwwroot/routledge.htm] (7.2.08).

global social phenomena have traditionally focused on the nation-state as the central defining framework".[28] Transnationale Forschung sei demgegenüber "research that supersedes conventional state-centric perspectives".[29]

Die Transnationalismusforschung macht sich damit zu einer der vielen Stimmen, die mittlerweile überall in den Geistes- und Sozialwissenschaften zur Kritik unserer ererbten viel zu eng gefassten Konzeptualisierungen der Nation, des Staates, und der damit verbundenen Institutionensysteme – zur Revision des ererbten "methodologischen Nationalismus"[30] also – aufrufen. Solch eng gefasste Konzeptualisierungen prägten und prägen, implizit oder explizit, tatsächlich die Geistes- und Sozialwissenschaften insgesamt, und somit selbstredend auch das Feld der Internationalismusforschung.

Die Welle der Kritik an der Staatszentriertheit der ererbten Konzepte der Geistes- und Sozialwissenschaften verdankt sich bekanntermaßen zumindest zum Teil der Wahrnehmung einer augenscheinlichen Entmächtigung des (westlichen) Staates unserer Zeit, die insbesondere im Westen mit dem Stichwort der "Globalisierung" verknüpft worden ist. Die Beschwörung und Debatte dieses Wandels haben auf jeden Fall in hohem Maße dazu beigetragen, dass mehr und mehr WissenschaftlerInnen sich aus der früheren Fixierung auf den Staat als gleichsam natürliche, und damit auch in der Forschung "naturalisierte", Untersuchungseinheit zu lösen begonnen haben. Die Geister scheiden sich allerdings spätestens dann, wenn es um die Einschätzung dieses Wandels geht. Ungeachtet der dabei zutage tretenden unterschiedlichen Einschätzungen kann aber gewiss kein Zweifel daran bestehen, dass der Staat und mit ihm das zwischenstaatliche System historisch wie aktuell höchst bedeutsame und wirkungsmächtige Institutionen darstell(t)en. Dies gilt unabhängig davon, wie man über den Wandel der historischen Bedeutung dieser Institutionen, über Periodisierung, Bedeutungsverlust oder Bedeutungsgewinn einzelner oder aller Staaten denken mag, und

28 So eine Formulierung im Abschnitt "About the Book" in der Verlagspräsentation des Sammelbandes Peggy Levitt/Sanjeev Khagram (Hg.), The Transnational Studies Reader. Intersections and Innovations, London 2007, die in dem Sinne als sorgfältig zu bezeichnen ist, als sie ihre Kritik explizit ausschließlich an die "theoretical approaches" beim Studium globaler Phänomene adressiert [www.routledgegeography.com/books/The-Transnational-Studies-Reader-isbn 9780415953733] (19.2.08).

29 So die Beschreibung einer Buchreihe zu "Transnationalism" [www.transcomm.ox.ac.uk/wwwroot/routledge.htm] (7.2.08).

30 Andreas Wimmer/Nina Glick Schiller, Methodological Nationalism and Beyond. Nation-state Building, Migration, and the Social Sciences, in: Global Networks 4/2002, 301-334, diskutieren den mittlerweile viel gebrauchten Begriff und die damit verbundenen Konzepte. In ihrer Studie verfolgen sie den Begriff zu zwei einzelnen Studien aus den 1970er und 1980er Jahren zurück.

wie man die Beziehungen zwischen Staaten und zwischenstaatlichem System einerseits und nicht-staatlichen Akteuren sowie nicht-staatlichen Beziehungen andererseits denkt.

Wenn dem so ist, dann folgen daraus bestimmte Fragen und Forderungen an die Internationalismusforschung einerseits und die Transnationalismusforschung andererseits. Für die Internationalismusforschung ergibt sich aus dem oben Gesagten die Einsicht, dass es nicht genügt, sich "auch" mit nicht-staatlichen Akteuren, Institutionen und Handlungsformen zu beschäftigen. Vielmehr muss es darum gehen, dies so zu tun, dass daraus ein Beitrag zur Revision der – ungeachtet aller Vielfalt – zu eng gefassten Konzeptualisierungen von Staatlichkeit und des diese überwölbenden internationalen Systems wird, an denen die Sozial- und Geisteswissenschaften insgesamt leiden. An die Transnationalismusforschung ihrerseits ist die Frage zu richten, was konzeptuell mit dem Staat und dem zwischenstaatlichen System geschieht, nachdem oder insofern die "conventional state-centric perspectives" überwunden werden. Zusammengenommen und auf beide Forschungsfelder bezogen stellt sich also die Frage, ob und mit welchen Perspektiven und Ergebnissen Forschungen in diesen Bereichen sich auf die Suche nach angemessenen Konzeptualisierungen von Nation und Staatlichkeit und der Bedeutung nationalstaatlicher Institutionen in konkreten historischen Zusammenhängen begeben haben. Mit Blick auf den trans- und internationalen Bezugsrahmen beider Forschungsrichtungen stellen sich zudem Fragen nach dem Zusammenhang zwischen den historischen und gegenwärtigen Formen und Dynamiken der Überschreitung des institutionellen Systems "Staat", nach der Konstruktion und Funktion dieses Systems bzw. nach dessen Platz in Zusammenhängen, die territorial kleiner und größer als der Staat waren sind, die nicht oder nur in geringem Maße territorial bestimmt waren und sind, etc.

Diese Fragen können hier nicht in der angemessenen Komplexität diskutiert werden. Doch lassen sich zumindest zwei erstaunliche Gemeinsamkeiten und ein – in beiden Forschungsfeldern gleichsam spiegelverkehrt in Erscheinung tretender – Unterschied zwischen bestimmten Haupttendenzen feststellen, die beide Forschungsbereiche mit Blick auf diese Fragenkreise kennzeichnen.

Der Unterschied macht sich an der Bezugnahme auf den Staat und das zwischenstaatliche System fest. Die Internationalismusforschung beschäftigte sich historisch und beschäftigt sich aktuell zentral mit internationalen Organisationen, Institutionen und Bewegungen und mit deren Bezugnahme auf die einzelnen Staaten und das zwischenstaatliche System in der Epoche seit dem Aufstieg des Internationalismus im 19. Jahrhundert. Dies ist einer durchschlagenden Problematisierung fehlender, enger, oder statischer Konzeptualisierungen sowohl der Institution Staat wie auch des internationalen Systems offenkundig noch immer eher ab- als zuträglich. Dieses Problem betrifft nicht alle Strömungen in der Internationalismusforschung, aber doch einige der bedeutendsten unter ihnen, darunter etwa die (neo-)realistische.[31] Bei der Transnationalismusforschung sind umgekehrt Tendenzen zu verzeichnen, den Abschied von "conventional state-centric perspectives" in eine Abkehr von der systematischen Einbeziehung des Staates in die Analyse zu verwandeln. Zwar gibt es, insbesondere seitdem der Aufstieg des neuen Paradigmas gesichert erscheint und damit die Abgrenzung vom (unterstellten) Staatszentrismus aller anderen Forschungsrichtungen bzw. -ansätze an strategischer wissenschaftspolitischer Bedeutung verliert, vermehrt Strömungen, die sich unter anderem eine Rekonzeptualisierung des Staates (und sehr viel seltener des zwischenstaatlichen Systems) zum Anliegen machen.[32] Doch die Forderung, "empirical connections and interactions" des Transnationalismus "with 'non-transnational' phenomena and dynamics" ins Zentrum des Interesses zu rücken,[33] ist für beträchtliche Teilbereiche der Transnationalismusforschung noch immer eher Programm als Realität.

Letztlich leisten damit bedeutende Strömungen der Internationalismus- und der Transnationalismusforschung, im Gefolge ihrer sehr unterschiedlichen Probleme mit der Analyse von Staat und zwischenstaatlichem System, gemeinsam einen Beitrag zur Erhaltung von "conventional state-centric perspectives": erstere durch Fortschreibung des Alten in der Beschreibung des Staates und des zwischenstaatlichen Systems, zweitere dadurch, dass an den Platz des ungeliebten Alten eine Leerstelle anstelle einer Alternative tritt.

Die erste der beiden Gemeinsamkeiten zwischen wichtigen Strömungen der Transnationalismus- bzw. Internationalismusforschung könnte als Hypostasierung der nicht-staatsgetragenen Dimensionen des Trans- bzw. Internationalen umschrieben werden. Bei der Transnationalismusforschung erwächst diese Erscheinung unter anderem aus der Tendenz, den Begriff des Transnationalen aus seiner Verflechtung mit anderen Dimensionen der Geschichte zu lösen. Damit wird, neben dem Staat und vielen anderen sozialen Institutionen und historischen Zusammenhängen, auch dem zwischenstaatlichen System ein Platz an der Peripherie des Forschungsfeldes zugewiesen. Im Ergebnis finden sich die entsprechenden Strömungen der Transnationalismusforschung in unerwarteter Gemeinschaft ausgerechnet mit bestimmten, über das 20. Jahrhundert hinweg

31 Vgl. Zimmermann, "Reform"-Internationalismen, 14ff.

32 Zum Beispiel Roger Waldinger/David Fitzgerald, Transnationalism in Question, in: American Journal of Sociology 5/2004, 1177-1195.

33 So eine Formulierung der Transnational Studies Initiative, eines Projektes der Harvard University und der University of Washington [www.transnational-studies.org/pdfs/ TSI_Overview.pdf] (5.2.07).

einflussreichen progressiv-liberalen bzw. sozialreformerisch-sozialdemokratisch geprägten Strömungen der Internationalismusforschung wieder. Diese gingen und gehen davon aus, dass gegenüber dem Kern des zwischenstaatlichen Systems, das von staatlichen Eigeninteressen und staatlicher Machtpolitik und damit letztlich anarchisch bestimmt sei, – beginnend schon seit dem 19. Jahrhundert – diverse nicht-staatliche internationale Akteure, internationale Dependenz, und freiwillig befolgte internationale Normen und Übereinkünfte an Bedeutung gewonnen hätten. Eine klassische Variante solcher Sichtweisen stellte die so genannte "idealistische" Schule der internationalen Beziehungen dar, eine modernere das Konzept der Global Governance.[34] Beide dieser Sichtweisen meinen eine schrittweise Zähmung der despotischen Staatenwelt durch nicht machtpolitisch bestimmte Interaktion beobachten zu können bzw. suchen diesen Prozess von wissenschaftlich-politischer Seite mit voranzutreiben. Sie treffen sich in der dafür notwendigen bzw. dabei vorausgesetzten analytischen Aufwertung der nicht-staatsgetragenen Dimensionen des Trans- bzw. Internationalen mit dominanten Strömungen der Transnationalismusforschung.

Die zweite Gemeinsamkeit dominanter Strömungen der Internationalismus- und Transnationalismusforschung ihrerseits lässt sich ausgehend von einer zentralen terminologischen Übereinstimmung aufzeigen, die beide Wortstämme kennzeichnet. Wir kommen damit also noch einmal zur Diskussion der Begrifflichkeiten zurück. Gemeinsam ist den Begriffen des Transnationalen und des Internationalen ja wie gesagt ganz offenkundig der Wortbestandteil "national". Und gemeinsam ist vielen Forschungen in beiden Bereichen, dass sie den Charakter der eben damit bezeichneten Einheiten – deren Grenzen die von ihnen beforschten trans- bzw. internationalen Phänomene und Akteure regelmäßig überschreiten – nicht hinreichend problematisieren. Zwei Fragen werden selten, und wenn, dann zumeist nur von manchen so genannten SpezialistInnen gestellt, die oft gar nicht als ForscherInnen des Trans- bzw. Internationalen wahrgenommen werden: War bzw. ist das, was diesseits bzw. jenseits der im Zeichen von Inter- oder Transnationalität überschrittenen Grenze lag bzw. liegt, denn tatsächlich unbedingt eine (andere) Nation oder ein (anderer) Staat? Und gab bzw. gibt es nicht bedeutsame Unterschiede im inneren Charakter der Gebilde diesseits und jenseits der Grenze und in den Beziehungen zwischen einzelnen und mehreren dieser Gebilde? Und spielen nicht gerade diese Unterschiede eine zentrale Rolle in der Gestaltung und für die Entwicklung des internationalen Systems, das sich aus diesen höchst unterschiedlichen Einheiten zusammensetzt? Mit

34 Vgl. Zimmermann "Reform"-Internationalismen, 14f., 19.

anderen Worten: In aller Regel werden weder die enorme Machtungleichheit zwischen den verschiedenen Elementen, aus denen sich das inter/transnationale System zusammensetzt, noch die enorme Unterschiedlichkeit zwischen diesen Elementen, die sowohl in deren äußerer (staatsrechtlicher) wie auch in deren innerer Konstituiertheit sichtbar wird, systematisch in die Erforschung des Trans- und Internationalen einbezogen.

Diese zweite und zutiefst problematische Gemeinsamkeit der Konzeptualisierungen der Begriffe trans- und international lässt sich also als fehlende systematische Einbeziehung des Problemfelds der globalen Ungleichheit in der Geschichte der Moderne umschreiben. Dies gilt freilich nicht durchgängig bzw. nicht für die entsprechende Forschung insgesamt. Herangehensweisen, die das Thema der globalen Ungleichheit (mit) ins Zentrum des Interesses rücken, finden sich in erster Linie bei VertreterInnen von zweierlei Ansätzen. Post-kolonial inspirierte Arbeiten zur Geschichte des internationalen Rechtes, der internationalen Beziehungen und des Transnationalen lassen die Bedeutung globaler Ungleichheit sichtbar werden, wenngleich globale Ungleichheit hier nicht selten eher vorausgesetzt als ins Zentrum der Analyse gerückt wird. VertreterInnen weltsystemischer Ansätze ist die Auseinandersetzung mit globaler Ungleichheit ein zentrales Anliegen, doch stellt für sie die Beschäftigung mit dem Themenkreis der Transnationalität und des Internationalismus keinesfalls eine Selbstverständlichkeit dar. Dass demgegenüber in vielen dominanten Strömungen der Internationalismus- und Transnationalismusforschung das systematische Interesse an Phänomenen globaler Ungleichheit als Grundtatbestand des Trans- und Internationalen in der Moderne überhaupt weitgehend fehlt, hat eine Reihe von Gründen. Im Falle der Transnationalismusforschung zählt dazu gewiss das oben angesprochene, wenig ausgeprägte Interesse an der klassischen Institution Staat. Diese Orientierung trägt nicht dazu bei, die Aufmerksamkeit in Richtung einer systematischen Auseinandersetzung mit der Ungleichheit der Beziehungen innerhalb der "Staatengemeinschaft" zu lenken. Doch lässt sich das geringe Interesse an einer systematischen Auseinandersetzung mit dem Phänomen globaler Ungleichheit damit nur teilweise erklären. Denn globale Ungleichheit trat und tritt ja keineswegs allein als Ungleichheit des institutionell gefassten zwischenstaatlichen bzw. internationalen Systems auf den Plan, sondern eben auch als gesellschaftliche, ökonomische, kulturelle Ungleichheit im globalen Maßstab – Erscheinungen, die mit der Ungleichheit der Beziehungen innerhalb der "Staatengemeinschaft" in vielfacher Weise verflochten, mit dieser aber keineswegs identisch sind. Hinzu kommt, dass die Frage der globalen Ungleichheit auch von der großen Mehrzahl der Forschungen zum Internationalen – seien sie nun mehr oder weniger stark staatsfixiert, bzw. in Sachen Konzeptualisierung von Staatlichkeit traditionell oder weniger traditionell gestrickt – (zumindest) marginalisiert wird, während das Staatensystem in diesen Forschungen eine bedeutende Rolle spielt.

Die tiefer liegende Erklärung für das gemeinsame fortgesetzte Desinteresse der Hauptströmungen der Forschung zum Transnationalen und zum Internationalen an globaler Ungleichheit und ungleicher Mächtigkeit als konstitutivem Element von Trans- oder Internationalität ist daher unzweifelhaft in hohem Maße anderswo zu suchen: nämlich in der fortdauernden Befangenheit dieser Forschung in einer Orientierung an den westlichen Zentren und den von den reichen Weltregionen dominierten globalen Dimensionen des Internationalen bzw. Transnationalen. Noch immer "verharrt" – wie Jürgen Osterhammel treffend formuliert hat – "die Geschichte, sehr vereinfacht gesagt, der Nord-Nord-Beziehungen und die der Nord-Süd-Beziehungen weitgehend verbindungslos nebeneinander".[35] Jene ForscherInnen, denen die zweitere Dimension ein Anliegen ist, werden noch immer als SpezialistInnen der Kolonial- und Imperialismusgeschichte, der Entwicklungsforschung und neuerdings der Post-Colonial Studies angesehen. Jene, deren Aufmerksamkeit sich in erster Linie auf die Nord-Nord-Beziehungen richtet, gelten dagegen nach wie vor häufig als ErforscherInnen "des" Trans- und "des" Internationalen.

Dabei wäre oder ist es gar nicht so schwer, am Beispiel vieler einzelner Themenstellungen und Forschungsfelder in der Internationalismus- und Transnationalismusforschung konkret zu zeigen, dass und wie eine Annäherung der beiden Dimensionen möglich ist. Der höchst produktiven Weiterentwicklung von Forschungsperspektiven, die dabei entstehen kann bzw. sichtbar wird, geht es unter anderem eben darum, einen Beitrag zur Entwicklung komplexer und angemessener Konzeptualisierungen von Staatlichkeit und zwischenstaatlichem bzw. internationalem System zu leisten. Im folgenden möchte ich am Beispiel der Forschung zur Geschichte organisierter internationaler "Reform"-Politik, in deren Rahmen die inter- und transnationalen Bewegungen, Organisationen und Netzwerke der ArbeiterInnen unzweifelhaft eine gar nicht zu unterschätzende Rolle gespielt haben, Ansatzpunkte eines solchen Perspektivenwechsels vorstellen.

35 Jürgen Osterhammel, Internationale Geschichte, Globalisierung und die Pluralität der Kulturen, in: Wilfried Loth/Jürgen Osterhammel (Hg.), Internationale Geschichte. Themen, Ergebnisse, Aussichten, München 2000, 387-408, hier 393. Osterhammels Überlegungen zu diesem Punkt beziehen das von ihm als eigene Interessenrichtung der Internationalen Geschichte beschriebene Feld "der Geschichte transnationaler Vernetzungs- und Integrationsprozesse in Politik [...], Wirtschaft, Gesellschaft und Kultur" nicht mit ein. Ich sehe dafür nicht nur keinen Grund, sondern umgekehrt viele entscheidende Gründe, dies doch zu tun.

Perspektiven der Internationalismusforschung im Spannungsfeld globaler Ungleichheit[36]

Die "Reform"-Internationalismen haben für die Gestaltung der Prozesse historischen Wandels seit dem 19. Jahrhunderts weltweit unzweifelhaft eine bedeutende und langfristig zunehmende Rolle gespielt. Entstanden in und dominiert von Europa und gegen Ende des 19. Jahrhunderts zunehmend vom transatlantischen Beziehungsgefüge und den USA, bezogen viele der organisierten "Reform"-Internationalismen einen Gutteil ihrer historischen Entwicklungsdynamik von Beginn an aus der Auseinandersetzung um die europäische Expansion. Die Ausbreitung der christlichen Mission, die seit dem Ende des 18. Jahrhunderts einen nie gekannten Aufschwung erlebte, war ohne den Kontext der europäischen Machtausweitung undenkbar. Die Antisklavereibewegung begann in hohem Maße als eine Form der europäischen Selbstkritik gegenüber der transatlantischen Sklaverei und zielte unzweideutig auf Transformation von Arbeit in Außereuropa in "freie" kapitalistische Lohnarbeit und markteingebundene bäuerliche Produktion. Mit dieser grenzüberschreitenden Vision einer Reorganisation der Arbeit trug sie einerseits zu einer globalen Angleichung der Arbeitsorganisation, andererseits zur weltweiten Expansion bestimmter Formen kapitalistischer Produktion, des ungleichen Austausches und zu global ungleichen Formen und Dimensionen der Ausbeutung bei.

Aus der Antisklavereibewegung gingen bedeutende frühe internationale Netzwerke des Humanitarismus hervor. Zugleich erfand und internationalisierte die führende Weltmacht Großbritannien in diesem Kontext das Prinzip der Legitimation von europäischer Herrschaft in Außereuropa durch humanitäre Ziele: so etwa in Gestalt kolonialer Inbesitznahme als Mittel der Bekämpfung der Sklaverei oder des Bekenntnisses schwächerer Staaten und Herrscher zu "antislavery" als Voraussetzung friedlichen internationalen Zusammenlebens.

Der organisierte Panafrikanismus kämpfte demgegenüber um die Gleichstellung der "negro diaspora" überall auf der Welt und verband dies zumeist mit der Vorstellung, dass der Weg zur Überwindung rassistischer Diskriminierung über die Angleichung der Lebens- und Arbeitsbedingungen der "coloured races" an jene der dominanten weißen Bevölkerungen führe.

Das für den "Reform"-Internationalismus des 19. Jahrhunderts bedeutende Expertennetzwerk der international organisierten Völkerrechtler wiederum

36 Siehe dazu Fischer/Zimmermann, Internationalismen, und Zimmermann, "Reform"-Internationalismen, 20-30.

betrieb keineswegs nur die Schaffung internationaler Institutionen und Vereinbarungen zur Vermeidung bewaffneter Konflikte in Europa und zwischen den souveränen Nationen überhaupt. Das Expertennetzwerk beteiligte sich ebenso intensiv an den großen internationalen Konferenzen und Aktivitäten etwa des späten 19. Jahrhunderts, in denen die Mächte, unter anderem zum Zwecke der Vermeidung von kriegerischem Konflikt untereinander, zum Mittel der multilateralen Abkommen insbesondere über die Aufteilung Afrikas und über die Regeln des europäischen Regierens auf diesem Kontinent schritten. Die Völkerrechtler entwickelten auch jenen elastischen völkerrechtlichen "standard of civilization", dessen Einhaltung als Eintrittskarte nicht-europäischer Nationen in die "Völkerfamilie" galt. Seine Nicht-Einhaltung wurde immer wieder zur Begründung für die mehr oder weniger direkte Einmischung der Mächte. Die historische Traditionslinie von hier bis zu den heutigen Forderungen nach "Demokratie" und "Einhaltung der Menschenrechte" ist unübersehbar.

Andere Internationalismen trugen auf andere Weise zur Transformation und auch zur Infragestellung globaler Ungleichheit bei. Der sozialistische Internationalismus sah in der globalen Verallgemeinerung der in Europa geborenen industriellen Produktionsweise die Grundlage der Befreiung des Proletariats und der Menschheit überhaupt. Die Komintern und der "staatssozialistische" Block verdankten ihre Entstehung einer Revolution und verschiedenen anderen historischen Auseinandersetzungen, in denen es unter anderem um das Aufbegehren gegen ungleiche Entwicklung und ökonomische Marginalisierung innerhalb Europas und über Europa hinaus ging. Die internationalen Organisationen der nicht-sozialistischen Frauenbewegung waren sich uneinig darüber, ob und in welchem Maße Personen und Organisationen aus staatsrechtlich unselbstständigen oder nur teilweise selbständigen Gebilden eigenständige internationale Vertretungsrechte zukamen. Manche von ihnen verstanden sich in manchen Zusammenhängen, ebenso wie die Sozialisten und Sozialistinnen, durchaus als internationalistische Vorreiter einer zukünftigen egalitäreren Repräsentation der Völker im internationalen System.

Der Völkerbund wiederum betrieb mit seiner Mandatspolitik in den ehemaligen Kolonien der Verlierermächte des Ersten Weltkriegs eine spezifische Form der "reform"-orientierten Internationalisierung des Kolonialismus. Die Mandatarmächte, denen der Völkerbund die "Vormundschaft" über diese Gebiete übertragen hatte, waren satzungsgemäß auf die Sicherung des "Wohlergehen[s] und [der] Entwicklung dieser Völker"[37] verpflichtet, und der Völkerbund entwickelte hierzu eine Reihe von Mechanismen internationaler Kontrolle. Die Vereinten

37 Völkerbundssatzung [www.documentarchiv.de/wr/vv01.html] (19.2.08).

Nationen transformierten die dabei entstandene Dynamik dann in eine verwandte Dynamik der international angeleiteten und überwachten Dekolonisierung. Das im Rahmen der Charta der Vereinten Nationen installierte "internationale Treuhandsystem" für (noch) nicht souveräne Hoheitsgebiete[38] erfüllte wichtige Funktionen gegenüber den abdankenden Kolonialmächten, auch wenn es nur für eine geringe Zahl von Territorien direkt zuständig war. Zugleich gehörte es gemeinsam mit der von den Vereinten Nationen betriebenen internationalen Entwicklungspolitik zu den Grundlagen und Komponenten jener zukunftsorientierten Politik, die sicherstellen sollte, dass möglichst viele Teilnehmer an der sich nunmehr tatsächlich globalisierenden "Völkerfamilie" auf bestimmte westlich-universelle Grundwerte zu verpflichten waren.

Die breit gefächerten internationalen Netzwerke und Lobbies des Humanitarismus, deren Entstehung und Handlungsmaximen sich unmittelbar bis zum Antisklavereiaktivismus der ersten Jahrzehnte des 19. Jahrhunderts zurückverfolgen lassen, spielten und spielen bis heute für die Sicherstellung dieses Werte-Konsenses eine wichtige Rolle. Nicht wenige von ihnen zögern nicht, die (zumeist) multilaterale Militärintervention – in der Theorie gegenüber jedem denkbaren Land, in der Realität gegenüber schwachen oder widerspenstigen Regimen und "failed states" – zu unterstützen, um dort die Einhaltung von Menschen- oder Frauenrechten durchzusetzen. Andere bemühen sich darum, politische und diskursive Strategien zu entwickeln, die eine Verbindung zwischen dem Kampf um solche humanitären Werte und der Herausforderung globaler Ungleichheit und globaler Machtstrukturen ermöglichen bzw. vorantreiben.

Mit alledem sind nur einige wenige, wenngleich – wie ich meine – bedeutsame Dimensionen der dynamischen historischen Beziehung zwischen "Reform"-Internationalismus und Transformationen globaler Ungleichheit angesprochen. Wenn wir unser Wissen über diese historische Beziehung systematisch erweitern möchten, müssen wir uns mindestens drei unterschiedlichen Fragenkomplexen verstärkt zuwenden, die, wiewohl in der historischen Realität immer wieder verwoben, deutlich unterschiedliche Forschungszugänge erfordern.

Die erste Ebene könnte als jene der organisatorischen "Innenpolitik" der Internationalismen beschrieben werden. Als grenzüberschreitende Entitäten mussten sich die Internationalismen, ob sie dies nun gezielt oder eher ungeplant taten, in ihren internen Handlungsmustern und organisatorischen Strukturen in

38 Kap. 12 und 13 der Charta der Vereinten Nationen [www.unric.org/index.php?option=com_content&task=view&id=108&Itemid=141] (19.2.08).

irgendeiner Weise zu den vorgefundenen ungleichen Strukturen des internationalen Systems verhalten. In ihrer Innenpolitik konnten sie diese getreu abbilden (bzw. gar noch unterstreichen) oder aber in emanzipatorischer Absicht oder Weise in Frage stellen. Die Analyse dieser innenpolitischen Selbstpositionierung der Internationalismen gegenüber Problemen globaler Ungleichheit gilt es sodann um die Frage zu ergänzen, welche Rolle diese Selbstpositionierung in historischen Prozessen der Transformation globaler Ungleichheit tatsächlich spielte. Die Zulassung "Polens" als eigene Sektion der Zweiten Internationale etwa stellt zwar eindeutig eine Vorwegnahme des Prinzips der nationalen Selbstbestimmung in Ostzentraleuropa dar. Doch kam dieser Selbstpositionierung des internationalen Sozialismus in der Epoche vor dem Ersten Weltkrieg längerfristig gewiss eine ungleich geringere historische Bedeutung zu, als etwa der Konstruktion des Sicherheitsrates der Vereinten Nationen, in dem jenen fünf Großmächten, die allein ständige Mitglieder sind, ein unbedingtes Vetorecht in zentralen Fragen internationaler Politik zukommt.

Auf einer weiteren Ebene gilt es sodann, sich mit der weltanschaulichen und politisch-ideologischen Selbstpositionierung der Internationalismen in Fragen der globalen Ungleichheit zu befassen und dabei wiederum nach der Rolle zu fragen, die solche Selbstpositionierungen in Prozessen globaler Transformation gespielt haben. Nicht alle, aber doch viele Internationalismen haben zumindest zu einzelnen Elementen dieses Problemkreises explizit Stellung bezogen, eigene Interpretationen, Zukunftsvorstellungen, Forderungskataloge und politische Programmatiken entwickelt – so etwa die Komintern zu Fragen der Revolution in der (erst später so genannten) Dritten Welt oder die Internationale Arbeitsorganisation zur Problematik der "nicht-metropolitanen" Arbeit oder der grenzüberschreitenden Migration. Wenn der Panafrikanismus die rechtlich-politische Gleichstellung aller "Rassen" als Voraussetzung für den Weltfrieden propagierte, dann gilt es zum Beispiel, den Beitrag dieses "Reform"-Internationalismus zur Entkolonialisierung einzuschätzen.

Auf einer letzten Ebene schließlich widmet sich die Forschung zum Verhältnis zwischen "Reform"-Internationalismen und globaler Ungleichheit der direkten realpolitischen Verwicklung dieser Internationalismen in ungleiche inter- und transnationale (Macht-)Politik. Dabei geht es einesteils um deren eigene, implizite und explizite, politische und symbolische Beteiligung an solcher Politik, die als Beitrag zur Durchsetzung, Reformulierung oder Infragestellung internationaler Hierarchien in Erscheinung trat. Andernteils geht es auch um die Frage, inwiefern spezifische Anliegen bzw. Themen einzelner "Reform"-Internationalismen, die – wie dies etwa beim Thema Menschenrechte der Fall ist – keine notwendige Beziehung zu internationaler Politik aufzuweisen scheinen, von den

Internationalismen selbst und von anderen weltpolitischen Akteuren zum Bezugspunkt für internationale Auseinandersetzungen um globale und lokale Machtverhältnisse gemacht wurden. Im öffentlichen Diskurs über die Menschenrechte der Frauen beispielsweise traten und treten unübersehbar immer wieder jene Formen geschlechtspezifischer Menschenrechtsverletzung in den Vordergrund, die sich dazu nutzen lassen, politischen Druck auf schwache Staaten oder marginalisierte Gruppen auszuüben. Umgekehrt haben verschiedene "Reform"-Internationalismen den Menschenrechtsdiskurs und die Menschenrechtspolitik erfolgreich nutzen können, um genuine Emanzipationsbestrebungen, also etwa Bestrebungen zur politischen und sozialen Besserstellung oder Gleichberechtigung benachteiligter oder marginalisierter Gruppen, weltweit und auch gegen bestehende globale Hierarchien, voranzutreiben.

* * *

Die zweiteilige Botschaft dieses Beitrags lässt sich, "stark vereinfachend gesagt", wie folgt zusammenfassen. Es ging mir um ein Plädoyer für integrative Herangehensweisen an das Themenfeld des Trans- und Internationalen. Solche Herangehensweisen haben, neben einigen anderen, zwei wichtige Merkmale gemeinsam. Es geht ihnen um den Zusammenhang dieser Dimension der Geschichte mit all den anderen teilweise schon viel besser bekannten Dimensionen und eben nicht um die Isolierung des Trans- und Internationalen. Und es geht ihnen um erweiterte und dadurch angemessenere Konzeptualisierungen von Staat, Nation und – und dies ist das vielleicht noch größere Desiderat – internationalem System. Eine der fundamentalen Dimensionen unserer gemeinsamen globalen Geschichte, denen für die Entwicklung solcher Konzeptualisierungen entscheidende Bedeutung zukommt, ist das Phänomen der globalen Ungleichheit.

Es ging mir also, anders gesagt, darum, eine entkolonialisierende Globalisierung der Forschungen zu Geschichte und Gegenwart des Transnationalen und des Internationalen vorzuschlagen, mit deren Hilfe diese Forschungen wahrhaft weltweit grenzüberschreitend werden können.

Christoph Boyer

Netzwerke und Geschichte: Netzwerktheorien und Geschichtswissenschaften

Netzwerktheorien sind in jüngerer Zeit aus den technischen Disziplinen und aus der allgemeinen Systemtheorie, aus den Naturwissenschaften, aus Ökonomie, Soziologie und Psychologie in die Geschichtswissenschaft hineingewandert. Nicht nur, aber gerade auch in der historisch orientierten Globalisierungsforschung spielen die Kategorien "Netz" bzw. "Netzwerk"[1] eine zunehmend wichtige Rolle. Die Forschung hat sich verdichtet, ausdifferenziert und elaboriert;[2] sie ist allerdings von inflationären Blähungen nicht frei. Manche Studie schreitet, in Nacheiferung der Elaborate von Unternehmensberatungen und Werbeagenturen, mit wolkigen Netzwerkmetaphern modisch aufgeputzt einher. Netzwerke werden häufig als theoretisches Passepartout überschätzt. Der Netzwerk-Begriff meint aber oft nicht mehr als den ziemlich banalen Sachverhalt, dass vieles mit vielem, womöglich sogar alles mit allem irgendwie zusammenhängt.[3] Häufig begegnet das Konzept normativ gefärbt: Netze sind dann entweder "gute", unhierarchisch-herrschaftsfrei-basisdemokratische soziale Konfigurationen oder aber Orte von Mauschelei und Korruption.

1 Die beiden Begriffe werden im Folgenden synonym verwendet.

2 Ein Forschungs- und Literaturbericht ist nicht beabsichtigt. In den Beitrag sind vielfältige Anregungen aus der diesem Band zugrunde liegenden Tagung eingeflossen. Aus Platzgründen konnte ich nicht jeweils auf die UrheberInnen verweisen. Eingearbeitet wurden auch einige Überlegungen aus einem Beitrag speziell zu Netzwerken im Staatssozialismus: vgl. Christoph Boyer, Ausblick, in: Annette Schuhmann (Hg.), Möglichkeiten und Grenzen der historischen Netzwerkanalyse (in Vorbereitung; Erscheinen für Herbst 2008 geplant).

3 Ein instruktives Beispiel für alle diese Gebrechen ist die von genialen Intuitionen nicht freie, aber enervierend fahrig gedachte, chaotisch zusammengebraute und -gebastelte Studie von Manuel Castells, The information age: economy, society and culture, vol. I-III, 2000/2003.

Der erste Abschnitt der folgenden Überlegungen rekonstruiert, sine ira et studio, einen für die Erkenntniszwecke der Sozial- bzw. Geschichtswissenschaften brauchbaren Netzwerkbegriff. Die Definition beansprucht nicht, das "wahre Wesen" der Sache abzubilden; ein solches essentialistisches Unterfangen wäre im Grundsatz verfehlt. Das vorgeschlagene Konzept ist eine nützliche Konvention – nützlich, weil es nicht nur klassifiziert und etikettiert, sondern sich zu einem Analyserahmen entfalten lässt, der Zusammenhänge erklärt. Im zweiten Schritt wird, mit dieser Blickrichtung, die Leistungsfähigkeit des Konzepts überprüft: nicht nur als Terminus der Beschreibungssprache, sondern in umfassenden Erklärungskontexten, d.h. als Element von Theorien.

"Netzwerke" als Beschreibungskategorie[4]

Das erste Definitionsmerkmal hebt ab auf die formalen Strukturen: Netzwerke sind Mengen von durch Linien – "Kanten" – verbundenen Elementen ("Knoten").[5] Diese Konfigurationen lassen sich mathematisch als Graphen modellieren. Eine rege transdisziplinäre Forschung hat in jüngerer Zeit, abgesehen von elaborierten formalen Methoden und analytischen Instrumenten, auch eine Vielzahl empirischer Studien hervorgebracht. Die Knoten-und-Kanten-Konfigurationen sind offen: sie könnten durch Anschluss immer neuer Knoten prinzipiell ins Unendliche erweitert werden. Faktisch ist die Zahl der Knoten im Netz jedoch begrenzt; die potentiellen Verknüpfungen zwischen ihnen werden selektiv realisiert. Das Maß der Selektivität, d.h. das Verhältnis der kombinatorisch möglichen zu den "wirklichen" Verbindungen wird in der Kennziffer "Netzwerk-Umfang" und "Netzwerkdichte" ausgedrückt.

4 Vgl. aus der reichen einschlägigen Literatur in strengster Auswahl: John Scott, Social Network Analysis. A Handbook, London/Newbury Park/New Delhi 1992; Stanley Wasserman/Katherine Faust, Social network Analysis: Methods and Applications, Cambridge 1997; Boris Holzer, Netzwerke, Bielefeld 2006; Albert-László Barabási: Linked: How Everything Is Connected to Everything Else and What It Means for Business, Science, and Everyday Life, London u.a. 2003; Fritz W. Scharpf, Interaktionsformen. Akteurszentrierter Institutionalismus in der Politikforschung, Opladen 2000, v.a. 197ff., 229ff., 241ff.; Helmut Willke, Systemtheorie, Band II: Steuerungstheorie, Stuttgart 1998, 109ff.

5 Nicht unter den Begriff des Netzes sollen Sequenzen von Knoten fallen, also Ketten, in denen jeder Knoten eine und nur eine Verbindung zu dem vorhergehenden bzw. dem nachfolgenden Knoten aufweist.

Der Parameter "Zentralität" gibt Auskunft über die Position der Knoten im Netz: die Anzahl der Verbindungen pro Knoten und die Nähe der Knoten zu anderen. Die Zentralität hat Implikationen für die Verteilung der Gewichte zwischen den Knoten: In egalitären Netzwerken weisen sämtliche Knoten eine ähnliche Anzahl von Verbindungen auf, in hierarchischen Netzen hingegen sind die Verbindungen asymmetrisch verteilt. Die Symmetrie-Asymmetrie-Skala erlaubt also Graduierungen und ermöglicht die Unterscheidung zwischen eher symmetrischen (horizontalen) und eher asymmetrischen (vertikalen) Netzen. Werden Knoten hoher Zentralität entfernt, neigt das Netz zum Zerfall; bei Eliminierung peripherer Knoten ist dieses Risiko dementsprechend geringer. Generell gilt: Durch die Anordnung ihrer Elemente und die Verbindungen zwischen diesen ermöglichen Netzwerkstrukturen "Umleitungs-Optionen", die bei Ausfall bzw. Eliminierung von Knoten das Weiterfunktionieren des Netzes in einem gewissen Ausmaß gewährleisten.

Der Begriff des *sozialen* Netzwerks spezifiziert und konkretisiert die Knoten als soziale Akteure. Das Erkenntnisinteresse der *social network analysis* als eines eigenständigen Forschungsprogramms richtet sich auf die Konnektivität und die Dynamik in sozialen Netzwerken. Der Akteursbegriff ist hier allerdings immer noch hochaggregiert und ziemlich abstrakt. Er meint soziale Entitäten in einem sehr allgemeinen Sinn: Bei diesen kann es sich um Personen handeln oder auch um – mehr oder weniger formal verfasste – Organisationen oder Institutionen. In jedem Fall werden auf den Verbindungslinien zwischen diesen sozialen Akteuren Informationen oder materielle Ressourcen transportiert, entweder einlinig oder reziprok, d.h. im Austausch. So entstehen Interaktionen im Sinn von aufeinander bezogenem sozialem Handeln. Ob der Begriff der Interaktion synonym mit dem der Kommunikation verwendet wird, ist eine Frage der Konvention. Interaktionen verlaufen nicht unbedingt face-to-face. Dies gilt schon deshalb, weil Vernetzung auch mittelbare Verbindungen zwischen nicht direkt benachbarten Akteuren herstellt. Interaktionen müssen nicht in jedem Fall und durchwegs Kooperation intendieren: Knotengruppen können z.B. antagonistische Koalitionen bilden. Auch sind Interaktionen nicht unbedingt horizontal: Netzwerke können nämlich, dies wurde bereits angedeutet, aufgrund der je spezifischen Ressourcenausstattung der Knoten, aber auch aufgrund der mehr oder weniger zentralen bzw. periphereren Position der Knoten im Netz, asymmetrisch sein. Dass manche Akteure eben über mehr und vorteilhaftere Verbindungen als andere verfügen, erzeugt diese ungleichen Tausch- oder Machtbeziehungen. Solche Macht unterscheidet sich allerdings von der in formalen Hierarchien, d.h. in einem Weber'schen bürokratischen Organisationsrahmen ausgeübten. Dort nämlich werden untergeordnete Einheiten durch den expliziten Befehl übergeordneter Einheiten bewegt.

Netzwerke sind – hier handelt es sich um das zweite zentrale Definitionsmerkmal – eine spezifische Art und Weise der Organisation von Informations- und Ressourcenströmen. Soziale Netzwerke im Besonderen sind Agenturen einer speziellen Art und Weise von Vergesellschaftung. Als solche sind sie Teile des sehr viel größeren Puzzles der sozialen Koordination. Angesiedelt zwischen Markt und Hierarchie, stellen sie Gebilde eigener Art dar, die nicht reduktionistisch nach der einen oder der anderen Seite hin aufgelöst werden können. Grund für diese intermediäre Positionierung von Netzwerken ist der "mittlere" Grad ihrer Formalität, Stabilität und Kohäsion, gemessen an den – stabileren, stärker formalisierten und deshalb "solideren", jedoch weniger flexiblen – Hierarchien und den – noch flexibleren, aber volatileren – Märkten. Netzwerke sind hinsichtlich ihrer temporalen Erstreckung semipermanent, d.h. von mittlerer Dauer. Diese mittleren Größen zu präzisieren ist weder möglich noch nötig.

Soziale Netzwerke als Gebilde sui generis erbringen eine spezifische Art von Koordinations- und Kommunikations-, Ordnungs- und Steuerungsleistungen. Sie dienen eher der Kontingenzbewältigung bzw. der Ad-hoc-Kompensation von Markt- bzw. Hierarchieversagen als strategischer Langzeitplanung und Zielrealisierung. Die Einzelziele der vernetzten Akteure sind mit hoher Wahrscheinlichkeit disparat; auch gibt es kein diese Einzelziele transzendierendes Gesamtziel. Die Aktivitäten im Netz basieren auf der (Selbst-) Organisation lose gekoppelter Akteure; diese nährt sich von der Ressource "Vertrauen". Der Begriff meint nicht in erster Linie eine Gefühlsqualität, sondern die rationale, d.h. durch Erfahrung und Reflexion, womöglich auch durch die Existenz bestimmter institutioneller Absicherungen[6] begründete Erwartung der Verlässlichkeit anderer Akteure und der Berechenbarkeit ihres Verhaltens. Vertrauen in diesem Sinn können auch Institutionen haben. Bei der Bildung von Vertrauen werden positive Erfahrungen aus der Vergangenheit verwertet; durchwegs bleibt jedoch ein gewisses, wenn auch als kalkulier- und tragbar angesehenes Risiko hinsichtlich der Zukunft. Dieses Restrisiko rührt von der gemeinhin eher schwach formallegalen Durchbildung und Absicherung des Koordinationsmechanismus "Netzwerk" her. Netzwerke sind deshalb auch eher eine Spielart von Vergemeinschaftung als von Vergesellschaftung.

Die Definitionsmerkmale gruppieren sich also in zwei Cluster: zum einen die formale Anordnung und Verbindung der Elemente zur Netz-Struktur, zum anderen das Ausmaß der temporalen bzw. institutionellen Verfestigung dieser Struktur. Die Bestimmungen des zweiten Clusters folgen nicht *logisch* aus denen

6 Diesen Sachverhalt meint Luhmann mit dem Begriff des Institutionenvertrauens.

des ersten: Der Zusammenhang der beiden Cluster ist nicht notwendig, sondern kontingent.[7] Weil er allerdings von ziemlich hoher *empirischer* Wahrscheinlichkeit ist,[8] erscheint eine Definition, die *beide* Cluster *zusammengenommen* als notwendig und hinreichend behandelt, forschungsstrategisch am ehesten adäquat.

Von der Beschreibungskategorie zum Erklärungsinstrument

Der "Netzwerkbegriff" kann, zum einen, dem Historiker als Werkzeug der Deskription von Nutzen sein. Über manche historische Gebilde kann der Hut gestülpt werden; andere sind nicht fugenlos dem Begriff zu subsumieren, wieder andere auf keinen Fall. Soziale Konfigurationen als Netzwerke zu beschreiben sollte allerdings keine bloße l'art-pour-l'art-Übung in Subsumtionslogik sein.[9] Jenseits von Beschreibungen leistet der Netzwerkbegriff in Erklärungen, also in der Analyse von Ursache-Wirkungs-Zusammenhängen bzw. bei der Beantwortung von Warum-Fragen, gute Dienste. Er kann in solchen Kontexten sowohl Explanandum als auch Explanans sein.

Wenn das Verhalten miteinander vernetzter Akteure erklärt werden soll, ist die Netzwerkstruktur das Explanans zu diesem Explanandum (bzw. zumindest ein Teil hiervon). Das Handeln von Akteuren ist, so hier die Prämisse, nicht komplett aus den individuellen Attributen dieser Akteure – etwa der Durchsetzungsfähigkeit oder dem Charisma von Personen oder der Effizienz von Organisationen u.a.m. – abzuleiten. Die Position der Akteure im Netz und die Einflechtung in dieses sind es, die zur Erklärung von Handeln Substantielles beitragen. Hintergrund ist die Erwartung, dass dieser relationale Ansatz triftigere Resultate

7 Gedankenexperiment: Netzstrukturen könnten von einer äußeren Macht geschaffen und von dieser autoritativ stabilisiert werden. In diesem Fall lägen die Definitionsmerkmale von Cluster 1 vor, nicht aber die von Cluster 2.

8 Weil bzw. insoweit Netze normalerweise durch Selbstorganisation entstehen, ist die im Gedankenexperiment der vorangehenden Fußnote vorausgesetzte, von außen stark stabilisierende Macht eben gerade *nicht* vorhanden.

9 Der Erkenntnisgewinn aus der "bloßen" Beschreibung sollte allerdings auch nicht gering geachtet und unterschätzt werden. Die Netzwerk-Begrifflichkeit hat nämlich heuristischen Wert: Sie stellt ein Frageraster bereit, mit dessen Hilfe vergleichsweise systematische und damit vollständigere Beschreibungen generiert werden können. Womöglich werden auf diesem Weg beeindruckend dicht verflochtene, vielleicht auch beklemmende Wurzelgeflechte ans Licht gehoben, die ohne den systematischen, vom Netzwerk-Konzept angeleiteten Zugriff im Dunkel geblieben wären.

zeitigt als der methodologische Individualismus einer ausschließlich am Individuum orientierten Handlungstheorie. Netze werden in solchen Zusammenhängen als emergentes System aufgefasst: Das Verhalten der Elemente dieses Systems, d.h. die Funktionen und das Funktionieren der Akteure, lassen sich nicht aus den Eigenschaften dieser Elemente bzw. Akteure allein, sondern erst durch ihre spezifischen Interrelationen auf der Ebene des Systems erklären.

Netzwerke können, wie gesagt, auch Explananda sein. Gesucht wird in diesem Fall nach einer funktionalen Erklärung dafür, warum soziale Akteure und ihre Interaktionen in der Form von Netzen, d.h. so und nicht anders organisiert sind. Prinzipiell können Interaktionen ja sehr unterschiedlich institutionell verfasst sein: etwa in der Form von bzw. im Rahmen von Märkten oder – am anderen Ende dieses Spektrums – in Hierarchien. Sie können, um noch extremere Möglichkeiten anzudeuten, in anarchische Felder ohne Rechtssystem und ganz ohne gesicherte property rights oder – am anderen Ende dieses Spektrums – in Zwangsverhandlungs- und Kollektiventscheidungssysteme eingebettet sein. In anarchischen Kontexten gelangen die Akteure über Handlungen wie "Vertragserfüllung Zug um Zug" nicht hinaus; hier herrscht nämlich grundlegende Unsicherheit hinsichtlich der Vertrauenswürdigkeit der Mitspieler bzw. ihrer Intentionen überhaupt. Die gebotene generalisierte Vorsicht diesen gegenüber zieht relativ hohe Transaktionskosten[10] für weitreichende Absicherungen nach sich. In Zwangsverhandlungs- und Kollektiventscheidungskonstellationen hingegen sind die Akteure funktional eng interdependent. Weil solche Konfigurationen außerordentlich schwerfällig und leicht zu blockieren sind, entstehen ebenfalls hohe Transaktionskosten. Netzwerke als relativ locker gefügte Strukturen sind im Spektrum zwischen Anarchie bzw. Markt und Hierarchie bzw. Zwangsverhandlungssystemen angesiedelt. Sie ermöglichen so eine vergleichsweise effiziente Lösung des Problems sozietaler Koordination: Die Akteure können sich hinsichtlich der Verlässlichkeit anderer Akteure bereits in einer gewissen – transaktionskostengünstigen – Sicherheit wiegen, andererseits werden sie durch die Netzstrukturen – noch – nicht über Gebühr eingeengt.

Die spezifischen Transaktionskostenvorteile von Netzwerken rühren davon her, dass sie wesentlich auf der Ressource Vertrauen basieren. Vertrauen bedeutet, besser: *ist* Sozialkapital. Vertrauensvolle Beziehungen können, um im Bilde zu bleiben, gerade dann relativ hohe Dividenden erwirtschaften, wenn sie, wie eben im Netz, eher lose gefügt sind und nur gelegentlich aktiviert werden. Wie die Netzwerktheorie dieses kontraintuitiv anmutende Theorem von der Stärke,

10 Transaktionskosten sind in institutionenökonomischer Sicht die Kosten – in einem sehr weiten Sinn – für das Zustandekommen und die Durchführung von Interaktionen.

anders gesagt: dem Transaktionskostenvorteil schwacher Bindungen – der "weak ties" – ableitet, ist an dieser Stelle nicht im Detail zu explizieren.[11] Die Anzahl starker Vertrauensbindungen, die ein einzelner Akteur sich "leisten" kann, ist schon aus Kapazitätsgründen limitiert. Gerade Netzwerke, die ja eben *nicht* alle potentiell erreichbaren Akteure auch realiter miteinander verknüpfen, sind eine flexible Antwort auf diese natürliche Begrenztheit der Interaktions- und deshalb Vernetzungskapazitäten des Individuums. Netzwerke sind, mit anderen Worten, gerade deshalb relativ effizient und ökonomisch, weil die Strukturen, die sie erzeugen und in denen dann Interaktionen stattfinden, in hohem Maße selektive Gelegenheitsstrukturen sind: Solche Beziehungen muss man nicht, zu relativ hohen Kosten, auf Permanenz stellen. Man kann sie sozusagen je nach Bedarf öffnen, aber auch wieder schließen, ein- und wieder ausschalten.

Die speziellen Transaktionskostenstrukturen von Netzwerken beinhalten also evolutive Vorteile, die womöglich ihr Vordringen und ihre zunehmende Verbreitung à la longue erklären. Ungeachtet dessen sind Netzwerke immer gefährdete, weil fragile Strukturen. Sie müssen das kurzfristige Eigeninteresse der Handelnden zügeln und seine Zurückstellung zugunsten längerfristiger Kalküle mittels Selbsteinbindung der Handelnden ins Netz erzwingen. Akteure, die von der Position eines Marktteilnehmers aus auf eine Position im Netz wechseln, geben schließlich Autonomie und Handlungsoptionen auf; Akteure, die von einer Position in einer Hierarchie aus ins Netz wechseln, geben Sicherheiten auf. In der Regel tun sie dies nur, wenn nicht die Vorteile als autonomer Akteur auf dem Markt bzw. als spezialisiertes Subsystem in einer Hierarchie überwiegen. Netze sind deshalb die effizientere Lösung nur solange, wie ihre spezifischen Vorteile – stärkere Langfristorientierung und Kohärenz als der Markt, höhere Flexibilität als die Hierarchie – zur Geltung gebracht werden können. Der Eintritt ins Netz ist, mit anderen Worten, nur in bestimmten Kontexten und unter bestimmten Voraussetzungen wahrscheinlich: solange nämlich, wie der aus der Bindung resultierende Nutzen die Kosten überwiegt. Permanent besteht die Möglichkeit, dass die Konstellationen sich ändern und das instabile Gleichgewicht des Netzes nach der Seite des Marktes oder aber der Hierarchie hin kippt.

Nun geben sich die Historiker bekanntlich gemeinhin nicht mit den Glasperlenspielen der Transaktionskostenökonomik, mit der Analyse labiler Gleichgewichte und dergleichen ab. Sie verschenken damit aber Erkenntniszugewinne:

11 Die klassische, paradigmenbildende Studie ist: Mark Granovetter, The strengt of weak ties, in: American Journal of Sociology 6/1973, 1360-1380.

Transaktionskostenanalysen fassen die *realisierten* Varianten sozietaler Koordination nämlich lediglich als eine unter mehreren bzw. vielen im *Möglichkeitsraum* angesiedelten auf. Historische Entitäten *sind*, mit anderen Worten, nicht einfach. Vielmehr sind sie das Ergebnis komplexer Prozesse der Selektion aus einer Reihe von Optionen. Die letztendlich realisierte Variante mit den prinzipiell möglichen Alternativen im Licht ihrer jeweiligen Transaktionskostenstrukturen zu konfrontieren bedeutet, von der bloßen Beschreibung zur Erklärung voranzuschreiten. Führt, so wird dann nämlich gefragt, dieser oder jener Entwicklungspfad zum Netzwerk und nicht zum Markt oder zur Hierarchie oder einer der vielfältigen anderen denkmöglichen Lösungen des Problems sozietaler Koordination, weil das Netzwerk die transaktionskostengünstigste Lösung darstellt?[12]

Die Netzwerkanalyse ist, das war zu zeigen, ein nützliches Instrument der Beschreibung und Erklärung auch für den Historiker. Unter welchen Umständen könnte dieser, vice versa, dem "nichthistorischen" Netzwerk-Theoretiker zur Hand gehen? Nicht selten ist der *social network analysis* mangelnde Reflexionstiefe ins Stammbuch geschrieben worden. Insbesondere in ihrer ultimativen Degenerationsform, den *social physics*,[13] fehlt den scheinpräzisen formalen Strukturbeschreibungen und Berechnungen die Umrahmung durch die gesellschaftlichen Kontexte. Häufig wird die Zeitdimension ausgeblendet: Die "Sozialphysiker" beschränken sich in solchen Fällen auf Momentaufnahmen von *ties*. Produktivitätsreserven der Analyse lägen hier in der systematischen Erweiterung um die prozessuale Dimension: also im Blick auf längere Entwicklungspfade anstelle der Fokussierung auf Zeitpunkte. Die systematisch-synchronen Sozialwissenschaften schaffen hier zu einem gewissen Ausmaß Remedur, indem sie die Formalanalysen wieder in soziale und ökonomische Kontexte einbetten. Ihr Geschäftsbereich erstreckt sich allerdings vorrangig auf die höher aggregierten und generalisierten Aussagen über soziale Strukturen und Prozesse. Hier schlägt zu guter Letzt die Stunde des Historikers: Er verzeitlicht, sozusagen ex officio, die Abstracta und Generalia, er individualisiert sie und füllt sie mit Fleisch und Blut. Wie dies gemeint ist, kann lediglich im Stenogramm umrissen und anhand einiger Beispiele illustriert werden:

12 Nicht gelöst – aber vermutlich prinzipiell nicht zu lösen – ist das Problem der Quantifizierung der Transaktionskosten. Sensu stricto wäre ein Transaktionskosten-Vergleich aber eigentlich erst auf dieser Grundlage möglich. Über Intuitionen und Schätzungen gelangt man hier jedoch kaum hinaus. Für die Erklärung des Handelns der Akteure ist deren eigene ex ante-Einschätzung der relativen Transaktionskosten wichtiger als die ex post-Bewertung durch den Forscher. Die Eigen-Einschätzung durch die Akteure mag intuitiv sein, sie ist aber auf jeden Fall Grundlage und Motiv ihres Handelns und deshalb eine erklärungsrelevante Variable.

13 Vgl. Holzer, Netzwerke, 73ff.

In den Blick kommen hier, zum ersten, die Voraussetzungen und Umstände der Entstehung von Netzwerken: sei es durch "Gründungsakt", also bewusst-intendiert, oder aber inkrementalistisch-emergent, improvisiert und selbstorganisiert, indem zufällige Anfangskontakte durch erfolgreiche Wiederbetätigung konsolidiert und stabilisiert werden. Wo Netze entstehen, sind Langfristorientierung, Reflexionsvermögen und Selbstbeschränkung der Akteure unabdingbar. Ohne deren Strategiefähigkeit obsiegen kürzerfristige Kalküle, die die Selbstbindung der Akteure im Netz bzw. durch das Netz verhindern. Es müssen sich die längeren Handlungsketten ausbilden können, von denen bei Norbert Elias[14] die Rede ist. Die Frage ist aber, unter welchen Umständen dies historisch-konkret geschieht. Vernetzungen gründen z.B. oft auf älteren, mit Blick auf das Netz hin umfunktionierten sozialen Substraten, auf langfristig gewachsenen Motivationen und Einstellungen. Netzwerke im Sozialismus etwa, die die Fehlleistungen und Defizite des planwirtschaftlich organisierten Produktionsapparats mit "inoffiziellen" Methoden geschmeidig kompensieren, ziehen nicht selten Motivation und Initiative, Intelligenz und Kreativität aus vorsozialistischen, bürgerlich-zivilgesellschaftlichen Quellen; auch sind hier häufig ältere kollektiv-proletarische Selbsthilfetraditionen im Spiel. Netze entstehen also nicht im sozialen Vakuum; die spezifische Qualität der Verbindungen ist vorstrukturiert: Dies hat der relationale Konstruktivismus Harrison C. Whites klargestellt.[15] Aber was der Soziologe hier fordert, kann letztlich nur vom Historiker eingelöst werden.

In den Blick kommt, zum zweiten, die Stabilisierung und Verstetigung, die Erweiterung und "Verbesserung" von Netzen – etwa mittels Einbeziehung zusätzlicher Knoten, mittels Effektivierung von Kommunikation und Ressourcentransport. Von Belang sind auch die gegenläufigen Prozesse der Destabilisierung, der Reduzierung von Umfang und Effektivität. In den Blick kommen, zum dritten, die Szenarien der Beendigung von Netzen: von der allmählichen Auflösung und vom "Einschlafen" bis hin zum Zusammenbruch, zu Zerfall und Zersprengung, etwa durch die Eliminierung zentraler Knoten. Einschlägig sind hier auch Szenarien der Transformation: Teilung oder Zusammenschluss von Netzen oder auch ihre Überführung auf andere Ebenen der Koordination, etwa in ein System fester Verträge oder in eine Hierarchie. Von hoher Relevanz erscheint die systematische Analyse solcher Zerfalls- oder Transformationsprozesse angesichts der mutmaßlich hohen Untergangswahrscheinlichkeit von Netzen. Maßgebliche Größen sind die hohe Volatilität der Ressource "Vertrauen" und die

14 Norbert Elias, Über den Prozeß der Zivilisation, 2 Bände, Frankfurt 1997.

15 Zu White vgl. Holzer, Netzwerke, 79ff.

häufig nur schwache Absicherung der Netze durch formelle Abmachungen oder einklag- und durchsetzbare Sanktionen. Und auch hier stellt sich durchwegs wieder die Frage, unter welchen historisch-konkreten Umständen und in welchen Verlaufsformen all dies geschieht.

In den Blick kommen, zum vierten, die Übergänge von "Netz-Modulen" zu "Netzen von Netzen", des weiteren die Beziehungen von Netzen zu ihren "Nicht-Netz-Umwelten": Netze sind zunächst einfache "Module"; aneinandergeschaltet oder ineinandergeschachtelt fügen sie sich zu komplexeren Gebilden. Solche Netz-Agglomerationen sind womöglich Komponenten noch umfänglicherer, teils über Netze weit hinausreichender Arrangements. Von weitreichender Bedeutung ist etwa die Anflanschung von Netzen an bürokratische Apparate: die Kollusion oder auch Konfrontation beider. Netze agieren womöglich unbehelligt in quasi-autonomen Räumen, in Grauzonen und "Löchern" des bürokratischen Systems. Oder sie unterliegen – am anderen Ende des Spektrums – der Instrumentalisierung und regulierenden Intervention seitens der Bürokraten. Dem Eifer der generalisierenden Typologen sind mit Blick auf solche Konfigurationen und Konstellationen kaum Grenzen gesetzt. Auch hier jedoch mündet die Analyse durchwegs in die Frage, unter welchen Umständen all dies historisch-konkret und in prozessualer Perspektive geschieht.

Netzwerke sind also oft eingebettet in und funktional bezogen auf Nicht-Netz-Umgebungen, deren strukturelle "Gebrechen" sie bearbeiten. Im Sozialismus etwa kompensieren sie, wie angedeutet, die vom hierarchisch-zentraladministrativen Apparat verursachten Steuerungsfriktionen und Mangellagen. Netzbildung in Marktgesellschaften hingegen wäre als Spielart von Subsidiarität zur Bearbeitung kontraproduktiver Folgen des Marktegoismus aufzufassen. Solche Krücken oder auch Schmiermittel entstehen in jedem Fall durch kumulatives kollektives Lernen, das die Ordnungs-, Steuerungs- und Anpassungsleistungen sozialer Systeme durch Neuerfindung institutioneller Mechanismen erhöht. Netze sind solche Erfindungen.

Die Analyse solcher Konstellationen wäre mit Blick auf die involvierten Akteursinteressen und deren Macht- und Ressourcenausstattung zu vervollständigen: "Objektive Orte" für Netzwerke im System werden nämlich dann und nur dann besetzt, wenn – mehr oder weniger machtbewehrte – Akteursinteressen dies erheischen. Diese Akteurs-Belange sind im gegebenen Gefüge habitueller bzw. Milieuprägungen und Werte zu rekonstruieren; "natürlich" gegeben und automatisch vorhanden sind solche Dispositionen zur Netzwerkbildung ja keineswegs. So werden etwa die in Aussicht stehenden Vorteile der Vernetzung mit den perzipierten – gefühlten oder errechneten – Risiken saldiert. Erklärungsbedürftig wäre etwa auch die Mitgliedschaft relativ benachteiligter Mitspieler in asymmetrischen Tausch- und Machtnetzwerken. In all diesen Belangen ist zunächst der soziologische Handlungstheoretiker gefragt. Letztlich lenkt dann der Historiker den Blick auf die je historisch-konkreten Ausformungen und die individuellen Varianten.

Schluss und Ausblick

Das Netzwerkkonzept – dies war zu zeigen – ist eine nützliche definitorische Konvention: Es klassifiziert und etikettiert nicht nur, sondern es lässt sich zu einem Analyserahmen entfalten, der, in produktiver arbeitsteiliger Kooperation von Historikern und Sozialwissenschaftlern, auch historisch-konkrete Zusammenhänge erklärt.

Netze sind Universalien sozietaler Koordinierung. Deshalb hat der Netzwerkbegriff einen potentiell ungemein breiten Anwendungsbereich. Allerdings: Weil Netze in der Regel – von Bedarfsfall zu Bedarfsfall aktivierbare – Teil-Realisierungen der kombinatorisch möglichen Beziehungen zwischen den Knoten darstellen und weil diese partielle Realisierung Wahlfreiheit voraussetzt, "passt" die Netz-Struktur besonders gut in den Rahmen moderner Gesellschaften. Moderne soziale Beziehungen sind generell selektiver als vormoderne. Dies wiederum hat damit zu tun, dass sie funktional weitgehend ausdifferenziert und deshalb so komplex sind, dass die Akteure schon aufgrund ihrer begrenzten Kapazitäten in der Regel nicht die Gesamtheit dessen verwirklichen können, was eigentlich möglich wäre. Die Mitglieder moderner Gesellschaften sind also gehalten, zwischen dem Variantenreichtum der Optionen eine Auswahl zu treffen. Sie sind hierzu auch imstande, denn moderne Gesellschaften sind weniger starr durchregelt, konventionalisiert und institutionalisiert und deshalb kontingenter als vormoderne. Soziale Koordination mittels Netzen dürfte mithin in sämtlichen Sphären moderner Gesellschaften zunehmende Bedeutung erlangen: in der Wirtschaft und in der Politik, im nationalen wie im internationalen Rahmen. Ähnliches gilt für die sozialen Kleinräume der Moderne: also etwa dort, wo in den Familien die herrischen Patriarchen und die alten Hierarchien obsolet und durch die komplexe Koordinierung mehr oder weniger zielstrebig sich selbst steuernder und verwirklichender Persönlichkeiten abgelöst werden.

Netze finden sich, dies war die Hypothese, in modernen Gesellschaften besonders häufig. Sie finden sich allerdings keineswegs nur dort. Schon die krude Dichotomie modern-vormodern war ja eigentlich eine *simplification terrible*. Vermutlich greifen auch vor- oder frühmoderne Gesellschaften unter bestimmten Bedingungen auf Netzwerke als Modus sozietaler Koordination zurück – etwa dort, wo sich mangels voll ausgebildeter bürokratischer Apparate die Frage nach den relativen Transaktionskostenvorteilen von "Netz" bzw. "Hierarchie" gar nicht stellen kann. Zu guter Letzt weitet sich damit der zunächst auf die Moderne fokussierte Blick wieder auf den intertemporalen Vergleich, vom Tribalismus über den Feudalismus bis zum industriellen und postindustriellen Kapitalismus. Im Rahmen eines breit angelegten Forschungsprogramms wären sowohl systematisch als auch historisch-konkret die Orte und Funktionen von Netzwerken in umgreifenden Kontexten zu erschließen. Ob und inwieweit die einzelnen Phasen und Epochen je spezifische Modalitäten von Vernetzung hervorbringen – diese Frage wird erst nach einer langen Strecke empirischer Arbeit, die zum größten Teil unbewältigt vor uns liegt, genauer zu beantworten sein.

Wolfgang Neurath/Lothar Krempel

Geschichtswissenschaft und Netzwerkanalyse: Potenziale und Beispiele

Wo immer der Mensch als soziales Wesen erscheint, steht er in Interaktion mit anderen. Die Geburt, Verfassung und Konfiguration des *sozialen Bandes* werden als zentrale Topoi politischer Reflexionen betrachtet, die im Spannungsfeld zwischen totaler Vernetzung und vollständiger Autonomie der Akteure eine Entwicklungsgeschichte moderner Gesellschaften entdecken.[1] Wie können nun diese Modelle des Sozialen, die immer wieder in Verdacht stehen, sich als imaginäre Größen zu erweisen, durch *realistischere* Konstruktionen und Modelle präzisiert werden, die zudem Perspektiven für das gesamte Feld der Geistes- und Sozialwissenschaften bereit halten?

Karl Schlögel zufolge hat "die Revolutionierung der Kommunikationsmittel (...) eine neue soziale Morphologie mit neuen räumlichen Praktiken entstehen lassen. Sie lässt sich am besten als Netzwerk-Gesellschaft beschreiben, bestehend aus Knotenpunkten und Verbindungen – Computer, Fax-Maschinen, Satelliten und Internet, durch welche die entscheidenden Informationsströme laufen und über die sie auch kontrolliert werden."[2] Manuel Castells spricht in diesem Zusammenhang von einer neuen Infrastruktur der Macht, die sich des Relais bedient.[3] In der wissenschaftlichen Literatur erscheint vor allem die Globalisierung durch die Auflösung der Bedeutung von Grenzen und Ortsgebundenheit als ursächlich für zunehmende Vernetzung. Globalisierung wird als Ausdehnung und gleichzeitig als Verdichtung globaler, ortsungebundener Ströme beschrieben, die vollständig Unterschiedliches aus Territorien und Institutionen herauslösen

1 Vgl. Josef Vogl, Gemeinschaften, Frankfurt am Main 1994.

2 Karl Schlögel, Im Raume lesen wir die Zeit. Über Zivilisationsgeschichte und Geopolitik, München/Wien 2003, S. 74.

3 Manuell Castells, The Rise of the Network Society. The Information Age: Economy, Society and Culture l, Vol. 1, London 2000.

und in neue Austauschverhältnisse bringen (Geld, Waren, Informationen und Menschen).[4] In diesem Zusammenhang wird die These eines Orts- und Kontrollverlustes als Konsequenz der Globalisierung diskutiert. Dieser Befund ist aber auch massiver Kritik ausgesetzt. Unter dem Schlagwort "Glokalisierung" wird etwa auf die steigende Bedeutung des Lokalen im Prozess der Globalisierung verwiesen.[5] Ebenso beschreiben andere Wissenschaftler Globalisierung als zunehmende Zentralisierung von Systemen, die um einen *Attraktor* herum organisiert sind ("single peaked landscapes"), der für ein dramatisches Anwachsen von so genannten "Powerlaw-Verteilungen" verantwortlich ist.[6] Die Vertreter dieser Denkschule sehen Globalisierung eher als Zentralisierung rund um einen einzigen zentralen Kern.

Diese divergierenden Ausgangsbeobachtungen von zunehmend globaler Vernetzung, von der Herausbildung weltweit zentralisierter Systeme mit "Powerlaw-Eigenschaften"[7] und vom Anwachsen der Netzwerkeffekte werden

4 Vgl. Ulrich Beck, Was Ist Globalisierung?, Irrtümer des Globalismus – Antworten auf Globalisierung, Frankfurt am Main 2001; Karl Schlögel, Planet der Nomaden, Berlin 2006; Peter J. Taylor, Cities in Globalization. Practices, Policies and Theories, New York 2006.

5 Vgl. etwa Roland Robertson, Glokalisierung: Homogenität und Heterogenität in Raum und Zeit, in: Ulrich Beck (Hg.), Perspektiven der Weltgesellschaft, Frankfurt am Main 1998, 192-220.

6 Albert-Laszló Barabási, Linked. The New Science of Networks, Cambridge/Mass. 2002.

7 Das Powerlaw-Konzept trägt der Beobachtung Rechnung, dass in extrem großen Netzen manche Akteure trotz der Komplexität mit kurzen Wegen erreichbar sind. Dies resultiert aus der Tatsache, dass die Verbundenheit der Knoten einem "power law" folgt: Es gibt mehr Elemente die besonders viele Verbindungen aufweisen als per Zufall zu erwarten wäre. Barabasi prägte den Begriff des "skalenfreien Netzwerks", weil es keine charakteristische Skalen oder Größenordnungen aufweist. Einige wenige Akteure, so genannte Hubs, verfügen über viele Verbindungen zu anderen Akteuren. Réka Albert, Hawoong Jeong und Albert-László Barabási wiesen 1999 erstmals darauf hin, dass die Struktur eines Netzwerks wie die des Internets durch Wachstum entsteht: Jeder neue Knoten in einem Netzwerk wird mit hoher Wahrscheinlichkeit zunächst mit bereits etablierten Knoten verbunden. Vgl. Réka Albert/Hawoong Jeong/Albert-László Barabási, Diameter of the world wide web Nature 401/1999, 130-131.
Ein so aufgebautes Netzwerk lässt sich als skalenfreies Netzwerk beschreiben – es hat Ähnlichkeit mit einer Straßenkarte, auf der einige große Städte mit zahlreichen Straßen verbunden sind. Das hat weitreichende Folgen: Die Wahrscheinlichkeit, einen Netzknoten mit vielen Verbindungen zu finden, nimmt zwar exponentiell ab – das heißt, es gibt nur sehr wenige Netzknoten, die sehr viele Verbindungen zu anderen Knoten haben. Auf der anderen Seite gilt aber: Rund 20 Prozent aller Knoten besitzen 80 Prozent aller Verbindungen. Internetknoten sind so verteilt. Die Zahl der Links, die auf populäre Seiten wie Google oder Yahoo deuten, ist wesentlich größer als der Durchschnitt. Diese Ausreißer werden als Hubs bezeichnet. Der Historiker Andrew Roach vermutet, dass bei der Bekämpfung der Häresie durch die katholischen Kirche um 1250 ein strategischer Lernprozess stattgefunden hat, da sich eine informierte Bekämpfungsstrategie beobachten lässt, die zunehmend auf die aktivsten Akteure abzielt (Hubs). Vgl. Andrew Roach/Paul Ormerod, The medieval inquisition: scale free networks and the suppression of heresy, in: Physica A 339/2004, 645-52.

als Grundlage für Analysen herangezogen, die sich etwa auf Unternehmensverflechtungen, soziale Protestbewegungen, die Soziologie des organisierten Verbrechens und des Terrors, auf Wissens- und Informationsströme, Stadtsysteme oder Infrastrukturen beziehen.[8]

Duncan Watts gibt einen Hinweis über mögliche Motive für diese Similarität verschiedener "globally networked systems".[9] In einer Zeit, in der die Ambiguität von Objekten, Situationen, Kontexten, ja Narrationen zunimmt, ist eine erhöhte Anpassungsfähigkeit von Akteuren gefordert, die wir als Fähigkeit zur Multiskalierung des sozialen Netzwerks (multiscale networks) verstehen können.[10] Je nach Situation, Sprache, Kontext oder Problem verändern Akteure – oder ein Set von Akteuren – ihre soziale Struktur; von Fall zu Fall werden die kontextabhängigen Stärken von Netzwerktopologien genutzt. Watts zeigt dies am Beispiel einer schweren Krise in der Automobilproduktion bei Toyota und anhand des Wiederaufbaus der Computerinfrastrukturnetze in Folge der Terrorattacke des 11. September 2001 in New York.[11] In ähnlicher Weise beschreibt Barry Wellman signifikante Veränderungen im Sozialen durch eine Neukonstitution des Subjekts als "networked individualism", die auf einen fundamentalen Wandel der Vergesellschaftung von der gruppenbasierten hin zur netzwerkförmigen sozialen Einbettung verweist.[12]

Die kursorische Literaturschau deutet an, in welch starkem Maße die Beschreibungssprache und die spezifische Begrifflichkeit des Netzwerks Teil der Wissenschaftssprache geworden sind. Welche Techniken und Methoden stehen

8 Phil Williams betonte in diesem Zusammenhang: "In other word, there is a growing recognition that organized crime is increasing operationg through fluid network structures rather than moreformal hierachies." Ders., Transnational criminal networks, in: John Arquilla/David F. Ronfeldt (Hg.), Networks and Netwars. The Future of Terror, Crime, and Militancy, Santa Monica/CA 2001, 61-97, hier 62; ähnlich Paul DiMaggio, The Twenty-First-Century Firm. Changing Economic Organization in International Perspective, Princeton 2001; Peter J. Taylor, World City Network. A Global Urban Analysis, London/New York 2004; Lars Kohlmorgen/Wolfgang Hein/Sonja Bartsch, Netzwerke und Governance. Transnationale Netzwerke als Grundlage emanzipatorischer Politik in der Weltgesellschaft?; in: Peripherie-Zeitschrift für Politik und Ökonomie in der Dritten Welt, Netzwerke in Bewegung 105/106/2007, 8-34.

9 Duncan J. Watts, Six Degrees. The Science of a Connected Age, New York 2003.

10 Vereinfacht formuliert sind multiskalierbare Netzwerke, Netzwerke deren Organisation (Linkzuordnung) nicht konstant ist. Die Netzwerktypologie kann sich aufgrund neuer Aufgaben, Informationen oder Umweltsituationen anpassen. Dadurch reduzieren sich Fehler auf der Ebene der Einzelakteure, aber auch Fragmentierung (Auflösungserscheinungen) im Netzwerk. Dieses Strukturmerkmal wird auch als Robustheit des Netzes bezeichnet.

11 Watts, Six Degrees.

12 Barry Wellman, Physical Place and Cyber Place. The Rise of Networked Individualism. International Journal of Urban and Regional Research 2/2001, 227-252.

uns aber zur Verfügung, Netzwerke zu (re)konstruieren und zu visualisieren, um damit neue Perspektiven auf die Geschichte sozialer Systeme zu gewinnen? Wie können Erkenntnisse entstehen, jenseits der Feststellung, dass alles und jedes in Netzen organisiert sei? Diese Fragen stehen im Mittelpunkt des vorliegenden Beitrags, der sich dem Thema zunächst durch grundsätzliche Betrachtungen und Begriffsklärungen nähert und in einem zweiten Teil dann am konkreten Beispiel von transnationalen Korrespondenznetzen des 18. Jahrhunderts Chancen und Grenzen ihrer Analyse erörtert.

"Die wahre Entdeckungsreise besteht nicht darin, neue Landschaften zu erforschen, sondern mit neuen Augen zu sehen" (Marcel Proust)

Die Geschichtswissenschaft hat sich immer wieder über den Import von Forschungsprogrammen, Methoden und Modellen erneuert. Geschichtswissenschaft ist integrativ und behauptet sich im Streit der Disziplinen durch strategisch kluge Übersetzungen aus anderen Fachbereichen. Dadurch kann sie sich erneuern und fungiert auch als Broker innerhalb des Feldes der Geistes-, Human- und Sozialwissenschaften.[13] Historikerinnen und Historiker unterliegen spezifischen Untersuchungsbedingungen. Sie können den Gegenstand ihrer Analyse selten beobachten, sie sind auf Spuren verwiesen, deren Status sie klären müssen, die sie in Serien transformieren können, um dadurch Ereignisse zu rekonstruieren, die abschließend narrativ verbunden werden. Die Suche nach Methoden, um Aufbau, Entwicklungsweise und auch das Verlöschen von Strukturen beobachten zu können, ist der *libido sciendi* der Historiografie eingeschrieben: "Um mit neuen Augen zu sehen", sind neue Perspektiven nötig. Auch die Soziale Netzwerkanalyse – so soll hier argumentiert werden – hält für einen neuen Blick auf die Vergangenheit neue Verfahren zur Erkundung und Bewertung von Strukturen bereit.

Innovation entsteht häufig durch die Begegnung radikal verschiedener sozialer Welten, die bislang unverbunden waren. Ausnahmezustände können Erkenntnisgewinne ermöglichen. Der französische Historiker Marc Bloch versah seinen Dienst im Ersten Weltkrieg als Aufklärungsoffizier.[14] Seine Tätigkeit konzen-

13 Roger Chartier, Kulturgeschichte zwischen Repräsentation und Praktiken, Einleitung, in: Roger Chartier: Die unvollendete Vergangenheit. Geschichte und die Macht der Weltauslegung, Berlin 1989, 7-20.

14 Wir folgen hier Ulrich Raulff, Ein Historiker im 20. Jahrhundert: Marc Bloch, Frankfurt am Main 1995, 107.

trierte sich vor allem auf die Auswertung von nachrichtendienstlichen Erkenntnissen und die Führung von Kriegstagebüchern. Er zog drei Lehren aus den Kriegserfahrungen: Der Historiker kann im Krieg neue Formen der Nachforschung und Befragung studieren und diese auch lernen. Zweitens erinnerte Bloch daran, dass der Historiker den Krieg als Testfeld für Verfahren der Informationsverarbeitung benutzen kann. In jenem seltsamen Labor war Marc Bloch drittens auf die Gemeinsamkeiten von historischem und strategischem Wissen gestoßen. Diese betrafen indes nicht mehr die Methodik oder Technik der Forschung, sondern die Erkenntnishaltung des Historikers. Als "officier de renseignement" kam Bloch mit der Luftfotografie in Berührung und wurde in der Lektüre dieser speziellen Karten geschult. Durch das Lesen von Serien von Luftaufnahmen wird die kinematografische Perzeption des Beobachters geschult, der versucht die Veränderung von Objekten oder zusammenhängenden Konfigurationen/Zonen in der Zeit festzustellen. Nach dem Krieg übertrug Bloch diese neuartige Technik der Visualisierung in die Praxis seines Faches, in die Historiografie. Die regressive Methode, die Bloch zwar nicht erfunden hat, aber erstmals *technisch* auffasste und benutzte, sorgt für die Abfolge der Bilder.[15]

Diese Methode, schreibt Bloch in der Einleitung der "Caractères originaux", verlangt nicht eine Fotografie, die man nur zu projizieren brauche und die sich beständig gleich bliebe, um so das starre Bild immer fernerer Zeiten zu erhalten. Was sie ergreifen will, ist vielmehr die letzte Aufnahme eines Films, den sie sodann in umgekehrter Richtung abzuspulen sucht, in der Erwartung, darin auf mehr als ein Loch zu stoßen, aber entschlossen, seinen Bewegungsfluss zu respektieren."[16] Diese allmählichen Veränderungen von Konturen, Grenzen und Graphen sind nichts weiter, so Bloch, als Produkte der sozialen Morphologie, Wirkungen kollektiver gesellschaftlicher Kräfte. So kann Bloch in den "Caractères originaux" – ausgehend vom heutigen Bild der Landschaft mittels Katastern, Parzellenplänen, Kartularen und Charten allmählich zurück schreitend – die erstaunliche Kontinuität der alten meridonalen Anbauweise nachweisen.

Die Luftfotografien des Krieges haben dem Historiker den Prozess des Verschwindens von Objekten und den Prozess der dramatischen Landschaftsveränderung gezeigt. Deutlich wurde, wie unter der Einwirkung der Zerstörungstechnik die bisherige landschaftliche Morphologie sich auflöste und von der instabilen Morphologie einer militärischen Zivilisation überlagert wurde. Wir können die

15 Die "regressive Methode" fungiert so gleichsam wie der von Bergson beschriebene kinematografische Apparat, der diese rekonstruierten und vorgestellten "Aufnahmen" in die Vergangenheit zurücklaufen lässt.

16 Zit. nach Raulff, 107.

Strukturanalyse in gleicher Weise einsetzen und so Systeme dynamisch erfassen. Für Historikerinnen und Historiker eröffnet sich damit die Möglichkeit, bestimmte Strukturen – ähnlich wie bei Bloch die Landschaftsaufnahmen – zu verwenden und die Entwicklung von Systemen zu rekonstruieren. Solche Systeme können über lange Zeiträume sehr stabil sein. Es haftet ihnen eine Art Eigenzeit an. Strukturbrüche sind für den Analytiker Anzeichen für größere tektonische Verschiebungen und in diesem Sinne bei längeren Untersuchungen ein erster Hinweis auf etwaige Diskontinuitäten im Großen.

Netzwerke – Von der Infrastruktur zur sozialen Verflechtung

Das 19. Jahrhundert entdeckte *das Netz* vor allem in technischen Systemen der industriellen Infrastruktur wie der folgende kulturgeschichtliche Abriss zeigt: "1779 entwarf Christian Friedrich von Lüder einen staatsübergreifenden General-Wegeplan für Deutschland mit vier Nord-Süd-Achsen und vier Querspangen. 1811 wurde der bis heute erkennbare Raster-Netzplan für Manhattan mit 155 querlaufenden und 13 längslaufenden Achsen mit entsprechenden Knotenpunkten sowie 2.018 gleich großen Blöcken beschlossen. 1835 konzipiert Friedrich List ein deutsches Schienensystem, das er später 'Netz' nennt. Dieser Ausdruck findet Eingang bei Karl Knies, der ein 'Netz der Telegrafenleitungen und Stationen' entwickelt und dabei Parallelen zwischen 'dem telegraphischen Netz der Nerven in unserem Körper' und den technischen Systemen behauptet. Helmholtz überträgt den Netz-Begriff in seine Physiologie. Die Post, als Systemnetz von Knoten und Bahnen zum Austausch von Sendungen, findet im 19. Jahrhundert ihren Höhepunkt. 1865 wird als erste überstaatliche Netzstruktur die 'Internationale Telegrafen Union' gegründet. Die gegen Ende des 19. Jahrhunderts eingeführte Fernsprechtechnik wird sogleich zum 'Telefonnetz' deklariert. Es ist ebenfalls das 19. Jahrhundert, das mit den Ver- und Entsorgungsnetzen wie Wasser, Kanalisation, Gas und Elektrizität die Netzplantechnik zur Grundlage zunächst der Reproduktion und Entwicklung von Städten, dann der gesamten Gesellschaft macht. Mit dem Automobil wird um 1900 eine weitere Systemtechnik installiert, zu deren Realisierung nicht nur die Erfindung eines sich selbst antreibenden Gefährts, sondern die raumübergreifende Installation eines Netzwerks mit entsprechenden Steuerungsmechanismen gehört."[17]

---

17 Jürgen Barkhoff/Hartmut Böhme/Jeanne Riou, Netzwerke. Eine Kulturgeschichte der Moderne, Köln/Weimar 2004.

Auch in Friedrich Engels Untersuchung zur Lage Englands im 19. Jahrhundert (1844) wird die technologische Infrastruktur als klassisches Exempel herangezogen: "Die erste öffentliche Eisenbahn wurde 1801 in Surrey gebaut; aber erst mit der Eröffnung der Liverpool-Manchester Eisenbahn (1830) wurde das neue Kommunikationsmittel bedeutend. Sechs Jahre später waren 680 englische Meilen Eisenbahnen eröffnet und vier große Linien, von London nach Birmingham, Bristol und Southampton, und von Birmingham nach Manchester und Liverpool, in Arbeit. Seitdem wurde das Netz über ganz England ausgedehnt; London ist der Knotenpunkt für neun, Manchester für fünf Eisenbahnen."[18] Marx und Engels sprachen darüber hinaus über Netze, wenn diese Organisationen als System historisch wirksam wurden, also wenn eine kritische Masse von miteinander in Austausch stehenden Einheiten entstanden war (Banken, Handelshäuser, politische Organisationen). Die sich hier angedeutete Ausweitung des Netzwerk-Vokabulars auf den Gegenstandsbereich der Soziologie vollzog sich dann mit dem Übergang zum 20. Jahrhundert.

Stand im 19. Jahrhundert die Beschreibung von technischen Netzen, die Grenzen überbrücken, im Vordergrund der Aufmerksamkeit, entdeckte das 20. Jahrhundert das soziale Netzwerk als wesentlichen Kontext für Individuen. Für Max Weber bezeichnet "Netz" bzw. "Vernetzung" vor allem die Diffusionsbewegung eines sozialen Ideals oder Standards, eines Lebensstils oder einer Norm, die Ausbreitung schafft oder Verbindungen aktualisiert, die vielfach auch als Kommunikationskanäle fungieren.[19] Georg Simmel betrachtete die Wechselwirkungen zwischen Individuen und den daraus entstehenden Dynamiken als Grundlage für den Aufbau und teilweise auch für den Antrieb zur Veränderung von Gesellschaft. Als informelle Struktur der Gesellschaft unterstützten sie den Austausch zwischen größeren Formationen wie Organisationen oder Milieus. Die Anzahl wie die Verschiedenartigkeit der sozialen Kreise, in denen eine Person eingebunden sein kann, sollten Gradmesser für seine kulturelle Leistungsfähigkeit sein. Dadurch, dass sich die Einzelnen in unterschiedlichen sozialen Kreisen bewegten, fänden sich auch heterogene Bereiche der Gesellschaft verbunden. Schwache Beziehungen seien, wie Simmel bemerkt, für die "Überlappung sozialer Kreise" entscheidend.[20] Es geht also um so zentrale Fragen, wie die

18 Karl Marx und Friedrich Engels, Werke Bd. 1. [1839–1844], Berlin 1961, 566.

19 Vgl. Max Weber, Gesammelte politische Schriften. hg. von Johannes Winckelmann. Tübingen ⁵1988, 531; Max Weber, Gesammelte Aufsätze zur Sozial- und Wirtschaftsgeschichte, hg. von Marianne Weber, Tübingen ²1988, 308.

20 Georg Simmel, Soziologie. Untersuchung über die Formen der Vergesellschaftung, Frankfurt am Main 1992, 456 -511.

Gesamtstruktur von Netzwerken differenziert ist, wie Akteure Netze knüpfen und wie ihr Eingebundensein in ein Netzwerk die Akteure prägt und verändert. Ebenso lässt sich fragen, wie und auf welche Weise durch ein Netzwerk Ressourcen fließen. Netzwerke können auch eine Art soziale Infrastruktur darstellen, die aber zusätzliche Qualitäten, Funktionen oder Eigenschaften aufweist, und deshalb für die Soziologie von Interesse ist. Gleich der materiellen Infrastruktur und ihrer Netzwerke (Straßen und Verkehrseinrichtungen, Glasfaserleitungen, Energienetze, Flughäfen etc.) sind es heute die immateriellen (intangiblen) sozialen Netzwerke einer Gesellschaft, die als wesentliche Voraussetzungen für gesellschaftliche Entwicklung gelten.

Eng mit dem Konzept des Netzwerks ist die Analyse des Sozialkapitals verknüpft. Darunter versteht man materielle und immaterielle Ressourcen, die einem Akteur auf Basis der Beziehungen innerhalb seiner Netzwerke zugänglich sind und die einen allgemeinen Nutzen für seine Handlungsfähigkeit besitzen. Mit dem soziologischen Begriff "Soziales Kapital" bezeichnet Pierre Bourdieu die Gesamtheit der aktuellen und potenziellen Ressourcen, die mit der Teilhabe am Netz sozialer Beziehungen – in Form gegenseitigen Kennens und Anerkennens – verbunden sein können.[21] Im Gegensatz zum Humankapital bezieht sich das soziale Kapital nicht auf natürliche Personen, sondern auf die Beziehungen zwischen ihnen. Damit tritt die Analyse des sozialen Kapitals (Beziehungs- bzw. Netzwerkkapital) zur Untersuchung von ökonomischen und Humankapital – als Infrastruktur von sozialen Handlungschancen und Macht – hinzu.

Soziale Netzwerkanalyse

Einer der *Geburtsorte* der sozialen Netzwerkanalyse liegt in Wien. Der Soziometriker Jakob Levy Moreno besuchte während des Ersten Weltkriegs mehrfach ein Internierungslager italienisch sprechender Österreicher aus Südtirol, die in der Nähe von Wien inhaftiert waren. Diese Zwangsgemeinschaft, die Moreno psychologisch zu untersuchen begann, bestand vorwiegend aus alten Leuten, Frauen und Kindern. Die Reaktion der Internierten auf dieses politisch motivierte Sozialexperiment muss entsprechend katastrophal gewesen sein. Moreno spricht lapidar von häufig auftretenden Symptomen der Fehlanpassung.

21 Vgl. Pierre Bourdieu, Ökonomisches Kapital – Kulturelles Kapital – Soziales Kapital, in: Reinhard Kreckel (Hg.), Soziale Ungleichheiten, Göttingen 1983, 183-198.

Er verfolgt die Umsetzung einer soziometrisch geplanten Gemeinschaft und lässt die Familien auf Grundlage ihrer gegenseitigen Zuneigung umziehen.[22] Diese Veränderung in der Grundstruktur des Zusammenlebens soll die Spannungen und Konfliktpotenziale im Internierungslager deutlich gemildert haben. Soziometrische Verfahren kamen somit *avant l'image* erstmals bei der Planung sozialer Gemeinschaften zum Einsatz.

Die Soziometrie kann als ein wichtiger Wegbereiter der sozialen Netzwerkanalyse neben der Gestaltpsychologie und der britischen Tradition der Anthropologie angesehen werden. Um die personenbezogene Orientierung der Sozialwissenschaft zu erweitern, wurden Anleihen bei der Sprache der Topologie zur Beschreibung des Personen-Umweltsystems (Kurt Lewin) genommen. Die Entdeckung persönlicher Kernnetzwerke (Paul F. Lazarsfeld) und die Formulierung der Balancetheorie (Fritz Heider) machten deutlich, dass strukturelle Ensembles den Handlungsraum von Akteuren sehr präzise definieren konnten, ohne jedoch einen vollständigen Determinismus zu erzeugen.

Faktisch zeitgleich mit Soziometrie und topologischer Psychologie entwickelt auch die Kulturanthropologie Modelle und Visualisierungstechniken, um Verwandtschaftsbeziehungen, Freundschaften und die Zirkulation von Gaben zwischen Clans und Personengruppen zu beschreiben und aufzuzeichnen. In den 1940er Jahren nutzen Sozialwissenschaftler in Harvard um W. Lloyd Warner Gemeindestudien zur Analyse der Sozialstruktur zweier US-amerikanischer Mittelstädte. Claude Lévi-Strauss entwickelte, unterstützt von André Weill, in der Publikation "Die elementaren Strukturen der Verwandtschaft" 1949 eine erste strukturalistisch-formale Analyse der Verwandtschaftsstrukturen von Ethnien.

Der Begriff "Soziales Netzwerk" wird dem Anthropologen J. Barnes zugesprochen, der ihn in den 1950er Jahren bei der Untersuchung norwegischer Dorfstrukturen entwickelte. Netzwerke bestehen hiernach aus einem zu definierenden Set von Akteuren und den zu definierenden Beziehungen zwischen ihnen. Siegfried Nadel (1957) erweiterte die strukturalistische Perspektive als Entwurf für eine Analyse des gesamtgesellschaftlichen Systems von Rollen, die

22 Am 6. Februar 1916 schreibt Moreno an das österreich-ungarische Ministerium des Inneren: "Die positiven und negativen Gefühlsströmungen innerhalb jedes Hauses und zwischen den Häusern, innerhalb der Fabrik und zwischen den verschiedenen religiösen, nationalen und politischen Gruppen des Lagers können durch eine soziometrische Analyse der Beziehungen, die zwischen den Bewohnern waltet, aufgedeckt werden. Eine Neuordnung mithilfe soziometrischer Methoden ist hiermit anempfohlen." Zit. nach: Rainer Dollase, Wege der Überwindung der Asozialität des Menschen, XVI, in: Jakob Levy Moreno, Die Grundlagen der Soziometrie, 3. Aufl. Opladen 1996, XI–XXIX.

durch soziale Beziehungen untereinander verbunden sind. Elizabeth Bott (1957) beleuchtete dann die Einbettung Londoner Familien in soziale Netzwerke. Dabei bezog sie zum ersten Mal die *Dichte* der Netzwerke ein und untersuchte, inwieweit diese die im Netzwerk geleistete Form sozialer Unterstützung beeinflusste. In dieser Tradition wurden in den 1960er Jahren weitere formale Maßzahlen für die Analyse von Netzwerken gebildet, ohne sie jedoch in der empirischen Forschung einzusetzen.[23]

All diesen Forschern war die Vorstellung gemein, dass die Gesellschaft nicht als ein Aggregat aus Individuen mit sozioökonomischen Attributen zu konstruieren sei, sondern als eine Struktur interpersoneller Beziehungen. Soziale Netzwerke bilden die Bausteine der sozialen Welt, nicht Einzelindividuen oder soziale Gruppen. Soziale Netzwerkanalyse aus historischer Perspektive richtet ihr Augenmerk – wie strukturale Untersuchungen generell – auf gesellschaftliche Austauschsysteme, in denen Werte nach bestimmten Regeln zirkulieren, die als Relationen modelliert und als Graphen visualisiert werden können. Tauschsysteme können als antagonistische Kooperationsformen konstruiert werden, die aufgrund der Unbalance verschiedene Dynamiken aufweisen. Demgemäß stehen vor allem Transaktionen, Kommunikationen und emotionale Beziehungen im Mittelpunkt netzwerkanalytischer Untersuchungen. Mitgliedschaften, Angehörigkeiten in Organisationen wie Vereinen, Clubs, Unternehmen etc. eignen sich ebenfalls für dieses Analyseverfahren, insbesondere da Mitgliedschaftslisten hervorragend als Quelle netzwerkanalytischer Untersuchungen genutzt werden können. Üblicherweise werden in der historischen Netzwerkanalyse Daten nicht aus Fließtexten, sondern aus Eintragungen in Listenform gewonnen. So erhob Roger V. Gould zur Mitte der 1990er Jahre Daten aus Konskriptionslisten, um Informationen über Beziehungen zwischen verschiedenen Stadtteilen beim Aufstand der Pariser Kommune 1871 oder über Klientelbeziehung als Ursache der "Whiskey Rebellion" in den USA zu gewinnen.[24] Padgett und Ansell (1993) ermittelten Daten aus Heirats-, Handels- und Bankregistern, um die Netzwerke nachzuzeichnen, die den Aufstieg der Medici in Florenz begünstigt hatten.[25] Eine

23 Siehe ausführlicher Linton C. Freeman, The Development of Social Network Analysis. A Study in the Sociology of Science, Vancouver 2004.

24 Siehe Roger V. Gould, Insurgent Identities. Class, Community, and Protest in Paris from 1848 to the Commune, Chicago/London 1995. Vgl. auch Roger V. Gould, Patron-Client Ties, State Centralization, and the Whiskey Rebellion, in: American Journal of Sociology 102/1996, 400-429.

25 Vgl. John F. Padgett/Christopher K. Ansell, Robust Action and the Rise of the Medici, 1400-1434, in: American Journal of Sociology 98/1993, 1259-1319.

sehr gute grundsätzliche Übersicht über die Datenerhebung findet sich bei Ventresca und Mohr.[26]

Die soziale Netzwerkanalyse visualisiert in der Regel Austauschsysteme, die selbst kulturell produziert werden. Die Morphologie des Netzes gibt zwar Hinweise auf die kulturelle bzw. symbolische Dynamik, die verschiedene Netzwerke produzieren, in der Regel werden in der Analyse die Struktureigenschaften, nicht aber auf die Produktionsbedingungen, denen Netze unterliegen, untersucht. Entstehung, Veränderung und Verschwinden von Netzen sollten jedoch ebenfalls erklärt werden. Deshalb wird die Netzwerkanalyse um Narrations- oder Diskursanalyse erweitert, da es sich bei den Akteuren vor allem um Träger von Symbolverarbeitungsprozessen handelt. In "Identity and Control" entwickelt Harrison White ein differentes Verständnis von sozialen Netzwerken, die durch "stories" entstehen, die von den Akteuren des Netzes über sich und andere erzählt werden.[27]

Verbindungen zwischen Akteuren entstehen durch Signifikantenketten, die aus dem Erzählen von Geschichten entstehen. Gleichzeitig konstruieren diese Geschichten, erzählt von einem selbst und von anderen, die Identitäten der beteiligten Akteure im jeweiligen Kontext. Der Faden der strukturellen Semantik könnte an dieser Stelle wieder aufgenommen werden. Robert Franzosi hat eine Diskursanalyse entwickelt, die besonders geeignet ist, um Texte zu erschließen, die Akteure mit Handlungen zu verknüpfen und damit zu schildern.[28] Bei der Dokumentenanalyse werden im ersten Schritt "semantic triplets" gebildet. Nach dem Modell "Subjekt, Handlung, Objekt" werden die Texte sodann kodiert, wobei die verschiedenen Akteure und ihre Aktionen zu übersichtlichen Kategorien zusammengefasst werden. Eindrucksvoll wurde der Möglichkeitsraum von historischen Diskursanalysen, die soziale Netzwerkanalysen einsetzen, von Jörg Raab und Wolfgang Seibel ausgelotet.[29]

26 Vgl. Marc J. Ventresca/John W. Mohr, Archival Research Methods, in: Joel A. C. Baum (Hg.), Companion to Organizations, Oxford 2002, 805-828.

27 Vgl. Harrison C. White, Identity and Control. A Structural Theory of Social Action, Princeton 1992.

28 Robert Franzosi, From Words to Numbers. Narrative, Data and Social Science, Cambridge 2004.

29 Siehe Wolfgang Seibel/Jörg Raab, Verfolgungsnetzwerke: Zur Messung nationalsozialistischer "Polykratie" und ihrer Auswirkung auf die Verfolgung der Juden im deutschen Herrschaftsbereich während des Zweiten Weltkriegs, in: Kölner Zeitschrift für Soziologie und Sozialpsychologie 55/2003, 197-230, hier 206.

Soziale Mobilisierung, Modelle und Methoden aus der Innovationsforschung

Netzwerkanalytische Modelle können helfen, strukturelle Dynamiken zu entdecken und zu verstehen.[30] Padgett und Ansell haben, wie bereits erwähnt, veranschaulicht, wie die Vormachtstellung der Medici im Florenz des 15. Jahrhunderts entstanden ist und wie sie ihre wirtschaftliche und soziale Stellung gegenüber anderen Familien absicherten und verbesserten.[31] Einhergehend mit ihrer politischen Zurückhaltung in einem gescheiterten Weberaufstand und ihren Finanzbeziehungen über die Stadtgrenzen hinaus gelang es den Medici, den Weberaufstand und seine Folgen im Vergleich zu anderen Familien politisch und wirtschaftlich weitgehend unbeschadet zu überstehen. Zudem nahmen sie als einzige Familie im Florentiner Familiennetzwerk (aus Heirats- und Wirtschaftsbeziehungen) eine integrierende Stellung ein. Anhand einer Blockmodellanalyse zeigen beide Autoren, dass in Florenz ein Netzwerk entstanden war, in dem verschiedene Familienfraktionen nur über die Familie der Medici vernetzt waren. Die Medici wurden damit zu der zentral positionierten Familie, die durch ihre Stellung im Netzwerk der Familien den Stadtstaat politisch und wirtschaftlich schließlich formen konnte.

Andere Beispiele untermauern die Tragfähigkeit des Ansatzes: Die umfangreichen Datensammlungen, mit denen soziale Aktivitäten innerhalb einer deutschen Kleinstadt im Vorfeld der Revolution von 1948/49 beschrieben werden können, ermöglichen es, die Vorgänge und politische Aktivierung und Dynamik einer Petitionsbewegung zu rekonstruieren.[32] Informationen über die Teilnahme sozialer Akteure an ausgewählten Ereignissen vermögen, sowohl die Personen als auch die Ereignisse in einer sozialen Topologie zu präsentieren. In dieser ordnen die Verfahren stark verbundene Ereignisse und Akteure benachbart an, singuläre Ereignisse und Akteure werden dagegen in der Peripherie platziert. Dort, wo historische Quellen Vorgänge derart dicht mit relationalen Informationen beschrieben werden, kann man damit beginnen, die Dynamik sozialer Bewegungen zu rekonstruieren. Vergleichsweise einfache Annahmen über die Ausbreitung von Ideen

---

30 Vgl. Lothar Krempel/Michael Schnegg, About the Image. Diffusion in an Historical Network. Structure and Dynamics, in: eJournal of Anthropological and Related Sciences 1/2006, Article 10 [repositories.cdlib.org/socdyn/sdeas/vol1/iss1/art10].

31 Vgl. John F. Padgett/Christopher K. Ansell.

32 Siehe Carola Lipp/Lothar Krempel, Petitions and the Social Context of Political Mobilization in the Revolution of 1848/49. A Microhistorical Actor Centered Network Analysis, in: International Review for Social History 46/2001, Suppl. 9, 151-169.

durch die sozialen Arrangements von Ereignissen erlauben es, die Bedeutung der benachbarten Lagen zu erschließen: Wer sich gemeinsam mit Aktivisten beteiligt, hat eine höhere Wahrscheinlichkeit, selbst Aktivist zu werden. Das auf diesen Annahmen resultierende Gesamtbild der historischen Vorgänge kann eindrucksvoll mit visuellen Technologien kommuniziert werden.[33] Erst auf der Grundlage der empirisch identifizierten Sozialbeziehungen wird es möglich, die Bevölkerungsgruppe der Handwerker (mit vergleichweise heterogenen Interessen), als die Berufsgruppe zu identifizieren, die einen besonders hohen Beteiligungsgrad an den Mobilisierungsprozessen aufweist.

Visualisierung von Netzwerken

Die soziale Netzwerkanalyse verfügt über formale Instrumente, um eine *language of network* zu entwickeln. Die *Sprache des Netzes* beschreibt die Transformationsregeln von der empirischen Beobachtung über die Datenaufzeichnung, sie sorgt für deren Übersetzung in Matrizen und die Reorganisation der Datenreihen durch Algorithmen und schlussendlich deren Projektion in einem Wahrnehmungsraum (Netzwerkvisualisierung). Um Informationen zu sammeln und Daten zu erheben, können verschiedene Arbeitstechniken und Methoden zum Einsatz kommen, die sich nicht von denen anderer Disziplinen unterscheiden. Wie bei anderen Sozialwissenschaften steht auch hier die Beobachtung gewöhnlich am Beginn jeder Untersuchung. Die Datenaufzeichnung muss allerdings nicht nur Beobachtungsobjekte und deren Eigenschaften beinhalten, sondern hat zwingend auch Beziehungsinformationen (Relationen) zu verzeichnen. Die systematische Erhebung der Beziehungsaspekte zwischen den Objekten ist vielleicht ein erstes wichtiges Kennzeichen der sozialen Netzwerkanalyse.

Die strukturellen Informationen werden bei der Analyse nicht zerstört: Der Strukturalismus wendet sich gegen die Grundannahme des methodologischen Individualismus, dass jegliches Verhalten auf Ebene des individuellen Verhaltens erklärbar ist. Wellman prägte in den 1980er Jahren eine treffende Metapher für diesen Wechsel in der erkenntnistheoretischen Perspektive der Sozialwissenschaften. Die sinngemäße Übersetzung lautet: Aggregiert man die Eigenschaften aller Untersuchungspersonen, so verbirgt oder zerstört man die strukturellen

33 Vgl. Lothar Krempel/Michael Schnegg: About the Image: Diffusion Dynamics in an Historical Network Structure and Dynamics: eJournal of Anthropological and Related Sciences 1/2006, Article 10 [repositories.cdlib.org/imbs/socdyn/sdeas/vol1/iss1/art10].

Informationen genauso, als ob man durch das Zentrifugieren von Genen deren Struktur zerstört und erst nach dieser Prozedur wieder nach Spuren oder Informationen über ihre Zusammensetzung sucht.

Einige Beispiele mögen dies verdeutlichen: A ist befreundet mit B, A spricht mit B, A und B tauschen Güter und Waren, A und B sind im Aufsichtsrat eines spezifischen Unternehmens. Diese Informationen sind deshalb notwendig, weil ein Netzwerk aus Tausenden und Abertausenden solcher Grundelementen besteht: zwei Akteuren und deren Beziehung oder Nicht-Beziehung. Akteurseigenschaften und Beziehungseigenschaften können als zusätzliche Information verzeichnet werden. Moreno – ein Netzwerkanalytiker avant la lettre – hat bereits Akteure mit bestimmten Eigenschaften (Mann/Frau) und deren Freundschaftswahlen aufgezeichnet und in eine Karte dieser Sozietät übersetzt. Die Transformation von Matrizen in visuelle Informationen in Form von Netzwerkkarten macht die Stärke und Faszination dieser Forschung aus. Netzwerkanalytiker setzen ganz gezielt auf die Fähigkeit unseres Sehsinns viele und komplexe Informationen parallel verarbeiten zu können.

Was Otto Neurath für die Statistik geleistet hat, soll jetzt für Strukturdarstellungen möglich sein.[34] Dabei geht es zunächst darum, Netze mit den Verbindungen der Einheiten zu ordnen, so dass verbundene Einheiten benachbart angeordnet sind. Dies ist eine aufwändige Aufgabe, die aber Computer mit verschiedenen Algorithmen automatisch erledigen können. Die Untersuchung, wie man vielfältige weitere Eigenschaften, so etwa Größe, Farbe oder die Form der Knoten, Kanten oder der durch diese gebildeten Teilsysteme in Karten integrieren kann, markiert einen zweiten Untersuchungsschritt. Erstaunlicherweise entstehen dabei oft einfach lesbare Abbildungen, die nicht nur Einblicke in Vorgänge in diesen Netzen gewähren, sondern es auch gestatten, besondere Teilsysteme als lokale Muster zu identifizieren. Ein weiteres Beispiel soll dies im Folgenden eingehender verdeutlichen.

Transnationale Korrespondenznetze im 18. Jahrhundert

Ausgedehnte Briefwechsel bilden einen konstitutiven Bestandteil jener Gelehrtenkultur, die zeitlich von Erasmus bis Voltaire reicht, räumlich ganz Europa umfasst und in der Vorstellung einer kosmopolitischen Gelehrtenrepublik ihren idealen Ausdruck findet. In einer solchen Perspektive beginnt man das gelehrte

34 Otto Neurath, Gesammelte bildpädagogische Schriften, hg. von Rudolf Haller und Robin Kinross, Wien 1991.

Europa als ein Netz von sich überkreuzenden Korrespondenznetzen zu sehen, mit unzähligen großen und kleinen Knotenpunkten, neuralgischen Stellen und Endpunkten.

Anschaulich wird dies durch die Zusammenarbeit des Max-Planck-Instituts für Gesellschaftsforschung in Köln mit einer Gruppe von Wissenschaftshistorikern,[35] die wissenschaftliche Briefwechsel im 18. Jahrhundert untersuchen.[36] Dieses Projekt ist geeignet, das bisher kaum genutzte Potenzial von Netzwerkanalysen zu demonstrieren, und liefert ein Beispiel dafür, wie heute internationale historische Vorgänge untersucht werden können. Auch die zu Grunde liegenden historischen Quellendatenbanken beschreiben die Korrespondenzen prominenter Wissenschaftler des 18. Jahrhunderts und damit die sternförmige räumliche Ausdehnung der Briefwechsel. Dort, wo zusätzlich zu den Briefbeziehungen auch der Briefwechsel zwischen den Korrespondenten bekannt ist, lässt sich ein Netzwerk der Korrespondenzbeziehungen entfalten, das zusätzliche Einsichten ermöglicht: Welche Korrespondenzpartner des Netzes stehen miteinander in intensivem Austausch, wer kommuniziert ausschließlich mit der Fokusperson? In zwei weiteren Schritten wird gezeigt, wie durch die Verwendung weiterer Informationen das paneuropäische Korrespondenznetzwerk des 18. Jahrhunderts rekonstruiert werden kann. Die Verschränkung diverser Korrespondenznetzwerke verschiedener Wissenschaftler zu einem *Supernetz* erlaubt es schließlich, weitere Einsichten in das Wissenschaftssystem des 18. Jahrhunderts zu gewinnen.

Technisch kann man die Datensammlungen der Forschungsprojekte als mathematische Graphen darstellen und als Netzwerk analysieren. Die in den letzen Jahren entstandenen Verfahren zur visuellen Repräsentation von Graphen erlauben es dabei, zahlreiche zusätzliche Eigenschaften der Netze in deren Darstellung zu integrieren, so dass einfach zu lesende Abbildungen entstehen.[37] Die neuen Techniken der Visualisierung auf der Basis algorithmischer Operationen bieten die Chance, enorme Datenmengen, die auf andere Weise nicht zu überschauen wären, zu analysieren.

35 Hierzu gehören Stefan Haechler (Universität Bern), Frank Mauelshagen (Universität Zürich), Marion Ruisinger, (Universität Erlangen), Martin Stuber (Universität Bern).

36 Vgl. Martin Stuber/Stefan Hächler/Lothar Krempel/Marion Ruisinger, Exploration von Netzwerken durch Visualisierung. Die Korrespondenznetze von Banks, Haller, Heister, Linné, Rousseau, Trew und der Oekonomischen Gesellschaft Bern, in: Regina Dauser/Stefan Hächler/Michael Kempe (Hg.): Wissen im Netz. Botanik und Pflanzentransfer in europäischen Korrespondenznetzen des 18. Jahrhunderts, Berlin 2008.

37 Vgl. Lothar Krempel, Visualisierung komplexer Strukturen. Grundlagen der Darstellung mehrdimensionaler Netzwerke, Frankfurt am Main 2005.

Eine der Fokuspersonen, die hier näher beleuchtet werden soll, ist Albrecht von Haller (1708–1777), Forscher, Dichter, Arzt und Magistrat mit Tätigkeiten an den Standorten Göttingen und Bern. In der Haller-Datenbank wurden für die rund 1.200 Haller-Korrespondenten sämtliche Briefdaten verzeichnet, die in Brief- und Korrespondentenlisten, in Briefeditionen sowie in der biografischen Forschungsliteratur greifbar sind. Für insgesamt 654 Korrespondenten (56 Prozent aller Haller-Korrespondenten) sind Briefkontakte zu anderen Haller-Korrespondenten nachgewiesen. Derartige Mengen an Beziehungen sind aber auf herkömmlichen Seitenformaten kaum darstellbar. Die Abbildung in Graph 1 geht deshalb von einem Schwellenwert aus. In einer rekursiven Definition beschränkt er sich auf diejenigen Haller-Korrespondenten, die mit mindestens fünf anderen Haller-Korrespondenten Briefe austauschten, die ihrerseits mit mindestens fünf Haller-Korrespondenten in Briefkontakt standen.

Abb 1: Haller-Korrespondenten mit Briefbeziehungen zu mindestens fünf anderen Haller-Korrespondenten.

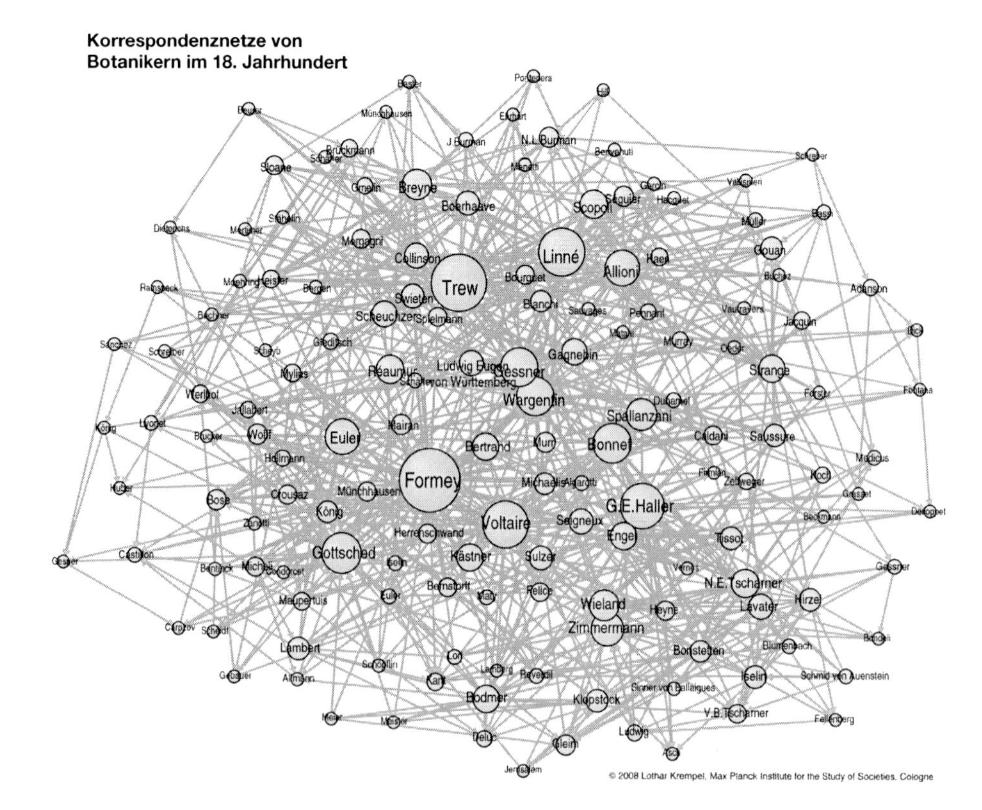

Schon in der zeitgenössischen Wahrnehmung bestimmten sich Rang und Bedeutung eines Gelehrten nicht zuletzt durch seine Vernetzung. Die Darstellung des Hallerschen Korrespondenznetzes erlaubt es, bereits einige wichtige Akteure zu identifizieren – die Anzahl ihrer Korrespondenten im Haller-Netz ist mit der Größe der sie repräsentierenden Kreise dargestellt –, die Aufschluss über die überregionale Ausdehnung des hallerschen Korrespondenznetzes geben. Unter diesen finden sich:

- Formey als Sekretär der Berliner Akademie
- Gessner als Zentralfigur der Zürcher Gelehrtenwelt
- Gottsched als deutscher Literaturpapst
- G.E. Haller als ältester Sohn Albrecht von Hallers
- Linné als die botanische Referenz des 18. Jahrhunderts schlechthin
- Christoph Jakob Trew als Redakteur von Zeitschriften wie "Commercium litterarum" und "Acta physico medica der Leopoldina"
- Voltaire als das *Haupt* der (französischen) Aufklärung und
- Wargentin als Sekretär der Stockholmer Akademie

Mit einer zweiten Matrix kann die Mitgliedschaft der Haller-Korrespondenten in Gelehrtengesellschaften, respektive Akademien beschrieben werden, die in den wichtigsten europäischen Staaten eine zentrale Stellung einnahmen und gleichzeitig europäische Ausstrahlung besaßen. Dies sind zunächst die

- Accademia delle Scienze dell'Istituto di Bologna
- Academie des Sciences Paris
- Akademie der Wissenschaften Petersburg
- Akademie der Wissenschaften Stockholm und die
- Royal Society London

Abb. 2: Mitgliedschaften der Haller-Korrespondenten in elf wichtigen europäischen Akademien.

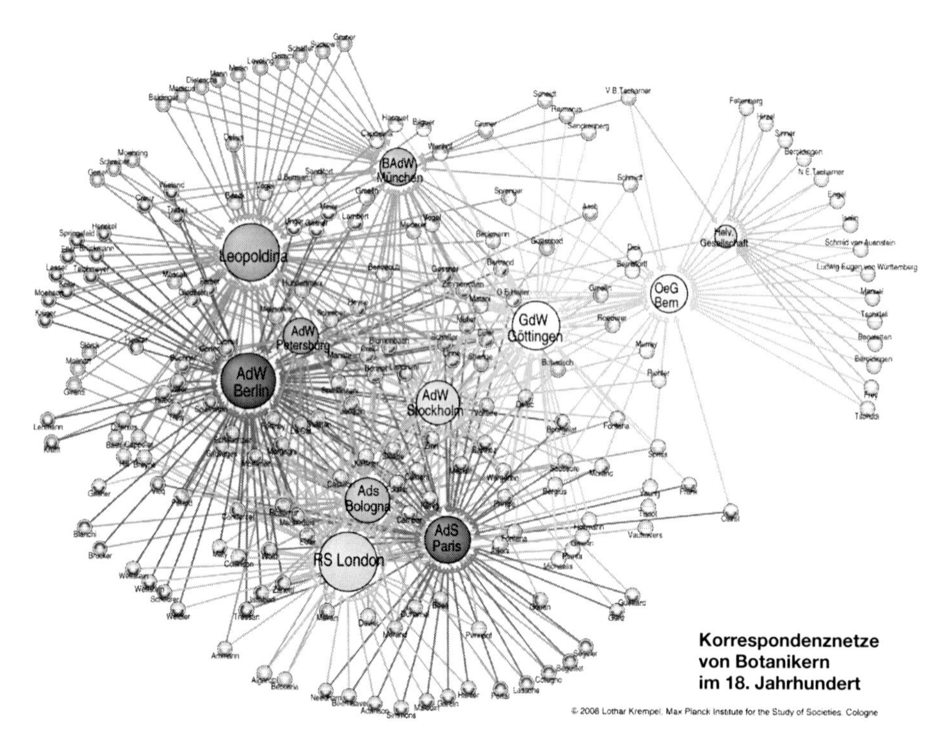

Eine erste Ausnahme stellen die deutschen Territorien dar, für die wegen der fehlenden Dominanz einer einzigen gleich vier Gelehrtengesellschaften aufgeführt werden

- Akademie der Wissenschaften Berlin
- Gesellschaft der Wissenschaften Göttingen
- Leopoldina, Halle
- Bayrische Akademie der Wissenschaften München

Ein zweiter Spezialfall ist die Eidgenossenschaft, die überhaupt keine auf das gesamte Territorium ausgerichtete Gelehrtengesellschaft aufweist. Als Alternative untersuchen wir die

- Helvetische Gesellschaft und die
- Oekonomische Gesellschaft Bern (OeG Bern, gegründet 1759)

Ein drittes Netzwerk entsteht durch die Kombination einer Reihe von Korrespondenznetzwerken. Hierbei werden unterschiedliche historische Quellen kombiniert. Dabei wurde versucht, alle Typen Botanik bezogener Korrespondenz abzudecken, so die wissenschaftlich-botanischen Korrespondenzen von

- Albrecht von Haller (1708–1777),
- Lorenz Heister (1683–1758),
- Carl von Linné (1707–1778) Botaniker; Uppsala und
- Christoph Jakob Trew (1695–1769), Arzt, Botaniker, Redaktor; Nürnberg und die auf ökonomischen Nutzen ausgerichteten Korrespondenzen von
- Joseph Banks (1743–1820) und der
- Oekonomischen Gesellschaft Bern sowie die von persönlicher botanischer Liebhaberei motivierten von
- Jean-Jacques Rousseau (1712–1778).

Abb. 3: Supernetz der Korrespondenznetzwerke von Banks, Haller, Heister, Linné, Trew, Rousseau und der OeG Bern, mind. drei Beziehungen.

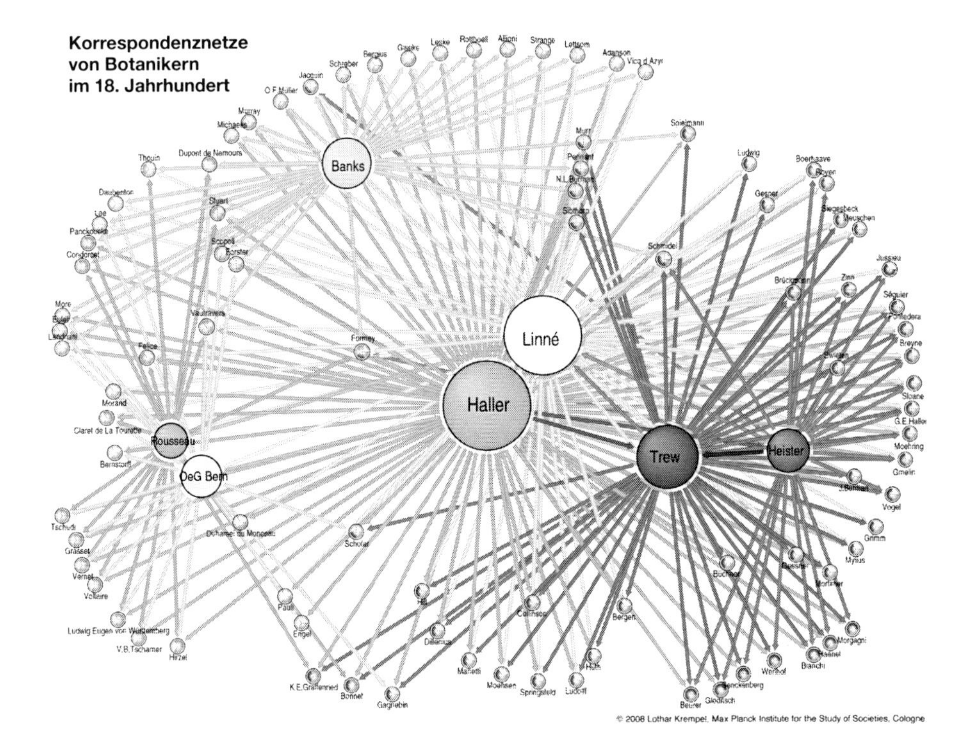

Die Verschränkung diverser Korrespondenznetze ist ein "two-mode"-Graph. Dieser beschreibt die Beziehungen zwischen den Fokuspersonen und ihren Korrespondenten. Die Nähe in den grafischen Repräsentationen klassiert die Korrespondenten hinsichtlich ihrer strukturellen Äquivalenz – wer also mit identischen Forschern Kontakt hat. Deutlich wird hier eine Chronologie sichtbar: Die beiden ältesten Zentralfiguren Heister (aktiv ab ca. 1703, gest. 1758) und Trew (aktiv ab ca. 1715, gest. 1769) überschneiden sich sehr stark, aber nur sehr gering dagegen mit den Jüngsten, OeG Bern (aktiv ab 1759) und Banks (aktiv ab ca. 1763).

Linnés und Hallers Netze, die beide um 1725 zu wachsen begannen, stehen chronologisch in der Mitte und besitzen sowohl untereinander als auch mit sämtlichen anderen Netzen große Schnittmengen. Für die besonders stark ineinander verwobenen Netze von Heister und Trew ist die zeitliche Nähe zwar die allgemeine Voraussetzung, der eigentliche Grund dafür liegt aber in ihrem Lehrer-Schüler-Verhältnis, respektive dem daraus entstandenen engen Kontakt und der thematischen Nähe. Weil alle der hier zur Diskussion stehenden Korrespondenznetze einen nicht durchweg zentralen, aber doch überall vorhandenen botanischen Fokus aufweisen, verwundert neben der chronologischen Identität der Netze von Linné und Haller nicht, dass die beiden botanischen Koryphäen des Jahrhunderts mit den anderen Netzen die meisten Überschneidungen aufweisen und demzufolge als Kreise mit den größten Durchmessern erscheinen. Einzig beim Gelegenheitsbotaniker Rousseau beschränkt sich die Kombination von Linné und Haller auf fünf Köpfe. Bezeichnenderweise handelt es sich bei diesen in keinem Fall um einen professionellen Botaniker mit dem universitären Abschluss eines Dr. med., sondern zum einen um die Liebhaberbotaniker Claret de la Tourette sowie Stuart und zum anderen um die allgemeinen Vermittlerfiguren Felice, Formey und Vautravers.

Ausgeprägt zeigt sich die vergleichsweise dichte Vernetzung der vier älteren Korrespondenznetze miteinander. Auf der rechten Seite ist die Mehrheit der dargestellten Personen gleichzeitig mit Haller, Heister, Linné und Trew verbunden und damit strukturell äquivalent (Breyne, Brückmann, Gmelin, G.E. Haller, Moehring, Pontedera, Séguier, Sloane, van Swieten, Zinn). Zudem ergibt sich eine zweite Reihung mit strukturell äquivalenten Personen, die ebenso mit Haller, Linné und Trew, aber anstelle von Heister mit Banks in Briefbeziehung standen (Burman, Sibthorp, Murr, Pennant). Gut sichtbar sind die Vermittlerfiguren mit mindestens fünf abgebildeten Beziehungen. Neben den sieben Zentralfiguren sind dies in der Mitte Formey (mit Banks, Haller, Heister, Linné, Rousseau), auf der rechten Seite Schmidel (mit Banks, Linné, Haller, Trew, Heister) und auf der linken Vautravers (mit Banks, Haller, Linné, OeG Bern, Rousseau).

Fazit

Zieht man abschließend eine erste Bilanz der hier vorgestellten Untersuchungsergebnisse, so lässt sich konstatieren, dass Korrespondenz den Schlüssel zu einem zumindest medientechnischen und diskursanalytischen Verständnis der Aufklärung darstellt. Wem Wissen unterstellt wurde, dem wurde geschrieben; wer Autorität ausübte, der klassifizierte und selektierte die Kommunikation. Johann Christoph Gottsched (1700–1766), der Umstrittene, erhielt und schrieb mehr als 6.000 Briefe. Die Korrespondenz von Personen sagt somit etwas über die soziale Stellung innerhalb der Wissenschaftsgemeinschaft aus und, darüber hinaus, auch über das Kommunikationssystem der Aufklärung.

Wie sind jedoch die schreibenden Wissenschafter in größere Zusammenhänge eingebettet, wie bilden sich soziale Beziehungen heraus, die nicht mehr ortsgebunden sind? Brief und Reisebericht sind dominante Informationsquellen dieser Zeit. Der Schlüssel zur Einbettung von Akteuren in ihre Kontexte sind relationale Informationen, mit denen die Kontakte zu relevanten Akteuren und Institutionen rekonstruiert werden können. Briefe als geschriebene Kommunikation im 18. Jahrhundert haben einen Sender und Empfänger. Sie beschreiben Verflechtungen zwischen Paaren von Akteuren, Relationen zwischen sozialen Akteuren. Fügt man die vielen vorhandenen Informationen über Paare von Kommunikationspartnern zusammen, so entsteht eine Karte des Gesamtsystems. Diese wird umso exakter, je vollständiger die relationalen Informationen dokumentiert sind. Berücksichtigt man darüber hinaus die Häufigkeiten der Kommunikation, so wandern in den *Karten* eng verflochtene Orte und Akteure zueinander. Der geografische Raum wird durch intensive Formen der sozialen Kooperation deformiert. Intensive Kooperation setzt den geografischen Raum außer Kraft: Das räumlich verteilte Wissen wird zwischen geografisch weit auseinander liegenden Orten ausgetauscht.

Für Historikerinnen und Historiker sind in der mittlerweile mehr als 100-jährigen Geschichte der Netzwerkforschung jedenfalls neue Impulse, Methoden und Fragestellungen entstanden. Vieles gilt es noch für die Geschichtswissenschaft zu entdecken und auszuprobieren. Es ist an der Zeit, diese Perspektive einzunehmen.

Dirk Hoerder

Transnational, Transregional, Transcultural: Social History and Labor Migrants' Networks in the 19th and 20th Centuries

Introduction: International – Diasporic – Transnational – Transcultural

To the 1980s, labour and working-class historians have emphasized *inter*national class solidarity, have pointed to the *inter*national cooperation of the labour unions and, if workers had nothing to loose but heir chains, to the *inter*national class solidarity at the turn from the 19th to the 20th century. Separately – and in a gender-integrative academic world there would have been no reason for this separation – women's historians pointed to the international character of the movements for women's rights in the same decades. Comparative state-centered studies of labour movements and working-class life in different national contexts, in contrast, pointed to the deeply engrained nation-specific socialization of working men and women as well as to the national-institutional character of labour (or women's) organizations struggling for inclusion of their class/their gender into the political nation or, if revolutionary, advocated an overthrow of the bourgeois regime within the respective nation-state's territorial confines. Internationalist calls for world revolution, in contrast, lacked such cultural-institutional frame of reference.

In the 1980s, migration historians began to study the "proletarian mass migrations" no longer in the emigration/immigration dichotomy but as a continuous process involving two or more societies. They found only limited support for a class-based internationalism separated from particular national- or ethno-cultural frames.[1] They concluded cautiously that workers were internationally mobile but, moving between and having to adjust to different societal

1 Terminological note: "Nations" are ruling ethnic groups; the term "ethno-cultural" avoids the implications of genetic or essentialist belonging inherent in "ethnic."

contexts, were no generic internationalists. Exceptions were migrating editors of the labour press and other labour spokespeople, whose attitudes as proletarian intellectuals might be called an intellectual cosmopolitanism.[2]

Inter-national or inter-state relations, and the difference between the two concepts is important,[3] are based on two (or more) distinct entities with defined territories, borders, structures and institutions, populations, interests, and cultures or identities. *Trans*-national, in contrast, posits continuities across dividing lines and recognizes such spaces as borderlands. A first recognition of such continuities was expressed in the concept of "diaspora": Migrants, whether voluntary or involuntary, keep connections to a territorially-based real or mythical community of origin and between the segments of the diaspora. A network of communication, of cultural and/ or commercial relations, and, perhaps, of family and marriage ties is created in the processes of diasporic migration over time.[4] The Jewish and the Chinese diasporas are examples.[5] With the beginning of large-scale labour migrations of enslaved Africans, of European indentured and free men and women under severe economic constraints, and of indentured men and women from several Asian cultures, a new conceptual framework to analyze people living in more than one society over their lifetime would have been necessary.[6]

2 Dirk Hoerder, An Introduction to Labor Migration in the Atlantic Economies, 1815–1914, in: Hoerder (ed.), Labor Migration in the Atlantic Economies, Westport/Ct. 1985, 3-31; Leila J. Rupp, Worlds of Women. The Making of an International Women's Movement, Princeton 1997.

3 The concept of "nation" postulates cultural hierarchies (or inequalities), the concept of "state" since the Age of Revolution the equality of all citizens before the law.

4 Robin Cohen, Global Diasporas: An Introduction, London 1997; Khachig Tölölyan, Rethinking Diaspora(s): Stateless Power in the Transnational Moment, in: Diaspora 1/1996, 9-36.

5 Research on Italian, Polish, and German migrations worldwide has produced no empirical evidence sufficient for an unequivocal application of the diaspora concept. Adam Walaszek, Labor Diasporas in Comparative Perspective: Polish and Italian Migrant Workers in the Atlantic Wold between the 1870s and the 1920s, in: Dirk Hoerder with Christiane Harzig and Adrian Shubert (eds.), The Historical Practice of Diversity: Transcultural Interactions from the Early Modern Mediterranean to the Postcolonial World, New York 2003, 152-176; Donna R. Gabaccia, Italy's Many Diasporas, London 2000; Hoerder, The German-Language Diasporas. A Survey, Critique, and Interpretation, in: Diaspora: a journal of transnational studies 1/2002, 7-44; Donna Gabaccia/Franca Iacovetta, Women, Work and Protest in the Italian Diaspora: An International Research Agenda, in: Labour/Le Travail 42 (Fall 1998), 161-181.

6 The agency-approach in creating transnational or transoceanic spaces has been particularly difficult to pursue for African slaves. But see José C. Curto/Renée Soulodre-La France (eds.), Africa and the Americas: Interconnections during the Slave Trade, Trenton/N.J. 2005.

Instead, into the 1970s, nation-centered historians pursued an inter-state concept emphasizing cultural boundaries, the nation-to-ethnic-enclave paradigm.[7] Eschewing any hypothesis of continuity, they postulated uprootedness and rupture.

Migration as departure from a culture in peacetime was, at the height of nationalism, considered by many states the equivalent of wartime treason. The latter was punishable by law, the former was punished by cultural loss and rootlessness. Had historians not been blindfolded by their nation-state socialization, it would have been obvious that migrating working men and women were continuing their lives under changed circumstances, were staying in touch with kin in their region of origin, and were slowly adjusting to new societal and work-place contexts rather than depositing cultural baggage at some immigration port and becoming new men and women on the spot. The paradigm of "the American" as new man (or woman) challenged the "from times immemorial"-paradigm of national belonging and replaced it with an institutional-contextual remolding. In periods of heavy-handed Americanization, Germanization, etc. this led to the melting pot or pressure-cooker image.

The data, available all along, point to continuity in local and familial networks. Of the transatlantic migrants arriving in the U.S. from about 1900 to 1914, 94 % went to kin and friends. These men and women (in a ratio of 60 to 40) moved transculturally according to information flows in family and friendship spaces that extended across continents.[8] In Southeast Asia, since the 15th century, the Chinese diaspora was built by men moving to locations about which they had information, often from relatives, and to jobs within their range of skills. They, too, moved transculturally. "The Chinese," as they were summarily named in research, in fact, came only from the Empire's two southern provinces and from particular locations in them.[9] In the same way, "the European"

7 Hoerder, Historians and Their Data: The Complex Shift form Nation-State Approaches to the Study of People's Transcultural Lives, in: Journal of American Ethnic History 4/2006, 85-96.

8 Dillingham Commission (= U.S. Senate, Immigration Commission), Reports of the Immigration Commission, 41 vols. (Washington D.C. 1911–12), 3, 358f., 362-365. The detailed pre-departure information of migrants has been studied repeatedly and is evident from documentary sources, esp. migrant letters. Walter D. Kamphoefner/Wolfgang Helbich/Ulrike Sommer (eds.), News from the Land of Freedom. German Immigrants Write Home, Ithaca/N.Y. 1991 (German orig.: Munich 1988), esp. introduction to the volume. Dirk Hoerder (ed.), Struggle a Hard Battle – Essays on Working Class Immigrants, DeKalb/Ill. 1986.

9 Wang Gungwu, The Chinese Overseas: From Earthbound China to the Quest for Autonomy, Cambridge/Mass. 2000; Lynn Pan (gen. ed.), The Encyclopedia of the Chinese Overseas, Richmond/GB 1999.

migrants in the U.S. came from particular locations and cultures and included women. They were neither generic nationals nor undifferentiated imperial subjects. Migrants have to be defined as moving between regions or localities along lines of specific sub-national cultural affinity. The recently conceptualized term "transnational," present in empirical data and public discourses for long, thus demands specification: translocal, transregional, transnational, or, with open spatial extent, transcultural.

Transcultural Lives in Transoceanic Worlds: Cases from the Proletarian Mass Migrations

In 1913, Chan Sam left Chang Gar Bin village, in Guangdong province, for a job in an internationalized labor market segment open to "Chinamen" in Vancouver, British Columbia. He signified his decision for the future by donning Western-style clothes and the ties to his past by leaving behind his wife Huangbo and their daughter. In his trajectory he moved between stages of economic development and mentalities, from peasant to shingle mill worker. He had to negotiate two societally determined identities, respected villager and cheap "Ooriental" labourer. She had to negotiate the position of a (married) woman left behind in a society ruled by male elders and to tend their plot and improve it with his remittances. Migration in such transcultural spaces demands complex decisions. It impacts actual migrants as much as the life-courses of non-migrating family and community members. Migration, whether short-distance rural-urban or long-distance trans-oceanic, requires complex networks of support and contact.[10]

In another small village, located in industrializing northern Italy, clear borders divided the poor in the backyards from the rich in the front of the same house as well as the villages from nearby urban worlds. Such rigid borderlines need not suggest localism or mental narrowness. The village's labouring people, in the 1880s, were part of large and multiple migratory spaces: Girls were placed by their parents as child laborers in the silk factories of neighbouring communities; boys would migrate with their fathers further afar to be trained as masons. Young

10 Denise Chong, The Concubine's Children. Portrait of a Family Divided, Toronto 1994. This family biography, written by the granddaughter of the original migrants, fits the life of three generations into the frame of two states and two regional societies. It achieves a comprehensive perspective that many studies by historians lack. For more detail and the Pacific migration system see Hoerder, "Of Habits Subversive" or "Capable and Compassionate": Perceptions of Transpacific Migrants, 1850s–1940s, in: Canadian Ethnic Studies 1/2006, 1-22.

men went to France for seasonal or multiannual infra-structural earthwork. Adult men, single or married, traveled to Missouri iron mines. A few brought in their wives as boardinghouse keepers for many men, i.e. for commodified household labour. Thus, from this village gendered, age-group-specific, and intergenerational migrations extended in several directions. Group-specific information and support networks facilitated mobility. The village, by place but not by space, was located in the recently established nation-state "Italy," but its connections did not go to Naples, Rome, or even neighbouring Milan. Its connections encompassed a regional silk economy, a space of infrastructural job opportunities in Southern France, a trans-European circuit of masons, and a space extending to North America's Missouri and from there, through secondary migrations, to Chicago and elsewhere.[11]

The Italian and Chinese men and women of rural, or urban backgrounds were part of internationalized labour markets. The position of China and Italy in 19th- and 20th-century global power hierarchies as well as the admission and exclusion regulations of Canada and the United States impacted on people's ability to migrate, to enter labour markets and societies, to be or not to be accepted as equal human beings rather than merely as muscled "bodies", "hands," or "braceros." Economic history rather than the political history of nation-states has analyzed sectoral linkages across related regions of the world.[12] Gender history has indicated how information networks varied between men and women and that, even if moving along the same routes, men's and women's migrations followed different, if interactive patterns. Migrants' belongings were familial and community-specific; they were *local* at both ends of their spatial trajectory; they were *regional* by dialect, general patterns of every-day life, and association with others. More by ascription than by identification, belongings were *national or statewide – the* Chinese in 16th-century Manila, *the* Ukrainians in 19th-century Canada, *the* West Africans in 20th-century Paris.

11 Marie Ets Hall (ed.), Rosa. The Life of an Italian Immigrant, Minneapolis 1970, 76-88, 120-122. Once three women silk weavers were recruited to Japan. See also E. Patricia Tsurumi, Factory Girls: Women in the Thread Mills of Meiji Japan, Princeton 1990; Louise A. Tilly, Industrialization and Gender Inequality, in: Michael Adas (ed.), Islamic and European Expansion. The Forging of a Global Order, Philadelphia 1993, 246-269, esp. 275-281. For the 19th-century "proletarian mass migration" see Hoerder, Cultures in Contact: World Migrations in the Second Millennium, Durham/N.C. 2002, 331-365.

12 The overlapping, yet spatially different character of economic and nations-state political spheres was graphically illustrated in the Paris World Exhibition of 1867, in which the oval exhibition hall was divided into sectors from center outward to represent nations and the rising galleries each represented one economic sector common to all state. Les Expositions Universelles à Paris de 1855 á 1937, Paris (2005), 69.

States did impact on transcultural lives: Chan Sam and Huangbo as well as his second wife May-Ying Leong had to react to Canadian racism, global depression, Japanese occupation during World War Two, and the Communist reordering of China's society. Taking a second wife involved, in China, negotiations and bride price; at the entry gate to Canada, it involved overcoming racist bureaucrats' complex exclusionist paperwork by establishing an equally complex paper identity. May-Ying, with the support of her husband, took advantage of Canada's educational opportunities and, contrary to her husband's intention, used this resource to renegotiate gender relations as lived in Chinese-Canadian communities. Intergenerationally, their children and grand-children reflect the complex lives and challenges to analysis: conflict between tradition-bound and innovative life projects, rigid Confucian-Chinese prescripts for child-parent relations, and rigid Christian-Canadian concepts of population composition and education for "Orientals." "Race" constrained options in Canada, "traditional status" those in China. Decisions about family economy and status in Guangdong's village society had to be coordinated with those about work and standard of living in Vancouver's and Nanaimo's Chinese(-Canadian) quarters.[13] This southern Chinese family and the northern Italian villagers are but two cases of the tens of millions of people who established translocal and transregional lives in transnational-transoceanic contexts during the 19th- and 20th-century "proletarian mass migrations."

Migrants' spaces thus need to be analyzed in terms of "translocality" or "glocality," as it has been called, of transregional networks, of transnational connections, and of international conflict and hierarchies. To cover the range of spaces involved, I propose the term "transcultural." However, since the 1990s the buzz word has been "transnational" and to this conceptualization we will turn first to historicize, critique, and evaluate its reach.

13 Louise Tilly and Joan Scott, Women, Work and Family, New York 1978, remains the classic conceptualization of family economies. Hoerder, Labour Markets – Community – Family: A Gendered Analysis of the Process of Insertion and Acculturation, in: Wsevolod Isajiw (ed.), Multiculturalism in North America and Europe: Comparative Perspectives on Interethnic Relations and Social Incorporation, Toronto 1997, 155-183. For a view emphasizing individual women's agency over family context see Patricia R. Pessar, The Role of Gender, Households, and Social Networks in the Migration Process: A Review and Appraisal, in: Charles Hirschman/Philip Kasinitz/Josh DeWind (eds.), The Handbook of International Migration: The American Experience, New York 1999, 53-70.

Transnational Approaches: A Historicization, Critique, and Evaluation

The concept of transnational migrant belonging was used – and considered to be innovative – in 1992 by anthropologists Glick Schiller, Basch, and Blanc-Szanton who, while studying migrants from Latin America to the United States, recognized their continuing transborder connections to the countries of origin.[14] However, the concept had been used as early as 1916 in the U.S. and migration historians had been describing such transborder and transoceanic connectivity since rejecting the "migrant uprootedness"-paradigm in the mid-1960s. The reinvention of the concept was important because historians had not theorized their findings and, depending on their own location, kept labelling the very same migrating people emigrants in one approach and *im*migrants in another. Just as labour historians had emphasized trade unions over working men's and women's lives, migration and ethnic historians had stuck to ethnic group organizations and bounded ethnic enclaves.

In 1916, at the high tide of national chauvinism, Progressive public intellectual Randolph Bourne commented that the United States "is coming to be, not a nationality but a trans-nationality, a weaving back and forth, with the other lands, of many threads of all sizes and colors." In the 1930s, Gilberto Freyre argued that, in Brazil, Africans and Europeans – both migrants – led entwined lives if in a power hierarchy and that out of this particular interaction the society's culture had emerged. Such processes, Fernando Ortiz, in 1940, called "transculturation" for Cuba's Chinese indentured workers, enslaved and manumitted Africans, and Europeans in smaller numbers but with more power. In Trinidad and Tobago, historian (and, later, statesman) Eric Williams studied the relations between British capitalist development and the abolition of slavery and Trinidadian C.L.R. James, journalist and Afro-Caribbean activist, published major research on culture- and class-based resistance of the enslaved workers, using the Haitian revolution as an example. In bi-national, many-cultured Canada, Helen McGill Hughes and Everett Hughes noted that migrants arrive in

14 Nina Glick Schiller/Linda Basch/Cristina Blanc-Szanton (eds.), Towards a Transnational Perspective on Migration: Race, Class, Ethnicity and Nationalism Reconsidered, New York 1992, esp. introduction "Transnationalism: a New Analytic framework for Understanding Migration," 1-24; Alejandro Portes/Luis E. Guarnizo/Patricia Landolt, The Study of Transnationalism: Pitfalls and Promise of an Emergent Research Field, in: Ethnic and Racial Studies 22 (1999), 217-237.

complex societies rather than in mono-cultural nations.[15] These scholars were primarily concerned with the issue of how their particular society was formed – the cultural "trans" was mainly internal to the societies but migration and capitalism were discussed transnationally. The research included recognition of the cultural input of the – mainly labour – migrants who neither duplicated "old world traits" nor assimilated unconditionally.[16] The "trans" was also transoceanic, implying movement and ties across vast but connecting distances. The transcultural theoretizations were not incorporated at the time by scholars in U.S.-British-French-German core of knowledge (or ideology) production who held the power to define in the Atlantic world.

Looking back on a century of migration research, Nancy Foner wryly asked "What's so new about transnationalism?" The sociologists' 1990s emphasis on "nation," on the one hand, betrays allegiance to state-side perspectives, yet, on the other hand, was justified because much of the Latin American migrations they studied were state-induced by refugee-generating and U.S.-supported right-wing regimes.[17] Political refugees, "expats" or exiles, as activists, hope to influence political developments and, eventually, to return. They are usually more concerned with the nation-state of origin than labour migrants. The concept of "transnationalism" and transnational networks was restated in a considerably more differentiated way by political scientist and migration scholar Thomas Faist

15 Randolph S. Bourne, Trans-National America, in: Atlantic Monthly 118 (1916), 86-97, quote 96; Gilberto Freyre, Casa-Grande e senzala: introd. à historia da societa patriarcal no Brasil; farmação da familia brasileira solo o regime de economia patriarcal, Rio de Janeiro 1933, Engl. trans. from the fourth and definitive edition by Samuel Putnam, The Masters and the Slaves. A Study in the Development of Brazilian Civilization (1946; rev. ed. Berkeley/CA 1986). Freyre's overly positive view of planter paternalism has been criticized by Thomas E. Skidmore, Black into White: Race and Nationality in Brazilian Thought (1974; rev. ed. Durham 1993), 206-218, 272-275; Fernando Ortiz, Del fenómeno de la transculturación y su importancia en Cuba (1940), repr. in: Ortiz, Contrapunteo cubano del tabaco y el azúcar (first ed. 1940; repr. La Habana 1983), first Engl. ed.: Cuban Counterpoint: Tobacco and Sugar, transl. from the Spanish by Harriet de Onís (1947; rev. ed. Durham 1995); Eric Williams, Capitalism and Slavery, Chapel Hill 1944; C.L.R. James, The Black Jacobins: Toussaint L'Ouverture and the San Domingo Revolution, London 1938; Everett C. Hughes/Helen MacGill Hughes, Where Peoples Meet: Racial and Ethnic Frontiers, Glencoe/Ill. 1952.

16 From the influential Chicago School of Sociology, Robert E. Park and Herbert A. Miller published Old World Traits Transplanted, Chicago 1921. Assimilation was the goal of the Americanization or Anglo-conformity movement at the turn of the 19th to the 20th century.

17 Peter Kivisto, Theorizing Transnational Immigration: A Critical Review of Current Efforts, in: Ethnic and Racial Studies 4/2001, 549-577, and Kivisto, Social Spaces, Transnational Immigrant Communities, and the Politics of Incorporation, in: Ethnicities 1/2003, 5-28.

and in a perspective of counter-narratives to nation as well as multi-locality in place of territoriality by Luis E. Guarnizo and Michael P. Smith.[18]

Synthesizing the Translocal, -regional, and -national: A Transcultural Approach

It has become apparent in migration studies (exemplified by the case studies above) that transnational spaces are created from below – or, to escape the hierarchization of who is "low" and who is "high" – by migrating people and their non-migrating neighbours rather than by state institutions.

- Migrants, whether working-class, small shopkeepers, or entrepreneurs with capital, come from a locality where they have their social networks (even if activities may extend far beyond that locality) and they select a locality as destination where they expect (and not merely: hope) to reestablish a social network. Thus, their first affinity or belonging is local and becomes trans*local* or "glocal."
- The region in which they live influences their options through information flows: Migrants from northwestern China, in contrast to those from the south, went north to Manchuria. Rural migrants from southern Italy, often illiterate, developed a transnational Southern Italy-Argentina harvest workers' space because the inversion of the seasons provided them with year-round labour. Thus, trans*regional* similarities or contrasts in internationalized labour markets and cultural affinities provide a second connecting level.
- Thirdly, nation-state entry regulations for migrant labourers and contexts like language, culture, social security or absence of it, investment regulations etc. provide the trans*national* context in which nation-state policies impact on migrants.

While nation-states are not only territorially based and bordered but also have a *contiguous* territory, transnational migrants (and other transnational activities)

18 Thomas Faist, The Volume and Dynamics of International Migration and Transnational Social Spaces, Oxford 2000. See also Peggy Levitt/Josh DeWind/Steven Vertovec (eds.), Transnational Migration: International Perspectives, in: International Migration Review 3/2003 (thematic issue), and Luis E. Guarnizo/Michael P. Smith (eds.), Transnationalism from Below, New Brunswick 1998. For a Canadian approach see Lloyd L. Wong, Home away from home? Transnationalism and the Canadian Citizenship Regime, in: Victor Roudometof/Paul Kennedy (eds.), Communities across Borders: New Immigrants and Transnational Cultures, London 2002, 169-181.

move in non-contiguous spaces. Thus states, whose regulatory power remains territory-based and -bordered, cannot regulate such spaces. International organizations, like the International Labour Office, may attempt to set standards. Scholarship ensconced in state-side approaches cannot analyze such communities. Spaces, imbued with specific meanings, become "scapes" (Appadurai). They are fields of action and of production of meanings; physical-territorial geography changes to "processual geography" (Roberts); and the creation and appropriation of structures creates "processual structures" and "structured processes" (Hoerder).[19]

Translocal and transnational spaces are flexible, fluid, and have fuzzy boundaries. While the place of origin may be relatively fixed, the outreach can adjust to options and constraints as long as adjustment is within the range of the (potential) migrants' human and social capital. Human capital refers to an individual's abilities, skills, and knowledge to lead his or her life in terms of satisfying material, emotional, intellectual, and spiritual needs. Social capital refers to the networks and other non-material resources people may mobilize. Such capital requires communities and may provide access to material goods and funds. Pioneer migrants, the first ones to arrive in a new space – then still merely a place – have nothing but their own human capital. By forming a community through sequential migrations and entering into relations with others they increase their access to material, cultural, and institutional resources. Examples in the present are the global networks of Indian, Chinese, or Filipino sailors. Some such resources may be transferred back to the community of origin by return migrations, increasing density of exchanges, money remittances, passing on of organizational or other capabilities. Such spaces are created by human actors and, since each and every participant pursues personal interests and goals – as long as these do not damage his or her network relationships, they are highly flexible ones.

Post-migration ethno-cultural associations, established by late 20th-century West African migrants, provide an example for such spaces and the complexity of usages. Usually founded by middle-class professionals and businessmen, they formalize informal networks and bridge spatial distance. They provide protection against discrimination, give credit when banks refuse loans, and attempt to improve a group's social standing. From the cities, Lagos or Port Harcourt for

19 Arjun Appadurai, Global Ethnoscapes: Notes and Queries for a Transnational Anthropology, in: Richard Fox (ed.), Recapturing Anthropology: Working in the Present, Santa Fe 1991, 191-210; Allen F. Roberts, La "Géographie Processuelle": Un nouveau paradigme pour les aires culturelles, in: Lendemains 31, no. 122/123 (2006), 41-61; Dirk Hoerder, Transcultural States, Nations, and People, in: Hoerder/Harzig/Shubert, The Historical Practice of Diversity, 13-32.

example, the associations establish backward links to the region of origin and may superimpose a "culture of modernity" on non-cash-based ways of life. Given the persistence of traditional gender roles, women's associations support maternity and child welfare clinics. Such spaces also extend back- and forward from and to New York, London, and Paris.[20]

To understand such transcultural spaces in societal, economic, and political frames, I have developed the integrative and interdisciplinary Transcultural Societal Studies approach based on Canadian scholars' conceptualizations. The broad transdisciplinary agenda, comprehensive as to class, race/ethnicity, gender, and generations, would combine the discursive sciences (i.e. the humanities) and the social sciences, i.e. the study of state institutions, societal structures, and (family) economics, the life and environmental sciences, and the normative sciences, i.e. the study of law, religion, and ethics. Transcultural Societal Studies capture the diversity of human lives and the diversity in each and every human being's life in the frame of institutions and power hierarchies. Transcultural Societal Studies reach out globally to the diversity of origins of the some 180 different trans-cultural groups in capital-circulating metropoles like Montréal, London, Moscow, Hong Kong, Nairobi; or to fewer interacting ethno-cultural groups in the internationalized labor markets of small meatpacking country towns in Minnesota or fish-packing towns on Lake Victoria.[21] Transcultural Societal Studies analyze relations, interactions, and networks; they approach peoples' lives and their roles in creating ever new societies or scapes. Diversity of cultures and interactive negotiation permit options, creative energies, and development. Individuals combine multiple cultural capabilities and decide where to invest the results of their labour – at the destination, at a future destination, in the community of origin, or elsewhere.[22]

20 Moriba Toure/T.O. Fadayomi (eds.), Migrations, Development and Urbanization Policies in Sub-Saharan Africa, Dakar 1992, 7-152; Leslie Green, Migration, Urbanization, and National Development in Nigeria, in: Samir Amin (ed.), Modern Migrations in Western Africa, London 1974, 281-304; Austin M. Ahanotu, The Role of Ethnic Unions in the Development of Southern Nigeria: 1916-66, in: Boniface I. Obichere, Studies in Southern Nigerian History, London 1982, 155-174.

21 Saskia Sassen(-Koob) has emphasized the role of metropoles: The Mobility of Labour and Capital, Cambridge 1988, and Cities in a World Economy, 3rd ed., Thousand Oaks/Cal. 2006. For smaller cities see e.g. Susan Marie Green, "We hear it is raining in Willmar": Mexican and Somali Migrants to West Central Minnesota, in: Amerikastudien/American Studies 1/2003, 79-95.

22 Adapted from Hoerder, From Interest-Driven National Discourse to Transcultural Societal Studies, in: Hoerder, "To Know Our Many Selves Changing Across Time and Space": From the Study of Canada to Canadian Studies, Augsburg 2005, 316-326.

Family Economy, Information Networks, Remittances: the Local and the Statewide

Labor migrants' local spaces connect globally and the simultaneous living in and impacting on several spaces is normal rather than extraordinary. Impacts are multiple. They may concern family economies through remittances and sequential migration, whether in smallhold farming regions of Europe during the agricultural crisis of the 1880s – which mobilized, often against their will, millions of the proletarian mass migrants; or in Philippine communities of the early 2000s, which supply hundreds of thousands of women for caregiving and domestic work as well as men for labour in sea transport. They may connect capitalization of agrarian production in early 1900s Hungary and Taylorization of production in the northeastern U.S. through migrating agrarian turning industrial workers who sent back prepaid tickets for other family members. They may concern the expansion of oil extraction economies in the Persian Gulf and the Palestinian, Tamil, and Bangladeshi cities and villages which supply the workers. They may concern new religious scapes, the practice of Islam in once Christians-only societies, just as Christian missionaries once expanded the scape of Christianity and, with it, capitalist forms of production into other religious realms. They concern expanding spaces for formerly parent-controlled young people, or men-controlled women. Such fluidity is often contested – some residents of a particular creed refuse admission to migrants of another creed, organized "national" workers refuse to admit migrant co-workers, resident people may desire certain services at low wages but refuse to accept migrants as co-residents as do conservative U.S.-Americans with regard to Mexican and other Latino working-class migrants or expats.[23]

The family economies of such migrants and their relations to non-migrating kin and neighbours in the community of origin as well as to co-workers and neighbours in the receiving community were and are part of regional economies. Such regions' development depends on out-migration of men and women with few prospects of gaining an independent income at their inhospitable "home," and thus reducing the social expenses of families and societies. It also depends on migrant remittances. The translocal family economies and the transregional

23 Camille Guerin-Gonzales/Carl Strikwerda (eds.), The Politics of Immigrant Workers. Labor Activism and Migration in the World Economy since 1830, New York 1993; Gina Buijs (ed.), Migrant Women. Crossing Boundaries and Changing Identities, Oxford 1993; Nigel Harris, The New Untouchables. Immigration and the New World Worker, London 1995; B. Singh Bolaria/ Rosemary von Elling Bolaria (eds.), International Labour Migrations, Delhi 1997.

economic and societal developments are related and, where states control flows of remittances, migrants' labour is related to state budgets. To the Philippines migrant women and men sent US $ 6.366 million in remittances in 2001, accounting for 8,9% of the GDP, with a rising tendency (10 % projected for 2007), and to the Estados Unidos Mexicanos US $ 9.920 million were sent in 2001. In Mexico, foreign income from migrants' wage labour is higher than that from oil, tourism, or foreign investment.

Migrant communities extend globally.[24] Women and men from the Philippines, in 2000, worked in 130 countries. 50 % of the migrants were women in 1992, 70 % in 2002. Most work in service, the majority in the "Middle East," to use the old-style British designation, others in Asia, Europe, and Americas.[25] Many of these singly migrating women are married with children and thus lead transnational and transcultural family lives with the help of female relatives more than that of their husbands. This involves emotional deprivations but may help children to get an education. Many of the women working as domestics have a professional background. In Italy, esp. in Rome and surrounding regions, Filipinas and Filipinos form 4.4 % of the immigrant population (with Moroccans at 9.5 % and Slovenes at 0.4 %) of the 50 largest ethno-cultural groups. Transcultural spaces of such working women extend from many of the towns in the Philippines to specific cities and towns, sometimes several of them, across the globe and those of men extend to the oil-rigs in the Persian Gulf and the international sea-lanes and container ports. In Rome's segmented and stratified labour market for domestics, Filipinas occupy the upper segments while Somali women, with lower social (and perhaps human) capital are overrepresented in the lower segments and earn on average half as much. Filipinas overcome the language barrier with their knowledge of English and cultural difference, at least in part, by their Catholic faith. Women from Somalia cannot cash in on former colonial ties – Italy occupied Somalia before World War Two – since most flee the civil war

24 For the resulting globalization of Labour Studies see Marcel van der Linden, The "Globalization" of Labor and Working-Class History and Its Consequences, in: Intl. Labor and Working-Class History 56 (Spring 2004), 136-56. See also Michael Hanagan, Labor Internationalism, in: Social Science History 4/2003, 485-499.

25 Robert Burgess/Vikram Haksar, Migration and Foreign Remittances in the Philippines, IMF Working Paper WP/05/111, 2005 [www.imf.org/external/pubs/ft/wp/2005/wp05111.pdf], accessed 30 July 2007.

conditions and thus lack resources.[26] In cases like the Philippines and Somalia, migrations are translocal within transnational frames of economic development, internal warfare, historic or actual ties, and admission regulations.

In studies of translocal/-national spaces, attention needs to be placed also on immigrant entrepreneurship, both in terms of an "independent working class" with a middle-class orientation and in terms of traders and brokers for actual and prospective working-class migrants who, in the case of many of the women in the present, come from middle-class backgrounds. Migration may permit entry into economic niches often not available or not accessible in the societies of origin. While transnational-transcultural contractors may provide jobs for co-ethnic workers, hierarchies may assume extreme forms such as human trafficking.

Without detailed attention to human agency in processual geographies and structures social historians will not be able to come to terms with labouring peoples' lives and even illiterate peoples' transcultural capabilities of accessing segments of labour markets distant from their birthplaces – "homes" that are inimical and unsatisfactory. Such globalization was present from the establishment of plantation belts ("factories in the fields") and centers of ore extraction in the 17th and 18th century; it intensified during the period of industrialization and the proletarian mass migrations – including contract labour from several of the cultures of Asia; it intensified again in the last two decades and involves ever more origins and destinations. Comparative approaches are needed both to study (trans-) national frames of labour market insertion and to study the relative advantages of particular forms of human social capital as in the case of the Somali and Filipina women in Rome.

Conclusion: State Structures and Labour Organizations: the Challenge of Transnational Lives

International unions of the past have not always furthered solidarity – many U.S. unions' attitudes to and dealings with Mexican or Canadian workers are examples of labour union imperialism. British unions' attitudes to workers in India, who for decades were British citizens, and German unions' attitudes to migrant workers

26 Rhacel Salazar Parreñas, Servants of Globalization. Women, Migration, and Domestic Work, Stanford 2001; Russell King/Richard Black (eds.), Southern Europe and the New Immigrations, Brighton 1997, esp. Victoria Chell, Gender-Selective Migration: Somalian and Filipina Women in Rome, 75-92, and Theodoros Iosifides, Immigrants in the Athens Labour Market: a Comparative Study of Albanians, Egyptians and Filipinos, 26-50.

from Polish-cultured regions of the neighboring empires are also cases in point. The South Asians' imperial citizenship was unilaterally withdrawn in the 1950s when the workers decided to become migrants and create a transnational (or intra-imperial transoceanic) space including the British Isles. Transnational sailors' networks and the transnational support of migrating German social democratic workers for their Party threatened by Bismarck's anti-socialist laws, on the other hand, indicate the possibilities of what might be called, in reference to both migrants' and international capital's strategies, risk diversification through transnational cooperation and support.

When, in the 1950s, labour recruitment programs began in Western Europe, Germany in particular, many unions decided to organize migrant workers. When, in Hong Kong, Filipina domestics were prohibited from using parks and squares in the center of the town as a space for communication on their free Saturday afternoons, they organized themselves and claimed the space successfully. Subsequently, small businesses serving the migrant women's needs established themselves in the area; the towers of inter- (or trans- ?) national banks provided the shade for transcultural domestics' open-street socials. Interaction within organizations needs to be flexible: the German unions of the 1950s and 60s continued to act in terms of class and rejected demands for organization by ethno-culture. However, the male and female members from particular cultural groups faced different kinds of discrimination, had different types of issues, and brought different experiences of labour militancy. Trade unions – and this is difficult for any organization – need to be as flexible as transnational migrants.

Scholarship has concentrated on the self-organization of migrants within the given economic framework and in response to strategies of national or municipal governments. For example, a study of Bologna, Italy, as a Left-administered community, emphasized that it is neither ethno-cultural communities and their institutional completeness that helps insertion nor necessarily a traditional approach to immigrant inclusion and a (vague, declamatory) open-mindedness toward cultural diversity. Rather, participatory involvement in the receiving society's neighbourhoods or in citywide decision-making institutions was important because these institutions affect migrants' lives most directly. Participation involves negotiating compromises on a basis of equality. Such participation is the condition sine qua non for successful intercultural union activities.[27]

27 Davide Però, Immigrants and Politics in Left-Wing Bologna: Results from Participatory Action Research, in: King and Black, Southern Europe, 158-181.

On a state-wide level, Canada's policies have been relatively successful in coming to terms with transnational lives by downgrading emphasis on state-supported nationality, either English- or French-Canadian, and upgrading *acceptance* of – not merely respect for – diversity and providing help for full membership in the society. Access to citizenship is a right after three years of continuous or four years of interrupted residence. It is not a privilege. For labour unions this implies a downgrading of traditional national-cultural practices and admission to equal participation of working men and women from other cultures. Canada's policy of multiculturalism, first proclaimed in 1971 and practiced for almost four decades, set as goals

1. support for those cultural groups "that have demonstrated a desire and effort to continue to develop, a capacity to grow and contribute to Canada;"
2. activities to "assist members of all cultural groups to overcome cultural barriers to full participation in Canadian society;"
3. programs to "promote creative encounters and interchange among all Canadian cultural groups in the interests of national unity;"
4. programs to "assist immigrants to acquire at least one of Canada's official languages."[28]

Multiculturalism, whether society-wide or union-wide, is an interactive way of life in which newcomers have easy access to resources and residents may share newcomers' cultures and resources. The dynamic aspect involves support for interactive cultural processes, acceptance of plural identities, and help in entering societies or labour unions. The reference point is an ever changing, increasingly transcultural society or union as a whole. Such policies are deeply humanistic by taking human cultural identities as valid experiences. Ethno-cultural diversity is considered an increment of socio-cultural options within the unifying frame of human rights values and struggles for better working and living conditions.

Municipal practices in the 4.5-million city of Toronto may exemplify institutional incorporation of inhabitants from about 185 cultures. While the society expects migrants to learn one of the official languages (and provides help), municipal decisions and regulations are available in numerous languages and, on several levels, recent immigrants with citizenship participate in official or elected capacities. Under a Liberal administration it provided service ("welcome") centers to help newcomers' insertion on the assumption that this would benefit

28 Announcement of Implementation of Policy of Multiculturalism within Bilingual Framework, Canada, Parliament, House of Commons, Debates, 8 Oct 1971. For a present-day intercultural approach see Tariq Modood, Multiculturalism, Cambridge 2007.

both the migrants and residents and strengthen metropolitan society as a whole. The city accepts transnational spaces, benefits economically and culturally from this openness, but attempts to "tie" these spaces to shared and evolving structures and values. Trade unions, migrant organizations, or NGOs need to be as flexible. The city of Toronto's motto "Diversity is our strength" has not been a motto of most labour organizations in the past nor would the title of a study of Toronto at the turn to the 21st century, "The World in a City," easily translate into "the world in a trade union."[29] Canadian developments – like Dutch and Swedish ones – show that historical memory of diversity and political culture may be used as a resource for both self-determined lives of transcultural migrants and of changing the once mono-cultural space of long-term residents ("nationals"), if gendered and class-specific, into a transnational one, too.[30]

Tariq Modood and Veit Bader have developed models for political organization that would not simply tie transnational spaces and the people living in them to the structures, habitusses, and values of territorialized polities-societies but that would include them in participatory ways. Labour union organizations may adopt such transcultural practices and structures and, perhaps, extend them to other political spaces without imperial or hierarchicizing pretensions. On the basis both of the recognition of diversity in history and in view of present debates about social and political cohesion based on the equality of all members of a polity, a new theory and practice of "democratic institutional pluralism" (Veit Bader) in a "moderately, rather than a radically, secular state" (Tariq Modood) is required to permit participation as well as recognition and integration of multiple transnational migrants and their group-based or otherwise grounded associations.[31] Both argue that postulated institutional "difference-blind neutrality

29 Studies on Canada are legion. See for example Yvonne M. Hébert (ed.), Citizenship in Transformation in Canada, Toronto 2003, and Hébert, Identity, Diversity, and Education: A Critical Review of the Literature, in: Canadian Ethnic Studies 2/2001, 155-185; Vic Satzewich/Lloyd L. Wong (eds.), Transnational Communities in Canada: Emergent Identities, Practices, and Issues, Vancouver 2006. For Toronto in particular: Paul Anisef/Michael Lanphier (eds.), The World in a City, Toronto 2003.

30 For the reconceptualization of nation-states under the impact of in-migration and cultural exchanges see Christiane Harzig, Einwanderung und Politik. Historische Erinnerung und Politische Kultur als Gestaltungsressourcen in den Niederlanden, Schweden und Kanada (Immigration and Policy-Making: Historical Memory and Political Culture as a Creative Strategic Resource in the Netherlands, Sweden, and Canada), Göttingen 2004.

31 Veit Bader, Democratic Institutional Pluralism and Cultural Diversity, 131-167 (quotes 131, 156), and Tariq Modood, Multiculturalism, Secularism, and the State, 168-185 (quote 170), in: Christiane Harzig/Danielle Juteau with Irina Schmitt (eds.), The Social Construction of Diversity: Recasting the Master Narrative of Industrial Nations, New York 2003.

[...] tend[s] to stabilize existing structural (economic, social, political) and cultural or symbolic *inequalities* between majorities and minorities." Institutional pluralism – ideally as "associative democracy" – is able "to find productive balances between the collective autonomy of minorities and individual autonomy". For individuals it "develops real exit options (not only exit rights) and is based on overlapping and crosscutting membership in many associations." "Politics of recognition" need to dissolve "the institutional separation between private faith and public authority" because "a strict public/private distinction may simply act to buttress the privileged position of historically 'integrated' folk cultures at the expense of historically subordinated or newly migrated folk." This theoretization is far more broadly applicable than Habermas's turn of critical theory towards a positivist "constitutional patriotism." Transnational spaces require human rights for all. Such rights create belongings. And human rights, in distinction to whatever patriotisms, are transferable across states, labour organizations, communities, and spaces. Thus, transnational or transcultural labour organizations would have to be capable to act both as interest groups and as service providers similar to the Toronto "welcome centers." They would need to be as flexible and negotiating as the Chinese and Italian migrants of the past or the West African and Filipino migrants of the present.

In a thoughtful reflection on social history and world history, Kenneth Pomeranz has recently suggested that, at present, social history might be considered as divided into three overlapping fields of concern or *problematiques*:

"1. The history of daily life (work, eating, child-rearing, courtship, retirement, disability, etc.) and small-scale institutions, including the family.
2. The history of large-scale social organization and groups (e.g., state-society relations, class formations, race relations).
3. The history of social movements and of deliberate attempts to cause social change, whether from the top down or from the bottom up."

A transcultural labour history would be a history of social movements as connecting sphere (not merely "link") between the history of daily life and the history of large-scale social organization. This requires terms and concepts that are not generically European.[32] Historians need to write analyses and narratives as complex as the migrants' self-organized life-projects and stories.

32 Kenneth Pomeranz, Social History and World History: From Daily Life to Patterns of Change, in: Journal of World History 1/2007, 69-98 (quote 73).

Ravi Ahuja

Netzwerke und Arbeitsmärkte: Annäherungen an ein Problem transterritorialer Arbeitsgeschichte

Netzwerkmetaphern und Netzwerkbegriffe

Der Ausdruck "Netzwerk", der den verbindenden Rahmen der Beiträge dieses Bandes markiert, schwirrt mit wachsender Frequenz durch die Wissenschafts- und Alltagssprache unserer Zeit. In den Sozialwissenschaften ist diese Frequenz nicht allein durch die charakteristische Neigung von Akademikern zu erklären, mit "verbalen Duftmarken" Unterwerfung unter herrschende Paradigmen zu signalisieren. Das Wort "Netzwerk" ist ein "Ausdruck", weil es einer in unserer Lebenszeit weit verbreiteten Wahrnehmung Ausdruck verleiht: Soziales Leben vollzieht sich zunehmend in Verflechtungszusammenhängen, die mit territorialen, durch Staatsgrenzen determinierten Gesellschaftskategorien nicht hinreichend erfasst werden können.

Für Historikerinnen und Historiker stellen sich vor dem Hintergrund dieser Gegenwartswahrnehmungen neue Fragen an die Vergangenheit: Fragen nach der historischen Genese solcher Verflechtungszusammenhänge und Fragen, die im Boom "transnationaler" Historiographie ihren Niederschlag finden. Dabei wird der Ausdruck "Netzwerk" meist lediglich als Metapher zur anschaulichen Beschreibung solcher Beziehungsgeflechte zwischen sozialen Akteuren verwendet, also im Sinne einer Analogie und nicht als definierter und operationalisierbarer Begriff. Diese metaphorische Nutzung ist nicht selten in zeitgenössische Globalisierungsnarrative eingebunden, indem sie mit stark normativ aufgeladenen Vorstellungen von allumfassender Fluidität sozialer Beziehungen und von unbegrenzter Konnektivität einhergeht. In einer grundlegenden Kritik hat der Afrika-Historiker Fred Cooper angemerkt, dass in vielen dieser Globalisierungserzählungen die Mechanismen und Begrenzungen räumlicher Beziehungen verborgen bleiben. Wichtige Überlegungen würden nicht verfolgt, so etwa Fragen "about the limits of interconnection, about the areas where capital cannot go, and about the specificity of the structures necessary to make connections work."[1]

Verbunden mit der Einbindung von Teilen der Netzwerkhistoriographie in ideologisch aufgeladene Globalisierungsnarrative ist die Tatsache, dass seit den 1950er Jahren aus der Metapher "Netzwerk" eine Reihe sehr unterschiedlicher und sogar unvereinbarer sozialwissenschaftlicher Begriffe gewonnen worden sind. Diese wirken nun ihrerseits auf die metaphorische Verwendung des Ausdrucks "Netzwerk" zurück. Gegenwärtig schwingt der von Manuel Castells geprägte Begriff vielleicht am nachhaltigsten mit, wenn Historikerinnen und Historiker von politischen oder gesellschaftlichen "Netzwerken" sprechen. Castells charakterisiert Netzwerke als sehr alte Formen gesellschaftlicher Organisation, sogar als "the natural forms of social expression".[2] Die Einführung des Naturbegriffs ist dabei nicht zufällig – der Wirkungszusammenhang von Knotenpunkten eines Netzwerkes wird von Castells explizit mit dem Wirkungszusammenhang von Zellen eines biologischen Organismus verglichen. Die Struktur des Netzwerks sei per definitionen zentrumslos und brächte dezentrierte Entscheidungsprozesse hervor. Damit stehe sie in einem schroffen Gegensatz zur hierarchischen Struktur des Territorialstaats und seiner Institutionen.

Derartige Konzeptualisierungen von Netzwerken haben auch in der Geschichtswissenschaft einen problematischen Niederschlag gefunden. Osterhammel und Petersson haben hierzu mit Recht angemerkt, dass Anwender des Netzwerkkonzeptes häufig dazu neigten, "Hierarchien und Machtdifferenzen zu bagatellisieren", weil sie "horizontale Netzwerke" als grundlegende Organisationsalternative zu hierarchischen, bürokratischen Großorganisationen wie dem Territorialstaat konstruierten.[3] Ein weiteres, nicht minder problematisches Element der einflussreichen Castellsschen Netzwerkdefinition besteht in der Annahme, dass es sich bei Netzwerken um Formen sozialer Organisation handele, die insofern einem "Automaten" glichen, als sie eine einmal "programmierte" Ziellogik ohne Abweichung verfolgten und eine Änderung der Ziellogik nur durch Schaffung eines neuen Netzwerkes möglich sei. Auch in dieser Teildefinition wird das Netzwerk als ein recht starres Strukturelement sozialer Organisation begriffen – eine eher mechanistische Konzeptualisierung, die jenen Historikerinnen und Historikern wenig zu bieten hat, die Transformationsprozesse zu erklären versuchen.

1 Vgl. Fred Cooper, What is the Concept of Globalization Good for? An African Historian's Perspective, in: African Affairs 100/2001, 189-213, hier 189.

2 Manuel Castells, Materials for an Exploratory Theory of the Network Society, in: British Journal of Sociology 1/2000, 5-24, hier 15.

3 Jürgen Osterhammel/Niels P. Petersson, Geschichte der Globalisierung. Dimensionen, Prozesse, Epochen, München 2003, 21f.

Netzwerk und Segmentierung

Wenn bisher darauf verwiesen wurde, dass die Rede vom "Netzwerk" mit allerhand problematischen Konnotationen aufgeladen ist, so soll damit nicht gesagt werden, dass der Ausdruck deshalb den Apologeten der so genannten "Globalisierung" (und der Privatisierung bisher vom Staat ausgeübter Regulierungsfunktionen) überlassen werden sollte. Bestimmte sozial-räumliche Beziehungen zwischen gesellschaftlichen und politischen Akteuren können zweifellos besonders treffend mit der Metapher des "Netzwerkes" beschrieben werden. Wenn der Ausdruck "Netzwerk" von ideologischen Verhimmelungen und starren, mechanistischen Konnotationen befreit wird, kann, so möchte ich zeigen, sogar ein brauchbarer, der Dynamik gesellschaftlicher Prozesse gerecht werdender Begriff gewonnen werden. In meinen Studien zur sozialen Organisation maritimer Arbeit im kolonialen Südasien, also über die Arbeits- und Lebensverhältnisse indischer Seeleute, erschien es mir nämlich durchaus sinnvoll von "Netzwerken" zu sprechen und diese als "Infrastrukturen differenzierender Integration" zu definieren. Den Weg, auf dem ich zu diesem Ergebnis gelangte, möchte ich nun mit Ihnen abschreiten.[4]

Lascars, wie die indischen Seeleute von den Briten genannt wurden, fuhren schon im 17. und 18. Jahrhundert auf den Segelschiffen der East India Company. In großen Zahlen wurden sie von britischen (und anderen europäischen) Reedern allerdings erst ab Mitte des 19. Jahrhunderts und verstärkt noch ab den 1880er Jahren angeheuert – im Zuge der Durchsetzung der motorisierten Schifffahrt auf interkontinentalen Seerouten und nach Öffnung des Suezkanals. Zwischen 1920 und 1960 wurden allein auf den Schiffen der britischen Handelsmarine zu jedem Zeitpunkt ca. 50.000 *Lascars* beschäftigt. Obgleich in diesem Zeitraum die Gesamtbeschäftigtenzahl der britischen Handelsmarine aufgrund

4 Die folgenden Ausführungen dieses Beitrags beruhen auf einem am Zentrum Moderner Orient (Berlin) durchgeführten Forschungsprojekt, dessen Ergebnisse in ausführlicher Form in den folgenden Aufsätzen veröffentlicht worden sind: Ravi Ahuja, Die "Lenksamkeit" des "Lascars". Regulierungsszenarien eines transterritorialen Arbeitsmarktes in der ersten Hälfte des 20. Jahrhunderts, in: Geschichte und Gesellschaft 3/2005, 323-353; ders., Mobility and Containment: The Voyages of South Asian Seamen, c. 1900–1960, in: Rana P. Behal/Marcel van der Linden (Hg.), Coolies, Capital and Colonialism: Studies in Indian Labour History, International Review of Social History, Supplement 14/2006, 111-141; ders., Networks of Subordination – Networks of the Subordinated. The Case of South Asian Maritime Labour under British Imperialism (c. 1890–1947), in: Harald Fischer-Tiné/Ashwini Tambe (Hg.), Spaces of Disorder. The Limits of British Colonial Control in South Asia and the Indian Ocean, London 2008 (im Erscheinen).

technologischer und wirtschaftlicher Entwicklungen sank, blieb die Zahl der angeheuerten *Lascars* jedoch mehr oder weniger konstant, was ihren Anteil ab Ende der 1930er Jahre auf mehr als ein Viertel aller Beschäftigten ansteigen ließ. Die Gesamtzahl der indischen Seeleute, die sich (allerdings nicht immer gleichzeitig) um Beschäftigung an Deck, im Maschinenraum oder in der Kabine bewarben, wurde zu dieser Zeit auf eine Viertelmillion geschätzt.

Das Rätsel, auf das ich stieß, äußerte sich in dem Umstand, dass indische Seeleute über einen Zeitraum von mehr als einem Jahrhundert nur 20 bis 30 Prozent des Lohns erhielten, den ihre "weißen" Kollegen bekamen – und zudem auch deutlich weniger als andere nichteuropäische Seeleute. Ihre besonderen Arbeitsverträge gestanden ihnen auch in anderer Hinsicht durchweg mindere Konditionen zu: Kündigungsrecht und Recht auf Landgang waren eingeschränkt, Rekrutierungsmodus und Arbeitszeiten blieben ungeregelt, sogar der Quartierraum und die Lebensmittelansprüche waren gegenüber den sonst gültigen Standards empfindlich beschnitten. Die *Lascars* bildeten das mit minderen Rechten ausgestattete Billigsegment des maritimen Arbeitsmarktes, und diese Segmentierung bestand Jahre nach Ende der britischen Kolonialherrschaft noch genauso wie zur Zeit des großen Indischen Aufstands im Jahre 1857. Einer der ältesten globalen Arbeitsmärkte machte also keinerlei Anstalten, sich zu perfektionieren, obwohl dafür doch die günstigsten Voraussetzungen zu bestehen schienen: Die *Lascars* verfügten schon allein wegen der Art ihrer Tätigkeit über ein außerordentlich hohes Maß an räumlicher Mobilität und zweifellos auch über eine hervorragende Kenntnis des Lohngefüges auf dem maritimen Arbeitsmarkt. Warum konnten sie keine langfristige Angleichung an den rechtlichen und materiellen Status der "weißen" Seeleute erreichen? Und warum verblieben sie trotz ihres Zugangs zu den Arbeitmärkten der kapitalistischen Metropolenländer, deren Häfen sie ja regelmäßig anliefen, in diesem Billigsegment? Wie lässt sich vor diesem Hintergrund erklären, dass britische Reeder nicht nur die geringeren Kosten und die größere "Lenksamkeit" (docility), sondern besonders auch die ungewöhnlich niedrigen Desertionsraten als besonderen Vorteil der Beschäftigung von *Lascars* hervorhoben?

Auf der Suche nach einer Antwort auf diese Fragen lag es nahe, sich die vom britischen Kolonialstaat in Indien erzeugten Instrumente zur Regulierung des maritimen Arbeitsmarktes und besonders das maritime Arbeitsrecht genauer anzusehen. Die britische Handelsschifffahrt war in großen Reedereikonzernen zentralisiert und die beiden bedeutendsten im Indischen Ozean operierenden Reedereien, die Peninsular and Oriental (P&O) und die British India Steam Navigation Company (BI), waren aufs Engste mit dem britisch-indischen Kolonialstaat verwoben. Dies erleichterte sicher die Durchsetzung besonders restriktiver arbeitsrechtlicher Bestimmungen für die Seefahrt: die drakonische strafrechtliche Verfolgung von Vertragsbruch seitens des Beschäftigten nach dem Muster des frühneuzeitlichen englischen "master and servant law"; die Regelung, dass die Heuerverträge von *Lascars* immer in Indien enden mussten, was die Entlassung oder das Abheuern in einem Hafen des Nordatlantiks ausschloss; die verbindliche Einführung von Heuerbüchern und zahlreiche weitere Regelungen. Eine gründlichere Sichtung des Materials ließ jedoch rasch erkennen, dass das drakonische koloniale Arbeitsrecht nur in begrenztem Maße durchsetzbar war und etwa die Anonymität und Gesichtslosigkeit, die zu den Grundzügen des kolonialen Untertanenstatus zählte, zahlreiche Schlupflöcher eröffnete. Kolonialstaatliche Regulierung konnte die Dauerhaftigkeit der Segmentierung des maritimen Arbeitsmarktes und den stabilen Minderstatus der *Lascars* nicht hinreichend erklären.

Die Vermutung lag also nahe, dass das koloniale Arbeitsrecht nur in Kombination mit anderen Regulierungsinstrumenten diesen langfristigen Segmentierungseffekt erzielen konnte. Bald erwies sich, dass die Einwanderungsgesetze Großbritanniens, von Dominions des britischen Empire wie Australien und Kanada, aber auch von weiteren Staaten wie v.a. den USA die Freizügigkeit der *Lascars* und damit deren praktische Chancen, aus dem Billigsegment des maritimen Arbeitsmarktes auszubrechen, weiter verringerten: Besonders nach dem Ersten Weltkrieg wurde den *Lascars* in vielen Häfen das Recht auf Landgang verweigert, im Brooklyn aufgegriffene indische Seeleute fanden sich etwa im gefürchteten Internierungscamp Ellis Island wieder und aus England wurden rechtlich zweifelhafte Zwangsrepatriierungen durchgeführt. Das Regulierungsszenario, das sich hier andeutete, ließ sich schon nicht mehr allein durch eine auf den britisch-indischen Kolonialstaat beschränkte Untersuchung rekonstruieren: Das Regulierungsszenario des maritimen Arbeitsmarktes war offenbar so transterritorial wie er selbst. Allerdings bot auch die Kombination von kolonialem Arbeitsrecht und dem Einwanderungsrecht weiterer Staaten noch keine befriedigende Erklärung für die Effektivität der Beschränkung indischer Seeleute auf das Billigsegment des maritimen Arbeitsmarktes. Immerhin gelang es arabischen und westafrikanischen Seeleuten, sich trotz der rigiden Gesetzgebung gegen "Coloured Aliens" nach dem Ersten Weltkrieg in weitaus größerer Zahl in britischen Hafenstädten anzusiedeln, während chinesische Crews immer wieder in US-amerikanischen Häfen desertierten und der Verfolgung der Behörden häufig entkommen konnten.

Spannungen im Netzwerk

Das Regulierungsszenario, das die Arbeitsverhältnisse der *Lascars* regelte, erschloss sich erst in seiner Gänze, nachdem der Blick über die formellen, rechtsförmigen Regulierungsinstrumente hinaus erweitert wurde. Der Zugang zum globalen maritimen Arbeitsmarkt, Entlohnung, Arbeitskonditionen und räumliche Mobilität der indischen Seeleute wurde, so zeigte sich im Verlauf der Forschungen deutlich, in hohem Maße von "informellen Netzwerken" geregelt, die sich von den agrarischen Ursprungsregionen in die Hauptrekrutierungshäfen Bombay und Calcutta erstreckten und sogar Ankerpunkte außerhalb des Subkontinents und insbesondere in Großbritannien etablierten. Diese Netzwerke waren komplexe Formen sozialer Organisation, die keineswegs von einer konsistenten "Programmierung" gesteuert, sondern von widersprüchlichen, aufeinander wirkenden Interessen vorangetrieben wurden. Seeleute waren meist Söhne von Kleinbauernfamilien, die unter kolonialkapitalistischen Bedingungen zunehmend auf zusätzliche Einkunftsquellen angewiesen waren. Diese Entwicklung betraf Bauernhaushalte in allen Teilen Indien, aber nur die Angehörigen bestimmter regional und ethnisch definierter Netzwerke, die oft keinerlei traditionellen Bezug zur Segelschifffahrt besaßen, erlangten Zugang zum globalen maritimen Arbeitsmarkt. Diese Netzwerke sind ein konkretes Beispiel für die spezifischen "structures necessary to make connections work", deren Identifizierung Cooper eingefordert hat.[5] Ein Bauernsohn aus einem entlegenen Dorf im nordwestlichen Punjab brauchte Kredit, um die Bahnfahrt nach Bombay bezahlen zu können und in der teuren Metropole die Wochen der Arbeitssuche durchzustehen; er benötigte eine Unterkunft und die Unterstützung eines Mittelsmannes, um eine Anstellung zu erlangen. Geldverleiher, Herbergsbesitzer und die *Serang* genannten Bootsleute, über welche die Reedereien die Rekrutierung abwickelten, boten ihre Dienste meist nur Verwandten oder Angehörigen ihrer eigenen ethnischen Gemeinschaft an, die im näheren Umfeld ihres eigenen Heimatdorfes wohnten.

Das erhöhte die Kontrolle, die diese Mittelsleute über die *Lascars* ausüben konnten, und eröffnete die Möglichkeit, die Familien von Seeleuten haftbar zu machen, die etwa ohne Rückzahlung erhaltener Vorschüsse in einem europäischen Hafen desertierten. Die Rolle der Mittelsleute, die an den Schaltstellen der Netzwerke saßen, war äußerst ambivalent. Den Reedern diente der *Serang* als effektives Instrument der Disziplinierung und Immobilisierung von Seeleuten und wurden von diesen nicht nur als informeller Rekrutierungsmechanismus, sondern auch mit dem Argument zäh verteidigt, dass ohne ihn die hierarchische

5 Cooper, 189.

Ordnung des Schiffslebens nicht aufrecht zu erhalten sei. Zugleich fungierten diese Mittelsleute jedoch auch als Unternehmer auf eigene Rechnung oder als Repräsentanten der *Lascars* gegenüber den Schiffsoffizieren und Reedern. Rekrutierungsnetzwerke konnten mit kolonialstaatsverbundenen Reedereien auf das Engste institutionell verflochten sein. Zugleich konnten aus ihnen jedoch auch Gewerkschaften hervorgehen, und auch ein völliger Funktionswandel war denkbar: Als nach der politischen Unabhängigkeit und Teilung Britisch-Indiens im Jahre 1947 einige der Hauptrekrutierungsregionen für Seeleute von den Hauptrekrutierungshäfen Calcutta und Bombay durch eine internationale Grenze getrennt wurden, verwandelten sich die bis dahin maritimen Rekrutierungsnetzwerke aufgrund staatspolitischer Aktivitäten ihrer Repräsentanten in Migrationsnetzwerke: War bis dahin eine begrenzte Zahl von Männern nach Phasen der Beschäftigung auf britischen Ozeandampfern immer wieder in die Dörfer zurückgekehrt, wurden an Bewohner ebendieser Dörfer nun gezielt Einwanderungsvisa ausgegeben, die es einer größeren Zahl von Menschen ermöglichte, sich nicht selten im Familienverband in Großbritannien anzusiedeln und den Arbeitskräftemangel der dortigen Nachkriegsindustrie auszugleichen.

Die Verbindung zwischen entlegenen indischen Dörfern und dem globalen Markt für maritime Arbeit wurde also, so lässt sich der vorstehende Überblick zusammenfassen, zweifellos durch Netzwerke hergestellt, allerdings durch ziemlich sperrige Netzwerke, die sich der Ordnung der Castellsschen Begrifflichkeiten nicht so einfach unterwerfen lassen: Weder waren sie der nicht-hierarchische, schroff abgegrenzte Gegenpol zu staatlicher Organisation, noch waren sie kohärent programmierte Automaten. Die maritimen Arbeitsnetzwerke Südasiens waren vielmehr enorm wandlungsfähige und deshalb auch außerordentlich dauerhafte Formen sozialer Organisation. Diese transformative Dynamik rührte gerade auch daher, dass widerstreitende Interessen "das Netz" ständig unter Spannung hielten. Wie sehr die Funktion dieser Netzwerke als Regulierungsinstrument in der immer hierarchischen Ordnung des maritimen Arbeitsmarktes, ihre Beziehung zu staatlichen Institutionen und ihre "Ziellogik" als sozialer Wirkungszusammenhang historischem Wandel unterlagen, zeigt sich besonders deutlich, wenn wir die Perspektive verändern, näher heranrücken und ein spezifisches maritimes Netzwerk, nämlich das der goanisches Schiffs-Stewards genauer betrachten.

Kabinenpersonal für britische Schiffe wurde nämlich seit Mitte des 19. Jahrhunderts (und wird z.T. immer noch) besonders aus bestimmten Gebieten der so genannten *velhas conquistas*, der frühen portugiesischen Eroberungen in Goa rekrutiert. Es entwickelte sich ein Netzwerk aus katholischen, durchweg landbesitzend-kleinbäuerlichen Familien bestimmter Dörfer, das insbesondere im

Rekrutierungshafen Bombay den wachsenden personennahen Dienstleistungsbereich der Dampfschifffahrt fast vollständig besetzen und andere Gemeinschaften von diesem Beschäftigungssektor ausschließen konnte. Das goanische Netzwerk brachte schon Mitte des 19. Jahrhunderts eine eigentümliche Institution hervor: den so genannten *kur* (Konkani: Raum, Zimmer), der in britischen Dokumenten gewöhnlich als "Goanese Seamen's Club" bezeichnet wurde. Die Mitglieder eines *kur* entstammten demselben Dorf oder Dorfteil und waren ausschließlich Katholiken. Besonders in Bombay betrieben sie genossenschaftliche Arbeiterwohnheime, die durch regelmäßige Mitgliedsbeiträge finanziert und von gewählten Räten geleitet wurden. Im zweiten Viertel des 20. Jahrhunderts existierten in Bombay mehr als 300 solcher Einrichtungen mit 40.000 Mitgliedern, von denen 14.000 Seeleute, die übrigen aber an Land als Köche, Dienstboten, Schneider und Angestellte tätig waren. Die *kur* boten freie Unterkunft, preiswertes Gemeinschaftsessen und ein kulturelles Umfeld mit Messen, Heiligenschreinen und den Festen des Heimatdorfes. Manche besaßen geräumige Gebäude, in denen gleichzeitig mehrere Hundert Mitglieder wohnen konnten; viele richteten Sterbekassen ein und gewährten ihren Mitgliedern günstige Kredite. Die *kur* trugen wesentlich dazu bei, dass die materiellen Bedingungen und insbesondere die Wohnverhältnisse in den Rekrutierungshäfen für goanesische Schiffsarbeiter um einiges günstiger waren als für andere Seeleute. Denn sie ersetzten zwei Instanzen der anderen Rekrutierungsnetzwerke, nämlich die Pensionswirte und die Geldverleiher, und reduzierten damit die informellen Vermittlungskosten.

Ihre genossenschaftliche Struktur stellte eine Alternative zur Erzeugung informeller Bindungen durch Schuldverhältnisse dar: Der *kur* war eine außerordentlich stabile Einrichtung, die entlegene Dörfer dauerhaft mit dem maritimen Arbeitsmarkt verband, die Beziehungen zwischen ihren Mitgliedern durch Satzungen regelte, von ihnen Geheimhaltung forderte und den Bruch von Gemeinschaftsnormen (etwa das Fernbleiben von der Messe) durch ein System von Strafen ahndete. Diese Disziplinarstruktur konnte auch von den Reedern für eine verstetigte Anbindung qualifizierter Kernbelegschaften genutzt werden. P&O unterhielt enge Beziehungen zu bestimmten "Goanese Clubs", deren Mitglieder ausschließlich auf ihren Passagierschiffen anheuerten – in der ersten indischen Seemannsvereinigung, dem 1896 gegründeten "Goa Portuguese Seamen's Club", konnten nur Beschäftigte dieser Reederei Mitglied werden. In den 1920ern präsidierte ein Verwaltungsangestellter der P&O gleichzeitig über drei *kur* und war Mitglied des Gründungskomitees einer reederfreundlichen Gewerkschaftsabspaltung.

Die *kur* scheinen jedoch auch mit den ersten Seeleutegewerkschaften verbunden gewesen zu sein, die bis in die 1920er Jahre hinein nur dem Kabinenpersonal offen standen. Im Jahre 1926 beschloss die *Bombay Seamen's Union*, nur "managers or procuradores of village clubs, where the seamen resided"[6] könnten in den Vorstand der Gewerkschaft gewählt werden, und über den Seemannsstreik von 1938/39 wird berichtet, dass "all Goan clubs (...) provided the wherewithal for the sustenance of the agitation, as well as men and material".[7] Zudem lag der gewerkschaftliche Organisationsgrad der goanesischen Seeleute bereits Ende der 1920er Jahre bei über fünfzig Prozent und damit weitaus höher als in jedem anderen Segment der maritimen Arbeiterschaft.

Netzwerk und Regulierung

In diesem Fall brachte also ein transterritorial agierendes informelles Netzwerk "formelle" Institutionen hervor, im Falle der ab 1926 vom britisch-indischen Kolonialstaat registrierten Gewerkschaften sogar Körperschaften des öffentlichen Rechts. Diese Transformation war verbunden mit einem wachsenden Bestreben der Seemannsgewerkschaften, den widerstrebenden Kolonialstaat und die mit ihm verbundenen Reeder zu einer formellen Regelung der Rekrutierung zu zwingen; Heuerverträge also nicht mehr über Mittelsleute, sondern über staatliche "employment offices" abschließen zu lassen. Während sich also der Kolonialstaat als Verteidiger der Regulierung des Arbeitsmarkts durch informelle maritime Netzwerke erwies, entwickelte sich aus ebendiesen Netzwerken die Forderung nach formeller, staatlicher Regulierung der maritimen Rekrutierung. Netzwerk und Staat repräsentierten also keineswegs unüberbrückbar unterschiedliche Formen sozialer Organisation. Vielmehr waren sie in einem einheitlichen, aber dynamischen Regulierungsszenario unauflösbar miteinander verknüpft. Dabei verschob sich ab den 1930er Jahren allmählich das Gewicht von informellen und netzwerkgetragenen zunehmend auf rechtsfömige und staatsgetragene Regulierungsmechanismen, ohne das erstere jedoch jemals völlig ihre Bedeutung eingebüßt hätten. So begrüßten die goanischen Netzwerke durchaus nicht jede Art der Formalisierung und nahmen in den 1930ern staatliche Wohnheime für indische Seeleute und noch in den 1950ern staatliche Sozialwohnungen fast gar nicht in Anspruch. Der *kur* war kostengünstiger, eröffnete Zugang zu Kredit,

6 Royal Commission on Labour in India, Evidence, Bd. I, Teil II, London 1931, 231f.

7 Colaco, A. (Hg.), A History of the Seamen's Union Bombay, Bombay 1955, 70f.

erleichterte die Behauptung kultureller Eigenheit, gewährte aber auch eine größere Unabhängigkeit vom Staat und den mit ihm verflochtenen Reederinteressen.

Kehren wir nun aber zur Eingangsfrage nach den Gründen für das Ausbleiben eines homogenen, einheitlichen maritimen Arbeitsmarktes zurück. Hierzu lässt sich feststellen, dass die maritimen Netzwerke auf doppelte Weise dazu beitrugen, die Segmentierung, also die hierarchische Struktur des maritimen Arbeitsmarktes aufrecht zu erhalten:

Erstens beschränkten sie den Zugang zu diesem Arbeitsmarkt auf bestimmte ethnische und lokale Gruppen und waren damit ein Instrument der Exklusion anderer, konkurrierender Gemeinschaften. Indem maritime Netzwerke bestimmte bäuerliche Gemeinschaften in einen globalen Arbeitsmarkt integrierten, reproduzierten oder erzeugten sie gleichzeitig eine hierarchische ethnische Segmentierung. Diese Netzwerke dienten also als *Infrastrukturen differenzierender Integration*.

Zweitens musste ein Serang, der wiederholt oder gar dauerhaft für eine Reederei tätig sein wollte, in seiner Arbeitskolonne einen hohen Grad der Disziplin und eine geringe Desertionsrate sicherstellen, also eine Anpassung an die von Reedern und der ihnen verbundenen Kolonialadministration vorgegebenen Strukturen des segmentierten Arbeitsmarktes. Verallgemeinert gesprochen waren die maritimen Rekrutierungsnetzwerke nicht nur selbst hierarchisch und hierarchisierend, sondern auch mit Staats-, Konzern- und Gewerkschaftsstrukturen durchaus kompatibel. Auf dörflichen Klientelstrukturen beruhende Netzwerke ließen sich mit großem Erfolg dafür einspannen, südasiatische Seeleute auf einem ethnisch definierten Billigsegment des maritimen Arbeitsmarktes zu halten und die schroffe Hierarchie der *Lascar*-Schiffe zu stabilisieren. Wenn die Reeder über Jahrzehnte hinweg eine umfassende rechtliche Regulierung der Arbeitsverhältnisse von *Lascars* ablehnten, dann nicht deshalb, weil sie einen anarchischen, unregulierten Arbeitsmarkt bevorzugt hätten, sondern weil informelle Netzwerke eine wesentlich effizientere und kostengünstigere Regulierung und eine besonders rigide Hierarchisierung der Arbeitswelt gewährleisteten. Bei einigen Institutionen des Regulierungsszenarios ist selbst die Zuordnung durchaus nicht eindeutig: War der *kur*, der nur P&O-Beschäftigten offen stand, Teil der Struktur eines staatlich protegierten Konzerns oder institutionalisierter Ausdruck eines goanesischen Migrantennetzwerks? Eine starre Gegenüberstellung dieser beiden Organisationsformen hält historischer Überprüfung also kaum stand.

Einige weitere Implikationen dieser Untersuchung sollen abschließend noch knapp beleuchtet werden. Das Regulierungsszenario des südasiatischen maritimen Arbeitsmarktes beinhaltete zwischen ca. 1880 und 1960 nicht nur eine

Kombination von Gesetzen mehrerer Staaten, sondern auch internationale Vereinbarungen sowie informelle Netzwerke, die sich zwischen verschiedenen örtlichen Kontexten und nicht selten über mehrere Territorien erstreckten. Die Strukturen, die Arbeitsmärkten eine spezifische Form verliehen, sie konstituierten und regulierten, können also nicht auf staatliche bzw. rechtsförmige Regulierungsmechanismen beschränkt werden. Weil gesellschaftliche Arbeitsprozesse Organisation erfordern, unterliegt auch der Arbeitsmarkt stets der einen oder anderen Form der Regulierung. Arbeitsmärkte können deshalb nicht unreguliert sein oder "dereguliert" werden – Regulierung kann höchstens öffentlich oder nicht-öffentlich gestaltet, verrechtlicht oder "informalisiert", "verstaatlicht" oder "privatisiert" werden. Dabei sind selbst "informelle" Formen der Regulierung von Arbeitsverhältnissen (etwa die Klientelverhältnisse in Rekrutierungsnetzwerken) durch "formelle" Regulierungsinstrumente (wie das Schuldrecht) abgesichert.

Wenn in unserer Zeit, in der Privatisierung und Informalisierung gesellschaftlicher Regulierung zum dominanten politischen Credo geworden sind, das "Netzwerk" zur nicht-hierarchischen Grundsatzalternative zum Staat erhoben wird, so hat dies deshalb einen merkwürdigen, verdächtig einschmeichelnden Beiklang.

Kees van der Pijl

Transnational Networks of Capital and Class Strategies in the Global Political Economy

The Structure of the Global Political Economy

In order to assess the operation of strategic planning networks of the capitalist class, it is helpful to have a sense of the topography of the field in which they operate. As I have argued in various works,[1] this topography can be summed up as a specific spatial constellation combining at least two different state/society patterns. On the one hand, an originally Anglophone, integrated West made up of states sharing a liberal constitution and allowing their societies a considerable measure of self-regulation enshrined in civil law; on the other, a succession of relatively strong states organising their societies from above (with varying degrees of central planning and coercion), the contender states. Capitalism, a capitalist class and its different fractions, all emerge in and across this particular topography.

To speak of capital, we must have a cycle or circuit in which money and trade activities are connected to productive activities for which the labour is obtained through markets; public authority must allow this cycle to evolve on its own terms. In this sense, England emerged early on as the pivot of capital accumulation, which itself was transnational from the start because some elements were in the jurisdiction of the English monarchy from the Tudors on (the enclosure movement generating, over time, a proletariat available for wage labour, as well as commercial landowning itself); other elements operated by foreigners (Hanseatic merchants, Italian bankers ...); and with various activities such as Newfoundland fisheries, wool trade with Flanders, taking place across jurisdictions too. In other words, 'transnational networks' are an aspect of capitalist development from the very beginning, and although there have been *intensive* phases in which state classes

1 See my Transnational Classes and International Relations, London 1998, and: Global Rivalries from the Cold War to Iraq, London 2006, New Delhi 2006, especially.

tried to lock up the cycle of capital accumulation in a single political entity (as in the 1930s and generally under circumstances of war), capital and the state are subject to rival, incompatible logics of using space.[2] These prevent such concentric political economies to persist for longer than an emergency, and by definition remain 'national' exceptions to the normal transnational pattern.

Transatlantic settlement all along accompanied the successive stages of the evolving liberal West, in a migratory flow across the Atlantic first. It is of world-historic significance that North America was colonised by English-speakers, who sealed and secured the liberal, Anglophone constitution of the United States and Canada before immigrants with other languages and cultures were allowed in. The same happened in Australia and New Zealand, just as a number of incomplete colonisations took place (South Africa and Israel are the key examples) where the process of liberal constitutional development stagnated and the 'Western' population component had to entrench in an Apartheid system. The ravages of imperialism also must be taken into account, otherwise the establishment of an English-speaking West will appear in a too favourable light. It is only at the core of a world-embracing imperialist system of exploitation, domination and cultural and ecological degradation, that we find the actual English-speaking, liberal West: only here we encounter the type of state which is, to quote Gramsci,

> "a liberal state, not in the sense of free-trade liberalism or of effective political liberty, but in the more fundamental sense of free initiative and of economic individualism which, with its own means, on the level of 'civil society', through historical development, itself arrives at a regime of industrial concentration and monopoly."[3]

The peculiarity of this state/society constellation as it functions in the Anglophone West is that the separate states (the UK, US, Canada, Australia and New Zealand; Ireland is a special case, but ultimately included too) are structurally hospitable to the formation of capital. If we define capital as mobile wealth competitively exploiting wage labour (and through it, society at large and nature), it is a 'Western' phenomenon in this sense. The emergence of capital as an extra-territorial social force is premised on the liberal, Lockean structure of states constitutionally guaranteeing its freedom of movement, and allowing it to enter their jurisdictions on equal conditions.

2 Ronen Palan, The Offshore World. Sovereign Markets, Virtual Places, and Nomad Millionaires. Ithaca/NY 2003.

3 Antonio Gramsci, Selections from the Prison Notebooks, New York 1971, 293.

True, each of the elements mentioned had to be conquered and even today remains mortgaged by continuing regulation. Yet in the process of progressive liberalisation, capital could profit from the structural free space and entry conditions constitutionally laid down for the Atlantic English-speaking world. In that space capital is sovereign, that is, there is (in the Lockean calculus) nothing that has a higher value than private property – except that within a single state, the class interest of upholding the property-owning society may temporarily take precedence in an emergency.

Certainly the Anglophone West has all along pursued global liberalism (from the liberalism of Cobden and Bright to the Open Door and today's trade liberalisation offensives, from the Dillon to the Doha Rounds, and the sustained drive to liberalise financial markets). In addition it has established monetary and financial primacy, first through the pound and the City, today the dollar, Wall Street, and again the City.[4] Thus it continues to create the spaces for capital to expand transnationally. This has involved it in diplomacy, including economic warfare, armed and undercover interventions and actual wars – the Big Stick in Latin America, the world wars, the Vietnam War and interventions in Asia and Africa, and the invasions of Iraq and Afghanistan today.

But we cannot speak of 'capitalist expansion' as an undifferentiated process: there is forward pressure by the West, which entails the opening up of spaces in which transnational capital can expand, and actual capital movement using these spaces; neither can be reduced to the other. The connection between the two spheres is of a class nature, as we will see below. Indeed the Atlantic ruling class as the dominant social force on a world scale emerges on the interfaces between the two.

The Singularity of the Contender State

In the topography, or field of force created by the demarcation of a space for the free movement of people, goods, and capital around the two Atlantic poles of English-speaking society, the contender state operates as a counterpoint to liberalism. A contender state functions as a 'singularity', i.e. as a relatively separate entity which is nevertheless subject to the forces that operate in the field (commerce, property, military and diplomatic rivalry).

4 Cf. Gary Burn, The Re-Emergence of Global Finance, London 2000; Peter Gowan, The Global Gamble. Washington's Faustian Bid for World Dominance, London 1999.

France from the settlement of the Protestant revolt onwards found itself confronted by the ascendant power of Anglophone society and its particular form of state; its response, as a social formation under a given dominant class, was to develop its state apparatus in ways that could optimise the condensation of social energies – planning ahead in terms of infrastructure provision and even key industries, advancing science and research, mobilising a work force, and so on – in addition to performing all the tasks that every advanced state has to perform, such as running a centralised administration and fielding the forces for coercion internally and on its borders.

Indeed what makes France singular here, is that through the policies of Louis XIV and Colbert, and by the French Revolution and Napoleon, a directive state was being established which unifies the political space with a national economy. Here the state imposes itself on its society, and hardens in its mould because the commanding heights of the transnational economic sphere have already occupied by the English-speaking West (of course it took the entire 18th century and a final struggle until 1815 before this was really decided and French ambitions laid to rest).

In the liberal West, then, there is an authentic, primary process of social change which itself defines certain goals and in so doing, sets the pace for others to match (if they want to avoid being subjected). In the contender state context, social change is induced from the outside, and if active revolutions occur because of accumulated tensions (both the French and the Russian revolution are cases in point), these tensions result from the state effort to guide society to a level of development that is equal to that of the English-speaking West, initially Britain and its empire. Hence even the revolutions from below are moments within a more protracted passive revolution, revolutions from above.

Gramsci uses the term passive revolution, if we follow the editors of the English selection from the *Prison Notebooks*, in two ways. "Firstly, in something close to [Vincenzo] Cuoco's original sense, as a revolution without mass participation (and due in large part to outside forces) – e.g. the Risorgimento; secondly, as a 'molecular' social transformation which takes place as it were beneath the surface of society, in situations where the progressive class cannot advance openly – e.g. the progress of the bourgeoisie in Restoration France after 1815 [...] or the development of Christianity within the Roman Empire".[5]

In the state, the political and economic functions are welded together and this connection is embodied in the *state class*. A state class absorbs the influences from abroad and translates them into its own progress, which differs from the

5 Editors' notes in Gramsci, Prison Notebooks, 46.

formation of a bourgeoisie as in the West, because it is tied for its social and international power to its control of the state. The state class derives its cohesion entirely from that control. In the Atlantic West, a ruling class forms in the context of transnational enterprise (commercial, financial, industrial – even where industry is entirely national, its supply lines are laid out across a far wider space); it establishes the conditions for guaranteeing private property constitutionally in the Lockean state and ensures continued access to it, first by a restricted electoral system, later through its privileged access to the state apparatus directly. The state class in a contender state on the other hand combines the roles of political and economic direction, although both may be delegated to ancillary social forces. This also transpires in how the contender state's role evolved after France's challenge to Britain had subsided, and it would appear as if several of the later contenders were equally 'capitalist'. Germany, Austria-Hungary, Japan and Italy until the end of the Second World War, the USSR after 1945 and after its collapse in 1991, China, have taken up, by necessity, a contender role as they found themselves on the cusp of the expanding liberal West and forced to negotiate the forces of transnational capital supported by it (Table 1).

Table 1. The Heartland/Contender Structure of the Global Political Economy; Vassals of the West.[6]

Lockean Heartland	Contenders	Vassals of the West
Post-1688 England + New England	France until 1870	Holland + continental Empires (Austria-Hungary, Russia), Prussia
Post-1823 British Empire + USA	Germany + Austria-Hungary Japan, Italy until 1945	France Russia/USSR
Post-1945 USA (NATO, SEATO Countries)	USSR and Soviet bloc until 1989 (1970s: Group of 77)	Japan, South Korea
Post-Cold War West	China	Japan, India?

6 The term vassal state comes from Manuel Castells, End of Millennium (vol. III of The Information Age: Economy, Society and Culture), Malden/Mass. 1998, 277.

All along, a series of 'secondary contenders', states seeking to develop through some form of state-led or – assisted form of social mobilisation but avoiding head-on confrontation with the West (Brazil, Mexico, Turkey, Iran, India), must also be taken into account. Obviously, like all schematic representation, this raises a host of questions but the idea is to have a grid on which to situate the different geopolitical constellations in a systematic way.[7] Once the Anglophone ruling classes in the struggles with France had held together the constellation in which export-oriented industry on the British Isles was connected with raw-material supplying outlying areas (North America, Australia and New Zealand, Argentina, the African colonies and India), the chances that any later contender would still be able to dislodge this massive concentration of power with its tentacles encompassing the entire globe, were slim indeed.

In each transition, the state class was dislodged, usually violently; and if it did not successfully transform itself into a private class connected into the transnational networks anchored in the heartland, it was also dispossessed. Even so, the heritage of having a directive state continues to operate in former contender states, beginning with France.[8] Gaullism would be hard to understand if one does not take this into account. Of course today there are new uncertainties in this respect; Russia remains incompletely integrated even after the collapse of the USSR; China, with India rising behind it – although nothing is preordained here as India can also break up – poses the major obstacle to Western hegemony today. As *New York Times* commentator and champion of neoliberal globalisation Thomas Friedman notes in an article entitled 'Contending With China',

> "when the history of [the present, KvdP] era is written, the trend that historians will cite as the most significant will not be 9/11 and the U.S. invasions of Afghanistan and Iraq. It will be the rise of China and India. How the world accommodates itself to these rising powers, and how America manages the economic opportunities and challenges they pose, is still the most important global trend to watch."[9]

Let us now look at the ways in which capital develops across the heartland/contender divide.

---

7 Nothing metaphysical here – if France would have won its wars following the Glorious Revolution and especially the Seven Years' War in the late 18th century, the entire table would be different.

8 Laurent Cohen-Tanugi, Le droit sans l'Etat. Sur la démocratie en France et en Amérique, 3rd ed. Paris 1987 (1985).

9 New York Times, weekly selection with Le Monde, 18 November 2006, 2.

Transnational Capital

Capital obtained the form in which it can operate as separate, competitive units ('particular capitals') acting on each other, transnationally. The cycle of money capital investment and credit (M), the mobilisation of capital in commodity form (C) comprising the means of production (Mp) and a labour force (L) and including transport and migration, actual production (P), and sales of the final product C' appearing as a profit M' (written as M – $C^{Mp, L}$ ... [that is, money is turned into commodities, but specific commodities: means of production and labour power; the points indicate that the circulation process is interrupted by the productive one] P ... C' – M'), came about through a transnational integration of the afore-mentioned Hanseatic trade networks, North Italian finance, Dutch consolidated debt, English privatisation of common lands and overseas migratory flows, and so on.

In conjunction with early mercantilist policies, a system of public finances sprang up which provided the new states with the necessary means to perform their functions; at the same time weaving webs of financial dependence between major banking centres and ambitious princes. The system of public credit, state debt, was already discovered by Genoa and Venice in the Middle Ages, Marx writes, but it took hold in the whole of Europe only in the period of manufacture.[10] The process of the original crystallisation of capital out of its various material components (the 'so-called original accumulation', actually the expropriation of direct producers) is seen by Marx as a transnational process affecting different regions with different accents, and eliciting different reactions from political authorities.

> "The different moments of original accumulation, then, are distributed in a more or less chronological order, among Spain, Portugal, Holland, France, and England. In England they are systematically combined at the end of the 17th century in the colonial system, the public debt system, the modern tax system, and the system of protection. These methods partly rest on the most vicious violence, e.g., the colonial system. However, they all utilise state power, the concentrated and organised force of society, to foster, in hothouse fashion, the transformation process of the feudal into the capitalist mode of production and shorten the transitions."[11]

10 Marx-Engels Werke, Berlin, 43 volumes, here vol. 23, 782. Hereafter abbreviated to MEW.

11 MEW, vol. 23, 779.

England, however, crosses the threshold to actual capitalism, the others do not (yet). England and after 1707, Britain, became the workshop of the world, home to … P', because here the enclosing landlords first achieved the separation of wage labour from its agricultural basis on a sufficiently large scale and then gained political power, establishing the constitutional monarchy in the Civil War, crowned by the Glorious Revolution. So the state itself is transformed by a liberal constitution, the capitalist stamp imprinted on it, through a class struggle in which the commercialising landlord, the competitive merchant (not those operating under royal licence), and various types of entrepreneur, displace the aristocracy operating as military-clerical supports of the absolute monarchy. The 'moments' of the integral circuit of capital were then combined through exports of slaves to the American colonies and import of cotton and other agricultural raw materials, and so on (all forms of a separate circuit of commodity capital, C … C).

The American secession in 1776 marks the moment when for the Anglophone settler bourgeoisie, the Lockean principles had to be reasserted against a British monarchy sliding back to mercantilist absolutism. Adam Smith had to remind his British readers in the same year that protecting and administering the North American colonies had been costly to the empire. Instead of the loss-making 'monopoly of the colony trade', Britain should switch to a more profitable course, viz., the development of manufacturing and free trade which Smith identifies in his book as the true sources of wealth.[12] It would take until the 1820s before the bonds of language, culture and property rights brought the British Empire and the United States back into the common liberal line-up that I call the liberal West, or the Lockean heartland after the key ideologue of the Glorious Revolution of 1688, John Locke.

The Monroe Doctrine ruling out a return of European (Spanish, French) colonial rule to the Americas marks the moment when the two English-speaking powers agreed that henceforth, they would pursue their interests through a 'forward press' of global liberalisation. This established the 'Atlantic economy' in which "long swings in the economic development of the United Kingdom and the United States were inverse to one another",[13] so that the M … M' – circuit of money capital with its pivot in the City of London could either be directed at profit opportunities in the US (from railway construction to direct investment, or Treasury bonds for that matter), or invest in other imperial ventures, thus

12 Adam Smith, The Wealth of Nations, 2 volumes (Intro. by E.R.A. Seligman), London 1910 (orig. 1776), here vol. 2, 430.

13 Brinley Thomas, Migration and International Investment, in: A.R. Hall (ed.), The Export of Capital from Britain 1870–1914, London 1968, 47.

providing work for British industry (textiles, machines, rail, ships, arms). For after 1870, Canada, Australia, and Argentina too became part of this vast swing mechanism centred on finance operating from the City.[14] All this was encompassed by what one of the key ideologues of Anglophone hegemony, Arnold Toynbee, calls "a commonwealth in which the binding element is not community of blood but that common obedience to a freely chosen leader and common respect for a freely accepted law which has been called 'the social contract' in the figurative language of our modern Western political mythology."[15]

Rival Spheres of Finance Capital

The monopoly of transnational finance effectively enjoyed by the City (with Paris maintaining a second place until France was defeated by Prussia-Germany in 1871) forced all other societies to explore other options for investment. The contender state in Gramsci's words is "connected on the one hand with tendencies supporting protection and economic nationalism, and on the other with the attempt to force a particular state personnel [...] to take on the 'protection' of the working classes against the excesses of capitalism"; as a result it must enhance the 'plan of production' aspect.[16] This prevents it from allowing its savings and entrepreneurs to become absorbed into the existing, global circuit of capital centred on the City and the intercontinental 'swing mechanism' of transnational capital movements pivoted on it. Whereas capital operating in/from the Lockean heartland spread freely across the globe, backed up by military means where necessary, contender states developed concentrically before engaging in competitive struggles internationally.

This was expressed in two diametrically opposed interpretations of imperialist rivalry at the turn of the 20th century. The Atlantic, liberal conception of a freely globalising money capital became the subject of J.A. Hobson's critique; on the continent, imperialism was criticised in terms of the aggressive protectionism accompanying the formation of national blocs of integrated bank and industrial capital, finance capital as theorised by Rudolf Hilferding – one of the key constitutive factors in the establishment of the contender state. Lenin freely combined the two in his own tract on imperialism, but as Arrighi writes,

14 J.G. Williamson, The Long Swing: Comparison and Interactions between British and American Balance of Payments, 1820–1914, in: Hall (ed.), The Export of Capital, op. cit. 82.

15 Arnold J. Toynbee, A Study of History, 2nd ed., 3 volumes, Oxford/London 1935, 94.

16 Gramsci, Prison Notebooks, 262.

"for Hobson, the expression 'finance capital' (or analogous terms he employed) designated a supranational entity which had almost no links with any productive apparatus; whereas for Hilferding, it referred to an entity of a national character whose ties with the productive apparatus tended to be extremely close."[17]

Now if we look again at the succession of heartland/contender configurations, it can be argued that from the late 19th century on, that is, when a series of contenders led by Germany moved to the forefront in challenging the hegemony of the Anglophone West, a pattern emerges in which the finance capital of the contenders becomes differentiated between a bloc most closely attuned to the political aims of the contender state, and a bloc which rather seeks to insert itself into the existing transnational circuit(s) of capital operated by Anglo-American finance. Whereas the 'independent' capitals seek to carve out a '...P...' moment (on a sufficient scale, and anchored in as many national resources as possible) in a competitive mode, with their own money capital closely focused on that effort (that is why we are looking at 'finance capital', M ... P ... to begin with); the 'comprador' element is more inclined to operate in the slipstream of dominant Anglo-US capital.

Here it should be noted that US capital, too, having emerged in a 'catch-up' stage, conformed to the continental European and Japanese pattern as far as finance capital group structures are concerned, except that the independent/comprador divide is not operative here because the US was itself part of the liberal West and never a contender state. There is an entire literature dealing with US capital groups in this sense, of which I mention only the most comprehensive analysis of S. Menshikov.[18] In the 1980s however, the US finance capital structure, broadly organised around a Morgan and a Rockefeller orbit unravelled whereas in the former contender states, these structures have proven to be more enduring. Elsewhere I have analysed how Morgan companies over the course of the 20th century tended to work with liberal, 'comprador' counterparts in Europe, whereas Rockefeller companies were typically closer to independent groups which often had risen to prominence, like their US partners, in the interwar years.[19]

---

17 Giovanni Arrighi, The Geometry of Imperialism. The Limits of Hobson's Paradigm, London 1978, 25.

18 S.M. Menshikov, Millionaires and Managers. Structure of the US Financial Oligarchy, Moscow 1973 (1969).

19 Kees van der Pijl, The Making of an Atlantic Ruling Class, London 1984.

The transnationalisation of capital from those contender states where capital formation was allowed (and where it was encouraged), therefore took two forms: one, insertion into Anglo-American dominated circuits of capital (the 'comprador' fraction), and two, active transnationalisation and head-on competition ('independent fraction'). This is not a watertight divide, but there is no doubt about the polarity even where we are looking at overlapping fields. Rival spheres of finance capital only emerged in the second half of the 19th century, so the first edition of the heartland/contender pattern may be left aside here. Again at the risk over over-schematising things, the broad 20th-century pattern would have looked like the following (Table 2). In the case of the Austrian Creditanstalt, the 'comprador' relationship was not with Anglo-American capital directly, but related via German comprador capital to the broader structure; in the case of the Italian financial groups, all of them were related primarily to German or French counterparts first.

Table 2. Transnationalisation of Finance Capital (by reference to leading firm) in the Heartland/Contender Structure.

	Contender Finance Capital:	
	'Comprador' fraction	*'Independent' fraction*
Post–1823	France	
	Rothschild	*Fould, Crédit Mobilier*
1870–1970s	France	
	Suez, Indochine	*Paribas*
	Germany	
	Dresdner Bank	*Deutsche Bank*
	Austria-Hungary (via Germany, [G])	
	CreditAnstalt[G]	
	Italy (via Germany,[G] or France, [F])	
	Credito Italiano[G]	*B. Commerciale*[G], *B. di Roma*[F]
	Japan	
	Mitsui	*Mitsubishi*

Elsewhere I have analysed the different spheres of transnational involvement of these financial groups for the 1970s.[20] After the neoliberal transformation of the 1980s and 90s, however, a radical overhaul of the banking structures has taken place, with some of the old names eclipsed entirely. Whereas in France, the Suez-Paribas polarity remains, in Germany, Dresdner Bank has been absorbed into Allianz, the insurance company in the Deutsche Bank orbit; Allianz meanwhile has become the most visible centre of German finance capital in the transnational network, as we will see below. In Italy, Banca Commerciale has been eclipsed by new banks, and all are nested in complex webs of cross-participations and interlocking directorates. Let me now try to draw together the heartland/contender structure of the global political economy and the intersecting processes of transnationalisation of capital. This takes us to the issue of the formation of a transnational capitalist class and its access to politics.

The Class Form of Transnationalisation: Planning Networks

States and banks and other companies appear in everyday perception as more or less autonomous actors which are, if connected to each other, externally related. However, as Ashley argues, they are in fact internally related to each other, in what he calls a 'deep structure' constitutive of actors.[21] This is how we should look at the differential development of the heartland/contender structure and transnational capital. Not just did capital come of age through state intervention in the process of dissolution of the feudal order, just as the unevenly timed capture of state power by capitalist interests worked as a differentiating factor in structuring the state system. There are also powerful internal connections between the ruling and governing classes in the liberal West, between them and the aspirant liberalising forces and world-market-oriented fractions of capital in certain contender states (the 'comprador fraction' as well as the independent one seeking to conquer world market positions on the basis of its own), between domestic private/-ising interests in a country like China today, its own state class and foreign capital, and so on. Clearly as soon as we begin to really try and identify the material interconnections between the political and economic sphere, we are speaking about classes.

20 Ibid., 265-71.

21 Richard K. Ashley, The Poverty of Neorealism (1984), in: R.O. Keohane (ed.), Neorealism and its Critics, New York 1986.

The notion of class here is important because otherwise we may regress to a basis/superstructure approach that goes back to naturalistic materialism; in historical materialism on the other hand, agents are endowed with a conceptual framework in which their interests are defined on grounds that cannot be reduced to the economy. Class is anchored in the straightforward exploitative relation and in the branches into which the proceeds of exploitation are distributed across capital 'fractions', categories of middle cadre, and so on. But the framework in which interests and obstacles to them are perceived and strategies developed, is not a matter of economic relations alone. It is equally a product of world views that have come about as a result of what I have called the heartland/contender structure, the topography of the global political economy in which transnational networks of capital are laid out and connected to productive activities across the globe. As Max Weber famously put it, "not ideas, but material and ideal interests, directly govern men's conduct. Yet very frequently the world-images that have been created by 'ideas' have, like switchmen, determined the tracks along which action has been pushed by the dynamic of interests."[22] These world-images, as can be imagined, include the world itself and its division along national-cultural lines. So culture, and 'foreignness' to it by others, enter into the definition of class relations in various ways. To live in the English-speaking West thus engenders different world-images from living in Europe, never mind all the further subdivisions in the Anglophone world and in the EU, and so on and so forth.

Class in that sense is not an empirical category but a 'sublime object', a social structure which can only be reconstructed by several steps, through inclusion and definition at successive levels of abstraction.[23] If we want to delineate the social space in which we may assume that a class forms and develops a capacity to act, we must identify these levels and bring together the relevant information for an analysis of the more complex reality of a class-in-action.

The first level concerns the formation of a 'corporate' interest among those with directive roles in the economy. Transnationalisation of capital creates cross-border ownership and management structures and joint oversight. Interlocking directorates serve as channels of communication through which strategic information flows; corporations central in a network of interlocks may be considered nodal points of such information and hence the structure of networks reveals hierarchies of strategic knowledge and differential ability to communicate

22 Quoted in Steven Seidman, Liberalism and the Origins of European Social Theory. Berkeley 1983, 252.

23 Peter Bratsis, Everyday Life and the State, Boulder/Col. 2006, 21-22.

preferred lines of action across businesses. These links are usually established by multiple directors, mostly non-executive directors, or 'network specialists'.[24] They concentrate on collecting such positions rather than actually managing corporations, which they leave to the layer of managerial cadre below them. The non-executive network specialists on account of their multiple directorships are in a key position to develop a coherent understanding of the needs of capital accumulation in the face of various challenges, social and 'objective', and hence, their role is an important starting point for developing a class strategy.

As can be expected, a transnational network of interlocks developed first among corporations in the liberal English-speaking heartland, Britain, the US, Canada. Because the Netherlands since the early 19th century had been forced to open its colonies to British capital, a tradition of interlocks developed along with bi-nationality of firms such as Royal Dutch Shell and Unilever. On the other hand, Dutch trading companies and industry were also active in Germany, and director interlocks developed on this axis as well. Dutch business as a result became a 'bridge' between corporations from the liberal heartland and Germany. As Fennema found in his study on international networks of banks and industry for the years 1970 and 1976, the structure of transnational interlocks was made up primarily by interlocks among American, British, Canadian, and Dutch firms. West German capital had many links also with Dutch firms, but between German, French, and Italian corporations hardly any interlocks existed.[25] This is consistent with the idea of a contender state with its exclusive jurisdiction. In the 1970s, Dutch transnational corporations performed a bridge function between what Fennema calls 'the Anglo-Saxon network' with the West German network as the main bloc of national capital in Europe.

The neoliberal restructuring of capital in Europe also affected the network of interlocking directorates among large corporations. Over the first post-Maastricht decade, European capital developed into a pattern reflecting the opening up of nationally confined finance capital structures on the continent – and into a rival transnational network separate from the Atlantic one. In the context of liberalisation and privatisation, the "financial bourgeoisie in power", as Granou calls it, takes the place of the state at the heart of the economy.[26] In the European context, this

24 Meindert Fennema, International Networks of Banks and Industry, The Hague 1982.

25 Ibid., 112.

26 André Granou, La bourgeoisie financière au pouvoir et les luttes de classes en France, Paris 1977.

financial bourgeoisie (the network specialists) no longer looks only to its own state for direction and protection. Instead it establishes strategic links horizontally, with other corporations in the wider Euro-Atlantic economic space.[27]

The networks of joint directorates thus serve as the ground floor on which channels of information, communication and strategic consensus formation can be charted. At Sussex, Or Raviv and the author have done research into how the transnational networks of interlocks have evolved from the 1990s[28] to 2005, at a level of interlock of minimal two joint directors (between companies and between 'satellite' companies and the clusters that result by drawing the lines between the linked companies viz., linked by two or more directors). What transpires from our findings is that from a situation in which the Atlantic network had its centre in Anglo-American capital with a Swiss network attached (1992), the evolution of networks of director interlocks has first mutated to a mirror image in 2000 with a US sphere facing a continental European network, and with British and Scandinavian companies located across the two. In 2005, however, an extensive trans-Atlantic network of transnational interlocks has emerged. But this time not with Anglo-American corporations at the centre, but with German corporations in that position, notably Allianz, but also Deutsche Bank, Siemens, and Deutsche Telekom.

As indicated, to develop a class strategy, it is not enough to bring together those with multiple directorships. The 'West' also exists as a cultural-political, constitutional structure in the global political economy; a structure preferentially connected to capital, and on which capitalist expansion relies in turn. Hence those in key positions in the economy must also communicate with those in directive roles in the different states and their alliances like NATO and the infrastructural bodies by which Western hegemony is reproduced (the Bretton Woods institutions, the WTO, the EU for Europe), as well as in the media. To work out a consensus among themselves in order to maintain the upper hand over competitive, centrifugal interests and political rivalries, directors and other power-brokers come together in a range of private planning groups, which are themselves transnational networks, but of a more disparate nature than the network of corporate interlocks.

Planning networks emerged as informal, flexible forms of class rule operating behind the formal structures of parliamentary government from the 19th century on. They evolved from de-centred networks such as Freemasonry to networks

27 Japanese capital has practically not inserted itself into these networks and remains reliant on its own state.

28 As in my Global Rivalries, 284-286

with a clear mission such as advancing the British Empire (the Rhodes/Milner group and the Round Table).[29] These bodies bring together, in the private surroundings required to allow the expression of differences, key statesmen, media managers, and other 'organic intellectuals' of the transnational capitalist interest and the West as a heartland in the global political economy.[30] In the contemporary world, the Bilderberg Conferences, the Trilateral Commission, the World Economic Forum, and a range of comparable bodies are active in this sense. To be able to tap into the concentrated, strategically relevant knowledge and be part of the consensus achieved in these planning groups gives the participants a crucial advantage over those who cannot, especially those who do not tap into the only real alternative source of power – democracy. As Gramsci recognised, transnational class networks "propose political solutions of diverse historical origin, and assist their victory in particular countries – functioning as international political parties which operate within each nation with the full concentration of the international forces".[31]

In Table 3, I list the key transnational planning networks – all of which remain in existence, albeit that Freemasonry and the original networks associated with the British Empire have been absorbed into the others to an extent where their independent role has diminished considerably. Whether Freemasonry, Lions Clubs etc. today are anything more than a pastime for dentists and other professionals with little peer exposure, must also be considered, although some local channels remain important, like Propaganda Due in the strategy of tension in 1970s Italy).[32]

29 See my Transnational Classes, Chapter 4.

30 Cf. Stephen Gill, American Hegemony and the Trilateral Commission. Cambridge 1990; W. K. Carroll/C. Carson, The network of global corporations and elite policy groups: a structure for transnational capitalist class formation?, in: Global Networks 1/2003, 29-57; Jean-Christophe Graz, How Powerful are Transnational Elite Clubs? The Social Myth of the World Economic Forum, in: New Political Economy 3/2003, 321-40, and many others.

31 Gramsci, Prison Notebooks, 182 note.

32 See my Global Rivalries, chapter 5.

Table 3. Transnational Class Networks in the Global Political Economy.

Liberal West	Transnational Class Networks	Key Contenders
Post-1688 England + New England	Freemasonry	France until 1870
Post-1823 British Empire + USA	Rhodes-Milner group, Round Table, International Chamber of Commerce	Germany + Austria-Hungary Japan, Italy until 1945
Post-1945 USA (NATO, SEATO Countries)	Bilderberg conferences, Mont Pèlerin Society, Trilateral Commission, World Economic Forum,	USSR/Soviet bloc until 1989 (1970s: Group of 77)
Post-Cold War West	Business Council for Sustainable Development	China

What is achieved in the annually held meetings behind closed doors, is an evolving consensus and a shared sense of direction, something that is not given but must be actively elaborated and thrashed out. To what extent the key financial companies (those at the centre of the transnational network of interlocks) are also present in planning group meetings is illustrated for 2005 in Table 4.

Table 4. Most Central Component in the Transnational Network of Interlocking Directorates (Mutual Interlocks Omitted), and Representation at the Trilateral Commission and Bilderberg Meetings, all for 2005.

Number of directors —— e.g. 2 —— (no further number = 1)
Firm represented at Trilateral Commission, in italic capitals
At Bilderberg, with asterisk

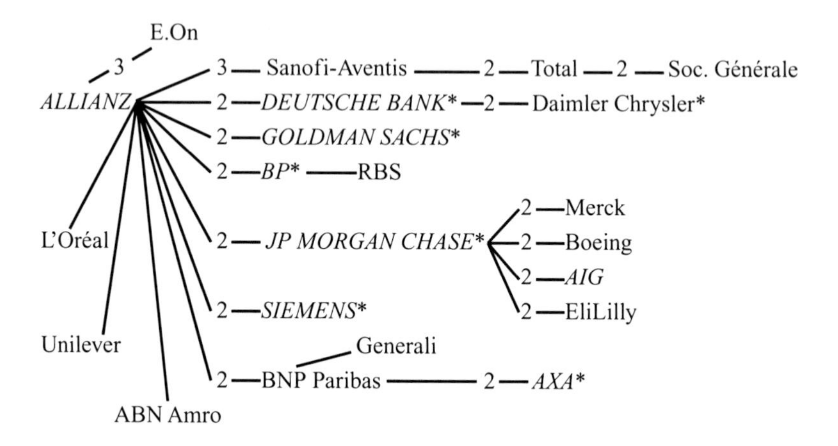

The appointment of UK prime minister Tony Blair to a directorship at JP Morgan Chase in December 2007 is just an illustration of how politicians are rewarded and incorporated into transnational networks again after they have braved exposure to parliamentary and public scrutiny and occasional criticism whilst applying the strategic consensus during their term in office. The days in which one might indignantly highlight the sad fate of 'socialism' in the case of a Labour politician are long gone; Dutch Labour party prime minister Wim Kok, who began his career as head of the Dutch trade union federation, after his term in office was appointed to directorships at Royal Dutch Shell and ING bank, and many other examples may be provided. As noted earlier, a core idea of capitalism as it operates through transnational networks of director interlocks and private planning groups is that the state, or the 'political system' must take a benign view of this particular form of economy. Being in charge of the state government and being subsequently absorbed into the ranks of the transnational networks of the capitalist economy, becomes more compatible with every round of integration and expansion.

Ariel Colonomos

Normativists in Boots in the US Military

Lawyers networking in a globalizing world

That lawyers network should come as no surprise because networking is important in every profession. Being able to build a network of partners and clients, however, is absolutely essential among legal professionals. Lawyers have a reputation and a social capital, and their ability to build networks reflects on their reputation and is a measure of their social capital.

What is the dynamic of lawyers' networks? To what extent is it related to globalization? Indeed, several publications discuss the emergence of lawyers' networks in the context of globalization and economic interdependence.[1] Lawyers socialize at the transnational level, they study and get degrees abroad, and they are sometimes part of large law firms that, like multinationals, have branches worldwide. *Transnational lawyers* and their networks are truly part of the phenomenon of globalization. To this extent, they participate in the universalization of liberal ideas, politically and economically.

International relations studies have also focused on transnational activists,[2] norms, and moral entrepreneurs,[3] especially in the area of human rights, an area in which, in non-governmental organizations such as Human Rights Watch, lawyers are very numerous. At the intergovernmental level, the role of lawyers is also crucial when studying the role of international law on the contemporary international scene. As Anne-Marie Slaughter indicates,[4] lawyers that work in

1 Yves Dezalay/Bryan Garth (eds.), Global Prescriptions: the Production, Exportation, and Importation of a New Legal Orthodoxy, Ann Arbor 2002.

2 Margareth Keck/Kathryn Sikkink, Activists Beyond Borders: Advocacy Networks in International Politics, Ithaca 1998.

3 Ethan Nadelmann, Global Prohibition Regimes, in: International Organization 4/1990, 479-526.

4 Anne-Marie Slaughter, A New World Order, Princeton 2004.

international and regional organizations are part of an international – in this case an inter-governmental – framework.

Lawyers have been among the leading protagonists of new forms of transnational mobilizations such as claims for reparations for historical injustices. Along with community leaders, activists, and historians, they have made it possible for heirs of victims of genocides, massacres, or gross violations of human rights to address this issue publicly, both at the national level, where the crimes occurred, and transnationally.[5] Lawyers have forged class action lawsuits against banks and companies involved in these crimes and have represented clients worldwide.

As such examples amply testify, the tensions between state-centric dynamics and multi-centric dynamics are one of the crucial aspects of post-cold war interdependence.[6] As transnational actors develop, they encounter resistance on behalf of the state. On the other hand, parochialism, nationalism, and bureaucracy are a challenge for transnational actors that aim at developing a more diffuse and horizontal political realm, where vertical and institutionalized traditional forms of authorities are severely questioned.

Lawyers in the field of human rights law and international humanitarian law (*jus in bello*) are a very good example of this phenomenon. This type of litigation occurs in a domain where the state is an essential player, where one of its main prerogatives is at stake: the use of force and its monopoly in order to fulfill the state's obligation to protect its citizens. This paper is an account of the confrontation between transnational lawyers and state lawyers in the area of security and war. I will focus on the role of the latter to highlight another aspect of globalization, which is often portrayed as the victory of transnational horizontal forces identified as transnational networks.[7]

The dialectic between the state-centric world and national networks of lawyers on the one hand and the wide global community of human rights lawyers who are not government employees is a crucial aspect of the emergence and development of new norms. A "transnational public space"[8] of debate takes shape in which a struggle prevails about the best justification for the use of force, whether

5 Ariel Colonomos, Moralizing International Relations – Called to Account, New York 2008.

6 James Rosenau, Turbulence in World Politics, Princeton 1990.

7 Indeed, that is an essential aspect of globalization. Ariel Colonomos (ed.), Sociologie des réseaux transnationaux, Paris 1995; William Wallace/Daphne Josselin (eds.), Non-State Actors in World Politics, New York 2001.

8 In the sense Habermas uses it.

this justification is merely the reflection of the inequality of political and economic resources or whether it is the outcome of a fight for the most coherent and sound rationale.

This paper focuses on one aspect of contemporary debates on international law which has crucial consequences for waging war. Indeed, the preventive use of force is a legal struggle that has many consequences for international relations, and national lawyers who work for states concerned with preventive war are deeply involved in these debates. They are also confronted by some critics who argue that prevention should not be legal. The confrontation of national networks with transnational and cosmopolitan networks is indeed an issue for the future of the international system. Studying this interaction brings to light one of the most significant aspects of the structure of the international system and also provides some indication of possible futures for international relations.

International law, the Cold War and beyond

International law is a domain of crucial importance for international politics. It is a realm of significant controversial debates; in both policy making and academia major theoretical disputes exist among international relations scholars. Since World War II, the international system has expanded along two directions. On the one hand, the state-centric structure has been reinforced; bipolarity has been the prevailing framework that structured relations between states and created a certain level of stability (major wars have been avoided). On the other hand, international law, which is often perceived as a theoretical and practical dead end, both for supporters of realism and Realpolitik, has considerably expanded. This expansion has occurred because it was supported by some state leaders. Among state supported expansions were the US position at Nuremberg following World War II and the empowerment of human rights activists whose voices have gained importance during the years of the Cold War. Major treaties have also been signed, notably the 1949 Geneva conventions and the 1977 Protocol 1, to name two. From this perspective the end of the Cold War is a crossroads where politics (which is the essence of international decision making) meets the law, a vision in which normative constraints can be exerted on international political decisions.

Indeed, the fall of the Berlin wall was a turning point. Non-governmental organizations (NGOs) gained considerable new audiences. Most of all, the rupture of a state-centric system where a Realpolitik rationale was said to prevail is interpreted as a victory for human rights activists, as well as for many civilian lawyers. NGOs have diversified their activities: they are specialized in many different aspects of war, they follow the development of international crises, engage in major debates on the transition to democracy and in the settlement of post-bellum disputes. NGO members have also gained a considerable level of expertise. A new generation of activists has emerged, the 1989 revolution and the victory of capitalism and democracy over the Soviet bloc has encouraged ambitious professionals to enter this arena. Within many of the major NGOs, Amnesty, Human Rights Watch, Human Rights First, or other organizations that are more institutionalized such as the International Committee of the Red Cross that benefits from state support, lawyers occupy a crucial role. Their number has significantly increased.

Several of these organizations have fully captured the moment when *human rights* became one of the major buzzwords of the post-Cold War arena. Human rights became the umbrella for a series of international issues, either traditional ones that were being reinvented or new ones. Claims for reparations for historical injustices have spread transnationally (Colonomos 2005), descendants of Holocaust victims or the victims themselves raised their voices in several European countries as well as in America. At the 2001 Durban conference on racism, the case for compensation for slavery was made internationally. The protection of the environment along the lines of cosmopolitan intergenerational justice rapidly became an area of expertise where the members of several epistemic communities[9] gathered, whether they were scientists, lawyers, economists, or sociologists. NGOs and experts in the measurement of pain, unnecessary suffering, and other diseases caused by external shocks (wars, natural catastrophes, epidemics) have seen their activities flourish. Several problems have emerged in which politics and economics intersect. Non-state actors have been massively involved in assessing the effects of economic sanctions and the behavior of multinational companies in areas of conflict or trading with dictators.

Although, civil society lawyers and NGOs have gained expertise, such as their success in banning land mines or chemical weapons,[10] and in the fight against torture,[11] they have neglected a realm of activity where solid knowledge and expertise is needed: the *laws of war*. Grey areas came to light in the aftermath of September 11. Since then, terrorism (which was traditionally considered a domestic security issue) and the preventive use of force have been among the major areas of disputes in which non-governmental lawyers have been caught off

9 Peter Haas, Introduction: Epistemic Communities and International Policy Coordination, in: International Organization 1/1992, 1-36.

10 Richard Price, The Chemical Weapons Taboo, Cornell 1997.

11 The Israeli case is an interesting one. Torture has been declared illegal in 1999 by the Supreme Court. Israeli and international NGOs have played a significant role in this process.

guard by powerful states such as the US. This gap between transnational humanitarian legal advocacy and the realities of international politics has been one of the salient features of the post 9/11 global scene.

National legal advocacy on international issues

It is now a well known fact that lawyers play a considerable role in the US Army and as counselors to the executive branch when its leaders have to take decisions that involve America in the international arena. In today's most powerful army in the world, lawyers are very prominent. There are 5,000 lawyers in the various US armed forces (the US Army, the Navy, the US Air Force, and the Marines), and about 1,000 lawyers working at the Pentagon.[12] At the White House other lawyers deal with international affairs, whether they be diplomatic issues or war issues. Thus, different kinds of lawyers are involved in America's international affairs: military lawyers, permanent governmental lawyers at the Department of Defense and the Department of State, and political lawyers appointed by the executive branch (who, because of their political affiliation or their preferences, defend the government and its leaders).

Military lawyers have a long history that can be traced back to the 18th century when several served in George Washington's army, but the prominent role they now play is fairly recent. At the beginning of World War I, there were seventeen lawyers in the US military, at the end of the conflict their number reached 426.[13] The Vietnam War was a radical turning point: the number of military lawyers significantly increased and the US codified some legal regulations embodied in the Law of Armed Conflict, the laws that the US decides to apply within its forces in times of war or peace.[14] The Law of Armed Conflict for the most part is similar to the Geneva conventions, except on some crucial points, as, for example, when the US decides that some elements of the 1977 Protocol 1 it has not ratified are unjust and would severely harm its interests. In the aftermath of the My Lai massacre, it would seem to be a clear requirement that US leaders provide troops with solid guidelines to prevent that kind of atrocity from happening again. The Vietnam War has been widely covered by the media, and US leaders feared that further scandals would affect its power and decisions.

12 Personal interviews, Washington National Defense University, March 2006.

13 [www.drum.army.mil/sites/tenants/division/CMDGRP/SJA/History.htm], accessed September 2007.

14 David Graham, Operational Law A Concept that Comes of Age, in: The Army Lawyer, July 1987, 9.

The Law of Armed Conflict became fully operational when Ronald Reagan decided to intervene militarily in Granada in 1983 (Urgent Fury). According to a 1974 Department of Defense directive (no. 5100.77), lawyers participate in planning the war.[15] After the intervention, Operational Law (or the Law of Armed Conflict) became more precise than it had previously been. It was decided that the training of military lawyers needed to be improved, and a first manual was published in 1987 (Operational Law Handbook).[16]

Cosmopolitanism versus nationalism

The US has an *ambivalent relationship* with respect to international law. On the one hand, US lawyers and US diplomats and statesmen have played a major role in the development of international law, at least since Woodrow Wilson. In the area of the laws of war, the Lieber Code, established at the end of the 19th century, was the first *jus in bello* framework that belligerents fighting the same war (the war of independence) agreed on. International law is an area of expertise where US scholars have played a prominent role on the international level. Since Nuremberg, US lawyers and legal scholars have filled prominent roles in major international tribunals. American legal experts are also at the forefront of judicial reforms that affect societies in their transition to democracies, and NGOs such as the International Center for Transitional Justice have been at the forefront of this struggle. Furthermore, the Alien Tort Claims Act, a law that dates back to 1789, which allows any citizen of any country to enter into a lawsuit against a non-American entity based on the law of nations, also gives America a central role in global legal affairs.

On the other hand, there is a *dualist* tradition in the field of international law.[17] In any conflict between national law and international law, national law prevails. This two-level policy sustains and reinforces American exceptionalism. American society can present itself as a "beacon of mankind" because its heroes fight for democracy and universal law throughout the world. America is also willing to maintain its privileged status in international affairs; therefore, it should not be overly constrained by international rules that would restrain its

15 Frederich Borch, Judge Advocates in Combat Army Lawyers in Military Operations from Vietnam to Haiti, Washington D.C. 2001, 62.

16 US Army, The Judge Advocate General's Legal Center and School (TJAGLCS), Operational Law Handbook, 2003 (1st ed. 1987).

17 John Murphy, The US and the Rule of Law in International Affairs, Cambridge 2004, 107.

latitude to maneuver. This would be unfair, say American leaders who defend this exceptionalism, since the US has to bear the burden of world affairs and should be granted an exceptional status.

The antagonism between the two types of lawyers – non-government lawyers and government or military lawyers – reflects this divide and opposition. Lawyers who are activists and operate within civil society are most often idealist and cosmopolitan; they urge their country to abide by international rules, to sign and ratify major treaties, and oppose what they consider to be violations of international humanitarian law. These include contributing to major public debates on controversial issues such as detention of prisoners of war or unlawful combatants, military tribunals, or torture. The strong allegiance that ties military or government lawyers to the state puts them in a different situation. As Kenneth Anderson points out, military lawyers are "idealists in private and realists in public."[18] There is an opposition between the "voice" position of private lawyers and the "loyalty" position of public lawyers.[19] This dichotomy also parallels a prevailing dualism in US foreign policy: the tension between liberal internationalism, Wilsonism on the one hand, and isolationism and realism on the other.

The opposition between a loyal nationalist position and a cosmopolitan posture should not come as a surprise; it also reflects the opposition between state-centric networks and transnational diluted networks. More precisely, however, the recently appointed lawyers by the current Bush administration are worth studying. Practically, government lawyers work for the state and therefore try to protect its interests. This could result in deontological dilemmas,[20] as their hands are tied and they are obligated to defend a client who might commit acts they would condemn as private citizens. There is another area that deserves to be explored: knowledge. Indeed, knowledge can be power or it can affect the way power is exerted.[21] A new phenomenon has occurred over the last few years in American academia: the upsurge of a new current of conservative international law scholars. Many of them have publicly supported the policies of George W. Bush. This is true of Eric Posner, Robert Turner, and John Yoo, to name a few.

18 Kenneth Anderson, The Role of the US Military Lawyer in Projecting a Vision of the Laws of War, in: Chicago Journal of International Law 2/2003, 446.

19 Albert Hirschman, Exit, Voice, and Loyalty: Responses to Decline in Firms, Organizations, and States, Cambridge 1970.

20 Christopher Kutz, The Lawyers Know Sin: Complicity in Torture, in: Karen J. Greenberg (ed.), The Torture Debate in America, Cambridge 2006, 241-246.

21 That would be a Foucaldian approach to power, when the author develops his concept of "épistémé".

Their "political epistemology" has its own specificity. They are true "nationalistic international lawyers."[22] More specifically, their legal vision is the result of blending two different paradigms, strange bedfellows that are traditionally mutually exclusive, law and realism. Eric Posner is a strong advocate of such a provocative blend.[23] States ought to follow their national interest, which is one of the leading principles of action that Posner argues for. It is part of the tradition of realism, and is rooted in Morgenthau's work.[24] Leaders of states do that, argues Posner, they act rationally and yet validate rational choice theory.[25] Maximizing self interest is a normative principle and a recurrent social fact; therefore, a leader is not bound to follow a rule that has been ratified by a predecessor who would not have anticipated that the rule would harm US interest in the future. Realism has a strong utilitarian basis. Indeed, this cold rationalism has encouraged government lawyers to ignore their emotions. So far, in the legal arena, they have been the most conservative supporters of the administration.

A comparison of these two worlds also reveals an undisputable fact: state-centric lawyers largely outnumber civil society and non government lawyers. State lawyers' skills are much more diverse, and cover all the different areas of international politics of war and security, whereas private or civilian lawyers usually focus solely on international humanitarian law. Furthermore, military lawyers benefit from a solid reputation[26] that enables them to work in the private sector when they leave the army. They are flexible enough to adapt to the world of globalization.

Ethicists in the age of the "war on terror"

Moral criticism has gone global, institutions are "called to account": their past misdeeds are stigmatized, their present behavior is also questioned, or else, as in the case of waging war, potential future wrongdoings are denounced and moral errors are predicted by norms entrepreneurs. This need to provide a justification

22 Alejandro Lorite Escorihuela, Cultural Relativism the American Way: The Nationalist School of International Law in the United States, in: Global Jurist Frontiers 1/2005, article 2 [www.bepress.com/gj/frontiers/vol5/iss1/art2/].

23 Eric Posner, Do States Have a Moral Obligation to Obey International Law?, in: Stanford Law Review, May 2003, 1901–1919.

24 Hans Morgenthau, Politics among Nations, New York 1993 (1st ed. 1948).

25 Law blends with economics.

26 Entering the military lawyers' JAGs corps is very challenging, one lawyer out of ten is selected.

is also the outcome of globalization, which has paved the way for the moralistic turn and has opened new windows of opportunities for moral activism. Institutions have sometimes adopted a proactive posture toward this phenomenon. Ethics as framed in state organizations is also a response to moral critique, whether it is a counter-argument to moral criticism or an anticipation of national and transnational critiques.

Practical ethics has become an area of expertise for several normativists who work within the US military. Government organizations have their own *epistemic networks*. Ethics has been a domain where in the different Western armies the voice of chaplains has traditionally prevailed. Starting in the eighties, however, military and government agents have favored the development of a new profession: professional ethicists who would teach ethics and write ethical codes that would be instrumental in areas not necessarily covered by existing law. This distinction between law and ethics is a traditional question that has been made explicit in several major texts on the just war tradition, such as in Grotius *De Jure Belli ac Pacis*. Grotius considered that ethics is a humane attitude that should prevail with respect to an enemy, especially the vanquished. Choosing not to apply what could be considered legally accepted practice – asking for an amount of reparations that the enemy would find excessive if not unrealistic – would be an example.

Ethicists in the US military gather in an association formerly called JSCOPE (Joint Services Conference on Professional Ethics), which now bears the name of ISME (International Symposium on Military Ethics).[27] Conferences are held every year in the Washington area, which have several functions. As an epistemic community gathers, the strength of the ties among its members is reinforced. The meetings also serve as a platform where ethical ideas are disseminated within the military, and some military personnel also attend these conferences.[28] Ethicists from the army meet with academics in the areas of philosophy or political science, where they are confronted with outside views and can test the coherence of their ideas and their mindsets, as well as the extent their paradigms can persuade others. Finally, the conferences have another socialization function. Ethicists from the US Army meet ethicists from other forces in other countries. Traditionally, several Western armies are represented, Canada, the Nordic countries, Israel, and the UK.

27 [www.usafa.af.mil/jscopel].

28 There were around 200 participants in the last year's edition.

Of course, lawyers largely outnumber ethics professors and ethicists. About 30 Ph.D.s now teach ethics in the various military academies in the US. These courses are sometimes mandatory, such as at West Point. About ten of them also teach in war academies. The readings required in such courses overlap with the canonical texts taught in most US universities. Augustine, Thomas, and Grotius are part of this body of literature. Among the contemporary authors, Michael Walzer, and his classic *Just and Unjust Wars*, is prominent in many of the syllabi.[29] But one major difference with US campuses is that post-modernism and relativism are not part of this education.

Ethics should be part of the cultural background of every officer. It also serves a primary function, it strengthens a military ethos. In her work Nancy Sherman underlines this aspect of morality. This professor, who is very well recognized in her field, teaches philosophy at Georgetown University and also taught for four years at the Naval Academy in Annapolis. This experience enabled her to write a book on the morality of warriors[30] in which she discusses many examples among officers she met during her teaching experience at Annapolis. Based on the portraits of officers she knew, she discusses practical ethics with reference to the classics, especially the Stoic philosophers. Her work shows that, individually as well as collectively, they have a moral mindset that reflects many aspects of Stoic teachings.

Ethics has an educational and socializing function, but it also has an increasingly practical aspect. The task of some ethics specialists is directly operational. They may come from academia and now also serve in military institutions, or are military personnel who have a specific interest and background in ethics. There are a few examples in this small world, both in Israel and in the US. Two of them are particularly interesting, Asa Kasher in Israel and Tony Pfaff in the US. The former teaches ethics to Israeli officers and sometimes mixes with policy makers as an adviser. The latter is an infantry officer who served in the 82nd Airborne as well as in the prestigious First Armored Division. He studied philosophy at Stanford University, received his M.A. there, and then taught at West Point. His role has now changed, as he now serves as a consultant and is instrumental in the elaboration and writing of some texts that serve as doctrines for the US military or as field manuals in Iraq.[31]

29 United States Military Academy, PY 201 Just War Reader, 2nd ed. 2006. There are also applied ethics manuals. See in the case of the Navy: Captain W. Rick Rubel/Dr. George Lucas (eds.), Case Studies in Military Ethics, Boston 2004.

30 Nancy Sherman, Stoic Warriors, Oxford 2005.

31 Headquarters, Department of the Army, Counter Insurgency Manual FM 3-24, FMFM 3-24, June 2006 [www.fas.org/irp/doddir/army/fm3-24fd.pdf].

This silent ethical revolution contrasts with the cosmopolitan world of non-governmental organizations. There are no deontologists within NGOs where lawyers' voices prevail. This may be an error on the part of organizations that wish to challenge the state. They leave this task to public intellectuals who are not necessarily cognizant of the situation on the battlefield. The presence of ethicists in the army also reflects the evolution of Western societies and capitalism, where ethical officers are part of today's global world in large multinational companies, as members of a larger "market of virtue" comprised of ethical funds specialists.[32]

The search for global ethics

"Global" ethics has been a recurrent theme, both in international relations literature[33] and among transnational activists.[34] But this example – the justification of the use of force -shows that the internationalization of ethical issues is a very specific phenomenon in which the role of the state is more relevant than the label of "global ethics" suggests.

When a state is powerful enough, when it is familiar with the long-standing legal and ethical traditions of the just war framework, when its leaders believe that they would be called to account if they transgressed rules commonly believed to be universal, it has a strong advantage with respect to private competitors. In the domain of security, when stakes are high, the normative power of the state is still sufficient to counter, if not to anticipate a non-governmental moral critique.

There are several areas of concern for civilian lawyers as well as for NGOs. First, civic activists have found it difficult to respond to the first initiatives by the Bush administration because of the impact of 9/11 and its patriotic fervor. Second, what should be more worrisome for non-government activists, is that there is a radical imbalance of power: lawyers in the military largely outnumber

32 On the theme of "moralizing capitalism", see: International Social Science Journal, September 2005.

33 Among a large series of publications: Ken Booth/Tim Dunne/Michael Cox (eds.), How Might We Live? Global Ethics in the New Century, Cambridge 2001; William M. Sullivan/Will Kymlicka (eds.), The Globalization of Ethics Religious and Secular Perspectives, Cambridge 2007.

34 Center for Global Ethics is a recurrent label for platforms where practitioners, intellectuals, activists, and academics meet and discuss ethical issues that have a global impact. Among many of these organizations: [astro.temple.edu/~dialogue/Center/mission.htm], [www.globalethics.bham.ac.uk/].

lawyers in NGOs. The record of private lawyers is far more positive in the field of human rights and civil rights than in the area of laws governing warfare. Furthermore, there are no ethicists within those organizations. Finally, there are areas of international law in which the state has a radical advantage. Legal activists share a long-standing expertise in international humanitarian law, such as in the ICRC or Human Rights Watch. Very few, however, are professionally involved in *jus ad bellum* issues. Some intellectuals and legal scholars have raised their voices individually when the war against Iraq was declared in 2003, arguing that there was no serious case of self-defense on which to ground the decision. The state can be criticized from two different perspectives in its use of knowledge: either intellectually or by showing solid expertise. The war against Iraq and the rationale of "anticipatory self-defense" has been mostly challenged by intellectuals or by competent and specialized scholars who have acted as intellectuals and not as experts. This has been a serious error, and the "market of ideas"[35] has not played a positive role.[36]

There is one positive outcome from these tensions, however. Non-state actors feel the need to be more proactive, and voices that call for a transformation of international law are now being heard. One of the ways positive progress could come about would be to merge international humanitarian law with human rights law. This would truly be a global normative issue that would involve states and non-state actors. A new body of law would be instrumental for dealing with conflicts that are not real wars between states, and as well as with terrorism issues. From an explanatory and meta-normative perspective, the approach to globalization proposed here is *pragmatic*.[37] Within a democracy there is a public sphere of argument between different kinds of justifications. There is always room for improvement, and democracies are truly put to the test when moral progress is one of the issues and possible outcomes of such disputes.

35 Chaim Kaufman, Threat Inflation and the Failure of the Marketplace of Ideas the Selling of Iraq War, in: International Organization 1/2004, 5-48.

36 There are a few initiatives, but they are scarce. See the website [www.crimesofwar.org].

37 In the tradition that runs from John Dewey to Richard Rorty.

New challenges in security

The battle for justifying the preventive use of force is one of the main legal battles in which lawyers who plead different allegiances struggle. Prevention goes beyond the right to go to war; it also includes justifying certain types of military operations that may have a preventive function.

"Targeted killings" is the name most currently used to designate a recent Israeli policy (which started in 2000 with the second Intifada) aimed at eliminating the threat posed by certain non-uniformed combatants who are preparing a strike against Israeli citizens. It is also the definition given by the IDF, which designates such targets as terrorists based on the fact that they are involved in plans aiming to kill civilians. Such operations are usually planned well in advance. In cooperation with their lawyers, government officials and leading military officers establish a list of individuals who represent a danger to Israeli security. The killings have two major characteristics. According to the justification provided ex-post by the IDF, killing a terrorist Israeli agents are not able to arrest is a preventive measure. These killings are also justified on the basis of their precision; collateral damage is said to be low.[38]

Legal issues are of utmost importance. Indeed, justifying targeted killings on a legal and moral basis is a crucial test for states that favor prevention, such as Israel or the US. In this area too, NGOs have been caught off guard and left unprepared. There is no real counterproposal to this policy, and within a single organization opinions and judgments differ from one person to the other. One of its striking aspects is the problematic divide between human rights law and international humanitarian law it reveals.[39] Targeted killings are illegal according to human rights law, which prevails in times of peace and war. Targeted killings might not be illegal according to international humanitarian law, however, which regulates armed conflict and authorizes the killing of combatants. Depending on where the Israeli army fires at Palestinians – whether the Palestinian authority has the responsibility to ensure security and order or Israel, as an occupying power, has this responsibility – the right to kill is arguable or not. In the first instance, it could be arguable for Israel to strike (if the Palestinian Authority does not stop combatants from using violence against Israelis, Israel would then

38 Indeed, compared to collateral damage in war, there are (one civilian is unintentionally killed as two targets are eliminated). Data provided by the Israeli NGO PCATI [www.stoptorture.org.il/eng/links.asp?menu=12&submenu=0].

39 David Kretzmer, Targeted Killing of Suspected Terrorists: Extra-Judicial Executions or Legitimate Means of Defence?, in: European Journal of International Law 16/2005, 171-212.

have the right to fire). In the second, it does not have that right, as it would be a matter of domestic security: a state cannot fire at criminals preventively.

The above shows how such a case goes beyond the established borders between international conflict and domestic security. If international law remains unchanged, this deadlock will continue to prevail, creating perplexity and tensions between states. If lawyers agree on a reform of the current system through a multilateral debate, a way out may be found.

This would necessitate cooperation among lawyers of different backgrounds and interaction between government lawyers and independent experts. Unfortunately, initiatives in this area are still modest. There are, however, reasons to believe that such a *rapprochement* could be an option for the future. There may, at least, be some way to bring the different parties together. Every year a competition among different lawyers from armies all over the world is organized at San Remo in Italy under the auspices of the ICRC. These professionals have to solve problems posed in the context of an imaginary conflict. This could well be a starting point to develop a new way of thinking about grey legal issues in warfare.

There are already some forms of contact and exchange between military lawyers and NGOs. NGOs also employ experts who have worked in the military, not necessarily lawyers, but weaponry experts. At Human Rights Watch, the person in charge of military issues is a former Pentagon expert[40] who was in charge of targeting during the recent Iraq war. There is less of a rigid separation between these two worlds than one might think, and the division is sometimes blurred. Allan Dershowitz, a well-recognized civil rights lawyer and professor at Harvard, has advocated for legalization of certain forms of torture that some military lawyers have argued against. These debates should promote critical thinking on both sides.

Optimistic scenarios for the future?

Are there reasons to be optimistic for the future? Will transnational advocacy networks and moral epistemic communities fulfill their role? As of now human rights lawyers and independent legal experts who have participated in the debate on the rules of war have not had the hoped for effects, which testifies to the fact that the state still has sufficient resources to counter initiatives that would limit its power to design norms.

40 Marc Garlasco.

What will become of this interaction in the future? Will the divide between these two worlds be more rigid than it is already? We are confronted by a danger: the reinforcement of a division between a world whose members believe they are the repositories of *truth*, the world of knowledge that is excluded from decision making, and the world of power, whose members are expected to lie in support of their objectives (in the eyes of their critics). Those who represent knowledge are presumed to speak the truth, whereas supporters of power are presumed to dissimulate and lie. Several major thinkers such as Max Weber and Hans Morgenthau raised this issue and denounced the danger of such a separation. There is also too much opposition among independent lawyers who cooperate with the state and are sometimes manipulated and those who, in principle, act as Cassandras by always arguing against governments. In doing so they sometimes lose their credibility; they always predict the worst and inflate the negative consequences of every government decision.

Would a superpower such as the US accept a greater degree of pluralism within the ranks of its decision makers and experts when they preside over crucial decisions such as war? One liberal perspective and liberal internationalist vision believes this would very much be in the interest of the US: it should remain a "benevolent hegemony." Would civil society lawyers accept cooperating with government lawyers and state leaders to build new sets of rules and laws more adapted to the current context? Would they accept adopting a reformist stance? Would they be strong enough to avoid being manipulated by the state? Will they have more resources to train new professionals than would-be experts of international law and international human rights law – professionals who would be knowledgeable enough to elaborate a new synthesis between these two branches of the law?

For independent lawyers to increase their power and influence policy makers, they should concentrate on the division of labor between *experts* and *intellectuals*. Both should work hand in hand, yet their roles should be well defined and there should be a synergy between the two. The presence of ethicists (as intellectuals) would be an asset. It would empower the ability of such organizations to elaborate a comprehensive message based on facts and true expertise in certain domains such as international law.

Sebastian Schüler

Die Transnationalisierung globaler Heilsgüter am Beispiel der Pfingstbewegung

Prozesse der Globalisierung und Translokalisierung sind charakteristische Eigenschaften von Religionen in Geschichte und Gegenwart. Missionare, Mönche, Krieger, Pilger, Händler und Migranten transportierten seit Jahrhunderten ihre Glaubensvorstellungen und ihre religiöse Praxis über kulturelle und staatliche Grenzen hinweg.[1] Dabei überschritten – und überschreiten – Religionen politische, nationale und ökonomische Schranken und Barrieren auf institutioneller und individueller Ebene. Translokale und transnationale[2] religiöse Netzwerke[3] stellen daher eher die Norm als die Ausnahme dar. Religionen stellen ihren Anhängern Symbole, Praktiken, Vorstellungen und Erzählungen zur Verfügung, die es ihnen erlauben, sich in imaginierten globalen Gemeinschaften[4] und "sakralen Landschaften" zu bewegen,[5] unabhängig von nationalen und kulturellen Grenzen.

1 Vgl. Gertrud Hüwelmeier, Global Players – Global Prayers. Gender und Migration in transnationalen religiösen Räumen, in: Zeitschrift für Volkskunde 2/2004, 163.

2 Zum Begriff der Transnationalisierung in Kultur- und Sozialanthropologie vgl. Ulf Hannerz, Transnational Connections: Culture, People, Places, London 1996.

3 Zur Netzwerkmetapher vgl. Ulf Hannerz, The global ecumene as a network of networks, in: Adam Kuper (Hg.), Conceptualizing Society, London 1992, 51. Hannerz resümiert: "I have attempted to argue here, (...) that the network remains useful as a root metaphor when we try to think (...) about some of the heterogeneous sets of often long-distance relationships which organize culture in the world now".

4 Vgl. Peggy Levitt, Redefining the Boundaries of Belonging. The Transnationalization of Religious Life, in: Nancy T. Ammerman (Hg.), Everyday Religion. Observing Modern Religious Lives, Oxford 2007, 26.

5 Jonathan Z. Smith verwies bereits auf den Zusammenhang von Raumwahrnehmung und der Zuschreibung religiöser Bedeutungen. Vgl. Jonathan Z. Smith, Map is not Territory. Studies in the History of Religions, Chicago/London 1978. Vgl. auch: Hans G. Kippenberg/Kocku von Stuckrad, Einführung in die Religionswissenschaft, München 2003, 114ff.

Als Beispiel für die Entstehung solcher sakralen Landschaften und Netzwerke im 20. Jahrhundert soll hier die Verbreitung der pfingstlich-charismatischen Bewegung näher betrachtet werden, die sich in fast allen Ländern der Welt verbreitet hat und heute schätzungsweise 500 Millionen Anhänger zählt.[6] Dabei handelt es sich um keine einheitliche kirchliche Institution, sondern um eine Vielzahl von Denominationen und losen Netzwerken, in denen sich Gläubige bewegen und diese kreativ mitgestalten.[7] Religiöse Akteure nutzen fluide Netzwerke, um eigene Wege und Orte ihrer alltäglichen Glaubenspraxis zu finden und sind dadurch selbst an neuen Institutionalisierungsprozessen beteiligt. Die Globalisierung von Religionen und die Transnationalisierung von religiösen und sozialen Netzwerken bieten religiösen Individuen und Gruppen daher nicht zuletzt durch technische Innovationen und virtuelle Netzwerke immer mehr Flexibilität und Mobilität für religiöse Praxis und Formen religiöser Vergemeinschaftung.

In der Religionsforschung wurden bisher systematische Fragestellungen zu transnationalen religiösen Netzwerken eher selten aufgegriffen.[8] Religiöse Netzwerke, so scheint es, wurden bisher primär unter dem Aspekt der Migration erforscht.[9] In der Migrationsforschung können Fragen nach der Verortung von Migranten zwischen Heimatnation und Migrationsgesellschaft mögliche Rahmenbedingungen aufzeigen, die religiöse Netzwerke bedeutsam machen. Migrationsnetzwerke dienen dabei oftmals als richtungweisende Vektoren für religiöse Netzwerke, wobei die Eigenständigkeit transnationaler religiöser Netzwerke, die auch unabhängig von Migrationsnetzwerken konfiguriert werden,

---

6 Die Angaben variieren zwischen 300 und 500 Millionen je nach Quelle und Zählweise. Vgl. den Artikel "Pfingstbewegung/Pfingstkirchen", in: Religion in Geschichte und Gegenwart, 4. Aufl. Bd. 6, Tübingen 2003, 1239. Vgl. auch die Studie "The Pew Forum on Religion and Public Life" aus dem Jahr 2006, [pewforum.org/surveys/pentecostal/] (19.1.08).

7 Ähnlich beschreibt Christoph Bochinger den "Spirituellen Wanderer". Vgl. Christoph Bochinger, Die unsichtbare Religion in der sichtbaren Religion. Zur Alltagsreligiosität evangelischer und katholischer Christen in Franken, in: Bayreuther Beiträge zur Religionsforschung 5/2001. Im hier geschilderten Beispiel der Pfingstbewegung müsste jedoch neben den beiden von Bochinger benannten Typen des "Wanderers mit Kirchenutopie" und des "Wanderers mit Spiritualitätsutopie" noch ein dritter Typus eingeführt werden, den man etwa den "Wanderer mit Heils- oder Erlösungsutopie" nennen könnte.

8 Vgl. etwa Hartmut Lehmann, Migration und Religion im Zeitalter der Globalisierung, Göttingen 2005.

9 Vgl. Hüwelmeyer; Peggy Levitt, Boundaries of Belonging; Peggy Levitt, God Needs No Passport. Immigrants and the Changing American Religious Landscape, New York 2007; Peter van der Veer, Imperial Encounters. Religion and Modernity in India and Britain, Princeton/ Oxford 2001; Lehmann, Migration und Religion.

in den Hintergrund tritt. Religionen und religiöse Netzwerke stellen jedoch eigene Konfigurationen der Transnationalisierung dar.[10]

In diesem Beitrag soll daher nicht auf Migrationsnetzwerke als Voraussetzungen für religiöse Netzwerke rekurriert, sondern das Problem von genuin religiösen Netzwerken verhandelt werden, die sich als glokale[11] und transnationale Handlungsverknüpfungen oder Handlungsräume auf institutioneller und individueller Ebene manifestieren. Transnationale Netzwerke werden dabei über den alltäglichen Umgang mit religiösen *Heilsgütern* generiert und verbreitet. Unter religiösen Heilsgütern wird im Allgemeinen religiöses Symbolkapital verstanden wie handlungsorientierende Normen, Werte, Ideologien und Weltanschauungen, die in Form von materiellen wie immateriellen Produkten, Medien und Gütern angeeignet und vermittelt werden und dadurch religiöse Netzwerke generieren.[12] Der Güterbegriff rekurriert daher weniger auf religionsökonomische Ansätze oder auf marktstrategische Bedingungen von Angebot und Nachfrage, sondern soll als Indikator netzwerkgenerierende Elemente bestimmen, die als religiöse Produkte wie Waren und Dienstleistungen, aber auch als Handlungen und Vorstellungen in transnationalen Netzwerken fluktuieren. Ziel soll sein, zu hinterfragen, wie religiöse Alltagshandlungen in transnationale Netzwerke eingebettet sind und dabei selbst transnationale religiöse Netzwerke mitgestalten.

Im Folgenden soll nun der Versuch unternommen werden, anhand evangelikaler Netzwerke zu zeigen, welche Wege der Transnationalisierung begangen und welche Formen der Vernetzung geknüpft werden. Um diesen Fragen nachzugehen, werden im ersten Teil einige theoretische Überlegungen aufgeworfen und im Anschluss anhand von Fallbeispielen überprüft. Das Erkenntnisinteresse besteht darin, den dynamischen Prozess religiöser Netzwerke anhand kursierender Heilsgüter nachzuzeichnen. Religiöse Netzwerke, so soll gezeigt werden, unterscheiden sich dabei von politischen, ökonomischen oder migrantischen Netzwerken dadurch, dass sie diese zwar nutzen können, zugleich aber eine eigene Form

---

10 Es bliebe auch zu fragen, ob nicht auch religiöse Netzwerke den Ausgangspunkt für Migrationsnetzwerke bilden können.

11 Vgl. Roland Robertson, Glokalisierung. Homogenität und Heterogenität in Raum und Zeit, in: Ulrich Beck (Hg.), Perspektiven der Weltgesellschaft, Frankfurt am Main 1998, 192-220.

12 Der Begriff der Heilsgüter wurde bereits von Max Weber verwendet und mit der Idee der "Prämien" in Verbindung gesetzt (wie sie später auch in der Rational Choice Theory weiterentwickelt wurde). Ich verwende den Begriff jedoch weniger nach seinen ökonomischen Gesichtspunkten von Angebot und Nachfrage, sondern im Sinne von handlungsorientierenden Produkten. Vgl. Max Weber, Die protestantischen Sekten und der Geist des Kapitalismus, in: ders., Gesammelte Aufsätze zur Religionssoziologie I, [1920] Tübingen 1988, 211, 235.

transnationaler Vernetzung ermöglichen, die eigene Formen von Institutionalisierung hervorbringen. Evangalikale oder pfingstliche Netzwerke, so lautet eine weitere These, sind – unabhängig von Migrationsnetzwerken und kirchlichen Institutionen – eigenständige und dynamische Verbindungen zwischen Gläubigen, in denen globale Heilsgüter transnationalisiert und *glokale* Handlungsräume kreativ geschaffen werden.

Die Globalisierung der Pfingstbewegung – Religiöse Bewegung oder Netzwerk

Einleitend wurde bisher sowohl von pfingstlich-charismatischen als auch von evangelikalen Netzwerken und Bewegungen gesprochen. Auch wenn diese Begriffe ähnliches bezeichnen, soll zunächst kurz auf Unterschiede und Gemeinsamkeiten eingegangen werden. Mit der Begriffsbestimmung eng verknüpft ist auch die Frage, inwiefern für die Pfingstbewegung die Netzwerkmetapher zutrifft und analytisch Anwendung finden kann. Beides soll im Folgenden kurz diskutiert werden.

Der Begriff "evangelikal" oder auch "Evangelikalismus" bezeichnet eine Strömung der protestantischen Theologie, die sich auf die Irrtumsfreiheit der Bibel beruft und ihren Anfang zur Mitte des 19. Jahrhunderts in den USA hatte. Die evangelikale Bewegung schließt dabei an andere Erweckungsbewegungen des 18. Jahrhunderts an.[13] Evangelikale können unterschiedlichen protestantischen Denominationen angehören; Kontroversen zwischen Fundamentalisten und Modernisten innerhalb der Bewegung ziehen sich durch ihre gesamte Geschichte. Andere Begriffe wie "bibeltreu" oder "pietistisch" wurden mit der Zeit vom Begriff "evangelikal" als Selbstbezeichnung abgelöst. Mit der Betonung des Evangeliums und der Autorität der Bibel fand zugleich eine Distanzierung von anderen liberalen protestantischen Richtungen statt. In der Religionsgeschichte wurde die Bezeichnung "evangelikal" als Selbst- wie auch als Fremdbezeichnung immer wieder unterschiedlich benutzt, so dass er bis heute uneinheitlich verwendet wird.

In ähnlicher Weise steht die Begriffsbezeichnung "pfingstlich-charismatisch" für die global verbreitete Pfingstbewegung, die Anfang des 20. Jahrhunderts in den USA ihren Ursprung hatte, selbst aber auch auf vorherige christliche

13 Vgl. Artikel "Evangelikale Bewegung", in: Religion in Geschichte und Gegenwart, 4. Aufl., Bd. 2, Tübingen 1999, 1694ff.

Erweckungsbewegungen aus dem 18. und 19. Jahrhundert zurückgeht. Genau wie Evangelikale beziehen sich auch Pfingstler auf die Bibel als absolute Autorität. Darüber hinaus betonen Pfingstler die Charismen, also die Gaben des heiligen Geistes. Die Pfingstbewegung charakterisiert sich daher durch pneumatische Erfahrungen wie etwa der Geisttaufe und das Zungenreden (Glossolalie), die als äußere Zeichen der erweckten oder auch wiedergeborenen (born-again) oder zweimal geborenen Christen gelten – dies alles Attribute, mit denen auch Pfingstler sich gerne selbst bezeichnen. So genannte Geistesgaben bilden aber nur einen Aspekt der Pfingstbewegung. Weitere Charakteristika sind prämillenaristische Parusieerwartungen,[14] die Bekehrung (inklusive Bekehrungserlebnis), die prophetische oder inspirierte Rede und der Auftrag der Evangelisation.

Im Allgemeinen ist es schwierig, verbindliche Eigenschaften sowohl evangelikaler als auch pfingstlich-charismatischer Bewegungen zu bestimmen. Beide Begriffe werden als Zuschreibungen in verschiedenen wissenschaftlichen Diskursen unterschiedlich benutzt. So verweist der Religionswissenschaftler Michael Bergunder darauf, dass ein Verständnis der Pfingstbewegung als eine Sub-Kategorie des amerikanischen Evangelikalismus dazu geführt hat, dass sowohl weiße amerikanische Mittelschichtpfingstkirchen als auch ihre Gegner die evangelikale Interpretation der Pfingstbewegung je anders für sich ausgenutzt haben.[15] Bergunder betont daher, dass "[d]ie Pfingstbewegung (...) als internationales diskursives Netzwerk verstanden werden" kann. Dies, so Bergunder weiter, "eröffnet die Möglichkeit, die Dynamiken pfingstlicher Identitätsbildungen in jeweils verschiedenen Kontexten herauszuarbeiten."[16]

Ich schließe mich daher einem breiten Verständnis der Pfingstbewegung an, das auch evangelikale Bewegungen nicht ausschließt, sondern auf das heterogene und globale Phänomen der pfingstlich-charismatischen Bewegung verweist. Bergunder schlägt zur näheren Bestimmung der Pfingstbewegung zwei formale Kriterien vor: Erstens, eine historische Bezugnahme im Sinne eines diachronen Netzwerks einer pfingstlichen Gruppe zu den Anfängen der Pfingstbewegung und, zweitens, eine synchrone Interrelation und Verbindungen innerhalb pfingstlicher Netzwerke. So verdeutlicht er weiter: "Nur das wird zu einem bestimmten

14 Vgl. Artikel "Pfingstbewegung/Pfingstkirchen", in: Religion in Geschichte und Gegenwart, 4. Aufl. Band 6, Tübingen 2003, 1233.

15 Michael Bergunder, Pfingstbewegung, Globalisierung und Migration, in: Michael Bergunder/ Jörg Haustein (Hg.), Migration und Identität. Pfingstlich-charismatische Migrationsgemeinden in Deutschland, Frankfurt am Main 2006, 162f.

16 Bergunder, 163f.

Zeitpunkt als Pfingstbewegung verstanden, das Anteil an ein und demselben kommunikativen Netzwerk zwischen verschiedenen Kirchen, Organisationen oder Individuen hat."[17] Dabei muss betont werden, dass sich innerhalb des globalen pfingstlichen Netzwerks viele Teilnetzwerke herausgebildet haben. "Die Intensität der Kommunikation innerhalb des synchronen Netzwerks ist dabei ebenfalls ungleich verteilt, was bedeutet, dass Pfingstbewegung zu einer fluiden und offenen Größe wird, deren Eingrenzung keineswegs eindeutig ist, die notwendigerweise eine große Zahl von Grenzfällen beinhaltet und deren Umfang und Charakter sich im Laufe der Geschichte stark verändern kann."[18] Die Frage nach dem Unterschied zwischen religiösen Bewegungen oder religiösen Netzwerken verweist bereits auf deren nicht zu trennende Interdependenz für historische und gegenwartsbezogene Forschung. Im Sinne des ersten Kriteriums lässt sich somit der globale Charakter der Pfingstkirchen als eine religiöse Bewegung bestimmen, die einen diachronen historischen Bezugspunkt aufweist. In der zweiten Kategorie synchroner Interrelationen tritt der Netzwerkcharakter in den Vordergrund, der die kommunikativen Verflechtungen und Verschaltungen hervorhebt. Beide Perspektiven, die der religiösen Bewegung und die der religiösen Netzwerke, schließen sich dabei nicht aus, sondern beschreiben lediglich zwei parallele Formen der Ausdehnung von Globalisierungsprozessen.

Geschichte und Forschungslandschaft

In historischer Betrachtung wird zwischen drei Ausbreitungswellen der pfingstlich-charismatischen Bewegung unterschieden,[19] die sich in die klassische Pfingstbewegung, die so genannte charismatische Erneuerung und die neopfingstlichen Kirchen unterteilen.

Die erste Welle ging von dem Prediger Charles Fox Parham 1901 in Topeka (Kansas) und seinem Schüler William Seymour aus, der zwischen 1906 und 1913 für die Azusa Street Erweckung in Los Angeles verantwortlich war. Zentral für die Bewegung war die Betonung der Wirkungen des Heiligen Geistes, die sich in stundenlangen ekstatischen Gottesdiensten und Zungenreden äußerten. Die Pfingstbewegung breitete sich schnell über die USA aus und griff in kürzester Zeit auch auf Europa, Südamerika, Afrika und Asien über. Die Bewegung

17 Ebd., 164.

18 Ebd.

19 Vgl. Stanley M. Burgess/Eduard M. van der Maas (Hg.), The New International Dictionary of Pentecostal and Charismatic Movements, Michigan 2002.

erreichte Europa zuerst in den religiösen Erweckungen in Skandinavien, von wo sie durch zwei norwegische Evangelistinnen in den Jahren 1906/07 nach Deutschland kam. Diverse Erweckungsversammlungen und *religiöse Erregungen* wie das Kasseler Zungenreden des Jahres 1907 führten somit zur Etablierung der Pfingstbewegung.[20]

Die zweite Welle der so genannten charismatischen Erneuerung setzte ab den 1960er Jahren ein und verbreitete sich vor allem in den katholischen, protestantischen und lutherischen Großkirchen. Dieser charismatische Umschwung annektierte die Idee der Geistesgaben oder Charismen wie etwa Zungenreden, Prophetie und Heilung. Solche Gemeinden zählen zwar nicht direkt zu den Pfingstkirchen, zeigen aber den Wirkungskreis der Bewegung. Mittlerweile spricht man auch schon von charismatisch Orthodoxen Gruppen in Russland oder auch von charismatischen Gruppen im Islam (so genannte born-again muslims).[21] Daran zeigt sich, dass der Terminus "Charisma", bzw. "charismatisch" hier breite Verwendung findet und im Allgemeinen für Erneuerungs- und Erweckungsbewegungen stehen kann.

Die dritte Welle der neo-pfingstlichen Kirchen setzte etwa seit den 1970er Jahren ein und stellt neben den etablierten klassischen Pfingstkirchen mittlerweile den größten Teil der Pfingstbewegung dar. Auch wenn einige Gruppen sich bewusst von der Pfingstbewegung distanzieren und sich selbst als nicht pfingstlich bezeichnen, können viele dieser Gruppen und Kirchen der Neo-Pfingstbewegung zugerechnet werden.

Dieser kurze Überblick zur Pfingstbewegung soll zeigen, dass es sich bei diesem Phänomen trotz aller Unterschiede und Heterogenität in den einzelnen Organisationen und Erscheinungsbildern um eine globale Bewegung handelt, die lokal unterschiedliche kulturelle Auswirkungen und Rezeptionen aufweist. Die Pfingstforschung konzentrierte sich daher in den meisten Fällen auf lokal spezifische Räume; so kann grob zwischen Forschungen in Nordamerika, Lateinamerika, Afrika, Asien (hier vor allem Korea) und Europa unterschieden werden. Ohne hier jeden Bereich genauer beleuchten zu können, lassen sich tendenzielle Forschungsschwerpunkte ausmachen, so liegt etwa für Nordamerika der Fokus auf Fragen der Immigration, Politik und Bildung, wogegen im Kontext von Lateinamerika immer wieder Fragen der soziopolitischen Veränderung

20 Vgl. Christoph Ribbat, Religiöse Erregung – Protestantische Schwärmer im Kaiserreich, Frankfurt am Main 1996, 132ff.

21 Vgl. Olivier Roy, Muslims in Europe. From Ethnic Identity to Religious Recasting, ISIM Newsletter, June 2000.

besprochen werden, die vor allem Themen wie Armut, Geschlecht und Heilung bearbeiten.[22] Für den europäischen Raum findet sich hingegen nicht nur eine geringe Anzahl von wissenschaftlichen Studien, sondern auch eine thematisch äußerst eng begrenzte Literaturlandschaft. So konstatiert die Soziologin Isgard Peter: "[D]er Großteil der Veröffentlichungen befasst sich mit dem Thema 'ethnic churches', also mit Gemeinden, die sich hauptsächlich aus Immigranten – zumeist einer Nation – zusammensetzen."[23] Arbeiten zu europäischen Pfingstgemeinden ohne migrantischen Hintergrund sind eher selten oder sie können nicht der Transnationalisierungsforschung zugerechnet werden.[24] Dabei sind pfingstliche Gruppen beispielsweise in Deutschland, die keinen migrantischen Hintergrund aufweisen, keine Seltenheit.

Die Pfingstforschung hat sich bisher vor allem mit Fragen lokaler Veränderungen und Assimilation befasst und dabei oftmals die Relevanz globaler Bezüge auch auf der Ebene des Individuums vernachlässigt. Transnationalisierungsforschung am Beispiel der globalen Pfingstbewegung muss daher insgesamt als Forschungsdesiderat aufgefasst werden. Publikationen zur Transnationalisierung thematisieren vor allem diasporische und migrantische Zusammenhänge. Der Fokus transnationaler Forschung blieb dabei meistens auf die Beziehungen zwischen Herkunfts- und Aufnahmegesellschaft beschränkt. Forschungen zur Transnationalisierung von Lebenswelten vor dem Hintergrund von Migrationsnetzwerken beschreiben meistens das Pendeln zwischen zwei oder mehreren Welten und Kulturen und betonen dabei den Umgang mit Netzwerkidentitäten.[25] In vielen Fällen gehen Migrationsnetzwerke und religiöse Netzwerke dabei Hand in Hand und bedingen oder verstärken einander. Migrationsgemeinden können aber auch Netzwerke aufweisen, die weit über die klassischen Verbindungen zwischen Heimat- und Aufnahmegesellschaft hinausreichen, indem sie in ein Geflecht verschiedener transnationaler Netzwerke eingebettet sind. Auch in diesen Fällen spielt der genuine Charakter religiöser Netzwerke eine herausragende Rolle, weil diese in der Lage sind, Mitglieder von Migrationsgemeinden aus rein migrantischen Netzwerken zu lösen und sich etwa als christliche Cosmopoliten

22 Vgl. Isgard S. Peter, Der unsichtbaren Religion auf der Spur. Eine soziologische Studie zur Pfingstbewegung in Deutschland, Saarbrücken 2007, 44ff.

23 Peter, 55.

24 Vgl. Thomas Kern, Schwärmer, Träumer und Propheten? Charismatische Gemeinschaften unter der Lupe, 1998.

25 Vgl. Ludger Pries, Die Transnationalisierung der sozialen Welt. Sozialräume jenseits von Nationalgesellschaften 2007. Vgl. auch Sven Bergmann/Regina Römhild (Hg.), global heimat – Ethnographische Recherchen im transnationalen Frankfurt, Frankfurt am Main 2003.

zu verstehen. Mitglieder migrantischer und nicht-migrantischer Pfingstgemeinden bewegen sich in hochgradig transnationalen religiösen Netzwerken und das teilweise, ohne dabei physisch mobil werden zu müssen.

Diese Transnationalisierung der religiösen Lebenswelt vollzieht sich vor allem durch die Partizipation an globalen religiösen Netzwerken und den Austausch religiöser Heilsgüter. Um den Prozess der Transnationalisierung in religiösen Netzwerken nachzeichnen zu können, sollen im Folgenden zunächst einige theoretische Überlegungen angefügt werden.

Die Transnationalisierung von Heilsgütern

Prozesse der Transnationalisierung beziehen sich sowohl auf die globalen Eigenschaften der religiösen Bewegung als auch auf die tatsächlichen Handlungsräume religiöser Individuen. Eine Beschreibung transnationaler religiöser Netzwerke vor dem Hintergrund von Migrantennetzwerken reicht nicht aus und verkürzt die eigenständige Dynamik religiöser Netzwerke. Daher schlage ich hier im Gegensatz zur Thematisierung transnationaler Migrationsprozesse einen Zugang aus Sicht der transnationalen Vergesellschaftung,[26] bzw. dem Konzept des *Dritten Raums* vor.

Die Metapher des *Dritten Raums* wurde zum ersten Mal von Homi Bhabha vorgeschlagen,[27] um einen *Nicht-Ort* im Sinne eines intermediären Raums als erweitertem Denkraum zu bestimmen. In der kulturwissenschaftlichen Transnationalisierungs- und Migrationsforschung beschreibt der Begriff des *Dritten Raums* im Gefüge transnationaler Identitätsbildung den Ort neuer kultureller Verortung, der sich im kreativen Umgang mit Heimat- und Migrationskultur konfiguriert. Der *Dritte Raum* lässt somit die Möglichkeit der Verortung neuer Identitäten zu, die nicht allein aus Prozessen der Assimilation, bzw. einer hybriden bi-nationalen Zugehörigkeit entstehen, sondern sich von kulturellen Zuschreibungen entkoppeln und eigenständige Identitäts- und Handlungsräume entstehen lassen. Das Konzept des *Dritten Raums* soll daher als zentrales beschreibendes Element für religiöse Netzwerke herangezogen werden und steht damit zunächst dem Konzept der sozialen *Enträumlichung* oder *Entgrenzung* gegenüber.

---

26 Vgl. Steffen Mau, Transnationale Vergesellschaftung. Die Entgrenzung sozialer Lebenswelten, Frankfurt am Main 2007.

27 Vgl. Homi K. Bhabha, Die Verortung der Kultur, Tübingen 2000.

Religiöse Netzwerke können in ihren transnationalen Eigenschaften nicht nur soziale Lebenswelten und kulturelle Kontexte *entgrenzen*, sondern auch sehr stark *verräumlichend* wirken. Transnationale Netzwerke entgrenzen einerseits lokale soziale Lebenswelten, andererseits öffnen sie neue informelle, virtuelle und imaginierte Räume, die die partizipierenden *Netzwerker* näher zusammenrücken lassen und neue Orte religiöser Vergemeinschaftung darstellen. Indem pfingstlich-charismatische Christen beispielsweise anhand empfundener und gelebter Werte einen *Dritten Raum* kreieren, der ein Gefühl der Zugehörigkeit erzeugt, entstehen imaginatorische weltumspannende Netzwerke und verdichtete Handlungsräume. So schreibt beispielsweise die Kulturanthropologin Peggy Levitt: "Migrant and non-migrant who follow particular saints, deities, or religious teachers also form imagined global communities of connections."[28]

Die religiöse Landschaft erhält im Sinne einer imagined global community[29] den gleichen funktionalen Charakter wie die von ethnischen oder politischen Migranten konzipierte Beziehung zu ihrer Herkunftsgesellschaft, die in der Diaspora oftmals eine Utopisierung und Überzeichnung erfährt.[30] Religiöse Akteure in pfingstlichen Gemeinschaften verstehen sich nicht selten als Mitglieder einer globalen religiösen Familie, als Bürger des Reiches Gottes, deren Selbstverständnis durch Sätze wie "in der Welt, nicht von der Welt"[31] (nach Johannes 17,16) Ausdruck verliehen wird. Die imaginierte globale Gemeinschaft wiedergeborener Christen wird zum *Dritten Raum*, der eine Art utopisierter Migrationsraum darstellt,[32] und der religiöse Akteur wird zum globalen "imagined migrant".[33] Als solcher ist er nicht mehr "von der Welt", sondern bereits Mitglied der globalen religiösen Gemeinschaft und damit Teil des Reiches Gottes. Umgekehrt repräsentiert das Reich Gottes als imaginierter *Dritter Raum* seine Herkunftsgesellschaft und macht ihn zum "imagined migrant" in der Welt, der dort quasi in

28 Peggy Levitt/B. Nadya Jaworsky, Transnational Migration Studies. Past Developments and Future Trends, in: Annual Review of Sociology 33/2007, 129-156, hier 142.

29 Es handelt sich hier sowohl um eine "community of discourse" als auch um eine "community of practice" wie die späteren Beispiele zeigen werden.

30 Vgl. Ludger Pries, Transnationalisierung der sozialen Welt?, in: Berliner Journal für Soziologie 2/2002, 263-272.

31 Vgl. etwa die Predigt von dem Missionar William MacDonald. William MacDonald, In der Welt – nicht von der Welt, 2. Aufl., Bielefeld 1999.

32 Vgl. etwa Kippenberg/Stuckrad, 114ff.

33 Der hier entworfene Begriff der "imagined migrants" soll zunächst deskriptiv und hypothetisch auf ein globales Zugehörigkeitsgefühl in der Pfingstbewegung angewendet werden. Ob der Begriff sich auf andere religiöse Netzwerke anwenden lässt, müsste erprobt und im jeweiligen Kontext neu verortet werden.

diasporischen Verhältnissen das Reich Gottes durch Evangelisation aufbaut. Als "imagined migrant" einer globalen Gemeinschaft pfingstlicher Christen tritt die Rolle nationaler Verortung und Zugehörigkeit in den Hintergrund. Der *Dritte Raum* wird so zu einer Tatsache des kollektiven Bewusstseins, bzw. zu einer kollektiven Tatsache (Emile Durkheim).

Der Begriff "imagined migrant" bezeichnet dabei weniger Zugehörigkeit als einen Akt der Konversion zu einer bestimmten Gruppe, sondern vielmehr Zugehörigkeit im Sinne einer corporate identity als Teil einer global vernetzten Familie und als Teilnehmer in religiösen Netzwerken und Diskursfeldern. Vor diesem Hintergrund spielt auch die Zugehörigkeit zu einer bestimmten Pfingstkirche oder pfingstlichen Denomination nur eine nachgeordnete Rolle. Religiöse Akteure, die im Sinne eines *transnational sense of belongings* als "imagined migrants" charakterisiert werden, können natürlich auch gleichzeitig reale ethnische oder politische Migranten sein. Pfingstliche Netzwerke reichen jedoch über eindimensionale Migrationsnetzwerke hinaus, indem sie einen *Dritten Raum* als imaginierten Migrations- und Handlungsraum entstehen lassen. In ähnlicher Weise beschreibt beispielsweise Peter Mandaville die islamische Umma,[34] die im Zusammenhang mit muslimischer Politik eine islamische Weltgemeinschaft oder auch rekonzeptualisierte Umma entstehen lässt.[35]

Der *Dritte Raum* stellt auch einen Diskursraum dar, der durch die Partizipation von religiösen Akteuren an gleichen Diskursfeldern und Kommunikationsnetzen transnationale Gemeinschaft und Nähe entstehen lässt. Dabei handelt es sich aber nicht um ein global village[36] im Sinne einer kulturellen oder religiösen Nivellierung, sondern eher um eine globale Gemeinschaft trotz interner Differenzen. Die Betonung der Globalität der Pfingstbewegung als eine global community soll daher nicht über die Diversität der Bewegung hinwegtäuschen. Dennoch scheint es in dem hier beschriebenen Kontext legitim, den bindenden Charakter der Zugehörigkeit der Pfingstbewegung zu betonen. Da in der Pfingstbewegung kein institutioneller und organisatorischer Zentralismus vorhanden ist, erfüllt die imaginierte global community die Rolle bindender Einheit zwischen

---

34 Vgl. Peter Mandaville, Transnational Muslim Politics. Reimagining the Umma, London/New York 2001.

35 Vgl. Pries, Transnationalisierung der sozialen Welt?, 5.

36 Der Begriff wurde von dem Kommunikationswissenschaftler und Medientheoretiker Marshall McLuhan eingeführt, der damit die technische Vernetzung als neue Form der Globalisierung nach der "Gutenberg-Galaxis" beschreiben wollte. Vgl. McLuhan/Powers, 1995.

wiedergeborenen Christen. Das Selbstverständnis des "Wieder- oder Zweimalgeborenen" wird dabei zum globalen Markenzeichen, das durch religiöse Netzwerke transnationalisiert wird.[37]

Der *Dritte Raum* fungiert als Referenzpunkt für religiöse Alltagshandlungen, der erst die Bedingungen für transnationale Netzwerke entstehen lässt. Er wird als imaginierter Ort der Zugehörigkeit zur Vorraussetzung realer transnationaler Netzwerke. Und genauso bilden transnationale religiöse Netzwerke selbst einen *Dritten Ort*, an dem religiöse Akteure einen *sense of belonging* festmachen können. Die zentrale Frage, die sich hier anschließt, ist also, wie sich solche fluiden Netzwerke und Kommunikationswege beschreiben lassen.

Religiöse Netzwerke werden durch Individuen gestaltet, die durch die frequenzielle Nutzung mehr oder weniger dichte Verfestigungen der Netzwerke ausbilden. Die Entstehung und Ausbildung von Netzwerken kann als Prozess der Institutionalisierung verstanden werden. Netzwerke sind zuerst informelle Kommunikationswege, die sich mit ihrer Ausgestaltung und häufigen Nutzung in formalere Netzwerke institutionalisieren. Der informelle und fluide Charakter religiöser Netzwerke lässt sich an unterschiedlichen Graden institutioneller Prozesse darstellen. Dazu ist auch eine Unterscheidung zwischen einem weiten und engen Transnationalisierungsbegriff hilfreich, wie ihn Ludger Pries vorschlägt: "In einem sehr weit gefassten Begriffsverständnis bezieht sich *transnationalism* auf Zugehörigkeitsgefühle, kulturelle Gemeinsamkeiten, Kommunikationsverflechtungen, Arbeitszusammenhänge und alltägliche Lebenspraxis sowie die hierauf bezogenen gesellschaftlichen Ordnungen und Regulierungen, die die Grenzen von Nationalstaaten überschreiten. In einer eher engen Fassung des *transnationalism*-Begriffs werden damit nur sehr dauerhafte, massive und strukturierte bzw. institutionalisierte Beziehungen bezeichnet, die pluri-lokal über nationalgesellschaftliche Grenzen hinweg existieren."[38]

Religiöse Netzwerke können anhand dieser Unterscheidung in graduelle Verdichtungen der Kommunikation und des Austauschs von Heilsgütern eingestuft werden. Netzwerke beginnen bereits beim Individuum, das sich durch Zugehörigkeitsgefühle einer globalen religiösen Gemeinschaft zuschreibt. Die häufige Nutzung von transnationalen Netzwerken wie etwa Kommunikationswege, der Bezug bestimmter christlicher Literatur oder die Teilnahme an christlichen Konferenzen oder Evangelisationsgruppen setzen festere Netzwerke voraus und

37 Zur Transnationalisierung globaler Markenprodukte vgl. Heide Hintze/Isa Mann/Sebastian Schüler, Global Play on Local Ground. Arbeitswelten einer Frankfurter Werbeagentur, in: Römhild/Bergmann (Hg.).

38 Pries, Transnationalisierung der sozialen Welt?, 3.

lassen diese durch kreativen Umgang neu entstehen. Die stärkste Verdichtung religiöser Netzwerke stellen formale Organisationen, Kirchen und internationale Verbände dar, die sich ähnlich wie multinationale Konzerne global verorten und lokal agieren.

Als weitere Unterscheidung könnten hier Formen stärkerer und schwächerer Organisationsformen angeführt werden. So wird konstatiert: "Nach der stärkeren Variante führen Institutionen auch ein Eigenleben z.B. als Träger kulturellen Wissens, in der schwächeren sind Institutionen das Ergebnis interessengeleiteter Akteure."[39] Ein akteursorientiertes Netzwerkverständnis, das versucht, graduelle Verdichtungen als Kriterium unterschiedlicher Institutionalisierungsgrade zu verstehen, beginnt nicht nur beim Individuum, sondern geht auch von der Fluidität transnationaler Netzwerke aus, die sich in einem *space of flow* befinden. Damit ist aber noch nicht geklärt, wie solche Netzwerke konstituiert werden, bzw. was in diesem diskursiven Raum vermittelt wird. Um dies zu berücksichtigen, soll im Folgenden auf den Begriff "religiöse Heilsgüter" eingegangen und versucht werden, den Prozess ihrer Transnationalisierung als analytisches Instrument zu beschreiben.

Religiöse Heilsgüter stellen materielle wie immaterielle Formen von Werten, Normen, Weltanschauungen und Überzeugungen, sowie Orientierung stiftende Lebensstile dar, die für religiöse Netzwerke als charakteristisch angesehen werden können. Religiöse Heilsgüter können daher medial relevante religiöse Produkte sein, die in transnationalen Netzwerken kursieren. Der Begriff der "religiösen Heilsgüter" soll hier zur Klassifizierung und Analyse religiöser Netzwerke dienen, durch die solche Heilsgüter generiert, angeeignet und verbreitet werden. Der Ökonom Ron Brinitzer bestimmt: "Der Güterbegriff umfasst dabei sowohl materielle als auch immaterielle Güter, so dass Dienstleistungen ebenfalls unter diese Kategorie fallen."[40]

Transnationale religiöse Netzwerke lassen sich anhand des Umgangs religiöser Akteure mit Heilsgütern nachzeichnen und beschreiben. Erst durch die Aneignung und den Austausch von religiösen Heilsgütern bilden sich transnationale religiöse Netzwerke aus. Dabei sollen zwei Kategorien oder Ordnungsgrade von Heilsgütern unterschieden werden:

39 Anne Koch, Zur Interdependenz von Religion und Wirtschaft. Religionsökonomische Perspektiven, in: Martin Held/Gisela Kubon-Gilke/Richard Sturn (Hg.), Normative und institutionelle Grundfragen der Ökonomik, Jahrbuch 6, Ökonomie und Religion, Marburg 2007, 59.

40 Ron Brinitzer, Mentale Modelle und Ideologien in der Institutionenökonomik. Das Beispiel Religion, in: Aloys Prinz/Albert Steenge/Alexander Vogel (Hg.), Neue Institutionenökonomik. Anwendung auf Religion, Banken und Fußball, Münster 2001, 137.

Heilsgüter der ersten Ordnung sind für die jeweilige religiöse Bewegung typische kollektive Merkmale oder weltanschauliche Grundannahmen, die einen sense of belonging oder eine corporate identity vermitteln. So können etwa für pfingstliche Bewegungen drei Grundorientierungen angenommen werden: 1) die Autorität der Bibel, 2) die Selbstbezeichnung als wiedergeborener Christ und die persönliche Beziehung mit Jesus Christus und 3) die Manifestation von Geistgaben und dem Auftrag der Verkündigung des Evangeliums. Heilsgüter erster Ordnung sind immaterielle kultur- und grenzüberschreitende, globale Symbolsysteme, die religiöses Kapital im Sinne religiöser Normen, Werte, Wissen und Ideen repräsentieren. Sie können auch als globale Heilsgüter bestimmt werden, die sakrale Landschaften mit eigenen Raum- und Beziehungskonfigurationen (etwa das Reich Gottes) konstituieren. Sie entsprechen somit dem zuvor genannten weiten Transnationalisierungsbegriff, der auf einem Zugehörigkeitsgefühl basieren kann.

Heilsgüter der zweiten Ordnung beziehen sich in der Regel auf erstere und stellen alltagspraktische mediale Zugänge zu diesen her. Sie sind daher als translokale bzw. transnationale meist materielle Heilsgüter im weitesten Sinne zu bestimmen. Solche Heilsgüter können Workshops, Tagungen, Gebetstreffen, Gebetsketten, Internetseiten, Musikträger, Kleidung, Devotionalien, religiöse Dienstleistungen usw. sein. Die Bedienung, der Austausch und die Aneignung solcher *Glaubensprodukte* bilden alltagspraktische Netzwerke aus, die mit den Orientierung stiftenden Heilsgütern der ersten Ordnung verbunden werden. Der Genuss christlicher Pop- oder Rockmusik beispielsweise greift auf Heilsgüter der zweiten Ordnung zu. Indem christliche CDs gekauft werden, wird sich einem transnationalen Netzwerk bedient, das aus christlichen Musiklabels besteht, die mit inter- und transnationalen Bands arbeiten, die auf internationaler Ebene Konzerte veranstalten und ihre Merchandising Produkte weltweit vermarkten. Auf der individuellen Verbraucherebene handelt es sich dabei nicht nur um einen kommerziellen Kauf, sondern zugleich auch um eine Partizipation an solchen religiösen Netzwerken. Und über die Aneignung von Heilsgütern zweiter Ordnung werden auch Heilsgüter erster Ordnung *mitkonsumiert*. Umgekehrt vermarkten solche Netzwerke mit ihren *Glaubensprodukten* auch Heilsgüter erster Ordnung. Auch religiöse Dienstleistungen wie Workshops, religiöse Ausbildungen, Gebets- und Bibelgruppen, Eheseminare, Missions- und Evangelisationswerke usw. stellen bereits verdichtete Netzwerke dar, in denen Heilsgüter zweiter Ordnung generiert und transferiert werden und die Heilsgüter erster Ordnung mittransportieren und kommunizieren.

Der *Dritte Raum* bildet den imaginativen Ort transnationaler Zugehörigkeit, in dem durch die Zuschreibung religiöser Heilsgüter erster Ordnung – etwa die

Vorstellung vom Reich Gottes – eine globale Gemeinschaft entsteht. Heilsgüter zweiter Ordnung wie etwa Gebetsketten oder Devotionalien werden mit Heilsgütern erster Ordnung identifiziert und durch ihren Gebrauch oder der Partizipation an ihnen transnationalisiert. Transnationale religiöse Netzwerke konstituieren sich also durch den Gebrauch religiöser Heilsgüter zweiter Ordnung und vermitteln damit zugleich globale Heilsgüter erster Ordnung.

So ließen sich beispielsweise in pfingstlichen Kreisen kaum Buddhafiguren als Heilsgüter zweiter Ordnung vermarkten, weil sie keinen Bezug zu denen erster Ordnung aufweisen. Dies soll nicht heißen, dass alle Mitglieder pfingstlicher Gruppen einen rein exklusivistischen Glauben pflegen. So können durchaus hybride Glaubenspraktiken vor dem Hintergrund transnationaler Netzwerke entstehen. Für pfingstliche Netzwerke muss hier jedoch bedacht werden, dass das Zugehörigkeitsgefühl über das Moment einer *corporate identity* funktioniert und die Zugehörigkeit zu einer globalen religiösen Gemeinschaft eine exklusivistische Haltung gegenüber anderen Religionen hervorrufen und zugleich auch denominale Grenzen öffnen oder Unterschiede betonen kann. Ein Pfingstler, der sich normalerweise der Kirche der "Assemblies of God" zugehörig fühlt, wird wohl kein Problem darin sehen, in einer Gemeinde der "Pfingstlichen Allianz" oder des Bunds freikirchlicher Pfingstgemeinden am Gottesdienst teilzunehmen, während die Teilnahme an einem traditionellen katholischen Gottesdienst eher unwahrscheinlich wäre.

Es entstehen auch kulturelle Kontextualisierungen transnationaler und globaler Heilsgüter. So wird etwa in Südkorea teilweise andere christliche Popmusik konsumiert als in Europa oder Südamerika. Auch sind unterschiedliche christliche Submilieus oder Jugendkulturen (wie etwa die Jesus Freaks) auszumachen. Globale Produkte werden kulturell immer unterschiedlich re-lokalisiert und je nach Gewohnheiten und Geschmack angeeignet oder modifiziert.[41] So lassen sich in vielen Ländern und unterschiedlichen Denominationen die gleichen Gottesdiensthymnen wiederfinden, aber immer dem jeweiligen kulturellen Kontext angepasst. Die Entstehung, Ausprägung und Nutzung transnationaler pfingstlicher Netzwerke besteht daher also nicht so sehr in einer missionarischen Verbreitung globaler Heilsgüter im Sinne von Markenprodukten, die von den großen Kirchen und Denominationen gesteuert wird, sondern viel mehr in der kreativen und dynamischen Nutzung pfingstlich-charismatischer Akteure. Pfingstler können zwar einer bestimmten Kirche angehören, aber zugleich unterschiedliche transnationale religiöse Netzwerke benutzen und mitgestalten. Der Prozess der

41 Vgl. Hintze/Mann/Schüler.

Transnationalisierung religiöser Netzwerke findet beim *Verbraucher* von religiösen Heilsgütern statt. Evangelikale oder pfingstliche Netzwerke sind transnationale Medialisierungswege oder Produktautobahnen, auf denen religiöse Heilsgüter verschoben und angeeignet werden. Es sind aber nicht ausschließlich die Kirchen, die diesen Transfer organisieren oder kontrollieren, sondern es sind die Nutzer, die diese *Glaubensprodukte* mit globalen Heilsgütern in Verbindung setzen. Auf diese Art und Weise entsteht eine Transnationalisierung von unten, indem glokale Handlungsräume immer wieder neu eröffnet und transnationale Netzwerke gesponnen werden.

Da bisher im Vorrangegangenen zunächst Forschungsdesiderate zu transnationalen religiösen Netzwerken aufgezeigt und daraufhin ein theoretischer Ansatz zur deren Analyse präsentiert wurde, möchte ich nun im Folgenden zwei Beispiele zur globalen Pfingstforschung anfügen. Das erste Beispiel skizziert dabei die historische Verbreitung einer pfingstlichen Denomination und soll den geschichtlichen Aspekt religiöser Netzwerkforschung hervorheben. Im zweiten Beispiel soll auf gegenwärtige unterschiedliche Konfigurationen transnationaler vor allem virtueller Netzwerke eingegangen werden.

Historische Netzwerkforschung: Die Geschichte der "International Church of the Foursquare Gospel"

Die Pfingstbewegung ist ein globales Phänomen und gerade ihr globaler Charakter und das transnationale Gefühl der Zugehörigkeit zu einer göttlichen Familie mit pfingstlich-christlichen Werten und Normen ermöglicht es den religiösen Akteuren, sich in transnationalen Räumen zu bewegen und sich zugleich den kulturellen und wirtschaftlichen Gegebenheiten anzupassen. Im Folgenden möchte ich dies an der pfingstlichen Bewegung der "International Church of the Foursquare Gospel" illustrieren.[42]

Die ICFG wurde von der Evangelistin Aimee Semple McPherson (1890–1944) zu Beginn der 1920er Jahre gegründet. Geboren im Jahr 1890 in einfachen Verhältnissen in Kanada, etablierte *Sister Aimee* eine der einflussreichsten evangelikalen Bewegungen in den USA und eine der größten pfingstlichen Denominationen weltweit. So schreibt etwa der Historiker Matthew Avery Sutton: "With

42 Die vier Symbole der ICFG, das Kreuz, die Taube, der Kelch und die Krone, beziehen sich auf biblische Stellen und repräsentieren Jesus als den Retter, den Täufer im heiligen Geist, den Heiler und den kommenden König.

her extraordinary religious fervor and theatricality, McPherson helped shape one of the twentieth century's most explosive religious movements-evangelicalism. And she did it, of all places, from just outside Hollywood."[43] Nach Jahren der Wanderpredigt mit weit im Land bekannten Heilungsgottesdiensten gründete sie 1923 den Angelus Temple in Hollywood, Los Angeles, der mehr als 5.000 Besucher aufnehmen konnte. Finanziert wurde der Bau durch Spenden, die sie auf ihren Predigtreisen durch die Vereinigten Staaten sammelte.[44] Ihre Idee war es, so genannte "chair-holder" im Gegensatz zu "share-holder" zu gewinnen, die mit 25$ einen Stuhl im Tempel finanzierten. McPherson überzeugte potenzielle Geldgeber mit der Vorstellung, selbst ein Teil des Tempels zu werden und sich am Aufbau des göttlichen Reichs zu beteiligen. So fragte sie: "Do you know that some poor discouraged sinner may sit in your chair and be converted?"[45] McPherson verkaufte mit dieser Frage Stühle als Heilsgüter zweiter Ordnung und somit wurde der Tempelbau von Anfang an ein inner- bzw. transamerikanisches und auch transstaatliches Projekt, das über das Prinzip der Zugehörigkeit und Vernetzung aufgebaut wurde, was sich auch auf spätere Netzwerke ausüben sollte.

Auf der Außenseite des Tempels wurde ein Schild angebracht mit dem Schriftzug: "Dedicated unto the cause of inter-denominational and world wide evangelism."[46] In der Tat zählt die ICFG heutzutage nach eigenen Angaben fast 30.000 Kirchen mit mehr als 3,5 Millionen Mitgliedern in insgesamt 123 Ländern.[47] Als eine erste Form der Evangelisation setzte McPherson auf Tourismus, der zu einem wichtigen Wirtschaftsfaktor im Los Angeles der 1920er Jahre wurde. Dabei arbeiteten Wirtschaft und Religion sozusagen Hand in Hand. Die Handelskammer von Los Angeles bemühte sich ebenfalls darum, Touristen in die Stadt zu locken und deklarierte den Angelus Tempel zu einer der großen Sehenswürdigkeiten. McPherson kommentierte dazu: "Tourists coming constantly from all parts of the earth, could receive the message, then return like homing pigeons, bearing the message in their hearts."[48] Auch hier wurde der Faktor Tourismus zu einer Form von Heilsgut transformiert, der den erstarkenden Evangelikalismus und die erwachende Pfingstbewegung transnationalisierte.

43 Matthew Avery Sutton, Aimee Semple McPherson and the Resurrection of Christian America, Cambridge 2007, 4.

44 Sutton, 15.

45 So Aimee Semple McPherson, zit. n. Sutton, 15.

46 Sutton, 45.

47 Vgl. [www.angelustemple.org/foursquare.html], 15.10.07; die deutsche Homepage spricht hingegen von 52.000 Gemeinden in 147 Ländern mit 5,7 Millionen Mitgliedern [www.fegw.de/index.php?id=11], 15.10.07.

48 Aimee Semple McPherson, zit. n. Sutton, 27.

Eine weitere Möglichkeit der Evangelisation fand McPherson in den neuen medialen Techniken. So gründete sie 1925 einen eigenen Radiosender (KFSG), um ihre Gottesdienste, Predigten und andere religiöse Sendungen so weit wie möglich zu verbreiten. Der Sender wurde im dritten Stock des Tempels eingerichtet, und zwei große Sendeantennen zierten von nun an das Dach des Tempels. Trotz der instabilen Sendeleistungen konnten die Beiträge noch in Kanada und Hawaii empfangen werden.[49] McPherson nutzte die Sehnsucht der Menschen nach Unterhaltung und die aufsteigende Filmindustrie der 1920er Jahre, um ihre Botschaft zu vermarkten. Dabei umgab sie sich nicht nur gern mit Schauspielern und Künstlern, sondern begann sich selbst und ihre Botschaft zu inszenieren. Sie wurde zu einem Medienstar und stach vor allem durch ihre individuellen und innovativen Formen der Evangelisation hervor. Selbst ihre Gottesdienste glichen immer mehr filmischen Inszenierungen. Sie wurde zu einem Prototyp der US-amerikanischen Pfingstbewegung. McPherson nutzte geschickt die medialen Bedürfnisse der Bürger für ihre Zwecke und zeigte einen kreativen Umgang mit Heilsgütern zweiter Ordnung.

Die Grundlagen für eine transnationale Evangelisation legte Aimee Semple McPherson bereits zu ihren Lebzeiten. 1926 gründete sie das LIFE Bible College, das im Jahr 1929 bereits 400 neue Pastoren hervorbrachte. Vier Jahre darauf waren es schon 520 Pastoren, die in 278 Kirchen die Grundsätze von McPherson vertraten. Dass es sich hierbei um eine transnationale Evangelisation handelt, lässt sich an dem direkten Zusammenhang zwischen den demografischen Strukturen der Mitglieder des Tempels und den so genannten "satellite churches" zeigen. Die wirtschaftlich aufstrebende Stadt Los Angeles zog in den 1920er Jahren Bürger aus unterschiedlichen amerikanischen Staaten an. Dementsprechend heterogener Herkunft waren auch die Tempelbesucher, was einen starken Einfluss darauf nahm, in welchen US-amerikanischen Staaten später Ableger der ICFG gegründet wurden. Die Verortung von Netzwerken durch Gemeindegründungen basierte also auf der bereits transnationalen Population der Stadt. Somit kamen Leute zunächst als Arbeitsmigranten in das wirtschaftlich attraktive L.A. und kehrten zurück als religiöse Re-Migranten, um Ablegerkirchen der ICFG in allen Teilen der USA zu gründen. Dies bedeutet nicht, dass diese Leute nicht auch schon vorher gläubige Christen gewesen sein können. Aber der Angelus Tempel und die Ausbildung im LIFE Bible College waren passende Einrichtungen, um neue Netzwerke entstehen zu lassen. Diese konnten aber nur auf der

49 Vgl. Sutton, 88. Andere Stellen sprechen sogar von Neuseeland: [members.aol.com/jeff560/kfsg.html], 15.10.07.

Grundlage der transnationalen Disposition pfingstlicher Heilsgüter generiert werden. Darüber hinaus finanzierte McPhersons Bewegung 30 Missionare, die in Länder wie dem Kongo, China, Panama, Indien, Südafrika, die Philippinen, Puerto Rico, Deutschland und Südamerika entsandt wurden.[50]

Die Vernetzung gleicht einer Globalisierung von unten, die sich nicht allein aus institutionellen Strategien ableiten lässt, sondern aus dem Zusammenspiel von wirtschaftlichen, gesellschaftlichen und kulturellen Dispositionen und der genuinen Eigenschaft religiöser Netzwerke. Religiöse und vor allem pfingstliche Netzwerke basieren auf Heilsgütern erster Ordnung, wie religiöse Werte und Gefühle der Zugehörigkeit. Der tatsächliche Prozess der Vernetzung greift in diesem Fall jedoch auf Heilsgüter zweiter Ordnung zurück, wie etwa Tourismus, Urbanisierung, Ausbildung und Training, bis hin zu Formen der Massenmedien und Elementen des Showbusiness. Die ICFG startete also nicht als Pfingstbewegung mit dem Ziel der globalen Verbreitung, aber die globalen Merkmale und Dispositionen pfingstlicher Heilsgüter geben der Bewegung bereits eine historische Grundlage und Vorraussetzung für Prozesse der Transnationalisierung. McPherson bemerkte dazu: "There was no idea in our minds of forming a denomination." Dennoch akzeptierte sie die Verbreitung und – wie Sutton schreibt – "officially incorporated her growing web of churches into the International Church of the Foursquare Gospel".[51] McPherson bediente sich erfolgreich sekundärer Heilsgüter, die die globalen Eigenschaften der Pfingstbewegung transportierten.

Religiöse Netzwerke der Gegenwart: Das Beispiel "Halleluja Ruhrgebiet"

Das Beispiel "Halleluja Ruhrgebiet" steht für einen transnationalen Knotenpunkt oder eine Schnittstelle, an dem sich verschiedene pfingstlich-charismatische Gruppen, Denominationen und auch Migrationsgemeinden vernetzen. Obwohl primär auf den Raum Ruhrgebiet begrenzt, stellt sich das Netzwerk als ein "internationales Lobpreisprojekt" dar.[52] Die folgende Selbstdarstellung auf der Homepage verdeutlicht den Netzwerkcharakter: "Halleluja Ruhrgebiet ist weder ein Verein noch eine Kirche. Bei Halleluja Ruhrgebiet arbeiten Menschen aus

50 Vgl. ebd., 210.

51 Ebd., 209.

52 [www.halleluja-ruhrgebiet.de/rahmen.htm], 12.10.07.

verschiedenen Kirchen und Nationen zusammen. All diese Menschen leben im Ruhrgebiet. Überzeugt sagen wir: 'Es gibt nur einen Vater im Himmel, einen Retter und einen Heiligen Geist. Zusammen gehören wir zum Volk Gottes, zur Nation der Geretteten'."[53]

Insbesondere der letzte Satz rekurriert auf das Konzept des *Dritten Raums*. Als Bürger der "Nation der Geretteten" wird der religiöse Akteur zum "imagined migrant" im eigenen bzw. in jedem Land. Hier wird ein religiöses Heilsgut erster Ordnung angesprochen, was erst die Voraussetzung für religiöse Netzwerke mit sich bringt. Auf dieser Grundlage können Heilsgüter zweiter Ordnung wie solche Lobpreisprojekte entstehen. Der Inhalt prägt in diesem Fall die Form und generiert das Prinzip der Vernetzung. So heißt es weiter: "Beziehungen sind uns wichtiger als das Programm. Natürlich sind wir alle sehr verschieden. Und das werden wir wohl auch immer bleiben. Denn wir sind in Kinshasa im Kongo geboren und nahe der Kohlehalden von Essen. In eiskalten Gefängniszellen saßen wir in Sibirien und haben als Kinder in Batticaloa an der Küste Sri Lankas unsere Väter fischen sehen. Natürlich sind wir verschieden. Und dennoch: Was uns verbindet ist stärker als das, was uns trennt. (...) Es kann wundervoll sein, als eine Familie der Kinder Gottes zusammen zu leben und zu arbeiten! Das macht uns Mut. Deshalb rufen wir: Halleluja Ruhrgebiet – join the family!"

In diesem Passus wird der transnationale Charakter des Netzwerks deutlich. Obwohl lokal begrenzt werden hier unterschiedliche nationale Hintergründe mit dem Prinzip der göttlichen Familie vernetzt. Dieses tritt dabei zunächst hinter die Idee von Vielfalt zurück. Das Ziel der Vernetzung baut dann wieder auf dem Prinzip von Einheit in Vielfalt auf. "'Halleluja Ruhrgebiet' drückt die Vielfalt internationaler christlicher Gemeinden im Ruhrgebiet aus. Christen aus verschiedenen Kulturkreisen beteiligen sich am Programm. Rund 200 Migrationsgemeinden allein aus dem evangelischen und charismatisch-pfingstkirchlichen Bereich gibt es im Ruhrgebiet und umliegenden Städten. Sie haben mehrere tausend Mitglieder." Gerade der Aspekt, dass hier vorwiegend Migrationsgemeinden miteinander vernetzt werden sollen, verdeutlicht den transnationalen Charakter von religiösen Netzwerken. Wie weiter oben schon angedeutet, generieren pfingstliche Netzwerke neue Knotenpunkte der Kommunikation, die über klassische Vektoren von Migrationsnetzwerken hinausreichen. Das Beispiel "Halleluja Ruhrgebiet" stellt ein zusätzliches Netzwerk dar, an dem Migrationsgemeinden partizipieren können, das aber über rein migrantische Netzwerke zwischen Herkunfts- und Aufnahmegesellschaft hinausreichen soll.

53 [www.halleluja-ruhrgebiet.de/ueberuns.htm], 12.10.07.

Das Beispiel "Lighthouse International Christian Fellowship"

Die Bewegung LICF wurde 1996 von dem ghanaischen Pastor Edmund Sackey-Brown und seiner Frau Theresa Sackey-Brown in Essen gegründet und zog ein Jahr später in die Nähe von Mülheim an der Ruhr, wo schon im Jahre 1905 die erste deutsche Pfingstgemeide gegründet wurde. Sucht man die Organisation im Internet, findet man zunächst eine rein englischsprachige Homepage (www.houseofsolution.org). Auch die Domain "org" für Organisation verweist auf den transnationalen Charakter, da hier keine bestimmte Nation zu erkennen ist, wie es etwa bei anderen Domains oftmals der Fall sein kann. Auf diesem Weg präsentiert sich die Lighthouse International Christian Fellowship zumindest medial als globale religiöse Bewegung. Auch die Selbstdarstellung der Bewegung verdeutlicht den transnationalen neopfingstlichen Charakter. In der Rubrik "Who we are" auf der Homepage findet sich die Passage: "We are a Multi-National, Multi-Cultural, Multi-Racial and a Multi-Lingual Church. We believe in the totality of the Bible, the principles and the personality of Jesus Christ and the full manifestation of the Holy Spirit."[54]

Sucht man dann nach konkret lokalen Standorten der Bewegung stößt man auf so genannte "satellite churches", also Ableger der Ursprungsgemeinde, die sich in Herten, Bielefeld, Münster und Essen, mithin durchweg im nördlichen Nordrhein-Westfalen befinden. Diese zunächst lokal begrenzte Verbreitung soll aber nicht über die tatsächliche transnationale Ausrichtung hinwegtäuschen. So findet sich auf der Homepage eine Verbindung zu Gemeinden in Süd-Amerika, vor allem Argentinien, wo Pastor Sackey-Brown bei der Evangelisation behilflich ist. Auch lassen sich dazu auf der Homepage entsprechende Videos von Gottesdiensten aus Südamerika abspielen, die vom eigenen TV-Label "Solution TV2" produziert wurden. Hier wird die starke transnationale Vernetzung pfingstlicher Gemeinden deutlich. Dem Netzwerkpfad folgend könnte man formulieren: Ein aus Ghana stammender Pastor gründet eine multi-national ausgerichtete Gemeinde in Deutschland und hilft bei der Evangelisation in Argentinien mit.

Die eigene Homepage der Mülheimer Gemeinde ist hingegen auf Deutsch, Englisch und Französisch abrufbar. Das Gemeindebild wird primär von Mitgliedern bestimmt, die aus unterschiedlichen afrikanischen Ländern kommen und vor allem als Flüchtlinge und Asylbewerber im Land sind.[55] Es handelt sich aber nicht um eine rein ethnische Migrantengemeinde, da zum einen Migranten unterschiedlicher Nationalität und Sprache dazu zählen als auch deutsche bzw.

54 [www.houseofsolution.org/vision.html],12.10.07.

55 [mitglied.lycos.de/LighthouseGemeinde/seite0d.html],12.10.07.

weiße Mitglieder. Es ist aber gerade der vorwiegend nicht deutsche Hintergrund der Gemeinde, der deren Leitspruch prägt: "Wir haben eine Vision für Deutschland, wir haben einen Traum für Deutschland." So formulierte Pastor Edmund Sackey-Brown in einem Interview: "Gott wird die Ausländer nutzen, um Deutschland eine Erweckung zu bringen."[56]

Hier kehrt sich das Bild der Migrationsgemeinde um, die sich nicht nur mit Problemen der Assimilation auseinandersetzt und Migrationsnetzwerke in die Heimatländer unterhält. Unter der Rubrik multinationaler religiöser Gemeinsamkeiten wird versucht, das globale christliche Heilsgut pfingstlicher Prägung in der religiösen Landschaft Europas und hier vor allem Deutschlands zu verbreiten, bzw. zu re-lokalisieren. Auch das Konzept der Assimilation wird hier im übertragenen Sinne umgekehrt. So bietet etwa die Gemeinde in Mülheim regelmäßig einen Afrika-Tag an, an dem "afrikanische Kultur" zelebriert wird und dadurch pfingstliche Botschaften vermittelt werden sollen. Der Afrika-Tag fungiert als Heilsgut zweiter Ordnung, der globale Heilsgüter erster Ordnung transportiert. Multikulturelle Veranstaltungen und migrantische Hintergründe werden hier kreativ in transnationale religiöse Schnittstellen verwandelt, die neue Handlungsräume eröffnen und religiöse Lebenswelten vernetzen.

Das Beispiel "24-7 Prayer"

Als letztes Beispiel für religiöse Netzwerke der Gegenwart soll das Phänomen von Gebetsketten am Beispiel des "24-7 Prayer" vorgestellt werden. Gebetsketten wie 24-7 Prayer haben das Ziel, Menschen durch ununterbrochenes Gebet zusammenzubringen und die Gebetskette niemals abreißen zu lassen. Zur Veranschaulichung zunächst eine Selbstdarstellung von der deutschen Homepage, die sich das Prinzip Vernetzung bereits zum Motto gemacht hat: "Was ist 24-7 PRAYER? Nun, vielleicht solltest du lieber fragen, 'Wer' wir sind. Denn 24-7 PRAYER ist keine starre Organisation, sondern eine bunte, globale Bewegung engagierter Menschen. Wir sind Christen aus den unterschiedlichen Kirchen und Gemeinden. Vernetzt untereinander und mit befreundeten Organisationen und Werken. Wir sind verbunden durch eine gemeinsame Vision und unsere Werte."[57]

56 [www.politikstube.de/forum/praktische_theologie/4516-gott_wird_die_auslaender_nutzen_um_deutschland_eine_erweckung_zu_bringen.html], 12.10.07.

57 [germany.24-7prayer.com/cms/index.php?option=com_content&task=view&id=12&Itemid= 27], 12.10.07.

Bereits in dieser kleinen Passage finden sich alle oben genannten Kriterien und Charakteristika religiöser Netzwerke wieder. Der fluide Charakter des Netzwerks wird dadurch hervorgehoben, dass es sich um Personen und Individuen handelt, die sich miteinander vernetzen. Das Netzwerk wird selbst als global eingeschätzt. Die überkonfessionelle Ausrichtung suggeriert zunächst einen breiten Hintergrund der Mitglieder, die aber wiederum durch gemeinsame *Werte* verbunden und die als pfingstlich einzuschätzen sind.[58] Diese *Werte* verkörpern Heilsgüter erster Ordnung. Im Netzwerk selbst werden hingegen Gebetsketten, also Heilsgüter zweiter Ordnung generiert. Das Gebet wird zur sich vernetzenden Glaubenshandlung, die Menschen global miteinander verbindet. Dabei wird das Gebet als Heilsgut transnationalisiert. Aber auch die Betenden selbst werden zu translokalen religiösen Akteuren, indem sie in ihrer Rolle als Global Prayer "die kollektive Identität weltweit vernetzter religiöser Gemeinschaften" repräsentieren.[59] Ihren Ursprung hat die Bewegung 1999 in Südengland, westlich von London. Als Initiant wird der Pastor, Autor und Gemeindegründer Pete Greig genannt, der die Idee hatte, ununterbrochen Gott anzubeten: "24-7 prayer started by accident in September 1999, with a bunch of young people in England who got the crazy idea of trying to pray non-stop for a month. God turned up and they couldn't stop til Christmas! From there the prayer meeting has spread into many nations, denominations and age-groups. Hundreds of non-stop prayer meetings now link up here on the web to form a unique chain of prayer."[60]

Ziel dieses Netzwerks ist es, eine endlose, weltweite Gebetskette entstehen zu lassen. Die Idee selbst ist jedoch nicht neu. So gibt es historische Vorläufer etwa bei der Herrnhuter Brüdergemeine, einer pietistischen Glaubensbewegung, die auf Graf von Zinzendorf zurückgeht und in der vom 27. August 1727 an im Sinne eines Wächtergebets über 100 Jahre lang ununterbrochen Tag und Nacht gebetet werden sollte. So wird etwa auch auf der Homepage von 24-7 Prayer auf dieses Beispiel hingewiesen.[61] Ein ähnliches Wächtergebet, rund um die Uhr, gab es auch in den 1920er Jahren bei der bereits genannten ICFG.[62]

58 [germany.24-7prayer.com/cms/index.php?option=com_content&task=view&id=27&Itemid= 43] 13.10.07.

59 Hüwelmeier, 162.

60 [www.24-7prayer.com/cm/resources/1], 12.10.07.

61 [germany.24-7prayer.com/cms/index.php?option=com_content&task=view&id=12&Itemid=27], 13.10.07.

62 Vgl. Sutton, 61f.

Die internationale wie auch die deutsche Internetseite fungieren als virtuelle Schnittstellen und Organisationsplattformen, über die sich Gebetsgruppen weltweit vernetzen und informieren können. So liegt der primäre Zweck dieses virtuellen Netzwerks in der Selbstorganisation der Gebetskette. Es gibt also kein Komitee oder andere Instruktoren, die die Gebetsgruppen zum Mitmachen animieren. Die Internetseite dient eher zur gegenseitigen Information darüber, wer gerade wo auf der Welt einen aktiven Gebetsraum hat. Mittlerweile sind mehr als 3.000 solcher Gebetsräume in 65 Ländern an diesem Netzwerk beteiligt. Im Durchschnitt beten jeweils 20-30 Gruppen aus etwa zehn verschiedenen Ländern gleichzeitig. Gebetet wird gestaffelt in Gruppen meistens wochenweise, eben 24 Stunden am Tag, sieben Tage die Woche. Die deutsche Internetseite verfügt sogar über einen Gebetskettenkalender, die so genannte "Gebetsraumkette", die jeweils eine Kalenderwoche auch optisch wie eine Kette an die nächste reiht. Jedes Wochenkettenglied lässt sich per Mauszeiger anklicken und zeigt, welche Gruppen in Deutschland sich für diese Woche bereit erklärt haben, einen Gebetsraum einzurichten.

An diesem Beispiel lässt sich auch die unterschiedliche Verdichtung von transnationalen Netzwerken nachzeichnen. So wurde oben schon gezeigt, dass in der Selbstbeschreibung explizit darauf hingewiesen wird, dass es sich nicht um eine "starre Organisation" handelt, sondern um Menschen in einer globalen Bewegung. Bezeichnend ist an diesem Beispiel, dass es sich tatsächlich um eine Vernetzung von unten handelt. Durch die rasante Verbreitung und häufige Nutung dieses Netzwerks verdichtete sich dieses innerhalb weniger Jahre zu einer organisatorischen Form. So gibt es etwa auf den Internetseiten auch Möglichkeiten der Spende und sogar einen 24-7-Shop, in dem Bücher, Kleidung und Musik vermarktet werden. 24-7 ist somit selbst zu einem transnationalen Label geworden.

Bei 24-7 Prayer handelt es sich auch nicht nur um ein einzelnes Netzwerk, sondern eher um ein Konglomerat von Netzwerken auf globaler und nationaler Ebene. So sollen überall auf der Welt neue Netzwerke eröffnet werden, die die jeweiligen Gebetsketten in einem Land organisieren. Jede Nation wird somit zu einer so genannten "Base" und jedes 24-7 Prayer- Netzwerk soll versuchen, den Status eines Vereins oder einer Non-Profit-Organisation zu erlangen. So steht auf der internationalen englischen Internetseite der strategische Hinweis: "When a nation opens a 24-7 'Base' one of their tasks is to get 24-7 registered as a charity (not-for-profit organisation) in that country. The International and UK Bases are registered as charity."[63] Dieser Prozess der Verdichtung überführt lose Netzwerke

63 [www.24-7prayer.com/cm/resources/12], 12.10.07.

in statischere Formen von Organisationen und Institutionen. Dennoch bleibt der fluide und kreative Charakter der Netzwerke für die Nutzer zunächst erhalten. Durch die Partizipation an 24-7 Prayer bewegen sich religiöse Akteure in transnationalen Netzwerken und bedienen damit einen glokalen Handlungs- bzw. Gebetsraum, indem sie Heilsgüter, wie die der Praxis des Gebets, transnationalisieren.

Durch diese feste Einbettung in eine imaginierte und handlungsorientierte Gemeinschaft findet jedoch auch eine Relokalisierung der Lebenswelt in den lokalen Kontext statt. Transnationale religiöse Gemeinschaften übersteigen nicht nur soziale lokale Kontexte,[64] sondern können gerade durch die gefühlte Zugehörigkeit in eine solche global community auch wieder neue Einbindungen in lokale Kontexte bewirken. Als Beispiel kann hier die Konstituierung lokaler bzw. nationaler Subnetzwerke der 24-7 Bewegung angeführt werden. Aber auch in den Gemeinden selbst findet diese doppelte Verortung statt. Zum einen als Teil einer erlösten göttlichen Familie, zum anderen mit der von Gott betreuten Aufgabe, die eigene Nation mit Gebeten und Evangelisation zu erreichen. Es ist daher auch nicht selten zu beobachten, dass in Gottesdiensten Länderfahnen geschwenkt werden und ein dezidiert christlich-evangelikaler Nationalismus proklamiert wird. Auf diese Weise werden Lebensbezüge relokalisiert, die zuvor anhand der globalen Gemeinschaft aus dem sozialen lokalen Kontext entgrenzt wurden.

64 Vgl. Mark Juergensmeyer, Thinking Globally About Religion, in: ders. (Hg.), Global Religions. An Introduction, Oxford 2003, 8.

Giuliana Gemelli

Networks as drivers of innovation and European scientific integration: The role of the Ford Foundation in the late Sixties and early Seventies

Introduction

In the framework of the Ford Foundation's policies in Europe, during the softer phase of the Cold War, the creation of research networks was considered a crucial complement to the narrow and formalistic training that dominated educational programs in European universities. The aim was to produce fresh research and stimulate not only the cooperation between European and American scholars, but also between European scholars themselves. Between 1958 and 1965 a significant number of grants were made by the American Foundations to create or consolidate research institutes with a specific focus on economics and social sciences.

One of the most reputed consultants of the Ford Foundation, James Killian, a former President of the MIT, and a scientific advisor to President Eisenhower, noted that what was lacking in Europe was the capacity to develop interdisciplinary research and to promote collaboration among scholars. Actually, until the mid-sixties most of the grants – whose declared purpose was to connect outstanding 'Europeanists' all over Western Europe and to promote sophisticated research projects and innovative social science through the application of American research methods and quantitative techniques – were meant to reinforce Atlantic partnership and block the diffusion of Communism in the scientific world.[1] This plurality of aims and purposes sometimes led to the failure of promising programs such as the creation of theEuropean Community Institute for University Studies (the Kohnstamm Institute), which never acquired a clear identity or accomplished much academically.

1 J. Krige, American Hegemony and the Postwar Reconstruction of Science in Europe, Cambridge/Mass. 2006.

In the late Sixties, the Ford Foundation's European program was entirely reshaped and the new President of the Ford Foundation, McGeorge Bundy, launched a series of new programs in which European policies no longer represented an autonomous concern. The European concerns were now incorporated into a new philosophy of Foundation policies. The rationale of this important change, which occurred in the mid-sixties, was clearly stated in a Ford Foundation report of December 1967:

> "The Foundation has persistently sought ways in which we might improve international understanding, or strengthen capacities for solving international problems. Under the International Affairs program, we gave particular attention to the problems of Europe and the Atlantic Community, and to Japan as a major emerging industrial power, as well as to the general needs of international organizations and the understanding of international problems. Both these programs contributed notably to resources for understanding the Communist world and made beginnings in the delicate and uncertain, but necessary, task of building relations with it. The international division of the Foundation now inherits responsibility for these various activities. It has the opportunity and the challenge to bring into a coherent pattern our efforts in service of peace and international understanding."[2]

From this point of view, the planning of the Foundation's activities outside the United States was no longer simply a concern of the International Division. It became a Foundation-wide concern. This "new approach" implied primarily a larger conception of European programs:

> "We must clarify," – the report stated – "our aims with respect to Western Europe. In the past this was a more straightforward matter than it is now, and not only because the old simplicities of NATO and the Cold War are gone. Viewing Europe from the perspective of an International Affairs program, the Foundation naturally gave prominence and precedence to broad international objectives. We have been directly concerned with strengthening the cohesion of Europe and the Atlantic area [...] An approach to Europe on the various fronts represented by the Foundation's divisions raises a new set of questions. The Education and Research division does not have a comprehensive concern with Europe as a geographic and political entity, as the International Affairs program once had. But is concerned with Europe as one of the world's great concentrations of intellectual and educational resources."[3]

2 Planning for the Foundation's activities in Europe, FFA, Report 002122, 1.

3 Ibid., 14.

It is a matter of fact that in the same period other programs, such as the support given by the Ford Foundation to the Congress for Cultural Freedom, entered a phase of "restructuring" and finally of decline, not only for strictly political reasons, but also for strategic reasons related to the changing agenda of the Foundation. Paradoxically, the mid and late Sixties represented the period of the largest expansion of Ford Foundation grants to European research institutions – within the framework of the above-mentioned Higher Education and Research program. The grants made within this program were mainly instrumental to the new catalyst of the foundation's policies: the international expansion of the social sciences and in particular of their interdisciplinary applications, in crucial fields such as system analysis, management, empirical sociology, environmental studies and experimental psychology.

The period during which the Ford Foundation's networks were based on informal links between the Foundation's officers and a selected community of "men with a vision" came to an end. Instead the role of "epistemic communities" became prominent, since these were considered useful for the creation of structured links with national and international bureaucracies, industrial companies and governments. With the creation of the Higher Education and Research Division the Ford Foundation entered a new phase in which the role of networks emerged as a way to counterbalance the increasing European resistance to create – within the European territory – international institutions under an American "umbrella" as well as social frameworks to disseminate American methodological patterns, without imposing American institutional control. This was perfectly in accordance with the striving for equal partnership, which became prominent in the early Seventies. Equal partnership was the *mot d'ordre* for the creation in 1970 of the European Consortium for Political Research.

The promoters of the Consortium recognized that "it has become increasingly obvious to European scholars that fragmentation and national barriers have prevented the growth of institutions with a sufficient critical mass to communicate with American political sciences centers as equal partners."[4] This document reveals that, in the process of strengthening an equal partnership, American Foundations had the support of an emerging group of European research entrepreneurs who used European networking as a tool to bypass the limits imposed by national political and academic behaviour and introduce changes at national level. They played the role of catalyst of a European elite of scientific and academic entrepreneurs who can be defined as an "elite of change".

4 Ford Foundation Archive (hereafter FFA), Grant 70-515, Background Grant Proposal, 2.

Their networking strategies made the difference in the structuring of European scientific integration and produced different outcomes in the configuration of disciplinary fields.

The aim of my paper is to analyse two case studies, which represent different policies in structuring research networks in social and political sciences, with different results in the process of European scientific and intellectual integration

Transforming disciplinary fields: the social and political sciences between old disciplines and new research programs

Between the end of the 1950s and the early 1960s the Ford Foundation made several grants in the field of the political sciences: Mainly for the creation of a post-graduate school in administrative sciences at the University of Bologna and – as a partial continuation of this program – of a Bilateral Committee on Political and Social Sciences (COSPOS), in several Italian universities, on the basis of a joint program of the American Social Sciences Research Council (SSRC) and the Adriano Olivetti Foundation. I will not analyse these grants here, since they been the subject of a recent book.[5] I would, however, like to reflect on their outcome as an introduction to the specific issue of this paper. The first consideration is that attempts to introduce new research and educational programs, as well as some parallel programs devoted to the strengthening of European social science research – such as the one million dollars grant to the Maison des Sciences de l'Homme in Paris – were considered quite positively by the American officials. The second consideration is that the backwardness of the political sciences in Italy was partly caused by the lack of intellectual networks independent from political parties and their ideologies. Leonardo Morlino – and outstanding political scientist – gives a correct diagnosis of the impossible take-off of the political sciences in Italy during the Fifties and early Sixties, despite the new intellectual energy and creativity of „non-conformist" scholars like Norberto Bobbio or Bruno Leoni, and the creation of scientific journals like *Il Politico* (1950) and *Studi politici* (1952). Morlino emphasises the constraining effect of political and academic clusters on the development of the social and political sciences. The suspicion vis-à-vis political science as a scientific discipline was widespread on both sides of the

5 See G. Gemelli (ed.), Nuove scienze per l'ammnistrazione. Le origini della SPISA tra innovazione istituzionale e normalizzazione accademica. Introduction by Fabio Alberto Roversi-Monaco, Bologna 2006.

political arena. On the left it found strong support in the Marxist tradition of anti-empiricism.[6] On the right there was mistrust, since the Faculties of Political Science had been directly connected with Fascist Regime.[7] Actually, after the Second World War, the rebuilding of a new academic and institutional framework for the political sciences took mainly place under the American paradigm.[8] But how influential was its penetration at the national and European level?

Since the end of the Fifties the development of social and political science in Europe, and more specifically the dissemination of empirical social research, had become a central goal of the Ford Foundation's policies; its grant-making policies in Europe focused on it. Actually, most of the programs launched in the period of the largest expansion of the Ford Foundation's research programs in Europe (1958–73) contributed to the Foundation's policies whose aim was: the international dissemination of the empirical social and political sciences and their interdisciplinary applications. Through the promotion of empirical social research the Ford Foundation aimed at creating a structural pattern, an "habitus forming force," to use Erwin Panofsky's conceptual tool, that could strengthen an "organizational synthesis", articulating research policies, institutional reform and political decision-making. This concern was stimulated not only at the level of scientific networks and university institutions, but also in the framework of state and business administration. The basic goal was to create a new generation of state bureaucrats and managers, who were capable to use the instruments of applied social research for the solution of political, administrative and organizational problems, by stimulating a more intense and effective cooperation between private entrepreneurship and the public sector. In Italy this implied a radical change in the behaviour of the political elite, which – after many attempts – did not takeplace.

In Italy, the Ford Foundation's attempted to bypass the constraints on the development of empirical social and political science, by working outside the traditional political and institutional channels. The main problem was to convince Italian scholars to work together and, moreover, to cooperate with other European scholars.[9] Quite ironically, Manlio Rossi Doria, one on the most outstanding

6 L. Morlino, Ancora un bilancio lamentevole?, in: L. Morlino (ed.), Scienza politica, Torino, 1989, 8.

7 Ibid., 16.

8 T. Ball, The Politics of Social Sciences in Postwar America, in: I. May (ed.), Culture and Politics in the Age of the Cold War, Chicago 1989, 83.

9 A. Olivetti Letter to Hoffmann, 25 November 1952, 2; See also A. Olivetti Letter to H. Kissinger, 1 October 1955, Archivi della Società Olivetti, ASO, Ivrea Adriano Olivetti Personal Correspondance.

intellectuals involved in the COSPOS program commented that it was a waste of time and energy for the European scholars to communicate among each other only via New York. Not surprisingly, similar conclusions were reached in the final report of the Ford Foundation on the grant made to the Maison des Sciences de l'Homme in Paris.[10]

The European Consortium for Political Research

Enhancing intra-European collaboration was a natural step for the Ford Foundation. In the late Sixties a debate about the creation of a European consortium started among some leading European political scientists. In 1970 the Foundation made a $ 272.500 grant as a partial support for a program of activities of a European Inter-University Consortium for Political Research. The aim of the Consortium was to build links among leading European centers of teaching and research in political sciences and would offer training seminars and research workshops to strengthen and upgrade the research capacity of European political scientists. In the background document of the grant's allocation the Ford Foundation's officers recalled that

> "There have been some efforts in the past to encourage cross-national cooperation but their impact on national research and teaching has turned out to be negligible. In part this is because they have been 'single shot' projects without provision for systematic follow-up and in part because none of these have tried to secure a firm and self-sustaining infra-structure for continued accumulation and sharing experiences, skills and data. Even the odd dozen 'European institutes' have contributed remarkably little in the development of Europeanization of political sciences. Periodically some 'Europeanization' has in fact come about through American initiatives that have [...] exported techniques and skills to Western European countries especially [...] in the more quantitative sub-fields of political sciences – electoral behavior, studies of élites where the American Inter-University Consortium for Political Research has played a major entrepreneurial role."[11]

10 FFA, Grant 64-155, Final Report, June 1975.

11 FFA, Grant 70-515 Background Grant Proposal, 7.

The most crucial aim of the project, from the point of view of the Ford Foundation, was to enhance the rapid development in political science of a common methodology and a common language focused on quantitative techniques and mathematics. The functions of the Consortium, as stated by the grant proposal were:

- to disseminate as quickly a possible among the European political science community an up-to-date inventory of scholars in the field;
- to publish a *European Political Science Journal*;
- to sponsor summer schools designed to equip political scientists with better training in techniques necessary for research;
- to sponsor research workshops on substantive topics to bring together scholars working on similar themes in different countries and to enable them to exchange information and thus promote cooperative research projects;
- to establish a data information centre designed to act as a clearinghouse between scholars active in the building of archival facilities in Europe and between these institutions and other organizations outside the area, which hold data files of potential use to European scholars. Both comparative and individual country research would be made more efficient as a result.

The founding members of the Consortium were Stein Rokkan, from the University of Bergen (Norway), Jean Blondel, from the University of Essex (England) – who became the first President of the Consortium –, Serge Hurtig of the FNSP in Paris (France), Jorgen Westerstahl of the University of Goteborg (Sweden), Hans Daalder from the University of Leiden (the Netherlands), Richard Rose from Strathclyde University (Scotland), and Rudolf Wildemann from the University of Mannheim (Germany). Significantly, they were all well acquainted with American methods and shared the idea that if political sciences in Europe were to make the impact which they should make, students and staff and particular younger staff, had to be exposed to a much grater extent to the technical developments which had occurred in the United States in the last two decades. Less significant was the participation of Latin countries, particularly Italy and Spain. Not surprisingly the Italian members were all from the COSPOS or were part of the small cohort of graduate students from the SPISA program, in Bologna, in the mid-Fifties. The Latin universities did not play a major role in the ECPR, and this was also the case for Germany, despite the substantial and ongoing support of the Volkswagen Stiftung.

In the second annual report, Jean Blondel reported that his visits to Germany and Italy confirmed that there was considerable potential and interest in the ECPR, but they also indicate the need to cover as broad a field as possible: many discussions with younger German colleagues emphasised the importance of dialogue between scholars offering different view of political sciences.[12] The fourth annual report testified that:

> "Despite continued growth it is still the case that both in general and more specifically in some countries we are viewed by many political scientists as being in some fashion slanted towards the behaviorial school of political sciences. There is no doubt that many institutions in Germany and in Italy as well as a few in such countries such as the UK, Finland and possibly France, have been reluctant to become involved in the ECPR because they are convinced that we do not give enough emphasis to some specifically theoretical and in particular normative aspects of political analysis."[13]

Actually the effect of institutional and academic consolidation of the American paradigm depended very much on the prominence of the type of scholar who had enjoyed educational training in the US. Despite the pressures of the COSPOS Program, the PhD-system was not yet effective in Italy in the Seventies and the number of scholars with an American background was really small. One of the young graduates from the SPISA-Berkeley program in the fifties, Giorgio Freddi, who in the late Sixties played an important role in the creation of the Faculty of Political Sciences at the University of Bologna, in a recent, unpublished article, recalls the side effects and long-term impact of the SPISA and COSPOS programs, in producing the academic personnel of the renewed Faculty. He also recalls the fact that in Italy contemporary political science was nurtured under the auspices of the Ford Foundation and American institutions of higher learning. Not surprisingly, however, Freddi is quite sceptic about the present:

> "After the Morlino account of the development of political science in post-war Italy no quantitative assessment has been produced recently. [...] From a methodological point of view the use of the comparative method, case studies and [...] statistics is widespread even though the level of methodological sophistication is still rather low according to American standards. From the point of view of theory construction the deductive formal rational choice theory which has been playing a major role in political science in the US context, is currently cultivated by a minority of Italian political scientists."[13a]

12 FFA, Grant 70-515 CEPR J. Blondel, Report of the Second Year of Activity, 7.

13 FFA, Grant 70-515 CEPR J. Blondel, Report of the Fourth Year of Activity, 2.

13a I would like to thank the author for sending the manuscript of this article.

I would like to add that in the Eighties, when the ECPR was well-structured and scientifically prominent in Europe, only a minority of 4 or 5 Italian scholars (mainly from the universities in which COSPOS stimulated empirical analysis) became part of the executive committee of the ECPR. The majority of Italian political scientists preferred an affiliation with the Italian Political Sciences Society, founded in 1973 by a sub-group of the Italian Political and Social Science Society. Giovanni Sartori, Norberto Bobbio, and Alberto Spreafico were its first presidents. Spreafico and Bobbio died a few years ago, but the old generation is still very active. However, what about the future generation? Freddi observes that among "the roughly 190 Italian political scientists a significant number have not much in common with ... empirical political science. Their paradigms are those of normative philosophy, legal doctrine and history." In short, quoting an old saying, one can conclude that, over the years the "dead have overtaken the living."

According to Freddi the only possibility for the future of the discipline is not to increase the membership of ECPR but to create a new association organized as a national federation. The main obstacle to fuller participation in the ECPR seems to be the resistance of the fragmented "adhocracy" ruling the disciplinary field at national level. The ECPR experiment illustrates the limits of a strategy of Europeanization based on the dissemination of an international model, rather than on the cooperation – through cross-fertilization strategies – of research programs, in a pluralistic theoretical, methodological and institutional framework. Jean Blondel seemed to be aware of this problem when, as early as 1976, he wrote that "the secret of our future success depends not merely on acquiring new members, not even on running smoothly and efficiently the activities which we have always run, but in discovering new means by which to bring more closely to all the value of collaborative action across our various cultures."

Seen from this perspective the creation of the ECPR appears as the product of a specific historical period in which the Ford Foundation inspired a series of similar experiments of networking in several disciplines, such as in management studies (with the creation of the European Institute of Advanced Studies in Management EIASM); economics (with its support of the International Economic Association), and social psychology (with its support of the European Association of Experimental Social Psychology). The impact of these networks depended very much on their institutional configuration and academic context as well as on the way in which cultural traditions and anthropological configurations shaped the role of disciplines in specific national areas.

Political sciences in some European countries, and in particular in Germany and Italy, had a long, well-established academic and intellectual history when the

the Foundation tried to change their agenda. This was not the case for social psychology, which was perceived as a rather young discipline, developed by European migrants in the US.

The European Association of Experimental Social Psychology

The creation of the Association of Experimental Social Psychology took place in a much more dynamic context than the foundation of the ECPR. There are at least two reasons for this:

- The intellectual and research framework was represented by professionals and not only by academics:
- The transatlantic dialogue, which was not based on the transplantion of models or on the production of paradigmatic outcomes within a specific disciplinary framework but on a genuine search to renew the field of inquiry, which seemed less and less promising in the US.

"Experimental social psychology has become increasingly arid, irrelevant and trivial in the US – stated Robert Schmid – in a memorandum dated March 1968, when the discussion for the creation of the European Association entered its final stage – it is uninformed by the insights that the other social sciences are drawing from new discoveries in biology, genetics, neurology and animal behaviour."[14] The Americans tried to avoid the increasing practice of a mere pilling up of experimental data uninformed by creative theory or hypotheses, and wanted to revive the research field. In the background documents for the allocation of the grant to the European association the Ford Foundation's officers stated that, after a natural period of dependency on American research, the Europeans moved rapidly towards independence.

Actually the European Association was created not only through American funds but it certainly had the usual background of an American initiative. It originated in 1965 from a series of meetings and strategic planning committees and in particular from the conference organized by the Office of Naval Research, whose main aim was to attract European energies. Several actors were subsequently involved in the process, such as the SSRC and the Royaumont Foundation. The conference of the ONR, held in Sorrento, December 12–16, 1963, was meant to gather together a number of European scientists involved in

14 FFA, G.N. 69-87 Rel.12 71, section 3, R. Schmid, Memorandum to SSRC, March 1968.

experimental social psychology and to let them interact with outstanding American scholars. The conference was the joint initiative of John Lanzetta, then director of Delaware's Center for Research on Social Behavior, and Luigi Petrullo, co-editor of *Person Perception and Interpersonal Behavior* (1958) and head of the Washington office of ONR.

Among the European participants in the Salerno conference were H. Anger, M. Argyle, G. de Montmollin, C. Faucheux, C. Flament, H. Iacono, J. Israel, G. Jahoda, J. Koekebakker, R. Lambert, S. Moscovici, M. Mulder, J.M. Nuttin Jr., R. Pagès, J H. Tajfel, as well as two scholars from Israel and four Americans who were on sabbatical leave in Europe (F. Fiedler, M. Horowitz, A. Pepitone and J. Thibaut). None of the European participants had previously met each other. Jozef M. Nuttin (University of Louvain)[15] wrote an interesting report on the role of the Sorrento Conference in defining the organizational and intellectual background for the creation of the European Association: "In an undated invitation letter to potential participants, mailed in April 1963, the general objectives of a European Conference were formulated as follows: (a) To present an opportunity for a small group of European social psychologists to share their experiences and views on the use of experimental methods in the study of important social problems. (b) To provide for the exchange of information on current experimental research in social psychology and on facilities and personnel in different European centres engaged in experimental social psychological research. (c) To permit informal discussion of common problems and some measure of personal contact both of which could facilitate the establishment of a 'permanent' international committee to encourage and assist in the development of experimental social psychology."[16]

15 Jozef M. Nuttin, Jr. (born in Brugge, 1933) received a Master's degree in psychology from the Katholieke Universiteit Leuven (Belgium) in 1957, followed by a Ph.D. degree from the same university (1959). In 1960–61, with the support of a postdoctoral NATO fellowship, he spent a year at the Research Center for Group Dynamics, University of Michigan at Ann Arbor. He returned to Leuven in 1962, where he took up an academic position in social psychology, first as associate professor and later (1967) as full professor. In 1963 he founded the Leuven Laboratory of Experimental Social Psychology and in 1965 he built one of the most sophisticated labs for that time. See Le laboratoire de J.M. Nuttin à Louvain: un exemple type de laboratoire de psychologie sociale expérimentale, in: G. Lemaine/J.M. Lemaine (eds.), Psychologie sociale et experimentation, Paris, 1969. In 1965 he became one of the founders (with Serge Moscovici, Henry Tajfel, Mauk Mulder and Gustav Jahoda) of the European Association of Experimental Social Psychology, of which he later became secretary and president. In 1971 he was co-founder of the *European Journal of Social Psychology*. In 1982 he was Directeur d'Etudes at the Ecole des Hautes Etudes en Sciences Sociales at the Sorbonne. See [ppw.kuleuven.be/cscp/idjef.html].

16 Jozef M. Nuttin Jr, In Memoriam: John T. Lanzetta, in: European Journal of Social Psychology 20 (1990), 363-67.

The major themes of the papers discussed during five full days, were: methodological and theoretical issues in the development and testing of hypotheses in social psychology, experimental studies of socialization, methodological and theoretical issues in experimental cross-cultural studies, mathematical models of social interaction, social perception, comparative psycholinguistics, influence and power in group relations, communication processes, inter- and intra-group conflict, competition and group action, experiment al studies of organization.

Three months later, in March 1964, the same Sorrento Planning Committee met again in Paris. It was decided to submit a strategic plan for the development of experimental social psychology and the promotion of international cooperation to the Social Science Research Council. In early April 1964, the SSRC appointed a Committee on Trans-national Social Psychology, consisting of L. Festinger (chairman), L. Ancona, J. Lanzetta, R. Rommetveit, and B. Willermanand. J. Koekebakker and S. Moscovici joined the committee a few months later. The SSRC enthusiastically sponsored a further conference and a summer research-training institute. It recommended that the second conference should belimited to 25 participants – since the success of the first conference was in large part attributed to the small size of the group – and that, if possible, a number of younger social psychologists should be invited. The Second Conference on Experimental Social Psychology in Europe took place in Frascati, from 11 to 15 December 1964, in the magnificent 16th century palace 'Villa Falconieri', which had become the European Center of Education of the Italian government. Of the 28 invited participants, J. Lanzetta and L. Petrullo (from ONR), L. Festinger, B. Willerman and L. Berkowitz were the only American participants. On the last afternoon of the Frascati meeting, a conference evaluation panel and a 'business meeting' was held. It was decided to define the formal planning of a European Association through the creation of a European Planning Committee, elected by the European participants. The following 5 participants were elected: Gustav Jahoda, Serge Moscovici, Mauk Mulder, Jozef M. Nuttin Jr., and Henri Tajfel. The First meeting of the European Planning Committee took place in Leuven, February 5-7, 1965, and appointed Serge Moscovici as Chairman and Mauk Mulder as Secretary. This Committee organized the third European Conference on Experimental Social Psychology, which was held in Royaumont, France, March 27-April 1, 1966.

It should be stressed that President Serge Moscovici had been successful in obtaining a grant from the Royaumont Foundation and another grant from the Ecole des Hautes Etudes. John E. Rasmussen underlined the 'independent' configuration of the new born association: "If the Sorrento and Frascati Conferences are considered the first major milestones in the development of

European experimental social psychology, the Royaumont Conference well might be considered-the second ... The Royaumont Conference was totally planned and funded by Europeans, and only two Americans attended as invited guests." The Royaumont conference was strategic in obtaining the Ford Foundation's grant for the Association.

Paradoxically, an idea, which was the original product of some leading American scholars, rapidly produced the redefinition of a networking configuration that was originally based on the usual colonialist model – in which the dominant pattern was the adoption of American model in a relatively new discipline, as a guiding pattern. This redefinition was the effect of an increasing representation and configuration of the European network of social psychologists as an emerging independent organization, in which the Americans were still present, but a minority. The work produced by the Association since its creation induced the Ford Foundation to reject a request of the SSRC Trans-national Committee on Social Psychology, which included only few European scholars and to allocate the grant to European association. The enthusiastic 1967 report written by Kurt Lewin and his authoritative legitimization of European research centers of excellence was certainly very influential in this respect. From this moment onward a process of decolonization started which did not imply a turning away from everything American, but a cross-fertilization of perspectives, leading to a truly international approach.

In 1968, after some preliminary discussions between the Ford Foundation officers and Serge Moscovici – at that time research fellow in Palo Alto –, a four years grant of $ 275.000 was made in support of four centers: the Association itself, which received $ 35.000; the Laboratory of Social Psychology at the EPHE, which received $ 80.000; the Laboratory of Experimental Social Psychology at the University of Louvain under the Direction of Professor Josef Nuttin, which received $ 80.000; and the Department of Psychology at the university of Bristol, whose director Henri Tajfel received $ 80.000 as well. The grants were mostly devoted to academic research, scholars' mobility and included fellowships for graduate students. The Ford Foundation asked for a matching process involving each national institution. In the Ford Foundation grant allocation document it was stated that: "While it has become widely known and accepted in the European academic community, experimental social psychology is only beginning to receive government and industry support. The proposed grant will clearly contribute to the legitimization of the discipline in Europe and thereby accelerate its acceptance as a relevant and practical tool of research on social problems." Some interviews made by the American officers with scholars and collaborators of Moscovici reinforced this opinion, in particular when the creation of a new centre under his direction at the Maison des Sciences de l'Homme, was under discussion. Claude Faucheaux observed that the fact that the Laboratory would be in the Maison ... "is in itself an attraction, a laboratory which is a part of the university [...] would be less attractive to some European collaborators than a semi-private institution. Moscovici's laboratory would be a working environment attractive enough to bring first-rate people for long-term tours of duty."[17]

It was quite evident that the location of the laboratory at the EPHE was also a matter of competition since other centers at the Ecole were expecting to be supported by American grants. The ability of Moscovici consisted in showing that he could develop an interdisciplinary research framework dealing non-only with observational psychology but also with some branches of the behavioural political sciences. In a way, what happened in this case was exactly the opposite of what had happened with the ECPR, with the Americans requesting that the political scientists intensify their relations with social scientists. Significantly, for Moscovici the most important exclusion principle was to keep out the descriptive, literary, essay-type practitioners who "masquerade in France as social researcher."[18] A very selective policy was also implemented in the Association "with a view towards maintaining a rhythm of growth which reflects the realities of the discipline's development and at the same time respects the organic unity of a grouping, which is functioning and evolving with an intensive degree of interaction." This approach differed considerably from the ECPR's policy to expand its membership with a limited concern for the "identity" of the scholarly community.[19]

Since the beginning of its activity in the framework of the conference organized in Sorrento, the European Experimental Social Psychology Association set up its agenda as an emerging transnational scholarly community aiming at the Europeanization of learning. But it also tried to contribute to the advancement of knowledge and research at the international level, as well as a better integration between research and resource agencies and between the research laboratories and the industrial and business milieu. Within the context of emerging epistemic communities it represented the rise of a "network of professionals with recognized

17 FFA, G.N. 69-87 Rel.12 71 section 3, R. Schmid, Memorandum to SSRC, Transnational Social Psychology, file May 8, 1968.

18 FFA, G.N. 69-87 Rel.12 71 section 3, R. Schmid Discusion with Serge Moscovici, June 2, 1967.

19 FFA, G.N. 69-87 Rel.12 71 section 3, S. Moscovici, European Association of Experimental Social Psychology, 2.

expertise and competence in a particular domain and an authoritative claim to policy-relevant knowledge."[20] It was also a case in which the impact of the Ford Foundation on traditional academic communities was very relevant. The role of scientific entrepreneurs like Moscovici and Claude Faucheaux was crucial in this respect. In the framework of the Higher Education and Research program of the American Foundation this strategy produced quite uneven results. My argument is that these results were directly proportional to the incorporation of cultural diversity of European models in the social scientific framework. In the case of EAESP, research, fostered, funded and published by the Association has never been restricted to experimental methodology, although this approach has maintained a leading role. The organization functioned as a large and multicultural umbrella under which all kinds of empirical social psychology, from 'social cognition' to 'societal psychology' have been gathered.

20 P. Haas, Introduction: Epistemic Communities and International Policy Coordination, in: International Organization, 1/1992, 3.

Maria Mesner

Global Population Policy: Emergence, Function and Development of a Network

Introduction

When I began to work on my project on reproduction during the 20th century,[1] I was primarily interested in reproductive norms, their proponents and the strategies they used to make their attitudes hegemonic or at least legitimate. While doing a case study on the United States of America, I realized that in my sources a certain group of people kept showing up. And I wondered if it would prove helpful to think about them, and describe them as a *network*. This term's disadvantage lies in its lack of a clear definition.[2] John Casti in his "Theory of Networks" for example equates it with the notion of a "system" consisting of objects and connections.[3] However, this seems too unspecific, even tautologic. Therefore, I follow a concept that considers networks as being more flexible than systems,[4] relying less on formal rules and regulations than organizations or even bureaucracies and having no defined hierarchies.

I will follow this approach by, first, rooting the emergence of what I call the population network tentatively in the post-World War I era and outlining the major nodes which formed it. As I will show the network has its origins in a more comprehensive, heterogenous and less focused context which can be called

1 I am grateful to the Fulbright Commission and to the Austrian Science Fund which funded this project and thereby made its completion possible. Furthermore I am indebted to the New York University's history department and especially to Linda Gordon, who was an extremely supportive, inspiring, and generous host during my research and teaching stay in Spring term 2007.

2 Sebastian Gießmann, Netze und Netzwerke. Archäologie einer Kulturtechnik, 1740–1840, Bielefeld 2006, 13.

3 John L. Casti, The Theory of Networks, in: David Batten/John Casti/Roland Thord (eds.), Networks in Action. Communication, Economics and Human Knowledge, Berlin (u.a.) 1995, 5.

4 Gießmann, Netze und Netzwerke, 21.

– with a more present-day term – "reproduction." In a second part, I will focus on the decades after World War II and identify continuities and discontinuities in membership, aims and strategies of the now fully blown "population" network. For the sake of clarity I will limit my remarks on nodes based in the US – and thereby "re-nationalize" the network in a first step. However, it has to be stressed that there were early nodes in other countries, especially in Europe, which were interrelated with each other and with US nodes. Arguably the US actors were most influential within the network during the period I focus on.

The concentration on network structures results in fading out some important aspects of population policies: In the following I will not take into account the agencies of those addressed, neither national governments in so called target countries nor individuals who were confronted with birth control programs.[5] Instead I will ask for the advantage of a network approach when exploring questions of reproductive control and population policies during the 20th century. In this endeavor I rely mainly on archival sources from influential US-based actors, like the Rockefeller Foundation and the Ford Foundation.

After World War I

My first question concerns the common ground at the basis of the network and the ways it facilitated the migration of ideas and practices. In order to do that I will identify the primal nodes which started to form the network-to-be in the post-World War I era in the US. Of course there were predecessors and models, mainly in the European sexual reform and Neo-malthusian movements. But as I will show, the network gained a new quality and new dynamics during the interwar period in the US.

The first node I am going to address formed around concepts of birth control and can be considered as a small and very focused network of its own, which included organizations and individuals in Northern America as well as Central and Western Europe. Mainly feminist efforts had tied people and local organizations together since the turn of the century in order to provide access to birth control to married women and to overthrow tight legal prohibitions.[6] The

5 To the problems an approach via US élites causes see Matthew Connelly, Population Control is History: New Perspectives on the International Campaign to Limit Population Growth, in: Comparative Studies in Society and History 1/2003, 127.

6 Adele E. Clarke, Disciplining Reproduction. Modernity, American Life Sciences, and the Problems of Sex, Berkeley (u.a.) 1998.

monthly journal *Birth Control Review*, published between February 1917 and January 1940, can be considered as the smaller network's most important and widely visible sign. By 1918 the US birth control movement – the most prominent figure being Margaret Sanger – had become a liberal humanitarian movement and shed most of its socialist roots, although it still retained some feminist strains:[7] "Birth Control is an elementary essential in all aspects of feminism."[8] *Birth Control Review* sought to become the uniting bond of a divided feminist movement. A leftist remnant was the neo-malthusian rationale offering birth control to poor women in order to adjust better to poverty. In the months and years after the end of World War I many authors interpreted the war and the subsequent famines in Europe as results of overpopulation. The conclusion was that only a reduction of births could prevent a general catastrophy. Therefore Margaret Sanger, the editor, called on women to stop giving birth until the situation had improved.[9]

In the course of the postwar recovery the argument shifted and the idea of a "differential birth rate" and a link to the broader concept of "nation" became more prominent. The exhortation to reduce their number of births was focused towards poor women, not as an offer but as a duty. The alleged higher birth rate of foreigners from poor regions of the earth became a strategy to stigmatize immigrants, mainly from Eastern Europe, as the Other, inferior to white protestant natives. An example is the report "A Visit to a Maternity Clinic," a parable published in 1921.[10] In a racist manner the author introduces patients of a maternity clinic as women "to bequeath to the nation a future American citizen." "The occasion itself becomes pregnant with patriotism and pride,"[11] the relation between reproduction and the nation is made unambiguous. A "latin" woman, who the reader is informed later comes from Italy, is described as having "apparently no gift for motherhood" but "being constantly pregnant", her husband being unemployed for more than a year.[12] As a contrast a "pretty young girl" with "the soft bloom of a Murill Madonna" in her face, with "greater intelligence and of higher social grade" is described as sadly being not pregnant even after a three

7 See Linda Gordon, The Moral Property of Women. A History of Birth Control in America, Urbana/Chicago 2002.

8 Crystal Eastman, Birth Control in the Feminist Program, in: Birth Control Review 1/1918, 3.

9 See for example: Margaret Sanger, Preparing for the World Crisis, in: Birth Control Review 4/1920, 7.

10 A Visit to a Maternity Clinic, in: Birth Control Review 4/1921, 9-10, 15-16.

11 Ibid., 9.

12 Ibid., 10.

year's marriage.[13] The story closes in lamenting: "O Americanization that knows not how to protect the cleanly stars and stripes." – and in a reference to "American citizens who pay millions of taxes to fund institutions for the blind, the feeble-minded, the insane, the prisons, defective and delinquent homes."[14]

This reasoning leads to another node in the early network not yet become global: the eugenic movement, again a smaller transnational network on its own account.[15] Eugenics had become increasingly important in public and expert discourse when at the turn of the century rising immigration figures had evoked fears in the so called native US-population, i.e. those mainly white Protestants of Anglo-Saxon origin who were already born in the new world and had no experience of transcontinental migration of their own.[16] Aside from the implementation of immigration quota according to nationality or race[17] eugenicists were interested in a means to control the fertility of the resident population: "Good" – meaning white protestant – stock should increase their birthrates, the reproduction of so-called "bad" stock – from Asia, Latin America or Eastern Europe – should be impeded. Members and officers of the soaring number of eugenics societies represented – in the words of historian Adele Clarke – the *Who's Who* of American science at the time,[18] especially from biology and agriculture. After having favored forced sterilization, by the 1920s birth control slowly became accepted among the eugenic community – not in the smallest part due to the persuasion of the birth control people. Looking for academic legitimacy, members of the birth control movement had approached eugenicists and had for example offered them space to publish their ideas in their journals. A considerable number of eugenicists had accepted that offer and used it to present their views on birth control, thereby demonstrating the breath and diversity of possible and legitimate positions: For example, Raymond Pearl, prominent biologist teaching at Johns Hopkins University in Baltimore and one of the most outspoken and nuanced members of the US eugenic movement substantiated the notion of the "differential birth rate" with recent statistical data and described the situation as

13 Ibid.

14 Ibid., 15.

15 Stefan Kühl, The Nazi Connection. Eugenics, American Racism, and German National Socialism, Oxford (etc.) 1994.

16 Miriam King/Steven Ruggles, American Immigration, Fertility, and Race Suicide at the Turn of the Century, in: Journal of Interdisciplinary History 3/1990, 347-69.

17 Roger Daniels, Coming to America. A History of Immigration and Ethnicity in American Life, New York 1990.

18 Adele E. Clarke, Disciplining Reproduction, 56.

"racially unsound in principle."[19] He exhorted to take into account not only hereditary but also economic factors as decisive for the birth rate of a given group, as: "[...] when morons are rich their birth rate is not high. It is just about that of the rich in general."[20] Therefore he ended up concluding: "The highest interests of humanity demand that the menace of population growth and of the differential birth rate shall be effectively met if our civilization is to persist in anything like its present form. Entirely free and widespread dissemination of information about methods of contraception is the only way at once humane and intelligent of attempting to meet this menace [...]."[21]

Harry H. Laughlin, superintendent of the Eugenics Record Office in Cold Spring Harbor, admirer of Nazi reproduction policies and strong advocate of laws of compulsory sterilization,[22] however, drew a different conclusion: "If it is to be argued that in the United States the economically over-burdened mother of many children, is on the average, a member of a family strain biologically of low and unworth grade, then instead of reducing the number of children means ought to be taken to prevent any reproduction of children at all. But it appears to the biologist that the primary basis for reproduction should be natural hereditary worth rather than present economic status. Also in the matter of control, if reproduction is denied the inadequates, it should be demanded on the part of the adequates."[23] Clarence C. Little, then president of the University of Michigan, was more clear on the issue in being cited: "Are we playing fair to extremely poor and extremely pathetic creatures to allow them to be born? [...] It is unsound and unchristian to encourage the production of unhappy, unfortunate children. You need never be afraid of the abuse of the privilege of sterilization, because a public opinion intelligent enough to understand its need will be intelligent enough to prevent its abuse."[24] These variations of positions make obvious that during the 1920s and 1930s a wide range of positions were legitimate and negotiable within the eugenic framework rendering it more open for coalition and network building. A sharp demarcation between coercion and individual freedom was not decisive in the formation of the compromise at the basis of the emerging network.

19 Raymond Pearl, The Differential Birth Rate, in: Birth Control Review 9 (October 1925), 300.

20 Ibid.

21 Ibid., 302.

22 Kühl, Nazi Connection, 48.

23 H. H. Laughlin, Eugenists on the Place of Birth Control. The Two Aspects of Control, in: Birth Control Review 10 (January 1926), 10.

24 The Educator's Responsibility. Extracts from recent addresses of Dr. C. C. Little, President of the University of Michigan, President of the International Federation of Birth Control Leagues, in: Birth Control Review 10 (January 1926), 26.

Since the end of World War I a permanent collaboration between the birth control and the eugenics movement can be traced: Eugenicists were board members of the Clinical Research Bureau, one of the most prominent birth control clinics in the country. Well into the 1930s, actually until its discontinuance in 1940 eugenicists published in the *Birth Control Review*, Hitler's seizure of power not causing a rupture or turning point in the discussion of sterilization policies. In April 1933, a "Sterilization Issue" was published, including model codes for sterilization laws. Their goal was to enhance the group of people potentially subject to compulsory sterilization to include also people outside state hospitals and institutions, i.e. "indigent defectives not committed legally, who particularly need and desire such sterilization."[25] In the same issue Ernst Rüdin, then director of the Kaiser Wilhelm Institute for Genealogy in Munich and one of the authors of the Nazi-law "for the Prevention of Hereditarily Diseased Offspring" wrote on "Eugenic Sterilization: An Urgent Need,"[26] and Havelock Ellis, the liberal British social reformer and sexologist, on "Birth Control and Sterilization"[27] – both demonstrating the manifold and geographically far reaching relations of the network which covered the area, Daniel Rodgers called the "north atlantic world."[28]

A further node formed during the interwar era establishing connections within the arena "reproduction": In the US, gynecology emerged as a medical sub-discipline, knowledge on reproduction becoming the site where its legitimacy was negotiated, after it had been regarded as an inferior, dirty field for a long time. In the early 1920s the professional organizations were hostile towards those advocating birth control, considering them as medical lay people without any legitimacy for counseling on contraception. This view was confirmed by obscenity laws which restricted legal contraceptive advice to physicians. The conflict over legitimate power over reproducing bodies was structured heavily by gender: The physicians being mostly men,[29] their professional representatives were exclusively male while the birth control clinics were a female space, run by women, often nurses, and addressing women. The medical profession's disregard for knowledge on reproduction and contraception resulted in a lack of expertise in these fields,

25 Model Sterilization Bills, in: Birth Control Review 4/1933, 107.

26 Ibid., 102-104.

27 Ibid., 104.

28 Daniel T. Rodgers, Atlantic Crossings. Social Policies in a Progressive Age, Cambridge, Mass./ London 1998, 4.

29 Carole R. McCann, Birth Control Politics in the United States, 1916–1945, Ithaca/London 1994, 79.

a fact being addressed even by some representatives within the professional organizations as well as other people concerned with reproductive issues.[30] While the operators of birth control clinics needed the professional legitimacy of the medical profession it turned out that its members lacked something the birth control movement had in abundance: practical experience and clients. From the physicians' point of view Robert L. Dickinson, president of the American Gynecological Society came right to the dilemma's point: "The issue is squarely before us whether the medical advice for this large section of our profession and the laity shall be furnished and controlled by a non-medical organization or under representative and responsible professional guidance. Shall we continue to dodge this issue?"[31] On the other hand the birth control movement and other actors in the field of reproduction looked to gynecologists, endocrinologists and other medical experts for help in view of the lack of a reliable, cheap and easily applicable contraceptive. This is not the space to explore the complex relationship between doctors and birth control advocates. Suffice it to state that a mutual dependency tied both groups together and was the basis of intensive, although conflict-ridden cooperation.

Another node can be identified in early population studies: It was already mentioned that World War I had fostered fears of over-population and resulting turmoil, even further war due to lack of space and food – fears which were only corroborated by the "Volk-ohne-Raum" rhetoric of National Socialism. Research institutions were founded developing methods and frameworks of demographic studies of populations. Among others, in 1922 the Scripps Foundation for Research in Population Problems was established at Miami University in Ohio. Its head became Warren S. Thompson, one of the fathers of the demographic master narrative of the "demographic transition" who in 1929 published *Danger Spots in World Population*, a predecessor of Paul Ehrlich's post-war bestseller *The Population Bomb.* In 1936 the Office of Population Research at Princeton University – receiving most of its funds from the Rockefeller Foundation – followed and became probably the most influential single research center in the 1940s and 1950s.

30 Maria Mesner, Geburten/Kontrolle. Reproduktionspolitiken in Österreich und in den USA im 20. Jahrhundert, Habilitationsschrift, geistes- und kulturwissenschaftliche Fakultät der Universität Wien 2003, 83.

31 Robert L. Dickinson to the members of the Committee on Maternal Health, 10. April 1925, The New York Academy of Medicine, Archives, Folder Birth control 1920–25.

In 1928, an International Union for the Scientific Investigation of Population was founded, demonstrating that the emerging population network had early global aspirations. The Union was a result of the First World Population Conference which took place in Geneva in 1927 and was funded among others by the Rockefeller Foundation. Margaret Sanger was one of its initiators. The conference had been an attempt to confirm the claim of less populated countries to interfere with the population policies of the denser populated ones: According to the world view of most of the conference speakers, only the reduction of birth rates in some world areas could save the world from further war, turmoil and hunger. The foundation of the Union was motivated by the idea, that a permanent international organization would be useful in bringing together people interested in population issues from Western European countries and the US. Representatives from other parts of the world were to follow.

Finally, I turn to maybe the most influential node of the future population network: It consisted of incorporated private donors, who funded most of the groups and activities already mentioned – from the birth control movement to population studies and medical research.[32] Edward W. Scripps, a successful newspaper publisher, had – during trips to Asia in the early 1920s – become interested in and concerned about population growth.[33] In 1922, his foundation was the first focused exclusively on the study of population.[34] The Milbank Memorial Fund started in 1928 by the initiative of one of its board members who was a supporter of Margaret Sanger to finance population studies. One of the young statisticians hired was Frank Notestein, influential postwar demographer, prospective director of Princeton's Office for Population Research and president of Rockefeller III's Population Council, set up in 1952. It was Frederick Osborn, one of the leading eugenicists in the country, who recommended Notestein to the Milbank Fund. The Scripps Foundation and the Milbank Memorial Fund were essential for the establishment of research centers in demography and population studies in US Universities in order to confer academic legitimacy on the new area of knowledge production.

Between these nodes manifold and very different relations developed – in an abstract way but also very much on a personal level. A thorough look through the

32 Frederick Osborn, American Foundations and Population Problems, in: Warren Weaver (ed.), U.S. Philanthropic Foundations. Their History, Structure, Management, and Record, New York (u.a.) 1967.

33 Oscar Harkavy, Curbing Population Growth. An Insider's Perspective on the Population Movement, New York/London 1995, 18.

34 Paul Demeny/Geoffrey McNicoll (eds.), Encyclopedia of Population, New York (u.a.) 2003, vol. 2, 939.

comprehensive holdings of the Rockefeller Archives shows that the leading actors met each other frequently: on the occasion of fund raising events, at international and national conferences, as board members of different organizations that were to form the network. The individuals and various nodes were not necessarily tied together by the same policy agenda or views. As shown above, those varied to a considerable degree. However, in contrast to an environment which refused to address issues of sexuality and procreation openly or other than in the language of prohibition, they shared an interest in reproduction, in scientific knowledge of reproduction, and its public negotiation. Furthermore, they belonged to the same social group, had similar habits and manners – a fact which facilitated communication and identification of common goals and strategies enormously. Despite the existing differences on policies and the priority of goals, the actors shared basicly similar world views. All of them were upper-class, native, Protestant and white. They believed in science, expert culture and expert knowledge as the most efficient way to deal with what they considered as the most urgent problems of society. And they saw birth control as a strategy to maintain the hegemony of their social group and its culture in a world they perceived as rapidly changing. Industrialization, a global war and waves of mass immigration from non-Protestant and non-white areas in Southern and Eastern Europe as well as Asia threatened their cultural dominance, challenged what they had considered the American way of life as matter of course.

In detail, the different actors had various reasons to build personal and institutional ties: The birth control people tried to gain political influence and momentum in order to advance their cause by building a coalition with the science élites in the eugenicist movement. They tried to link their cause with early population studies offering the respective proponents means to reduce threatening high birth rates, and they needed the physicians' legitimacy regarding medical knowledge and practice. Struggling for professional recognition the gynecologists in turn were interested in the birth control movement, both because of its access to clients and because they saw it as a rival in their claim for hegemony in reproductive medicine. The eugenicists and gynecologists alike were looking for funds to fuel academic research – the former in order to trace down the impact of heredity on population and thereby to confirm their world views. Birth control (if applied under adequate, that is explicitly not individual control) was in their eyes a means useful for their goals. They hoped to produce medical knowledge of the reproductive process following scientific rules: by data collection and experiment. In order to advance their philanthropical goals and to support their favored rational and scientific approach to the world, the donors sought to establish useful links between different nodes and individual people.

The Rockefeller's Bureau for Social Hygiene supported attempts to organize birth control groups on a national level in the 1930s with financial funds as well as by their officers' advice.[35] They also favored the efforts of Henry Pratt Fairchild, professor of sociology at the New York University, a leading eugenicist, former president of the Population Association of America and later on co-founder of Planned Parenthood. He tried to bring together birth control groups and people interested in eugenics and population issues in the 1930s.[36] In some cases foundations and their officers used their power also to prevent cooperations they considered detrimental: For example, in the early 1930s the Rockefeller's Bureau for Social Hygiene used its power as one of the most important sponsors of Margaret Sanger's birth control clinic to stop Sanger from publishing a journal called *People* together with the eugenics movement.[37] The Rockefeller officials in charge considered eugenics as lacking a decent scientific basis.[38]

At least two aims lay at the intersection of the different political agendas of these nodes and therefore were apt to become the common ground which informed the transnational population policies emerging in the Cold War era. First, the quest for a contraceptive, an "easily available chemical in a form that should keep in good condition over a long period of time and in all climates, and be so easy to use that the most ignorant woman in the Orient, the tropics, the rural outposts or the city slums might be protected."[39] Second, birth control was to be asserted as a legitimate practice. In order to do so objections from Catholics and Puritans who considered sex as the unspeakable had to be overcome. Thus, these groups can be called the outsiders of the network. The globally organized power of the Catholic church was a major barrier in the US in the interwar era for the efforts to make birth control a public issue and remained so in the post-WW II era, when the population policy network lobbied US presidents and the UN to put family planning policies on their agenda.[40]

35 Letter of L.B. Dunham to R. Fosdick, 4 January 1932, Rockefeller Archive Center, Tarrytown, New York, USA, Bureau of Social Hygiene, American Birth Control League 1929–; Committee on Maternal Health misc., Series 3, Box 7, Folder 162.

36 Ibid., File memorandum RT (Ruth Toppling, Bureau of Social Hygiene), 17 April 1931.

37 Ibid., File memorandum RT, 27 March 1931, Subject: New Birth Control Magazine, Ibid., American Birth Control League 1929–; Committee on Maternal Health misc., Series 3, Box 7, Folder 166.

38 Ibid., Folder 167, File memorandum RT, 16 April 1931, Subject: Interview with Mrs. Sanger.

39 Robert Latou Dickinson's foreword in Cecil I. B. Voge, The Chemistry and Physics of Contraception, London 1933, 12; quoted according to Clarke, Discipling Reproduction, 187.

40 National Archives II, College Park, University of Maryland, RG 59, General Records of the Department of State, Central Foreign Policy File, 1963, Box 4201 (Social Conditions), Folder SOC 13 Population.

After World War II

World War II delayed and altered the development of the international population network but did not drive it into fundamentally new directions. During the interwar era the ideas at the basis of population control had been developed in the broader context of reproduction policies. The network had been set up in the US, in Western and Northern Europe, a strong node being in Sweden. It was identified with Alva and Gunnar Myrdal who had close personal relationships to US academia and foundation officials within the field of eugenics, social welfare and population policies.

The Cold War era saw the implementation of programs in countries of the South. The experience with National Socialism's fatal population policies caused a slow shift toward quantitative reasoning at international level, and de-legitimized in the long run qualitative arguments. The focus shifted from the national population and its quality to the international population and its quantity. The conclusion that overpopulation was a threat to the post-World War II order was confirmed by the revolution in China in 1949 and the war in Korea. In a limited way, governments had been the addressees of network activities already before World War II. Under Cold War conditions, this kind of lobbying gained a greater momentum: Governments of the North, mainly the – very reluctant – US government should be persuaded to adopt birth control activities as a peace keeping policy. Elites and governments in countries of the South which very often had their own population agendas were included in the network, to set up large-scale programs in order to curb the growth of national populations. Government agencies and the UN became new nodes of the population network. Adele Clarke suggests in her comprehensive study on the US life sciences, that the umbrella of family planning and population control for an amalgam of birth control, eugenics, Neo-Malthusianism, demography and population control had been conceived by the people concerned with population limitation already in the 1930s, as it was probable that the resulting concept was able to attract much more private and public money than any of the individual frameworks.[41] I doubt however if the process taking place after World War II followed any single blueprint – too many different people with different agendas were involved, the transition from eugenics to a quantitative approach was anything but linear. But Clarke is right in stressing that during the interwar era, the network covered various aspects of a larger field of reproduction, population being only one major issue. After

41 Clarke, Disciplining Reproduction, 184.

World War II the population focus became more clear cut. The Cold War, the ongoing global competion between the social models of the Soviet Union and the US and their quest to extend the respective spheres of influence provided a new dynamic: Population control became defined as a strategy of the so called West against the perceived threat resulting from political instability in poor regions of the world rendering them open to communist agitation and seizure of power.

A closer look at the foundation of the Population Council, Inc., one of the most prominent nodes of the population network after World War II shows a clear ambiguity towards future strategies and policy aims in the early 1950s. John D. Rockefeller III, then head of the Rockefeller family with a life long interest in questions of reproduction, initiated the new institution as the existing Rockefeller philanthropical bodies declined to fund activities that were considered as too controversial.[42] In its first years the Population Council had strong inclinations towards eugenic ideas demonstrating their persisting although weakening influence. At first glance the reduction of population growth was the primary goal of the Council. However, still in 1962 one member of the staff stated at a meeting, that once population numbers were "under control [...] the council could be in a strategic position to work in other areas, such as population quality."[43] The person who was chosen to become executive president – under Rockefeller's presidency – was the already mentioned eugenicist Frederick Osborn, another clue for the attitudes toward reproduction prevailing during the Council's early times. By the way, his cousin Fairfield Osborn became head of Planned Parenthood – World Population after its establishment by Planned Parenthood America in 1961, this was an exception in the network, kinship not being one of its prominent prerequisites.

Frederick Osborn's favorite research project in the first years of his term of office was the heredity of intelligence in twins. Eventually the project which was to be joined by major research centers in the US and the UK never got going, on the surface due to problems with the personel, but actually doubts over the feasibility of the project prevailed – intelligence became to be considered as a very complex quality, not fit for monocausal explanations.

The bias towards "population quality" can also be traced in the discussions preceding the establishment of the new institution. Rockefeller intended to include a plank into the founding charta, that research was to be promoted so that "within every social and economic grouping, parents who have above the

42 John Ensor Harr/Peter J. Johnson, The Rockefeller Conscience, New York 1991, 37.

43 Minutes of Staff Meeting, 11 May 1962, Rockefeller Archive Center, Population Council, Box 128, RG IV3 4.6, quoted according to go, 26.

average of intelligence, quality of personality and affection, will tend to have larger than average families."[44] Only an intervention of Thomas Parran, Catholic and former Surgeon General, changed the plans when he wrote to Rockefeller: "Frankly, the implications of this, while I know are intended to have a eugenic implication, could readily be misunderstood as a Nazi master race philosophy."[45]

At the same time the Council conducted its first demographic research projects in Puerto Rico, Japan, India, and Egypt in order to curb population growth with a straightforward quantitative rationale. Similar to the Ford Foundation in its early years, these population programs were grounded in the belief, that it was irrational "traditions" (as opposed to a rational scientific modernity), religion and a lack of knowledge which prevented people in Asia or Latin America from reducing the number of their births. Therefore education and the transfer of Western knowledge were the primary goals of the transnational programs. The idea was that knowledge – and easy access to contraceptives – would lead to "rational" behavior following Western patterns. The Population Council as well as the Ford Foundation supported the development of safe contraceptives and funded educational efforts: They offered grants to the US in order to train young population experts from countries of the South, organized conferences all over the world, conducted research projects in possible "target-countries" and established centers for education and research in Latin American and Asian countries.[46] They provided pamphlets and leaflets for distribution in the countries which had agreed to implement population programs, later on also animated cartoons[47], for example by Walt Disney Productions,[48] to reach illiterate people.

To facilitate these activities, the foundations and their representatives lobbied the US government to put pressure on poor countries of the South to adopt effective programs to lower birth rates. Countries willing to implement programs were offered to send experts to the US for training who would then assist the governments in carrying out programs. The transnational organizations trained people who should in turn train local clinic staff, thereby extending and ramifying

44 Quoted in: Donald T. Critchlow, Intended Consequences: Birth Control, Abortion and the Federal Government in Modern America, New York/Oxford 1999, 23.

45 Letter Parrans to John D. Rockefeller III, 18 October 1952, quoted in: Critchlow, Intended Consequences, 23.

46 See for example: Thomas H. Carroll to Henry T. Heald, 3 July 1959, A proposed Program in Population Programs, Report 000151, Ford Foundation Archives.

47 Population Council Subject File, RG IV3B4.6, Box 126, Folder 2330: Family Planning, Manual and Film Strips, 1963–1965, Rockefeller Archive Center.

48 Family Planning, Walt Disney Productions for the Population Council, 10 min., Planned Parenthood Archives, New York City.

the influence of the network to single individuals.[49] Here the approach via networks reaches its limits. International organizations addressed governments to implement policies. Those built or used existing state structures to influence individuals via clinics or educational institutions, thus, organizations with clear structures, following explicit rules and hierarchies. If the concept of networks is to retain its heuristic advantage these organizations are rather analysed using different tools and metaphors. In relation to population policies however, the network framework is useful in explaining how members of a social and medical science élite attempted to spread their ideas and policy goals, what avenues they pursued to influence policy decision makers to implement specific strategies in order to curb population growth.

The Council became an influential body in the following decades as 1956 the Ford Foundation added considerable funds to Rockefeller's investment. The Ford Foundation had made its first step into the field of population in 1952, in what seems to have been a more incidental move.[50] Only afterwards program guidelines were developed with the support of Frank Notestein, Warren Thompson, both mentioned above, Pascal K. Whelpton, Thompson's former assistant at the Scripps Foundation, a pioneer in the development of cohort fertility analysis in the US and member of the Population Division at the United Nations, Kingsley Davis, sociologist and demographer, then teaching at Columbia University, having spent some time with Notestein at the Office of Population Research in Princeton, as well as Conrad Taeuber, then assistant director for demographic fields at the US Census Bureau in Washington, D.C.[51]

These names indicate once more that the agenda of population policies was set by a relatively small group of people, all members of a science élite, most of them deeply rooted in the field and therefore known to each other for a considerable time. In comparison with the prewar era, the heterogeneity of the views of those involved had decreased: Feminist positions had vanished from the chorus at all, although individuals like Margaret Sanger still played a role for example in founding new organizations like Planned Parenthood. However, Sanger's agenda had lost all feminist reminiscences in favor of a gender-unspecific "family."

The reasons for this obvious absence remain unclear: One might be a more generic weakening of feminist movements in the Cold-War West. Another explanation may lie in the orientation of the white middle-class women's

49 Donald P. Warwick, Bitter Pills: Population Policies and their Implementation in Eight Developing Countries, Cambridge (etc.) 1982, 54.

50 Harkavy, Curbing Population Growth, 9.

51 Ibid., 12.

movements in the US: Being mainly maternalist, questions of birth control were not at the core, sometimes not even at the margins of their agenda in general, this was especially true during the years of the baby boom.[52]

By the early 1960s the population network had not altered its character in principle, but it nevertheless had changed to a certain degree: Decision making and activities had moved from small institutions to major US foundations. The network had succeeded in creating an "arena" of reproduction spread over the globe. This achievement was partly brought about by several books and lots of magazine articles which were the result of a concerted and obviously successful media campaign.[53] Paul Ehrlich's *Population Bomb* became a bestseller in many Western countries,[54] experiencing thirteen printings within two years,[55] and influencing leading politicians and the general audience. The perception that the growing world population, especially the population increase in the poor regions of the World threatened humankind, had become commonplace, and difficult to challenge publicly.

At the same time criticism of the premises and the strategies of the population network arose, from within the network and from beyond its edges. Already in the early and mid 1960s it became obvious that people in the countries of the South were not as eager as expected to adopt the reproductive norms Western countries and for the most part also their governments and élites had envisioned for them. In widely published and noticed articles some of the most prominent population researchers voiced their concerns. Kingsley Davis, for example, then teaching at Berkeley, observed that previous programs had had too little impact on population growth – in his view because they had placed emphasis on the voluntariness of those who were expected to have less children.[56] Davis' criticism was particularly influential, at least as can be concluded from the deliberations it triggered in the funding agencies like the Ford Foundation.[57] Measures like tax or other financial incentives for sterilization were discussed. Apart from the reversed goals, they bear some similarity to programs of "positive eugenics" developed in the interwar era.

52 See Kristin Luker, Abortion and the Politics of Motherhood, Berkeley (etc.) 1984, 40.

53 Critchlow, Intended Consequences, 54.

54 Paul R. Ehrlich, The Population Bomb, New York 1968.

55 Critchlow, Intended Consequences, 55.

56 Kingsley Davis, Population Policy: Will Current Programs Succeed?, in: Science, 10 November 1967, 730-739.

57 Oscar Harkavy, Foundation strategy for population work: discussion paper, Conference paper, Lake Como, 8–11 April 1968; March 1968, Report 009491, The Ford Foundation's Activities in Population, Information Paper, August 1968, POP, Report 140, Ford Foundation Archives.

Finally, the international organizations modified their activities and turned to more drastic means like the so-called post-partum program which was later on called "the PC's most successful family planning program."[58] Contraceptives, mostly IUDs, were distributed in the maternity hospitals of urban areas in poor countries, as those provided "a ready-made and receptive audience for family planning messages." Pregnant women and women right after giving birth were considered to be more receptive targets for birth control policies.[59] Birth limitation programs addressed mainly, but not only women: In India for example, so called vasectomy-camps were established. Their patients were mostly poor and illiterate and had arrived there by coercion or financial incentives.[60]

Shifting Paradigms

These and similar programs triggered a new kind of argument: The major proponents of the population network were severely critizised for undemocratic and insensitive policies disregarding basic human rights in the 1970s. The UN World Population Conference at Bucharest in 1974 designated what can be called a major turning point. The representatives of countries from the South attacked programs to limit population growth, calling for a global re-distribution of resources and wealth. These developments sped up a generational change in the Western population nodes. Those who were educated in the interwar era retreated and gave way to a generation who was influenced by the civil rights and other protest movements of the late 1960s. It was probably a historical coincidence, that at the same time two women became influential within the most important US institutions in the field of population: In early 1973, Joan Dunlop became assistant of John D. Rockefeller III.[61] Most of the contemporaries attributed it to her and her involvement in issues of development and gender relations, that

58 Letter from Anna Quandt to Siri Melchior, UNFPA, 26 March 1976, RAC, Rockefeller Family Archives, Record Group 17, Associates: Joan Dunlop, Box 8.

59 The Rockefeller Foundation Archives, Record Group 1.2, Series 200, Box 78, Folder 669: Population Council, Inc. – Family Planning 1959–1962, 66188, BT 4/6/66, The Population Council, Inc. – Post partum program; Postpartum Program Advantages Cited: Young Women with Small Families Accept, in: Population Chronicle. A Publication of the Population Council, Number Six, September 1971, 5.

60 See Marika Vicziany, Coercion in a Soft State: The Family-Planning Program of India, Parts I and II, in: Pacific Affairs 3/1982, 373-402; and 4/1982, 557-592.

61 Harr/Johnson, Rockefeller Conscience, 423.

Rockefeller, who still served as chairman of the Population Council, changed his views on population policies and adopted a more comprehensive vision of economic and social developments including the role of women in societies.[62] Already in September 1972, Adrienne Germain, who before had served at the Population Council as a research assistant, entered the Ford Foundation's Population Office. She was a member of the National Organization for Women[63] and highly critical of previous population programs and how gender relations had been treated.[64] Finally, in the mid-1970s it was the new social movements, feminist as well as post-colonial ones, who changed the population network fundamentally and had it slowly dissolve into more comprehensive networks of development politics.

62 Harkavy, Curbing Population Growth, 65.

63 File Germain, October 1980, The Ford Foundation Archives.

64 See for example Adrienne Germain, Poor Rural Women: A Policy Perspective, in: Journal of International Affairs 2/1976, 161-172.

Patrik von zur Mühlen

Die Friedrich-Ebert-Stiftung als internationales Netzwerk

Die internationale Arbeit der Friedrich-Ebert-Stiftung war in ihren Anfängen in den späten 1950er Jahren eingebettet in ein vielfältiges Netzwerk von parteinahen, aber auch überparteilichen Organisationen, Institutionen, Presseorganen und Einzelpersonen, die sich in der Frage eines internationalen Engagements einig waren. Die Aktivitäten dieses Netzwerks konnten sich auf Fragen der Aussöhnung zwischen den durch den Zweiten Weltkrieg verfeindeten Völker beziehen, auf den Gedanken einer europäischen Einigung oder auf entwicklungspolitische Projekte in den damals vielfach noch von Kolonialmächten beherrschten Ländern der Dritten Welt. Viele dieser Organisationen und Institutionen waren langjährige Partner der Friedrich-Ebert-Stiftung, manche ihrer Vertreter wechselten später zur Stiftung über, und an ihren Projekten war die Stiftung ebenfalls beteiligt.[1] Dieser Hintergrund sei vorausgeschickt, um deutlich zu machen, dass der Gedanke der Kooperation und des Dialogs mit Partnern und die Koordination konkreter gemeinsamer Arbeit von Anfang an den Aktivitäten der Stiftung zugrunde lag.

Die Vorgeschichte der Friedrich-Ebert-Stiftung reicht bis ins Jahr 1925 zurück, dem Todesjahr des Reichspräsidenten Friedrich Ebert; ihre Geschichte wurde indes durch das Verbot seitens des NS-Regimes 1933 für dreizehn Jahre unterbrochen. 1946 wurde die Stiftung neu ins Leben gerufen, zunächst allerdings als bloßer Spendenfonds des Parteivorstands der SPD. 1954 wurde die Stiftung in einen eingetragenen Verein umgewandelt, wodurch sie den Status einer Rechtsperson erhielt. Von ihren in den Statuten festgelegten Aufgaben bildeten internationale Aktivitäten nur einen Teil, der aber ab 1956 personell und finanziell einen wachsenden Anteil ausmachte.

1 Vgl. hierzu grundlegend Patrik von zur Mühlen, Die internationale Arbeit der Friedrich-Ebert-Stiftung. Von den Anfängen bis zum Ende des Ost-West-Konflikts, Bonn 2007, 33-37.

Dieses rasche Wachstum ist teilweise wiederum damit zu erklären, dass sich die Stiftung erstens im Sinne der eingangs genannten Netzwerke engagierte, was ihr Zustimmung und Unterstützung von vielen Seiten einbrachte, und zweitens dadurch, dass sie selbst in bestehende internationale Netzwerke eingegliedert wurde, die ihr Kontakte im Ausland und vor allem in der Dritten Welt maßgeblich erleichterten.[2]

Die Stiftung trat gewissermaßen das Erbe der entwicklungspolitischen Aktivitäten des Deutschen Gewerkschaftsbundes (DGB) und einiger Einzelgewerkschaften an, die diese aus personellen oder finanziellen Gründen nicht mehr fortsetzen wollten oder konnten. Denn gerade in der Gewerkschaftsbewegung (wie auch in der Sozialdemokratie) hatten einflussreiche, aus dem amerikanischen, britischen oder skandinavischen Exil zurückgekehrte Emigranten eine folgenreiche Hinwendung vom nationalstaatlichen zu einer europäischen oder gar globalen Sichtweise vollzogen.[3]

Gewerkschaftliche Netzwerke und der Beginn der internationalen Arbeit

Die Stiftung wurde durch ihre Nähe zum DGB Partner des Internationalen Gewerkschaftsbundes in Brüssel, der Internationalen Berufssekretariate und der Internationalen Arbeitsorganisation in Genf. Über die Stiftung wurden Kontakte in die Dritte Welt vermittelt, mit ihrer Hilfe wurden Personen ausgesucht, die zur gewerkschaftlichen, parteipolitischen oder beruflichen Aus-, Fort- und Weiterbildung in die Bundesrepublik eingeladen wurden. Durch ihre Parteinähe verfügte sie zudem über Kontakte und Verbindungslinien zur Sozialistischen Internationale und deren Mitgliedsparteien. Diese bestehenden, von der Stiftung genutzten Netzwerke spielten in der frühen Phase der späten 1950er- und frühen 1960er Jahre eine große Rolle. Sie werden gelegentlich auch heute noch in Anspruch genommen, obwohl dies wegen der im Laufe der Zeit von der Stiftung geschaffenen eigenen Netzwerke nur noch in speziellen Fällen notwendig ist.

2 Vgl. Bastian Hein, Die Westdeutschen und die Dritte Welt. Entwicklungspolitik und Entwicklungsdienste zwischen Reform und Revolte, München 2006.

3 Julia Angster, Wertewandel in den Gewerkschaften. Zur Rolle gewerkschaftlicher Remigranten in der Bundesrepublik der 1950er Jahre, in: Claus-Dieter Krohn/Patrik von zur Mühlen (Hg.), Rückkehr und Aufbau nach 1945. Deutsche Remigranten im öffentlichen Leben Nachkriegsdeutschlands, Marburg 1997, 111-138, hier 115 ff. Winfried Böll, Zur Rolle der Gewerkschaften in der Entwicklungspolitik, in: Gerhard Leminsky/Bernd Otto (Hg.), Gewerkschaften und Entwicklungspolitik, Köln 1975, 99-114.

Worin bestanden nun diese eigenen Netzwerke? In erster Linie wurden Gewerkschafter, aber auch Partei- und Verbandsfunktionäre, Lehrer oder Pressevertreter aus der Dritten Welt zu Informationsreisen durch die Bundesrepublik geschickt. Darüber hinaus nahmen sie auch an Aus- und Fortbildungsgängen in Heimvolkshochschulen der Stiftung und an Praktika in Gewerkschaften, Genossenschaftsverbänden, Zeitungsredaktionen, Betrieben und Kommunalverwaltungen teil, um sich für den Einsatz in ihrem Herkunftsland zu qualifizieren. In der Regel absolvierten die Gäste einen mehrmonatigen Deutschkurs, um dann mehrwöchige bis mehrmonatige fachbezogene Kurse zu besuchen.[4]

Ziel dieser Arbeit war es, Angehörige möglichst unterschiedlicher Nationen, Kulturen und Sprachen zusammenzubringen und aus ihnen im Sinne einer internationalen Völkerverständigung ein Netzwerk von Partnern zu schaffen. Diese frühe Konzeption erwies sich jedoch als wenig praktikabel. Die Deutschkurse reichten in der Regel nicht aus, um eine gemeinsame Verständigung zu ermöglichen, und die Aufenthaltskosten waren vergleichsweise hoch, sodass man meinte, mit den zur Verfügung stehenden finanziellen Mitteln mehr erreichen zu können, wenn man die Arbeit in die Einsatzgebiete verlagerte.

Ebenen der internationalen Vernetzung

1963 war es soweit, dass die Stiftung gemeinsam mit dem DGB 18 Bewerber für den Einsatz in Übersee auswählte und in einem halbjährigen Ausbildungsgang auf ihren Auftrag vorbereitete. Die ersten Einsatzgebiete lagen in Malaysia, Japan, Sambia, Indien, Kenia, Äthiopien, Pakistan, Madagaskar, Chile und Algerien. Die Aktivitäten der Stiftung umfassten ein breites Aufgabenspektrum. Hierzu zählen einerseits Aus- und Fortbildungsprogramme für Führungskräfte aus Gewerkschaften, Genossenschaften, Verwaltung, Kommunalpolitik und Massenmedien; andererseits ist auch die Entsendung deutscher Experten als Berater für Gewerkschaften, Genossenschaftsverbände und Bildungseinrichtungen in der Dritten Welt anzuführen.[5] Im Laufe der Zeit wurden diese Themenbereiche erweitert, z.B. um Frauenfragen, Umweltprobleme und Alphabetisierungsprojekte. Neben den Vertretungen der Stiftungen wurden in einigen Ländern auch Bildungseinrichtungen nach dem Vorbild der eigenen Heimvolkshochschulen geschaffen, so in Sri Lanka, Costa Rica, Uganda, Sambia und Indonesien.

4 Mühlen, 67f.

5 Günter Grunwald, Die internationale Arbeit der Friedrich-Ebert-Stiftung, in: Solidarität – Alfred Nau zum 65. Geburtstag, Bonn/Bad Godesberg 1971, 127-145, hier 129.

Durch die Verlagerung der Arbeit in die Einsatzgebiete trat der Gedanke eines internationalen Netzwerkes von Einzelpersonen zurück. Die Stiftungszentrale bildete das Zentrum, die Einsatzgebiete die Peripherie. Kontakte zwischen einzelnen Punkten der Peripherie stellten eher Ausnahmen dar. Die Stiftung versuchte, diesen Mangel in Form der so genannten Nachbetreuung auszugleichen, durch Besuchsreisen und vielfältige Veranstaltungen, u.a. auch durch einen in englischer, spanischer und französischer Sprache herausgegebenen Rundbrief, der jedoch 1975 aus Kostengründen eingestellt wurde.[6]

Mittels bestimmter Einrichtungen wie die genannte Heimvolkshochschule in Costa Rica schuf die Stiftung Netzwerke, deren Arbeit durch die länderübergreifend gemeinsame spanische Sprache und kulturelle Verwandtschaft erleichtert wurde. Das so geschaffene politische Netzwerk sozialdemokratischer oder der Sozialdemokratie nahe stehender Parteien, Gewerkschaften, Presseorgane, Politiker, Journalisten, Wissenschaftler und Unternehmer hat sich als so stabil erwiesen, das ein von mehreren Organisationen aus zahlreichen lateinamerikanischen Staaten gebildeter Trägerverein im Jahre 2003 die Heimvolkshochschule in Costa Rica übernehmen konnte.[7]

Vernetzung bedeutet im wesentlichen Herstellung kommunikativer Kontakte. Ob diese sich in bestimmten organisatorischen Strukturen niederschlagen oder sich auf die Pflege mehr persönlicher Beziehungen beschränken, ist dabei zweitrangig. Die Friedrich-Ebert-Stiftung hat daher immer den internationalen Dialog zwischen der deutschen bzw. europäischen Seite und den Ländern in Übersee angeregt. Bereits 1956/57 führte sie in einer ihrer Heimvolkshochschulen eine Veranstaltungsreihe zum Themenkomplex "Religionen, Staat und moderne Welt" durch, zu der Gäste aus Asien, Afrika und Lateinamerika eingeladen wurden. Dieser Themenkomplex beschäftige Willy Eichler, Vorstandsmitglied der Stiftung, so sehr, dass auf seine Initiative durch das Stiftungsbüro in Tokio in den 1960er Jahren eine weitere, über Jahre sich erstreckende Veranstaltungsreihe zum Thema "One World only" durchgeführt wurde, zu der regelmäßig Teilnehmer aus asiatischen Ländern eingeladen wurden. Die Fragestellung war weitsichtig und verdient heute besonderes Interesse in einer Zeit, in der religiöse Fundamentalismen eine besondere Aktualität erhalten haben und der "Kampf der Kulturen" kontrovers diskutiert wird.

An dieser Stelle gilt es, die mit einer Vernetzung verbundenen Zielsetzungen zu unterscheiden. Sie kann einerseits als Mittel zur Durchsetzung bestimmter

6 Mühlen, 113.
7 Mühlen, 145f.

Ziele dienen, indem sie die politischen, finanziellen, organisatorischen und sonstigen Voraussetzungen für die Verwirklichung von Projekten schaffen soll. Sie kann andererseits selbst das Ziel sein, sofern man den Dialog als ein die Entwicklung förderndes oder Frieden stiftendes Moment ansieht. Die Grenzen zwischen beiden Funktionen einer Vernetzung sind nicht immer eindeutig, vielfach fließend und unterliegen oftmals Veränderungen. Die gerade erwähnte Veranstaltungsreihe diente ausschließlich dem Dialog zwischen unterschiedlichen Kulturen und dem wechselseitigen Verständnis der Partner, nicht aber konkreten Projekten; der Dialog war gewissermaßen Selbstzweck.

Das mit der Heimvolkshochschule in Costa Rica verbundene Netzwerk dagegen diente zunächst dem Erhalt dieser Einrichtung und ihrer Breitenwirkung, verlagerte aber seine Zweckbestimmung, nachdem beides gesichert war, immer stärker auf einen Dialog zwischen sozialdemokratischen und reformorientierten, demokratischen Kräften in Lateinamerika. In einigen Fällen verschob sich der Akzent der Vernetzung unmerklich und wohl auch zunächst unbeabsichtigt vom organisatorischen Zweck zum Dialog, mit dem die Stiftung maßgeblich politische Entwicklungen im Sinne einer Modernisierung anregte.

Zwei Beispiele sollen dies verdeutlichen: In den 1970er Jahren förderte die Stiftung die Qualifizierung von Gewerkschaftsfunktionären aus (ehemals britischen) karibischen Staaten (von Jamaika bis Trinidad) durch gemeinsame Seminare. Damit schuf sie Grundlagen für eine Kommunikation zwischen Staaten, deren Angehörige kaum von einander wussten oder gar miteinander kooperierten. Diese Netzwerke, deren Nutznießer im wesentlichen gewerkschaftliche Pressefunktionäre der zweiten oder dritten Ebene waren, führten nicht nur zu einer vorher allenfalls in Ansätzen vorhandenen Zusammenarbeit zwischen den karibischen Gewerkschaften, sondern wirkten sich durch die Qualifizierung der Funktionäre auch in einem demokratischen Sinne wohltuend auf die Entwicklung der meist von starken Bossen recht autoritativ geführten Organisationen aus.[8]

Kommunikation im Sinne von Dialog war es auch, die die Friedrich-Ebert-Stiftung in Portugal und Spanien während des Übergangs von der Diktatur zur Demokratie, also in den Jahren nach 1974/75, anstrebte. In Portugal galt es, durch Informationsveranstaltungen gleichgesinnte politische und gewerkschaftliche Kräfte zu vernetzen und damit ein parteipolitisches Umfeld zu schaffen, das sich den massiven kommunistischen Aktivitäten widersetzen konnte.[9]

8 Mühlen, 134f.

9 Uwe Optenhögel, Die Arbeiterbewegung in Portugal im Prozeß gesellschaftlichen Umbruchs. Traditionen, Entstehung und Politik der nachsalazaristischen Gewerkschaften (1968–1979), Hamburg 1988.

In Spanien musste eine allgemeine öffentliche Dialogbereitschaft geschaffen werden. Zwischen 1976 und 1984 organisierte die Stiftung in Spanien etwa 1.500 Kolloquien, Symposien, Seminare, Podiumsdiskussionen und andere Veranstaltungen. Teilnehmer waren nicht nur Mitglieder von Sozialistischer Partei und Gewerkschaften, sondern Angehörige eines breiten Spektrums gesellschaftlicher Organisationen und Gruppen: Vertreter der Arbeiterbewegung, der Kirche, von Unternehmerverbänden, Universitäten, Presseorganen und anderen gesellschaftlichen Gruppen. Ziel war es, Personen aus unterschiedlichen Bereichen zusammenzuführen. Darüber hinaus wurde aber auch darauf hingewirkt, diejenigen Personen, die sich wegen der aus früheren Zeiten bestehenden Bunker- und Grabenmentalität aus dem Wege gegangen oder sich zumindest mit größtem Misstrauen begegnet wären, zu Formen eines Dialogs anzuregen. Daraus entstanden zwar keine organisierten Netzwerke, wohl aber vielfältige Kontakte und eine spürbar größere Dialogbereitschaft.[10] Der Erfolg dieser Arbeit wurde daran erkennbar, dass Gewerkschaften und Unternehmerverband den Vertreter der Stiftung bei seinem Eintritt in den Ruhestand durch ein gemeinsam veranstaltetes Festbankett verabschiedeten.

Dialog als Netzwerk

Vernetzung im Sinne von Kommunikation und Dialog bildete auch das Ziel der Osteuropa-Arbeit der Stiftung. Bekanntlich war es ihr erst im Frühjahr 1989 möglich, in der Hauptstadt eines kommunistischen Landes – in Moskau – eine eigene Vertretung einzurichten. Nur China, wo die Stiftung seit 1981 vertreten war, bildete hier eine Ausnahme. Daher musste die Stiftung sich auf andere Formen der Zusammenarbeit mit ihren ausländischen Partnern stützen und mit ihnen gemeinsame Veranstaltungen durchführen, die sowohl in der Bundesrepublik als auch im Partnerland abgehalten wurden. Dazu gehörten z.B. die so genannten Ostseekonferenzen, zu denen Vertreter aller Ostseeanrainerstaaten eingeladen wurden und deren Themen so ausgewählt wurden, dass sie sich möglichst wenig für Propaganda und ideologische Sprechblasen eigneten: Probleme der Arbeitswelt, des Freizeitverhaltens, Jugend- und Generationsprobleme und andere mehr. Wichtig war auch der Journalistenaustausch, bei dem die Stiftung Pressedelegationen aus kommunistischen Ländern zu Informationsreisen einlud,

10 Santos Juliá Díaz, Los socialistas en la política española, 1979–1982, Madrid 1982, 491; Mühlen, 217ff.

gemeinsame Gesprächsrunden einführte und Hospitanzen bei deutschen Zeitungen, Rundfunk- und Fernsehsendern vermittelte.[11]

Im Gegenzug luden die Partnerländer in der Folgezeit deutsche Journalistengruppen zu ähnlichen Programmen ein. Schließlich erwiesen sich als wirkungsvoll die so genannten Stipendienprogramme, bei denen Wissenschaftler aus Ländern des Warschauer Paktes, aus China und Jugoslawien zu mehrmonatigen Studienaufenthalten in die Bundesrepublik eingeladen wurden. In der Regel handelte es sich um Geistes- und Sozialwissenschaftler, die ein Forschungsprojekt über Politik, Gesellschaft, Wirtschaft und Kultur im Nachkriegsdeutschland bearbeiteten und nun die Möglichkeit hatten, in Bibliotheken und Archiven zu recherchieren und zugleich das Alltagsleben in der Bundesrepublik kennen zu lernen.[12]

Diese Kontakte stellten kein institutionalisiertes und organisiertes Netzwerk dar, wohl aber ein informelles, indem die Stipendiaten in vielen Fällen Kontakte zur Stiftung behielten oder solche zu anderen Stipendiaten knüpften und in kleinem Umfang eine grenzüberschreitende alternative Öffentlichkeit schufen. Viele dieser Kontakte überdauerten die Wende von 1989 bzw. 1991. Allerdings regte sich im Nachhinein auch Kritik, da manche Politiker der Nachwendezeit aus den früheren kommunistischen Ländern der Stiftung vorwarfen, zu wenig die ehemalige Opposition berücksichtigt zu haben. Diese Kritik ist teilweise berechtigt, übersieht aber, dass eine zu deutliche Förderung von Dissidenten vermutlich zu einem raschen Ende dieser Kontakte geführt hätte.

Vernetzung durch Dialog und Kommunikation

In den meisten der bisher genannten Fälle bemühte sich die Friedrich-Ebert-Stiftung um die Herstellung von Netzwerken, bei denen die Stiftung selbst in irgendeiner Form als Zentrum bestehen blieb. Es gibt aber markante Beispiele dafür, dass sie auch als Initiator solcher Netzwerke mit der Absicht auftrat, nach deren erfolgreichem Aufbau sich selbst zurückzuziehen, weil nur dann die Nachhaltigkeit solcher Projekte gewährleistet ist.

Das eine war das 1979 von der Stiftung geschaffene Politische Informationssystem (POLIS). POLIS war ein von der Stiftung im senegalesischen Dakar

11 Klaus Reiff, Im Dienst der europäischen Entspannung und Zusammenarbeit. Die Friedrich-Ebert-Stiftung und Osteuropa, in: Die Neue Gesellschaft 3/1976, 244-247.

12 Mühlen, 224ff.

unterhaltenes Büro, das Kontakte zu sozialdemokratischen oder verwandten – zumindest reformorientierten – Parteien in mehreren afrikanischen Staaten unterhielt und alle zwei Monate einen Rundbrief in englischer und französischer Sprache herausgab. Hinzu kamen drei- oder viermal jährlich ein spezieller Informationsdienst für Führungskräfte in Parteien, Gewerkschaften, Verbänden und Verwaltungsapparaten sowie überdies Fachinformationen und Beratungsdienste. Drei oder vier von der Stiftung jährlich veranstaltete Fachkonferenzen ergänzten diese Arbeit. Ziel dieses Projekts war es, die politisch interessierte Öffentlichkeit in den afrikanischen Ländern über die europäische Sozialdemokratie, vor allem aber wechselseitig über afrikanische Länder, Parteien und Politiker sowie gemeinsame und unterschiedliche Probleme ihrer Entwicklung zu informieren, mit anderen Worten, das Netzwerk für einen innerafrikanischen und einen europäisch-afrikanischen Dialog zu schaffen.[13]

Das Projekt scheiterte beim Versuch, es nach fünf Jahren in afrikanische Hände zu übergeben. Politische und ideologische Differenzen zwischen den beteiligten Staaten, ihren Parteien und auch einzelnen Politikern, aber auch Sprachprobleme, regionale und mentale Unterschiede zwischen west-, ost- und südafrikanischen Ländern und vor allem die fehlende Bereitschaft, mit dem Projekt auch dessen Finanzierung zu übernehmen, veranlassten die Stiftung, das zunächst hoffnungsvoll begonnene Projekt 1984 wieder einzustellen. Regierungen, Parteien und Politiker hatten zwar wohl Dienstleistungen von POLIS in Anspruch genommen, waren aber vor allem nicht bereit, einen offenen, auch selbstkritischen Dialog mit anderen Afrikanern zu führen. Was blieb, waren Kontakte, die die Friedrich-Ebert-Stiftung für spätere Projekte nutzen konnte. Dieses Netzwerk funktionierte also nicht ohne die Zentrale, die es initiiert hatte.[14]

Ein ähnliches Schicksal erlebte ein Projekt im Medienbereich, das im asiatischen Raum länderübergreifende Ausbildungs- und Produktionseinrichtungen für Lehrfilme, Schulfernsehen usw. entwickeln sollte, jedoch an kulturellen Vorbehalten der beteiligten ethnischen Gruppen scheiterte und sich schließlich auf die Republik Singapur beschränken musste. Die Institution selbst erwies sich im nationalen Rahmen als erfolgreich, aber das Ziel einer internationalen und interkulturellen Vernetzung wurde nicht erreicht.[15]

---

13 Vgl. Volker Vinnai, Demokratieförderung in Afrika. Die Zusammenarbeit der Friedrich-Ebert-Stiftung mit politischen Parteien und Befreiungsbewegungen, 1965–1990, Münster 2007, 67ff.

14 Mühlen, 155.

15 Joachim Krause, Die Bedeutung der Massenmedien für die Bildungsarbeit in Südostasien (Philippinen, Indonesien, Malaysia und Singapur), Bad Godesberg 1969; Ralf Siepmann, Medien entwickeln in der Dritten Welt. Beispiele aus der Praxis, Bonn 1990, 26-29; Mühlen, 173f.

Erfolgreich waren jedoch die von der Stiftung geschaffenen Netzwerke zur Förderung des Medienaustauschs, für den die *Eurovision* in Europa das Vorbild lieferte. Ziel dieser Projekte war es, Länder der Dritten Welt durch enge Kooperation und Austausch im Medienbereich zu befähigen, sich von der Mediendominanz der Industrieländer, vor allem ihrer früheren Kolonialmächte, zu emanzipieren. Denn die Abhängigkeit von den Industrieländern wurde bereits 1978 von der UNESCO als Teil der Unterentwicklung der Dritten Welt definiert. So wurde in Zusammenarbeit mit der Arab States Broadcasting Union das Austauschprogramm *Arabvision* geschaffen. Mit vergleichbaren Organisationen wurden ähnliche Programme – *Asiavision* im asiatisch-pazifischen Raum, *Afro-Vision* in Afrika und *Carabvision* in Staaten der englischsprachigen Karibik – mit Erfolg verwirklicht. Nur das für Lateinamerika projektierte Programm *Latinvision* scheiterte an den stark von Nordamerika dominierten, überwiegend privatwirtschaftlich und kommerziell bestimmten Strukturen der Sender in Mittel- und Südamerika. In den 1990er Jahren konnte die Stiftung ihre Mitarbeiter nach und nach abziehen, ihre Beteiligung und Mitwirkung ganz einschränken und ihre gesamte Medienarbeit reduzieren. Der Erfolg hatte sie weitgehend überflüssig gemacht.[16]

Heute hat die Entwicklung des Internets diese Medienverbundsysteme überholt, weil sich jeder mit entsprechenden technischen Voraussetzungen die Fernsehprogramme aus beliebigen Ländern herunterladen kann. Für etwa zwanzig Jahre aber trugen diese von der Friedrich-Ebert-Stiftung geschaffenen Netzwerke dazu bei, die Abhängigkeit von Ländern und die Eurozentrierung ihres Kultur- und Medienbereichs abzubauen.

Zusammenfassung

Diese knappe Übersicht hat verdeutlicht, welche vielfältigen Formen einer Vernetzung die internationale Zusammenarbeit annehmen kann. Sie reicht von festen organisatorischen Strukturen, etwa gemeinschaftlichen Institutionen und Projekten, über einen institutionalisierten Informationsaustausch bis hin zu lockeren Formen eines regelmäßigen Dialogs. Dass diese Strukturen überdies Folgen zeitigen, die über die bloße Kommunikation weit hinausreichen, ist ein wichtiges und durchaus erwünschtes zusätzliches Resultat. Dies gilt übrigens nicht nur für die Friedrich-Ebert-Stiftung, sondern auch für die anderen politischen und parteinahen Stiftungen der Bundesrepublik Deutschland. Auch deren

16 Mühlen, 174-179.

internationale Arbeit besteht neben der konkreten Projektarbeit zu wesentlichen Teilen in der Förderung von Kommunikation und Dialog.

In den Ausführungen war deutlich geworden, dass einige Formen der Vernetzung die Friedrich-Ebert-Stiftung als Verbindungs- und Kommunikationszentrale zum Gegenstand hatten. Diese Struktur erleichterte eine kontinuierliche Arbeit und löste weitgehend organisatorische und finanzielle Probleme. Aber sie schuf auch Abhängigkeiten, die eine von der Stiftung unabhängige nachhaltige Fortsetzung in eigener Regie durch die Partner eher gefährdet. Erfolgreicher waren Strukturen, die von Anfang an die intensive Mitwirkung und langfristig selbständige Fortführung der Arbeit frühzeitig einplanten. Während dieses Ziel beim afrikanischen POLIS-Projekt scheiterte, wurde es bei den Medienverbundsystemen oder mit der eigenständigen Trägerschaft der Bildungseinrichtung CEDAL in Costa Rica erreicht. Hier trat die Stiftung allenfalls als Initiator auf, der die Startzündung für eine Entwicklung in Richtung Vernetzung veranlasste, sich aber zurückzog, sobald ihre Mitwirkung nicht mehr notwendig war.

Diese Funktion befähigt die Stiftung daher auch, als Mediator – als die sie auch bezeichnet wird – also als Vermittlerin zwischen Konfliktparteien aufzutreten, die auf allen Seiten Gehör findet und umgekehrt auch von allen Seiten konsultiert wird.[17] Beispiele hierfür ließen sich aus zahlreichen Teilen der Welt anführen, von Nicaragua bis Südafrika und Israel.

Kommunikation und Dialog haben sich trotz mancher Rückschläge als wichtigste Grundlage der Arbeit einer international aktiven Organisation wie der Friedrich-Ebert-Stiftung erwiesen. Sie trugen dazu bei, verhärtete Fronten aufzulockern, Vorurteile abzubauen und die Einsicht in die Notwendigkeit zu fördern, dass wirtschaftliche und soziale Entwicklung nur auf der Grundlage partnerschaftlicher Zusammenarbeit erfolgreich sein können.

17 Ernst Hillebrandt/Uwe Optenhögel, Mediatoren in einer entgrenzten Welt. Zur außenpolitischen Rolle der politischen Stiftungen, in: Internationale Politik und Gesellschaft 2/2001, 165-172.

Daniel Maul

"A people's peace in the colonies": Die International Labour Organization als Teil eines transnationalen Netzwerks zur Reform kolonialer Sozialpolitik 1940–1944

Im Mai 1944 kamen in den Räumlichkeiten der Temple University von Philadelphia Regierungs-, Gewerkschafts- und Arbeitgeberdelegierte aus über 40 Ländern – überwiegend Vertreter der seit 1942 als "Vereinte Nationen" firmierenden Kriegsallianz – zu einer Konferenz der International Labour Organization (ILO) zusammen, um über die sozialen Eckpunkte einer künftigen globalen Friedensordnung zu beraten. In Philadelphia wurde den sozialpolitischen Verheißungen der Atlantik Charta und dem Versprechen eines "people's peace" (Ernest Bevin), der dem "people's war" folgen würde, eine konkrete Form gegeben. Die am Ende der Tagung verabschiedete "Erklärung von Philadelphia" postulierte in diesem Sinne – erstmalig in einem internationalen Dokument – allgemeine soziale Rechte des Individuums und stellte auf dieser ideellen Grundlage alle künftige Politik (vor allem die Wirtschaftspolitik) unter ein alles überspannendes Sozialziel.[1]

Im Zuge dieses internationalen Durchbruchs zu einem neuen Verständnis von den sozialpolitischen Pflichten des Staates gegenüber seinen Bürgern (einer der wesentlichen ideellen Grundlagen für den Aufbau von Wohlfahrtsstaaten nach dem Krieg), konnte leicht der nicht weniger radikale Neuanfang übersehen werden, den die ILO in Philadelphia in Bezug auf ihre kolonialpolitische Arbeit

1 Im umfassenderen Kontext behandelt wird das Thema dieses Aufsatzes in der Dissertation des Autors: Daniel Maul, Menschenrechte, Sozialpolitik und Dekolonisation. Die Internationale Arbeitsorganisation (ILO) 1940-1970, Essen 2007, 53-167. Zur Bedeutung der Konferenz von Philadelphia siehe auch Antony Alcock, History of the ILO, New York 1971, 171-187; John French, The Declaration of Philadelphia and the Global Social Charter of the United Nations, 1944/1945, in: Werner Sengenberger/Duncan Campell (Hg.), International Labour Standards and Economic Interdependence, Genf 1994, 19-27.

vollzog. Über den Anspruch der Erklärung hinaus "für alle Menschen" zu gelten,[2] verpflichteten sich die Kolonialmächte in einer "parallel operation" wie es der Generaldirektor der ILO Edward Phelan ausdrückte,[3] auf einer menschenrechtlichen Grundlage zu "Mindestnormen der Sozialpolitik in abhängigen Gebieten".[4] Zugleich versprachen die Kolonialmächte ihre Gebiete aktiv und unter einem allgemeinen Sozialziel zu entwickeln, jede Art von Diskriminierung zu unterbinden, alle noch vorhandenen Formen von Zwangsarbeit abzuschaffen und die freie Entwicklung einer unabhängigen Gewerkschaftsbewegung zu gewährleisten.

Ziel der folgenden Ausführungen ist es, die Antriebsfaktoren, die im Vorfeld von Philadelphia zu diesem Umbruch im kolonialen Programm der ILO führten zu identifizieren. Dabei soll vor allem Licht auf die eigenständige und aktive Rolle des Internationalen Arbeitsamts (IAA), des Sekretariats der Organisation fallen. Insbesondere geht es darum, den Dialog ins Bild zu rücken, den die Offiziellen des IAA während der Kriegsjahre mit einem breiten Spektrum von Kolonialreformern aus Politik und Wissenschaft, der internationalen Gewerkschaftsbewegung bis hinein in die Kolonialbürokratie führten. Diese Gruppe soll dabei als loses Netzwerk verstanden werden, dessen Vertreter sich aus unterschiedlichen Motiven für den Übergang vom sozio-ökonomischen *Laisser-faire* der Zwischenkriegszeit zu aktiver wirtschaftlicher und sozialer Entwicklungspolitik zum Wohle der kolonialen Bevölkerungen, mithin für einen "people's peace in the colonies" stark machten. Der Charakter und die Funktionsweise dieses informellen kolonialreformerischen Netzwerks, als dessen zentraler Teil und Sprachrohr die ILO agierte, bilden den Hauptgegenstand des Beitrags. Es wird zu zeigen sein, in welcher Weise dieses Netzwerk dem kolonialen Reformprogramm der ILO Impulse lieferte. Vorangestellt sind dabei zunächst einige allgemein-theoretische Überlegungen zum Wesen der ILO als Aktionsraum und Teil transnationaler Netzwerke.

---

2 Der Text lautet: "Alle Menschen ungeachtet ihrer Rasse, ihres Glaubens und ihres Geschlechts, haben das Recht, materiellen Wohlstand und geistige Entwicklung in Freiheit und Würde, in wirtschaftlicher Sicherheit und unter gleich günstigen Bedingungen zu erstreben." IAO, Verfassung der IAO, Montreal 1946, 26.

3 26th International Labour Conference (1944), Record of Proceedings, 6.

4 Empfehlung betreffend Mindestnormen der Sozialpolitik in abhängigen Gebieten, in: IAO, Übereinkommen und Empfehlungen, Genf 1990, 550-564.

Die ILO und der Netzwerkansatz: Grundlegende Bemerkungen

Vor einer Untersuchung Internationaler Organisationen und ihrer Wirkungsweise im internationalen System muss zunächst auf ihren Doppelcharakter verwiesen werden: So stellen einerseits die politischen Gremien internationaler Organisationen Orte des Austauschs zwischen den Staaten dar. Sie dienen als globale Arenen, auf denen sich die großen weltpolitischen Trends und Konfliktlinien abbilden. Als solche Foren internationaler Kommunikation haben Internationale Organisationen im 20. Jahrhundert einen beachtlichen Bedeutungszuwachs erlebt.[5] Andererseits haben die Sekretariate Internationaler Organisationen sich im selben Zeitraum eine zunehmend umfassende und eigenständige Rolle auf einer Vielzahl thematischer Felder – von der technischen Standardisierung über Friedenssicherung bis hin zum Umweltschutz – angeeignet.[6]

Es gehört innerhalb der Theorie der internationalen Beziehungen zu den am heftigsten umstritten Fragen, inwiefern solchen internationalen Bürokratien tatsächlich eine eigenständige Rolle, jenseits des internationalen machtpolitischen Kontextes zuzurechnen ist. Für einen nicht unerheblichen Teil der Forschung in diesem Bereich, allen voran den Anhängern der "realistischen" Schule, spiegeln die Aktionen Internationaler Organisationen nichts weiter als die asymmetrischen Kräfteverhältnisse im Internationalen Staatensystem wider; ihre *Handlungen* werden entsprechend als das Ergebnis machtpolitischer Gleichungen innerhalb der zwischenstaatlichen Gremien der jeweiligen Organisationen interpretiert. Die Gegenposition nehmen im weitesten Sinne Anhänger der "funktionalistischen" Schule ein. Unterhalb der Ebene reiner staatlicher Machtinteressen lenken sie den Blick auf die Fähigkeit Internationaler Organisationen, Verfahren zu etablieren, die zumindest auch ein Stück weit unabhängig von jeweiligen Machtverhältnissen funktionsfähig bleiben.[7]

---

5 Siehe hierzu vor allem Akira Iriye, Global Community. The Role of International Organizations in the Making of the Contemporary World, Berkeley 2002. Allgemein zur Entwicklung internationaler Organisationen im 20. Jahrhundert siehe Volker Rittberger, Internationale Organisationen. Politik und Geschichte, Baden-Baden 2003; David Armstrong/John Redmond/Lorna Lloyd, From Versailles to Maastricht. International Organizations in the Twentieth Century, New York 1996.

6 Einen Überblick über die organisatorisch-programmatische Entwicklung bieten etwa Louis Emmerij/Richard Jolly/Thomas G. Weiss, Ahead of the Curve? UN Ideas and Global Challenges, Bloomington/Indianapolis 2001, 1-15; Für die Völkerbundszeit siehe Armstrong, From Versailles to Maastricht, 33-62. Für einen Überblick über die mannigfaltigen Aktivitäten der UNO siehe Paul Kennedy, Parlament der Menschheit, München 2007.

7 Zu den Hauptkontroversen innerhalb der Theorie internationaler Beziehungen hinsichtlich des Einflusses und der Wirkungsmacht internationaler Organisationen siehe Rittberger, Internationale Organisationen, 73-85.

Tatsächlich ist die Frage nach Autonomie und Einfluss, nach der *actor capacity* Internationaler Organisationen, nur dann zu beantworten, wenn deren Doppelcharakter als zwischenstaatliche Foren und als eigenständige Akteure gleichermaßen – und dabei nicht zuletzt die vielfältigen Interaktionen zwischen beiden Ebenen – berücksichtigt werden. Freilich ist zu bedenken, dass die Autonomie Internationaler Organisationen maßgeblich vom jeweiligen historisch-politischen Umfeld bestimmt wird, innerhalb dessen sie agiert. So bot das Klima der 1930er Jahre vor dem Hintergrund des Aufstiegs totalitärer, autoritärer und militaristischer Regime zweifellos schlechtere Voraussetzungen für internationale Aktion als die Zeit der Nachkriegsplanungen, in der allerorten große Offenheit für grenzübergreifende Kooperation herrschte. Darüber hinaus gilt es jedoch – neben den steten Bemühungen der Staaten, Internationale Organisationen in ihrem Sinn zu instrumentalisieren – umgekehrt auch, die Versuche der Führung dieser Organisationen in den Blick zu nehmen, eigene Agenden mit Hilfe der politischen Gremien durchzusetzen. Just an diesem Punkt spielen Netzwerke eine herausragende Rolle. Das Instrumentarium, das Internationalen Organisationen bei der Verwirklichung ihrer Ziele zu Gebote steht, ist gleichzeitig begrenzt und vielfältig. Über konkrete Machtmittel verfügen sie in der Regel nicht. Stattdessen setzen Internationale Organisationen nicht zuletzt auf die "moralische Macht" des öffentlichen Diskurses. Sie versuchen für ihre Anliegen Bündnispartner sowohl innerhalb (in den politischen, in der Regel von Regierungsvertretern besetzten Gremien) als auch außerhalb der Organisation (etwa über die Medien) zu gewinnen. Sie können Berichte und Forschungsergebnisse veröffentlichen mit dem Ziel, Themen aufzugreifen, Entscheidungsträgern auf nationaler Ebene Handlungsoptionen vorzuzeichnen beziehungsweise diesen Argumente in laufenden, kontrovers geführten Debatten auf nationaler Ebene zu liefern. Insbesondere jedoch aus der oft übersehenen Funktion als globalem Sammelbecken für Expertenwissen mit vielfacher Vernetzung innerhalb der internationalen Forschungsgemeinschaft erwachsen internationalen Sekretariaten Möglichkeiten der Einflussnahme. In vielen Bereichen haben sich Internationale Organisationen im vergangenen Jahrhundert einerseits zu hochkarätigen *think tanks*, zum anderen zu Sammel- und Umschlagsplätzen für andernorts generierte Ideen und Wissen entwickelt.[8]

8 Siehe Emmerij/Jolly/Weiss, UN Ideas. Siehe hierzu auch die Einleitung von: Amy Staples, The Birth of Development. How The World Bank, Food and Agriculture Organization, and the World Health Organization changed the World, Kent, Ohio 2006.

Einen gewinnbringenden theoretischen Ansatz zur Erfassung des Einflusses, den Internationale Organisationen über ihre Verbindung mit der globalen Forschungsgemeinschaft auf die nationale Politik ausüben, stellt dabei das Konzept der *epistemic communities* dar. Der Politikwissenschaftler Peter Haas konstatiert den Bedeutungsgewinn solcher grenzübergreifender "Wissensgemeinschaften" seit dem 19. Jahrhundert vor dem Hintergrund gesteigerter Komplexität von Regierungshandeln und dem entsprechend stetig gestiegenen Bedarf an Expertenwissen und spezialisierter Politikberatung.[9] Nach Haas handelt es sich bei *epistemic communities* um transnational aktive "networks of knowledge-based experts", die in bestimmten prinzipiellen normativen Überzeugungen, Bewertungskriterien und Zielsetzungen übereinstimmen. Internationale Organisationen sind dabei sowohl als Resonanzboden als auch als Transmitter für bestimmte *epistemic communities* anzusehen und haben damit entscheidend zu deren Erfolg und Durchschlagskraft beigetragen. Das Zusammenspiel mit diesen verschaffte seinerseits Internationalen Organisationen direkten oder indirekten Zugang in die Entscheidungsfindungsprozesse nationaler Regierungen.[10]

Über diese Möglichkeiten hinaus eröffnen sich der ILO zusätzliche Spielräume, die sich aus dem Spezifikum des dreigliedrigen Aufbaus der Organisation ableiten.[11] Anders als alle übrigen Teile des aktuellen Systems der Vereinten Nationen ist die ILO keine rein intergouvernementale Organisation. Vielmehr stimmen in den politischen Gremien der Organisation Vertreter der nationalen Gewerkschafts- und Arbeitgeberverbände eines Landes gleichberechtigt mit den Repräsentanten der Regierungen ab. Damit beteiligt sie Vertreter der *Zivilgesellschaft* an ihren Entscheidungsprozessen, was der ILO ihrerseits erweiterte Möglichkeiten für das Agieren im Netzwerk liefert. Zum einen konstituiert die ILO selbst als Organisation den Raum für ein – über den Austausch zwischen und mit Regierungen hinausreichendes – Netzwerk in sozialpolitischen Fragen. Sie stellt ein Forum zur Verfügung, auf dem innerhalb und zuweilen zwischen den einzelnen Gruppen Agenden definiert werden. Dabei fungieren die Mitarbeiter des *International Labour Office* als Teil und Triebfeder dieses Netzwerks. Der dreigliedrige

9 Peter Haas, Epistemic Communities and International Policy Coordination, in: International Organization 46/1992, 1-36

10 Siehe beispielsweise für den Fall der Verbreitung des Keynesianismus Peter Hall, (Hg.), The Political Power of Economic Ideas. Keynesianism Across Nations, Princeton 1989.

11 Dieses Prinzip wird im Deutschen zuweilen auch als Drittelparität bezeichnet. Der englische Ausdruck lautet tripartism. Nach diesem Prinzip entsenden die Regierungen in die politischen Gremien der ILO zwei, die Arbeitgeber und Arbeitnehmer jeweils einen Delegierten.

Aufbau verlängert in diesem Sinn den Arm seines Einflusses hinein in die sozialpolitischen Debatten auf jeweils nationaler Ebene – besonders stark ist das Zusammenspiel zwischen ILO und Gewerkschaften.[12]

Von der Fähigkeit, Netzwerke zu etablieren und aufrechtzuerhalten, hing es stets maßgeblich ab, ob es dem IAA gelang, Unterstützung für die eigenen Ziele zu generieren. Besonders deutlich wird dies auf dem klassischen Aktionsfeld der ILO, der Definition und Verbreitung internationaler Arbeitsstandards. Die ILO hat seit ihrer Gründung im Rahmen des Versailler Friedensvertrags rund 200 Übereinkommen sowie die gleiche Zahl von (völkerrechtlich unverbindlichen) Empfehlungen verabschiedet, die thematisch ein breites sozial- und arbeitspolitisches Spektrum abdecken, das vom Arbeitsschutz über soziale Sicherung, Beschäftigungs- und Lohnpolitik bis hin zu menschenrechtlichen Kernfragen wie Zwangsarbeit, Diskriminierung im Berufsleben und gewerkschaftlichen Freiheiten reicht. Da die ILO den Erfolg ihrer Aktivitäten auf dem Gebiet der Normensetzung vor allem daran misst, inwieweit von der Organisation verabschiedete Standards durch die einzelnen Regierungen ratifiziert werden, kommt ihrer Fähigkeit, auf die entsprechenden Debatten auf nationaler Ebene Einfluss zu nehmen, eine besonders große Bedeutung zu. Mit Blick auf neunzig Jahre ILO-Geschichte lassen sich dabei ganz unterschiedliche Schwerpunktsetzungen in der Netzwerkbildung verfolgen: Während etwa der erste Generaldirektor der ILO, der Franzose Albert Thomas, auf das Bündnis mit den Gewerkschaften und die politische Unterstützung durch seine eigene Regierung setzte, versuchte sein Nachfolger David Morse (Generaldirektor der ILO von 1948–1970) ein breiteres Netzwerk zu knüpfen, das auch den progressiven Teil der Arbeitgeberschaft, und – vor allem in den USA – auch Nichtkonstituenten der ILO wie etwa die Medien oder die katholische Kirche mit einschloss.[13]

---

12 Siehe hierzu vor allem zentrale politikwissenschaftlichen Beiträge zur ILO: Robert Cox, ILO. Limited Monarchy, in: ders./Harold K. Jacobson (Hg.), The Anatomy of Influences. Decision Making in International Organizations, Yale 1973, 102-138; Ernst B. Haas, Beyond the Nation State. Functionalism and International Organization, Stanford 1964; Viktor-Yves Ghebali, The International Labour Organisation. A Case Study on the Evolution of U.N. Specialized Agencies, Genf 1989.

13 Die Aussagen zu David Morse stützen sich auf eigene Recherchen des Autors. Zu Albert Thomas siehe Alcock, History of the ILO. Zur gegenwärtigen ILO-Strategie unter dem chilenischen Generaldirektor Juan Somavia, die Kernmenschenrechtsnormen der ILO mit Hilfe breiter gesellschaftlicher Bündnisse durchzusetzen, siehe beispielsweise die Aktivitäten auf dem Feld der Zwangsarbeit: ILO, A Global Alliance against Forced Labour, Genf 2005.

Auf die gleiche Weise erwuchsen der ILO auch in ihrem Zusammenspiel mit *epistemic communities* durch die Dreigliedrigkeit und den erweiterten Zugang zu auf jeweils nationaler Ebene geführten Debatten erweiterte Möglichkeiten der Distribution und Diffusion ihrer Konzepte. Typische Beispiele von Epistemen, für die das ILO auf globaler Ebene eine Übermittlerrolle ausfüllte, sind etwa die keynesianische Schule der Wirtschaftstheorie sowie die Modernisierungstheorie in den Sozialwissenschaften in den 1950er und 1960er Jahren. Im Zusammenhang mit dem im Folgenden ausgeführten Beispiel – der Durchsetzung einer kolonialen Reformagenda im zeitlichen Umfeld der Konferenz von Philadelphia – waren, wie zu zeigen sein wird, beide genannten Aspekte des Netzwerkcharakters der ILO wirksam.

Die ILO und Koloniale Arbeit in der Zwischenkriegszeit

Die soziale Lage in den Kolonien war in den Überlegungen der Kolonialbürokratien ebenso wie in der ILO bis unmittelbar vor Ausbruch des Zweiten Weltkriegs allenfalls ein randständiges Thema. In einer Unterabteilung des ILO, der "Native Labour Section", war eine kleine Anzahl von Mitarbeitern (zwischen einer und drei Personen bis 1939) seit Anfang der 1920er Jahre damit beschäftigt, Informationen aus den Kolonien zu sammeln und auszuwerten. Weitergehenden Aktionen – abgesehen von gelegentlichen, von den Kolonialmächten argwöhnisch beäugten Missionen von ILO-Mitarbeitern – schob die strikte Abwehrhaltung gegenüber jeder Art internationaler Einmischung einen unüberwindbaren Riegel vor.

Wenngleich die europäischen Kolonialmächte in der Zeit unmittelbar nach dem Ersten Weltkrieg erste systematische Schritte zur "Inwertsetzung" (frz. *Mise en Valeur*) ihrer Besitzungen unternahmen, war seitens des kolonialen Staates kaum Bereitschaft vorhanden, diese mit entsprechenden sozialpolitischen Maßnahmen zu flankieren.[14] Die Zurückhaltung in allen Fragen sozialer Entwicklung hatte ihre Wurzeln nicht nur in der restriktiven Einstellung zur Handhabung metropolitaner Gelder. Aktive Sozialpolitik nach europäischem Muster widersprach im Kern auch den in der Zwischenkriegszeit gängigen partikularistischen Kolonialdoktrinen, die von der Vorstellung getrennter Herrschafts- und Lebensbereiche geprägt war.[15] Wo Arbeitskraft gebraucht wurde, griff man bevorzugt auf

14 Siehe zu frühen Entwicklungsinitiativen der Metropolen auch David Fieldhouse, The West and the Third World, Oxford 1999, 70-75.

15 Mahmood Mamdani, Citizen and Subject. Contemporary Africa and the Legacy of Late Colonialism, Princeton 1996.

zeitlich befristete Wanderarbeit zurück; die sozialen Vorsorgekosten überließ man dem *natürlichen Umfeld* des einheimischen Arbeiters, also seinem ländlichen Herkunftsgebiet, in das er nach Ende seiner Arbeitszeit zurückkehren sollte. Die kolonialen Arbeitsregime der Zwischenkriegszeit ähnelten sich auf diese Weise überall, gleich ob im französischen, niederländischen oder belgischen Herrschaftsbereich. Im Kern trennten alle zwischen einem europäischen sowie einem *traditionellen* Wirtschafts- und Arbeitsbereich und überbrückten Arbeitskräftemangel im ersten Sektor mit Zwangsmethoden.[16]

Auf eben diesen Bereich – die wuchernden Systeme kolonialer Zwangsarbeit – zielten die einzigen Aktionen der ILO mit einem kolonialen Fokus in der Zwischenkriegszeit. Hier stand die ILO unter ihrem ersten Generaldirektor Albert Thomas im Bündnis mit den europäischen Gewerkschaften an der Spitze einer breiten humanitären Bewegung zur Eindämmung kolonialer Zwangsarbeit, die ihre Wurzeln in der Anti-Sklaverei-Bewegung des 19. Jahrhunderts hatte. Von 1930 bis 1939 verabschiedeten die Jahreskonferenzen der ILO eine ganze Serie von Übereinkommen und Empfehlungen, die alle um das Thema Zwangsarbeit kreisten. In der Form, die diese Instrumente annahmen spiegelte sich gleichwohl der partikularistische Geist der Zeit wieder: Gemeinsam wurden die Dokumente zu einem "Native Labour Code" zusammengefasst, der jenseits des "International Labour Code", der Gesamtheit der ILO-Übereinkommen, einen Bereich eigenen und letztlich – v.a. hinsichtlich der Verpflichtungen, die er den Unterzeichnern auferlegte – minderen Rechts darstellte.[17] Auslöser eines ersten zaghaften Umdenkens war die Weltwirtschaftskrise, welche die auf Export ausgerichteten Kolonialgebiete vielerorts besonders hart traf, und Kritik am vorherrschenden kolonialwirtschaftlichen *Laisser-faire* lauter werden ließ. Reformer forderten stattdessen eine aktive wirtschaftliche und soziale Entwicklungspolitik zum

16 Frederick Cooper, Decolonization and African Society. The Labor Question in French and British Africa, Cambridge 1996, 25-107.

17 Es handelte sich im Einzelnen um Übereinkommen gegen die Zwangsarbeit (1930), gegen bestimmte Sonderverfahren zur Anwerbung eingeborener Arbeitnehmer (1936), über die Regelung und Dauer der Arbeitsverträge mit eingeborenen Arbeitnehmern (1939) sowie gegen Strafvorschriften wegen Arbeitsvertragsbruch durch eingeborene Arbeitnehmer (1939). Die Empfehlungen behandelten in der Regel praktische Anwendungshinweise zu den Übereinkommen. Zum Problem der "native" oder "indigenous labour" im Spektrum der ILO Arbeit siehe allgemein: Luis Rodriguez Pinero, Indigenous People. Postcolonialism and International Law. The ILO Regime (1919–1989), Oxford 2006; speziell zur Zwangsarbeit siehe den Aufsatz Daniel Maul, The International Labour Organization and the Struggle against Forced Labor from 1919 to the Present, in: Labor History 4/2007, 477-500.

Wohle der kolonialen Bevölkerungen. Vereinzelte Kolonialpolitiker, vor allem in London und Paris, begriffen den Aufbruch zu einer Entwicklungspolitik als Mittel und angesichts politischer und sozialer Unruhen zunehmend auch als Notwendigkeit, um ihre herrschaftliche Kontrolle langfristig zu sichern.

London 1940–1944

In der "Native Labour Section" der ILO hatten solche Positionen bereits zu Ende der 1930er Jahre vehemente Unterstützer. Erste Ansätze zu einem Wandel wie sie im britischen Colonial Development and Welfare Act (CDWA) oder in der Politik der französischen Volksfrontregierung zu erkennen waren, begrüßte man ausdrücklich. Als der Krieg begann, setzte sich die ILO an der Spitze derjenigen, die auf dieser Basis einen neuen Konsens zu organisieren versuchten.

Ende 1940 verlegte die ILO kriegsbedingt ihren Sitz vom – nach der deutschen Invasion in Frankreich vom Einflussgebiet der Achsenmächte umgebenen – schweizerischen Genf ins kanadische Montreal und stellte sich damit gleichzeitig an die Seite der Alliierten. Um auch unter Kriegsbedingungen koloniale Entwicklungen aus einer ILO-Perspektive im Auge behalten zu können, schickte Generaldirektor John Winant vor der Abreise nach Montreal im August 1940 einen Vertreter nach London. Dieser Mann, der Brite Wilfrid Benson, ein langjähriger Mitarbeiter der "Native Labour-Abteilung", der in Genf hauptsächlich für die britischen Kolonien verantwortlich gewesen war, wurde dem Verbindungsbüro der ILO in der britischen Hauptstadt als Beauftragter für koloniale Fragen zugeordnet.[18] Von Bensons Londoner Posten aus sollte ein Großteil der kolonialen Neukonzeption der ILO für die Nachkriegszeit ihren Ausgang nehmen.

Die Ansiedlung der kolonialen Arbeit in London geschah dabei nicht zufällig. London war die Zentrale der mit Abstand wichtigsten europäischen Kolonialmacht. Die britische Metropole bot ab 1940 zudem den Exilregierungen Belgiens und der Niederlande sowie der Anti-Vichy-Organisation des "Freien Frankreichs" unter der Führung General De Gaulles Asyl und vereinte damit in seinen Grenzen auch alle anderen europäischen Mächte, außer Portugal, mit kolonialen Besitzungen.[19] Die britische Hauptstadt war daher mehr als jeder andere Ort dazu

18 Vgl. Jenks (Rechtsberater des IAA) an Benson, 30. August 1940, in: ILO Historical Archives (ILOA)-NL 25: Mr. Benson Reports.

19 Das Freie Frankreich war insofern auch als eine Kolonialmacht anzusprechen, als die Loyalitäten in den französischen Besitzungen ungeklärt waren. Während die meisten Gouverneure nach der Niederlage Vichy zuneigten, blieben andere in einer unbestimmten Haltung. Eine dritte Gruppe war von Anfang an auf der Seite des Freien Frankreichs.

geeignet, als Ort zu dienen, an dem die Koordinaten kolonialer Nachkriegspolitik bestimmt wurden.

Wilfrid Benson stand bereits seit 1921 im Dienst des IAA und unterhielt von einem frühen Zeitpunkt an ein breites Netz an Kontakten in Großbritannien. Hierzu zählten neben den offiziellen Stellen im Colonial Office (CO) und im Ministry of Labour (MOL) in erster Linie kolonial interessierte Personen, die vor allem aus dem Umfeld der Labour Party stammten, wie etwa der spätere Kolonialminister Arthur Creech-Jones, Harold Laski oder Leonard Woolf. Eng waren die Verbindungen zu einigen humanitären Vereinigungen wie der Anti-Slavery-Society, für die Benson in den 1930er Jahren als Anonymus mit Billigung seines Vorgesetzten einige Schriften, beispielsweise gegen Zwangsarbeit und zu den Folgen der afrikanischen Industrialisierung, verfasst hatte.[20] Besonders eng war seine Verbindung zur Fabian Society, einem der Labour Party eng verbundenen linksintellektuellen *think tank*.[21] Die Fabier betrachteten die britische Kolonialherrschaft mit skeptischen Augen, wollten sie jedoch auf dem Weg der Reformen bessern. Benson schrieb ähnlich wie im Fall der Anti-Slavery-Society bereits seit Beginn der 1930er Jahre nicht namentlich unterzeichnete Artikel für Publikationen des "New Fabian Research Bureau", einer wissenschaftlichen Unterabteilung der Fabier.[22] Als die Gesellschaft im September 1940, einen Monat nach Bensons Ankunft, ein "Fabian Colonial Centre" (FCC) einrichtete, wurde ihm ein Platz im Hauptausschuss des Zentrums angeboten.[23] Darüber hinaus pflegte Benson intensive Kontakte mit Vertretern der internationalen Gewerkschaftsbünde, mit denen er regelmäßig anlässlich der Jahreskonferenzen der ILO in Genf zusammentraf.

Namentlich bestanden Kontakte zur International Federation of Trade Unions (IFTU), die im Krieg praktisch als eine Unterabteilung des britischen Trades Union Congress (TUC) fungierte, sowie zu den branchenmäßig gegliederten International Trade Secretariats (ITS), die sich ebenfalls ab den frühen 1940er Jahren im Londoner Exil konzentrierten. Deren Generalsekretär Jacobus H. Oldenbroek (1898–1970) pflegte zur selben Zeit gute Verbindungen zu den

20 ILOA-P/B 1176: Wilfrid Benson.

21 Peter Wittig, Der englische Weg zum Sozialismus. Die Fabier und ihre Bedeutung für die Labour Party und die englische Politik, Berlin 1982.

22 Hinweise darauf in: ILOA-P/B 1176: Wilfrid Benson.

23 Benson musste das Angebot aufgrund seiner Stellung als Angestellter einer internationalen Organisation ablehnen. Bericht Benson an das IAA, September 1940, in: ILOA-NL 25: Mr. Benson Reports.

amerikanischen Gewerkschaften und arbeitete mit dem amerikanischen Auslandsgeheimdienst OSS zusammen.[24] Eng waren schließlich die Beziehungen zu dem (überschaubaren) Teil der internationalen Forschungsgemeinschaft, der sich zu diesem Zeitpunkt mit Fragen kolonialer Sozialpolitik auseinandersetzte. Besonders enge Beziehungen unterhielt Benson mit dem in den USA ansässigen "Institute for Pacific Relations" (IPR), zum Beispiel mit dessen Südostasienexperten J. S. Furnivall. Viele seiner akademischen Kontakte wie Rita Hinden, Margery Perham, Margaret Read oder Arthur J. Lewis (gemeinsam mit dem Niederländer J. H. Boeke oft als "Vater der Entwicklungstheorie" apostrophiert) waren gleichzeitig Mitglieder einer oder mehrerer der oben genannten kolonialen Interessengruppen, insbesondere des Fabian Colonial Bureau. Überhaupt existierten innerhalb des beschriebenen Personenkreises mannigfache, mehr oder weniger enge Querverbindungen, so dass der Begriff des Netzwerkes zu dessen Umschreibung angemessen erscheint. Bensons Ansichten zu den Koordinaten einer künftigen kolonialen Reformpolitik deckten sich im Wesentlichen mit denen dieser im weitesten Sinne der britischen Linken zuzurechnenden Gruppen und Personen. Wenngleich innerhalb des Netzwerks durchaus unterschiedliche inhaltliche Akzente gesetzt wurden, so bestand über die grundsätzlichen Ziele ein Grundkonsens.

Benson selbst hatte bereits seit Mitte der 1930er zu jenen gehört, die während der Arbeiten am "Native Labour Code" Zweifel bekamen, ob eine rein negativ ausgerichtete Politik, die indigene Arbeitskraft lediglich vor Missbrauch schützen wollte, auf Dauer genug sein würde. Stattdessen trat er für die Übernahme sozialpolitischer Verantwortung durch den kolonialen Staat ein. Zu diesem Zweck plädierte er dafür, dass die Metropolen ihre Zurückhaltung, Geldmittel für die wirtschaftliche und soziale Entwicklung ihrer überseeischen Besitzungen aufzuwenden, aufgaben. Benson vertrat darüber hinaus die Ansicht, dass dieser Entwicklungsansatz mit gesteigerten Partizipationsmöglichkeiten der Betroffenen verbunden werden müsse. Er war ein Kritiker der partikularistischen Praxis der *indirect rule* und sprach sich dafür aus, den Aufbau sozialer Institutionen nach dem Vorbild der Metropolen, vor allem von Gewerkschaften, zu fördern.[25] In der Februar-Ausgabe der "International Labour Review", der offiziellen Monatsschrift der ILO, veröffentlichte Benson 1943 in Anlehnung an Ernest Bevins

24 Geert van Goethem, Conflicting Interests, The International Federation of Trade Unions 1919–1945, in: Anthony Carew/Michel Dreyfus/ders. (Hg.), The International Confederation of Free Trade Unions, Bern 2000, 73-165, hier 153f.

25 Vgl. Bericht Benson an das IAA, September, Oktober und November 1940, in: ILOA-NL 25.

Ausspruch vom "people's war", als den dieser die Auseinandersetzung mit dem Faschismus interpretierte, unter dem programmatischen Titel "A People's Peace in the Colonies" erstmals die Prinzipien, entlang derer sich koloniale Reformen aus seiner Sicht bewegen mussten.[26]

Die Friedensordnung, die Benson skizzierte, hatte einen universalistischen Ansatz als geistige Grundlage und baute auf vier programmatischen Säulen auf: (1) Der Unterstellung aller kolonialer Politik unter ein überwölbendes Sozialziel. (2) Der Abkehr vom Laisser-faire der Vorkriegszeit und das Bekenntnis zu aktiver wirtschaftlicher und sozialer Entwicklung durch den kolonialen Staat. (3) Der Sicherstellung der Teilnahme der einheimischen Bevölkerungen als Beitrag zur sozialen Entwicklung *von unten*. (4) Der verstärkten Internationalisierung kolonialer Sozialpolitik oder mit anderen Worten eine gesteigerte Rechenschaftspflicht der Kolonialmächte gegenüber internationalen Gremien hinsichtlich ihrer Politik.

Bensons Ansatz lässt sich als der eines graduell herzustellenden Universalismus beschreiben. Die aktive soziale und wirtschaftliche Entwicklung kolonialer Gesellschaften durch die Metropole war gleichermaßen Methode und Ziel, sie bedingte den Fortschritt ebenso wie sie ihn selbst verkörperte. Benson argumentierte bei der Begründung seiner Konzeption nicht mit universellen Rechten und Ansprüchen, zumindest nicht *expressis verbis*. Im Ergebnis lief sein Ansatz jedoch genau darauf hinaus: Durch die Forderung, die Kolonien in Zukunft wie unterentwickelte Regionen innerhalb der Metropolen und ihre Bewohner wie "ärmere Bürger" zu behandeln sowie durch die Forderung nach gesteigerter wohlfahrtsstaatlicher Aktivität und gesellschaftlicher Demokratisierung koppelte Benson die koloniale Welt an den Diskurs um soziale Rechte an, wie er in den kriegführenden alliierten Ländern parallel in Gang kam. Die Idee des allumfassenden Sozialziels, der Ruf nach einem steuernden Staat, war anschlussfähig an die Sprache des Beveridge-Berichts und anderer sozialreformerischer Versprechungen an die Bevölkerungen der kriegführenden liberalen Demokratien, welche von der Idee der sozialen Rechte gegenüber dem Staat qua Staatsbürgerschaft ausgingen. In diesen Vorstellungen spiegelte sich nicht zuletzt die Tatsache wieder, dass eben jene Kreise, mit denen gemeinsam Benson seine Ideen entwickelte, zur selben Zeit für die Erneuerung der europäischen Demokratie aus dem Geist sozialer Reform und Staatsbürgerrechte stritten. In vielerlei Hinsicht handelte es sich beim Diskurs um koloniale Sozialreformen um eine Erweiterung der

26 Wilfrid Benson, A People's Peace in the Colonies, in: Internationale Labour Review 2/1943, 141-168.

Kriegsdebatten um die soziale Gestaltung der Nachkriegsordnung, auf deren geistiger Grundlage der europäischen Wohlfahrtsstaat nach 1945 fußte. Sinnbildlich wurde die intellektuelle Überschneidung zwischen metropolitaner und kolonialer Reformdebatte in einem Brief Margery Perhams, Fabierin und Dekanin des Nuffield College in Oxford, die 1942 von den Kolonien als "tropical east ends" sprach, in denen ganz wie im Mutterland nur eine entschiedene staatliche Politik zum Ziel führen werde.[27]

Impulse aus dem politischen Umfeld

Die Anstrengungen der ILO, ihren Vorstellungen Geltung zu verschaffen, müssen dabei vor dem Hintergrund der politischen Rahmenbedingungen betrachtet werden, die dem reformerischen Denken ab 1942 erheblichen Rückenwind verschafften. Hier förderte zunächst der Schock über das Desaster in Südostasien, wo von 1940 bis 1942 sämtliche territorialen Besitzungen europäischer Mächte bis auf Indien an Japan fielen, bei vielen die Einsicht, dass der Kolonialismus der Nachkriegszeit auf neuen Fundamenten errichtet werden musste. Das Erschreckendste aus der Sicht der Metropolen war, dass die Bevölkerungen in den Kolonien die japanischen Siege als Anfang vom Ende weißer Vorherrschaft gefeiert hatten.[28] Die Niederlage war folglich weit mehr als nur ein militärisches Debakel. Wilfrid Benson wusste schon bald von einer Art "open conspiracy" zwischen reformorientierten Gruppen, Parlamentariern und liberalen Kolonialbürokraten zu berichten, einer Verschwörung für eine neue Kolonialpolitik, die das Empire wieder auf eine gesicherte Grundlage stellen konnte.[29]

Ein Beispiel bot etwa Margery Perham, die in der "Times" einen Frontalangriff auf die von partikularem Denken und sozio-ökonomischem *Laisser-faire* geprägte Kolonialpolitik der Vergangenheit startete.[30] Der "Economist" äußerte sich im gleichen Monat ähnlich: Den Kolonisierten müsse klar gemacht werden, was sie durch einen britischen Sieg gewinnen würden.[31]

Noch in einer weiteren Hinsicht hatte das aggressive Auftreten der japanischen Kriegsmaschinerie im Pazifik katalytische Effekte für das koloniale Reformdenken. Der Angriff japanischer Kampfflugzeuge auf die in Pearl Harbor

27 Vgl. Bericht Benson an das IAA, Februar 1942, in: ILOA-NL 25: Mr. Benson Reports.
28 Bericht Benson, Februar 1942, in: ebd.
29 Ebd.
30 The Times, 13. u. 14. März 1942 im Anhang von: Bericht Benson, März 1942, in: ebd.
31 The Economist, 7. März 1942, in: ebd.

stationierte amerikanische Pazifikflotte im Dezember 1941 bewegte die USA endgültig zum Kriegseintritt, bescherte den Europäern jedoch auch einen in kolonialen Fragen kritischen Partner.[32] In weiten Teilen der öffentlichen Meinung in den USA bestand grundsätzliche Abneigung dagegen, für die imperialen Interessen der europäischen Mächte gerade zu stehen. Daneben standen aber auch handfeste wirtschaftliche Interessen der USA im Raum. Der Krieg würde ihnen die lange geforderte Gelegenheit bieten, Regionen der Welt für den Handel zu öffnen, die ihnen bislang aufgrund kolonialer Restriktionen verschlossen geblieben waren.[33] Die Angst vor diesen Neigungen ihres Kriegspartners, die *american scare*,[34] wurde zu einem starken Handlungsmotiv für alle Kolonialmächte, vor allem aber für jene Exilregierungen, die direkt vom guten Willen der amerikanischen Regierung abhingen, wenn sie in ihre alten Machtpositionen zurückkehren wollten. Je länger der Krieg dauerte, desto mehr sahen diese denn auch die Zustimmung zu den von der ILO propagierten Reformen als Möglichkeit, sich den Amerikanern gegenüber als progressiv und lernbereit zu präsentieren.

Dies galt umso mehr, als der ILO in den amerikanischen Planungen für eine *Öffnung* der Kolonien in der Nachkriegszeit eine wichtige Rolle zugeschrieben wurde. Ein im amerikanischen Arbeitsministerium erstelltes Memorandum von Mai 1942 führte diesbezügliche Vorstellungen von einer zukünftigen *kolonialen* Rolle der ILO aus. Diese firmierte hier als Teil eines New Deal für die Kolonien in der Nachkriegszeit. Die Vorschläge liefen auf eine umfassende Internationalisierung hinaus, an der die ILO mit ihren Standards maßgeblichen Anteil haben sollte.[35]

Immer wieder ließ sich die *american scare* trefflich dazu einsetzen, um die Bereitschaft der Kolonialmächte zur Zusammenarbeit mit dem IAA zu erhöhen. Im November 1942 etwa mahnte Wilfrid Benson gegenüber dem Colonial

---

32 Vgl. zur Bedeutung des Zweiten Weltkriegs für den Dekolonisationsprozess im Allgemeinen insbesondere Raymond Betts, Decolonization, London/New York 1998, 19-27; Robert Holland, European Decolonization, An Introductory Survey, Basingstoke 1981, 37-89.

33 Zur Haltung und Interessenlage der USA in Empire-Fragen während des Zweiten Weltkrieges siehe allgemein das Standardwerk von W. Roger Louis, Imperialism at Bay. The United States and the Decolonization of the British Empire. 1941–1945, Oxford 1977.

34 W.R. Louis/Ronald Robinson, The United States and the Liquidation of the British Empire in Tropical Africa, in: Prosser Gifford/W.R. Louis, The Transfer of Power in Africa. Decolonization 1940–1960, New Haven/London 1982, 32.

35 Memorandum Carter Goodrich "Tentative suggestions for adapting the International Labor Organization for greater usefulness", Mai 1942, in: National Archives and Record Administration, College Park, Maryland, USA (NARA)-RG 174.3.1 (General Records of the Secretary – Frances Perkins), B 13: ILO and Conferences, 1940–1945.

Office eine kooperativere Haltung mit dem Argument an, sonst könnten "neue Institutionen" an die Stelle der ILO treten, welche "eher amerikanische Ansichten reflektierten."[36] Auch ein Verweis auf das Netzwerk, auf das die ILO im Zweifelsfall zurückgreifen konnte, fehlte nicht: Der Brief enthielt einen Hinweis auf die bestehenden Kontakte zum Institute of Pacific Relations, das eng mit dem State Department zusammenarbeitete und für seine kolonialismuskritische Haltung bekannt war.[37]

New York 1941 – Philadelphia 1944

Neben solchen indirekten Methoden, die Ausgestaltung kolonialer Sozialpolitik für die Zukunft im Sinne der ILO zu steuern, ließ sich der Einfluss des kolonialreformerischen Netzwerks auch während des Diskussionsprozesses innerhalb der Gremien der Organisation beobachten. Beide großen ILO-Konferenzen der Kriegszeit, 1941 und 1944, lieferten dafür gute Beispiele. Als sich die Mitglieder der ILO 1941 in den Räumen der New Yorker Columbia Universität erstmals seit Beginn des Zweiten Weltkriegs wieder zu einer Jahreskonferenz trafen, ging es für die Organisation darum, einen ersten Anspruch zu formulieren, an den kommenden Planungen für die Nachkriegszeit an prominenter Stelle beteiligt zu werden. Unter eben diesen Vorzeichen stand der Bericht "The ILO and Reconstruction",[38] den Generaldirektor Edward Phelan der Konferenz vorlegte.

Koloniale Themen spielten darin kaum eine Rolle, gerade einmal eine halbe Seite des über hundert Seiten langen Dokuments war der zukünftigen Kolonialpolitik der ILO gewidmet. Bensons im Vorfeld der Konferenz an die Zentrale weitergeleiteten Anregungen, in New York die Vision einer Sozialcharta für die Kolonien erkennen zu lassen, leistete der Bericht kaum Folge.[39] Dies lag einerseits an den anders gelagerten Prioritäten der ILO-Spitze, darüber hinaus aber auch an der Haltung der Kolonialmächte, die im Vorfeld der Konferenz darauf gewirkt hatten, ihre Besitzungen nicht zum Gegenstand der Diskussion werden zu lassen. Es hatte zunächst wenig genutzt, dass in London eine Vielzahl von Gruppen in den Monaten nach der Verkündung der Atlantik Charta versucht hatte,

36 Benson an Hibbert (CO), 13. November 1942, in: Public Records Office, Kew, United Kingdom (PRO)-CO 859/59/11, International Labour Conference USA 1941 (New York).

37 Paul F. Hooper, The Institute of Pacific Relations and the Origins of Asian and Pacific Studies, in: Pacific Affairs 1/1988, 98-121.

38 ILO, The ILO and Reconstruction, Montreal 1941.

39 Ebd., 69f.

die Gunst der Stunde zu nutzen und die britische Regierung zu einer Erklärung zu bringen, wie sie der Generalsekretär der Anti-Slavery Society C. W. Greenidge von Arbeitsminister Ernest Bevin forderte, "assuring colonial workers that they too will share in any plans made for the development of social justice after the final destruction of Nazi tyranny".[40] Hierzu waren diese ebenso wenig bereit, wie die Vertreter der Exilregierungen Frankreichs, der Niederlande und Belgiens, obgleich einige unter ihnen durchaus über den möglichen propagandistischen Zweck einer solchen Verlautbarung nachdachten.[41]

Während der New-York-Konferenz kam dann jedoch rasch eine eigene Dynamik in Gang. Der niederländische Arbeitnehmervertreter Jacobus Oldenbroek reichte hier eine "Resolution betreffend die sozialen Verhältnisse in Kolonialgebieten" ein, in der das IAA dazu aufgefordert wurde, Mindestnormen der Sozialpolitik in den Kolonien zu definieren.[42] Da Oldenbroek einer der führenden Köpfe der Gewerkschaftsinternationale und eine Schlüsselfigur des in London versammelten Gewerkschaftsexils war, implizierte dieser Schritt das Einverständnis eines großen Teils der Arbeitnehmergruppe auf der Konferenz mit der Resolution und erhöhte damit ihre Erfolgschance erheblich.[43] Da Oldenbroek zu Bensons Kontaktpersonen in London gehörte und der Resolutionstext nahezu im Wortlaut dem eines von Benson wenige Monate zuvor im Gefolge der Atlantik Charta zirkulierten Memorandums entsprach, lag der Schluss nahe, dass es sich hierbei zu einem gewissen Grad um eine Art konzertierter Aktion handelte. Während der Aussprache zur Resolution schwenkten dann alle Kolonialmächte auf eine zustimmende Haltung ein – dies wiederum nachdem die amerikanische Delegation dieser ihre volle Unterstützung gegeben hatte. Mit der letztendlichen Annahme der Resolution durch eine nahezu einstimmige Mehrheit der Konferenzteilnehmer war eine erste Grundlage für das IAA geschaffen, das Thema kolonialer Arbeit aus einem breiteren Blickwinkel als bisher zu verfolgen.

Anders als vor der New York-Konferenz waren die Kolonien in Philadelphia von Anfang an Teil des Gesamtbildes. Ab 1943 war die ILO voll in die nun rasch fortschreitenden Nachkriegsplanungen der Alliierten integriert und Benson

40 Greenidge (ASS) an Ernest Bevin, 29. August 1941, in: PRO-CO 859/59/11, International Labour Conference, USA, New York 1941.

41 Vgl. Hibbert (CO) an Leggett (MoL und britischer Regierungsdelegationsleiter in New York), 19. September 1941, der meinte, dass im CO durchaus Sympathien für eine Erklärung vorhanden waren, in: ebd.

42 Vorgestellt wurde sie von dem aus Niederländisch-Ostindien (Indonesien) stammenden Berater der niederländischen Arbeitnehmerdelegation Hindromartono, der sie aufgrund seines Status nicht selbst einreichen konnte, ILC 24 (1941), RoP, 182.

43 Ebd., 21.

versuchte die Gunst der Stunde zu nutzen. Die Form in die er die Vorschläge zur kolonialen Reform packte, zielten – bei aller inhaltlichen Radikalität – darauf ab, die Kolonialmächte nicht zu verprellen und bot entsprechend die Organisation als ein Forum an, auf dem *progressiver Geist* zu einem vergleichsweise geringen Preis demonstriert werden konnte. So wollte man beispielsweise zunächst nur eine Empfehlung verabschieden.

Gleichwohl reagierten die Kolonialmächte sehr zurückhaltend auf "A people's peace in the colonies". Der Berater des Colonial Office in Arbeitsangelegenheiten, Major Granville St. John Orde-Brown, bezeichnete die hier enthaltenen Ideen als "eine Sammlung frommer Wünsche" ohne Aussicht auf Verwirklichung. Ein Beamter des Arbeits-Ministeriums fand es dagegen schlicht "gefährlich, solche Ziele in eine so grandiose Form zu packen, angesichts dessen, dass es völlig unmöglich ist, sie in absehbarer Zeit zu verwirklichen."[44] Belgier und Niederländer zeigten ihre Ablehnung zunächst ganz offen.[45] Bensons Thesen, so wurde deutlich, repräsentierten nach wie vor nur eine Minderheitenmeinung in den Metropolen und konnten vor allem innerhalb des kolonialen Establishments auf wenig Unterstützung zählen. In dieser Situation war es erneut von Bedeutung, dass Benson unmittelbar nach der Veröffentlichung des Artikels innerhalb des Netzwerks reformfreundlicher Kreise in London darum warb, auf der Grundlage der darin vorgestellten Thesen jeden nur möglichen Einfluss auf die Regierung im Sinne einer Verwirklichung des Reformprogramms auszuüben. Ein diesbezügliches Memorandum unter dem Titel "The ILO and Colonial Progress" ging mit entsprechenden Anmerkungen versehen an über fünfzig Organisationen und Einzelpersonen.[46]

Wenngleich durchaus in einzelnen Punkten inhaltliche Abweichungen festzustellen waren und unterschiedliche Akzente gesetzt wurden, so erhielt Benson von nicht-offizieller Seite durchweg positive Antworten. Der Vorsitzende der Missionskonferenz für Großbritannien und Irland, Reverend Grace, bezeichnete die ILO als "mächtigen Leuchtturm für die Zukunft der Kolonien".[47] Arthur

44 Protokoll einer Konferenz im Ministry of Labour and National Service (MOL), 22. März 1944, in: ebd.

45 Gesprächsnotizen Benson, 28. September 1943, in: ebd.

46 Darüber hinaus verschickte Benson seine Denkschrift auch (ohne die vorgenannten Anmerkungen) an das Colonial Office und andere offizielle britische Stellen (etwa im Arbeitsministerium) sowie an die französischen, belgischen und niederländischen Politiker im Exil sowie an die reformkritischen kolonialen Unternehmervertreter. Das Rundschreiben in: ILOA-NL 1000: Social Policy in Dependent Territories.

47 Rev. Grace an Benson, 28. August 1943, in: ebd.

Creech-Jones sah in Bensons Ansatz "die Hauptlinien einer großen Arbeits- und Sozialcharta" vorgezeichnet.[48] Entsprechend erfuhr die ILO in den folgenden Monaten, die der Philadelphia-Konferenz vorangingen, breite Unterstützung durch reformfreundliche Medien und Publikationen. Exemplarisch war ein Artikel Rita Hindens "The ILO and Colonial Progress" in dem eine klare und positive Haltung der britischen Regierung gegenüber der geplanten Empfehlung als "von überragender Bedeutung" bezeichnet wurde.[49]

Die intensiv betriebene Lobbyarbeit aus dem liberalen Spektrum in Großbritannien zu Gunsten des kolonialen Reformprogramms der ILO wurde schließlich zu einem Faktor, der half, die skeptische Haltung des kolonialpolitischen Establishments zu überwinden. Eine nicht zu unterschätzende Rolle spielten abermals die Gewerkschaften, die ihr im Krieg gewachsenes politisches Gewicht nun für eine koloniale Reform in die Waagschale warfen.

Hinzu traten freilich auch in Philadelphia Impulse aus dem allgemeinen weltpolitischen Umfeld. Erneut spielte dabei auch die *american scare* den Reformern in die Karten. Diese war in Philadelphia besonders virulent. Man fürchtete in London vor allem, die amerikanische Regierung würde im Präsidentschafts-Wahljahr 1944 antikoloniale Gefühle durch Härte in den Verhandlungen um die Empfehlung zur kolonialen Sozialpolitik zu bedienen versuchen. Tatsächlich empfahl John Carter Goodrich seiner Regierung die volle Unterstützung des Reformprogramms und in einigen Punkten sogar über die ILO-Vorschläge hinauszugehen.[50] Letztlich traten die USA dann in Philadelphia weitaus zurückhaltender auf, als anfänglich zu vermuten gewesen wäre.[51] Das Wissen um eine potenziell konfrontative Haltung der amerikanischen Regierung reichte jedoch vollends, um den Kolonialpolitikern eine Zustimmung zum kolonialen Reformprogramm des IAA ratsam erscheinen zu lassen. Alle Kolonialmächte übertrafen sich in Philadelphia in diesem Sinne mit ihren an ihre kolonialen Untertanen gerichteten Versprechungen und Beteuerungen eines völligen Neubeginns nach dem Ende des Kriegs. Der britische Kolonialminister Oliver Stanley hatte in einem Gespräch mit Arbeitminister Bevin unmittelbar vor der

48 Arthur Creech-Jones an Benson, 18. September 1943, in: ebd.

49 The ILO and Colonial Progress, in: Manchester Guardian 24 März 1944, in: ebd.

50 Memorandum Carter Goodrich (ohne Datum, etwa April 1944) Agenda and Comment on Agenda Items, in: FPP-B 80: Miscelaneous Documents.

51 Dies vor allem, weil die US-Delegation andere Prioritäten setzte. Offenbar spielte jedoch auch eine Rolle, dass man in Washington fürchtete, einige Passagen in den vorliegenden Texten, die jeder Art von Diskriminierung aus rassischen Gründen eine Absage erteilten, könnten gegen die USA selbst gewendet werden.

Konferenz, mit Blick auf alle innen- wie außenpolitischen Faktoren, eine solche Haltung als unausweichlich bezeichnet.[52] Wenn in Philadelphia überhaupt kritische Töne am kolonialen Reformwerk offen laut wurden, so kamen sie durchweg von Arbeitgeberseite, bei der starke koloniale Interessengruppen frei von diplomatischen Bedenken den Ton angaben.

Fazit

Zusammenfassend lässt sich schlussfolgern, dass die breite Unterstützung, die den kolonialen Reformvorschlägen der ILO von Seiten der Kolonialmächte zu Teil wurde, das Ergebnis zweier Entwicklungen war: Einerseits spiegelte sie den seit Ende der 1930er Jahre gestärkten Einfluss kolonialreformerischen Entwicklungsdenkens im *official mind* wider. Auf der anderen Seite begriffen auch die Kolonialreformer in den Metropolen die ILO mehr und mehr als geeignetes Vehikel, um ihren Vorstellungen auf internationaler Ebene Nachdruck zu verleihen. Gemeinsam nutzte man die verbesserten Bedingungen für koloniale Reformen, die sich im Verlauf des Zweiten Weltkriegs boten. Gleichzeitig fand darin ein gewachsenes Bewusstsein für die propagandistische Funktion Ausdruck, die man im Kreise der offiziellen Kolonialpolitik dem Bekenntnis zu kolonialer Erneuerung auf der Basis sozialer Rechte sowohl gegenüber den Bevölkerungen in den Kolonien als auch und vor allem gegenüber den USA zurechnete.

Hierbei kam der Einbettung der ILO in ein breites Netzwerk aus kolonialreformerisch gesinnten Personen eine ganz entscheidende Funktion zu: Einerseits gewann die ILO, deren Mitarbeiter selbst im Verhältnis zu den Mitgliedern der Organisation auf Neutralität verpflichtet waren, hierdurch mit ihren eigenen Reformvorstellungen mittelbar Zugang zu den politischen Entscheidungsträgern. Andererseits vergrößerte die Unterstützung, welche die Reformkonzepte der ILO innerhalb des Netzwerks erfuhren, den Bekanntheitsgrad ihrer Vorstellungen – insbesondere, da sie einen breiten Zugang zur veröffentlichten Meinung sicherte und half, im Vorfeld von Philadelphia ein politisches Reformklima zu generieren.

52 Stanley an Bevin, 29. März 1944, in: PRO-CO 859/99/3: Social Service, International Labour Conference 1944, Item V on the Agenda.

Dieter Plehwe (unter Mitarbeit von Katja Walther[1])

Im Schatten von Hayek und Friedman: Die Vielflieger im Kreise der *Mont Pèlerin Society*. Quantitative Analyse als Explorationsinstrument der historisch-sozialen Netzwerkforschung

Geht es um die Bedeutung und die Rolle der Intellektuellen in der Geschichte des Neoliberalismus, so fällt i. d. R. zu allererst der Name von Friedrich August von Hayek. Die den 'Sozialisten aller Parteien' gewidmete Streitschrift "Der Weg zur Knechtschaft" des österreichischen Ökonomen popularisierte 1944 die rechtsliberale Kritik an der staatlichen Planung von Wirtschaft und Gesellschaft. Abgesehen von Hayek kommt die Sprache häufig auf den Monetaristen Milton Friedman. Dessen Schrift "Kapitalismus und Freiheit" spitzte in den frühen 1960er Jahren die Kritik am Wohlfahrtsstaat zu. Es handelte sich dabei um eine Auftragsarbeit, die vom US-amerikanischen Volker Fund initiiert worden war. Die Unternehmensstiftung finanzierte damit eine auf das US-amerikanische Publikum zugeschnittene Version von Hayeks "Road to Serfdom".[2]

Zur großen Berühmtheit der beiden international wohl bekanntesten Wortführer des Neoliberalismus trug zweifelsohne bei, dass ihr wissenschaftliches Werk mit dem von der schwedischen Reichsbank ausgelobten Nobelpreis für Ökonomie ausgezeichnet worden war. Hayek erhielt den Preis 1974 gemeinsam mit Gunnar Myrdal, Friedman zwei Jahre später 1976. Deutsche Neoliberale wie Wilhelm Röpke und Alexander Rüstow sind international nur wenigen Experten

1 Katja Walther hat die umfangreiche Zusammenstellung der Daten zur Netzwerkanalyse mit Hilfe des Programms UCI-Net sowie die grafischen Darstellungen erarbeitet und damit einen großen Beitrag zur vorliegenden Auswertung der Ergebnisse der historisch-sozialen Netzwerkanalyse geleistet.

2 Philip Mirowski/Rob van Horn, The Rise of the Chicago School of Economics and the Birth of Neoliberalism, in: Philip Mirowski/Dieter Plehwe (Hg.), The Making of the Neoliberal Thought Collective. Cambridge: Harvard University Press (im Erscheinen).

ein Begriff, während insbesondere US-amerikanische Neoliberale wie James Buchanan oder Gary Becker, aber auch der französische Neoliberale Maurice Allais zweifelsohne vom internationalen Renommee des Ökonomiepreises profitieren, selbst wenn dessen Auswahlgremium immer wieder Einseitigkeit vorgeworfen wird.[3]

Bereits die Hierarchie akademischer Institutionen (z.B. die Bedeutung US-amerikanischer Eliteuniversitäten), der Einfluss von Preisen, Stiftungen, Stipendien und anderen Selektionsinstrumenten stellt eine wissenssoziologische Sicht der Geschichte des (neoliberalen) Denkens als Geschichte individueller Denker in Frage. Die Rolle und der Einfluss von sozialen Netzwerken, Organisationen und Institutionen rücken ins Zentrum des Forschungsinteresses. Für die Geschichte der neoliberalen Intellektuellen kann dabei die 1947 u. a. von Friedrich August von Hayek, Ludwig von Mises, dem Schweizer Geschäftsmann Albert Hunold und dem deutschen Ökonomen Wilhelm Röpke gegründete *Mont Pèlerin Society* (MPS) in ihrer Bedeutung kaum überschätzt werden. Die neoliberalen Intellektuellen der *Mont Pèlerin Society* knüpften ein grenzüberschreitendes Netz, dessen Arbeit von *parteiischen* (advokatischen) *Think Tanks* vielfältig unterstützt wird. Deren Expansion wiederum wird seit Beginn der 1980er Jahre unter dem Dach der Atlas Economic Research Foundation weltweit koordiniert.[4] "Aus *soziologischer* Sicht sind die Strukturen des neoliberalen Netzwerks vorab deshalb von Interesse, weil – wie Hannah Arendt treffend formulierte – Macht (in erster Linie) der menschlichen Fähigkeit entspringt, nicht nur zu handeln oder etwas zu tun, sondern sich mit anderen zusammen zu schließen und im Einvernehmen mit ihnen zu handeln", schreibt Michael Nollert. "Sollte sich folglich die Arbeitshypothese bewähren, wonach der Neoliberalismus von einem gut strukturierten

3 Mit Amartya Sen und Joseph Stiglitz wurden in der jüngeren Geschichte vereinzelt als heterodox geltende Ökonomen geehrt, möglicherweise in Reaktion auf wiederkehrende Kritik an der mit Hilfe des Preises gestärkten marktwirtschaftlichen Orthodoxie. In Hinblick auf epistemische Grundannahmen unterscheiden sich diese beiden im Hinblick auf einzelne Bereiche kritisch argumentierenden Ökonomen unterdessen nicht substantiell vom neoliberal geprägten Mainstream. Amartya Sen fungiert als Mitherausgeber der u. a. von James Buchanan gegründeten Zeitschift Public Choice. Vgl. Dieter Plehwe/Bernhard Walpen, Wissenschaftliche und wissenschaftspolitische Produktionsweisen im Neoliberalismus. Beiträge der Mont Pèlerin Society und marktradikaler Think Thanks zur Hegemoniegewinnung und -erhaltung, in: PROKLA 2/1999, 203-235, und Geoffrey C. Harcourt, Nobelpreisträger zur Entwicklung der Wirtschaftswissenschaften als Disziplin, in: H.C. Recktenwald (Hg.), Die Nobelpreisträger der ökonomischen Wissenschaft 1969–1988. Kritisches zum Werden neuer Tradition. Selbstporträt, Lesung, Auswahl, Kritik, Düsseldorf 1989, 131-169.

4 Vgl. Dieter Plehwe/Bernhard Walpen, Between Network and Complex Organization: The Making of Neoliberal Knowledge and Hegemony, in: Dieter Plehwe/Bernhard Walpen/Gisela Neunhöffer (Hg.), Neoliberal Hegemony: A Global Critique, London 2006, 27-50.

und dichten Netzwerk getragen wird, würde dies ein erhebliches politisches Mobilisierungs- und Einflusspotential implizieren (...)".[5]

Obwohl diesen allgemeinen Überlegungen zur Bedeutung von kollektiv wirkenden und elitär organisierten neoliberalen Intellektuellen im Rahmen der *Mont Pèlerin Society* zugestimmt werden kann, muss gleichzeitig aufgrund von Nollerts inhaltlichem Verständnis des Neoliberalismus auf Probleme verwiesen werden, die mit Hilfe einer adäquaten historisch-sozialen Netzwerkanalyse auf empirischer Grundlage überwunden werden könnten, nämlich eine abstrakt-theoretische und eine Strömung des Neoliberalismus einseitig betrachtende, häufig auch zu persönliche, auf einzelne oder gar einen Einzelnen (Hayek) zugeschnittene Analyse. Obwohl Nollert vorgibt, zu einer Netzwerk- und Diskursanalyse beitragen zu wollen, trifft er vorab ebenso folgenreiche wie irreführende Entscheidungen. Angeblich soll "Missverständnissen" vorgebeugt werden, indem Neoliberalismus und Ordoliberalismus streng unterschieden werden und eine Verdrängung des Ordoliberalismus durch den Neoliberalismus behauptet wird. Nollert legt Wert darauf, "dass unter 'Neoliberalismus' eine Variante des Liberalismus verstanden wird, die im Unterschied etwa zum Ordoliberalismus den alten Laissez-Faire-Liberalismus nicht revidiert, sondern in neuen terminologischen Schläuchen revitalisiert".[6] Weder wird allerdings die These vom alten Wein in neuen Schläuchen inhaltlich belegt, noch kann die Gegenüberstellung von ordoliberalen Positionen der unmittelbaren Nachkriegszeit in drei Fällen mit Hayeks späten Schriften (und in einem Fall mit einer Schrift von Radnitzky[7]) die Verdrängung des Ordoliberalismus durch den Neoliberalismus begründen. Dazu hätte sich der Autor sehr viel intensiver mit der Ideengeschichte des österreichisch-amerikanischen Neoliberalismus einerseits und den Wandlungen des deutsch-schweizer Ordoliberalismus andererseits sowie der beachtlichen Überlappung der beiden Strömungen auseinandersetzen müssen.[8]

Mittlerweile liegt das Ergebnis einer sehr umfangreichen *qualitativen* historisch-sozialen Netzwerkanalyse der in der MPS organisierten Intellektuellen vor, welche das weltweite Zusammenwirken verschiedener Strömungen des Neoliberalismus anhand eines großen Kreises von neoliberalen Intellektuellen in vielen

5 Michael Nollert, "Waging the War of Ideas". Zur Entwicklung und Struktur des neoliberalen Diskursnetzes, in: Kurt Imhof/Thomas S. Eberle (Hg.), Triumph und Elend des Neoliberalismus. Zürich 2005, 39-58, hier 40.

6 Nollert, Waging the War of Ideas, 40.

7 Ebd., 44-47.

8 Ralf Ptak, Vom Ordoliberalismus zur Sozialen Marktwirtschaft. Stationen des Neoliberalismus in Deutschland, Opladen 2004.

Details zeigt und damit nach wie vor weit verbreiteten stereotypen (vereindeutigenden und einseitigen) Darstellungen zum Neoliberalismus widerspricht.[9] Bernhard Walpen hat sich im Rahmen seiner Arbeit mit der Mehrzahl der insgesamt knapp über 1.000 Personen intensiv beschäftigt und zeigt, dass die verschiedenen neoliberalen Strömungen unbedingt von den klassisch-liberalen (laisser-faire) Vorstellungen zu unterscheiden sind, weil die naturalistischen Vorstellungen kapitalistischer Entwicklung zugunsten eines politisch-sozialen Verständnisses überwunden werden. Auf der Grundlage einer breit angelegten Netzwerk- und Diskursanalyse konnte auch die in vieler Hinsicht unkritische, viel zu sehr auf die Bedeutung von Einzelpersönlichkeiten (vor allen anderen auf Friedrich August von Hayek) zugeschnittene Geschichte der *Mont Pèlerin Society* bereits an vielen Stellen entscheidend korrigiert werden.[10] Sichtbar werden zentrale Personenkreise, organisatorische Achsen und institutionalisierte Zusammenhänge eines transnationalen Denkkollektives, welches an der Genese sowie der Reproduktion des neoliberalen Denkstiles[11] (insbesondere in den 1950er bis 1970er Jahren) entscheidenden Anteil hatte.

Während neoliberale Gruppen und Kräfte in der gegenwärtigen Epoche neoliberaler Hegemoniekonstellationen[12] insgesamt amorphe Zusammenhänge bilden, also empirisch kaum noch präzise untersucht werden können, ist die historische Entwicklung der transnationalen Weltanschauungsgemeinschaft *Mont Pèlerin Society* mit ihren ca. 1.000 Mitgliedern einer Untersuchung mit

9 Bernhard Walpen, Die offenen Feinde und ihre Gesellschaft. Eine hegemonietheoretische Studie zur Mont Pèlerin Society, Hamburg 2004.

10 Z. B. von Ronald M. Hartwell, A History of the Mont Pelerin Society. Indianapolis 1995.

11 Die Kategorien Denkkollektiv und Denkstil werden in Anlehnung an Ludwik Fleck genutzt, um das direkt-persönliche und vermittelte Zusammenwirken von Personen und Organisationen bei der Herausbildung und Festigung von Wissenszusammenhängen und Denkweisen sehr allgemein zu erfassen. Exakt lässt sich Flecks Verständnis nicht anwenden, weil für ihn die Wahrheit innerhalb eines Denkstiles vollständig determiniert ist, womit er sich in Widersprüchen verfängt, weil er gleichzeitig ein durchaus dynamisches Verständnis historischer Wissensentwicklung in Denkkollektiven vertritt, das kaum ohne Dissens auskommen dürfte, jedenfalls aber auch die Frage aufwirft, wie eine Wahrheit innerhalb eines Denkkollektives autoritativ etabliert wird. Nicht die vollständige Übereinstimmung in allen Fragen, sondern eine grundlegende normative Übereinstimmung im Hinblick auf fundamentale Werte und Prinzipien ist im Falle des neoliberalen Denkkollektives zentral für die Gewährleistung von produktiven Debatten im neoliberalen Rahmen, an denen z.B. Vertreter durchaus unterschiedlicher ökonomischer Denkschulen beteiligt waren. Vgl. Dieter Plehwe/Bernhard Walpen, Neoliberale Denkkollektive und ihr Denkstil, in: Giovanni Arrighi u.a., Kapitalismus Reloaded. Kontroversen zu Imperialismus, Empire und Hegemonie, Hamburg 2007, 347-371.

12 Plehwe et al., Neoliberal Hegemony.

sozialwissenschaftlich-empirischen Methoden durchaus zugänglich. Gleichzeitig ist eine nahezu vollständig erfassbare Gruppe von Personen[13] dieser Größenordnung allerdings bereits zu umfangreich für eine vollständige Untersuchung mit qualitativen Methoden. Es besteht somit in der primär qualitativen Forschung die Notwendigkeit einer bewussten (oder unbewussten) Auswahl von eingehender diskutierten Personen und Zusammenhängen, die andere notwendig vernachlässigt.[14] Auch eine kritische *Gesamtgeschichte* muss daher zwangsläufig bestimmte Aspekte und Teilgeschichten zu Lasten anderer erzählen. Vor diesem Hintergrund stellt sich die Frage, ob es Möglichkeiten zur Kontrolle der Auswahl der als wichtig erachteten Personen und Zusammenhänge gibt, z.B. unter Rückgriff auf quantitative Methoden etwa der (historisch-sozialen) Netzwerkanalyse.

Das neoliberale Denkkollektiv bzw. die transnationale Weltanschauungsgemeinschaft der MPS erlaubt prinzipiell eine Vielzahl von Zugriffen je nach besonderem Interesse: Neben einer großen Gruppe von Ökonomen arbeiten viele Wissenschaftler anderer Disziplinen (z.B. Jus, Politikwissenschaft, Geschichte, Psychologie) in der MPS zusammen. Neben einer großen Zahl von Europäern und US-Amerikanern arbeiten eine große Zahl von Lateinamerikanern und eine kleinere Zahl von Asiaten (vorwiegend Japaner) sowie wenige Afrikaner zusammen.[15] Neben einer großen Zahl von Wissenschaftlern arbeitet eine große Zahl von Nicht-Wissenschaftlern (Journalisten, Manager, *Think Tank*-Mitarbeiter, Politiker etc.) zusammen. Die männliche Form ist hier berechtigt, weil nur sehr wenige Frauen in den Kreisen der MPS aktiv sind (vgl. einige Details w. u.). Es ist anzunehmen, dass die akademischen Intellektuellen bei der Analyse des Neoliberalismus bislang insgesamt sehr viel stärker beachtet wurden als etwa neoliberale Unternehmer oder Manager, die sich aber z.B. besonders um den Aufbau der weltweiten *Think Tank*-Infrastruktur verdient gemacht haben (so z.B. der *Think Tank*-Entrepreneur Antony Fisher[16]), aber auch inhaltlich Einfluss nehmen konnten.[17]

13 Bernhard Walpen hat im Rahmen seines Dissertationsprojektes die Mitglieder anhand der im MPS-Archiv der Hoover Institution in Stanford vorhandenen Mitgliederlisten systematisch erfasst, nachdem er und Dieter Plehwe zuvor über verschiedene Quellen- und Internetrecherchen Mitglieder recherchiert hatten. Die resultierende MPS-Mitgliederdatei dient in diesem Papier als eine Quelle.

14 Walpen, Die offenen Feinde und ihre Gesellschaft, 37.

15 Plehwe/Walpen, Between Network and Complex Organization.

16 Gerald Frost, Antony Fisher: Champion of Liberty, London 2002.

17 Kim Phillips-Fein, Down from the Mountaintop: Business Conservatives and the Mont Pelerin Society, in: Phil Mirowski/Dieter Plehwe (Hg.), The Making of the Neoliberal Thought Collective, Cambridge (forthcoming).

Unter den offiziell führenden Personen der *Mont Pèlerin Society* – bekannte Wahlfunktionen schließen Präsidenten, Schatzmeister und Geschäftsführer der Organisation ein, darüber hinaus fungierten bislang nur zum Teil bekannte Personen als Mitglieder eines Direktoriums und als Vizepräsidenten – finden sich überwiegend und z. T. berühmte Akademiker. Die folgende Tabelle listet die wichtigsten offiziellen Amtsträger der Organisation zwischen 1947 und 1986 auf. Es handelt sich dabei um den Zeitraum, auf den sich unsere nachfolgende quantitative Netzwerkanalyse aus Gründen der Verfügbarkeit von Daten erstrecken wird.

Tabelle 1: *Mont Pèlerin Society*, wichtige Funktionäre

Präsidenten

Name	Zeitraum	Land	Berufsgruppe
Friedrich A. von Hayek	1948–1960	UK, USA, Deutschland*	Wissenschaft (Ökonomie)
Wilhelm Röpke	1960–1961	Deutschland	Wissenschaft (Ökonomie)
John Jewkes	1962–1964	UK	Wissenschaft (Ökonomie)
Friedrich A. Lutz	1964–1967 1968–1970	Deutschland	Wissenschaft (Ökonomie)
Daniel Villey	1967–1968	Frankreich	Wissenschaft (Ökonomie)
Milton Friedman	1970–1972	USA	Wissenschaft (Ökonomie)
Arthur A. Shenfield	1972–1974	UK	*Think Tank* (Ökonomie)
Gaston Leduc	1974–1976	Frankreich	Wissenschaft (Ökonomie)
George J. Stigler	1976–1978	USA	Wissenschaft (Ökonomie)
Manuel Ayau	1978–1980	Guatemala	Wirtschaft
Chiaki Nishiyama	1980–1982	Japan	Wissenschaft (Ökonomie)
Ralph Harris	1982–1984	UK	*Think Tank*
James M. Buchanan	1984–1986	USA	Wissenschaft (Ökonomie)
Herbert H. Giersch	1986–1988	Deutschland	Wissenschaft (Ökonomie)

Sekretäre

Name	Zeitraum	Land	Berufsgruppe
A. Hunold	1948–1960	Schweiz	Wirtschaft
B. Leoni	1960–1967	Italien	Wissenschaft (Recht)
R. Harris	1967–1976	UK	*Think Tank*
M. Thurn	1976–1988	Österreich	Politik

Schatzmeister

Name	Zeitraum	Land	Berufsgruppe
Charles O. Hardy	1948	USA	Wissenschaft
W. Allen Wallis	1948–1954	USA	Wissenschaft
Fritz Machlup	1954–1959	USA*	Wissenschaft (Ökonomie)
Clarence E. Philbrook	1959–1969	USA	Wissenschaft (Ökonomie)
Arthur Kemp	1969–1979	USA	Wissenschaft
Edwin Feulner	1979+	USA	*Think Tank*

*nach Emigration aus Österreich
Quelle: Ronald M. Hartwell, A History of the Mont Pelerin Society. Indianapolis 1995; Bernhard Walpen, Die offenen Feinde und ihre Gesellschaft. Eine hegemonietheoretische Studie zur Mont Pèlerin Society. Hamburg 2004; eigene Ergänzung.

Abgesehen von einem Unternehmer (Manuel Ayau aus Guatemala) und zwei *Think Tank*-Mitarbeitern (Arthur Asher Shenfield und Ralph Harris) waren alle Präsidenten der MPS von 1947 bis 1988 Akademiker (Ökonomen). Unter den Geschäftsführern finden wir mit Bruno Leoni unterdessen lediglich einen (Rechts-)Gelehrten. Albert Hunold war beruflich in erster Linie Verbandsmanager, Ralph Harris war, wie bereits erwähnt, am Institute of Economic Affairs tätig, und Max Thurn war Politiker. Bis auf Ed Feulner waren wiederum alle Schatzmeister der Organisation Professoren. Feulner gehört wie Shenfield und Harris zur neuen Profession von *Think Tank*-Managern, die vielfältige (Querschnitts-)Funktionen im Bereich der Wissen(schaft)s-, Medien-, Verbands- und Parteipolitik ausüben. Anhand dieser Übersicht wird auch deutlich, dass die Mehrzahl der Amtsträger der MPS aus Europa kam. Allerdings waren alle Schatzmeister der Organisation in den USA tätig und bis auf Fritz Machlup auch gebürtige US-Amerikaner. Wenngleich die Gruppe sich sehr viel häufiger in Europa getroffen hat als in den Vereinigten Staaten und die jeweils lokale Organisation im wesentlichen für die Finanzierung zuständig war,[18] lag es vermutlich an der offiziellen Vereinsregistrierung der MPS in den USA, dass die finanziellen Angelegenheiten der Organisation in die Obhut von US-Amerikanern gelegt wurde.

Abgesehen von der anhand der Wahlamtsinhaber bestätigten Vermutung eines Akademiker-'bias' bei der offiziellen Leitung der Organisation stellt sich bei der Erforschung der *Mont Pèlerin Society* die Frage, ob es innerhalb der sehr

18 Ronald M. Hartwell, A History of the Mont Pelerin Society, Indianapolis 1995.

sparsam organisierten Gruppe informelle Kreise gab, ob es abgesehen von der flachen offiziellen eine (möglicherweise anders ausgeprägte) informelle Hierarchie bedeutender bzw. einflussreicher Personen gab. Weil die häufige Identifikation der MPS mit Hayek – besonders für die Anfangszeit wird (z.B. von Hartwell) gerne eine praktisch exklusive intellektuelle Führungsfunktion von Hayek unterstellt – offensichtlich zu kurz greift, wenn nur die Aktivitäten verschiedener Präsidenten, Beiräte und Geschäftsführer beachtet werden, stellt sich mithin methodisch die Frage, ob Verfahren entwickelt werden können, um einen engeren Kreis von Neoliberalen im Rahmen der *Mont Pèlerin Society* genauer zu bestimmen. Die Frage, auf die wir in diesem Papier eine erste Antwort zu geben versuchen, lautet in diesem Zusammenhang: Welche Personen stehen bei der Analyse des Neoliberalismus und der MPS "im Schatten" der berühmten Neoliberalen wie Hayek und Friedman? Dabei soll über das teilweise bereits weniger berühmte offizielle Führungspersonal der Neoliberalen (die Inhaber von Wahlämtern) hinaus untersucht werden, ob es Personenkreise gibt, die möglicherweise im Hinblick auf die Geschichte der Entwicklung des neoliberalen Denkkollektives verkannt oder unterschätzt werden.

Unser Versuch einer Annäherung zur Beantwortung der Frage nach einem engeren Kreis von Neoliberalen im Rahmen der MPS erfolgt auf der Basis einer *quantitativen historischen Netzwerkanalyse*. Er stützt sich zum einen auf die Auswertung der Anwesenheit der MPS-Mitglieder auf den Weltkonferenzen (general meetings). Die Angaben zum Zeitraum von 1947 bis 1986 konnten auf der Basis von Teilnahmelisten aus den MPS-Archiven in Gent und Stanford mit Hilfe des Programmes UCINet ausgewertet werden.[19] Zusätzlich haben wir anhand der MPS-Konferenzprogramme die Beiträge der Mitglieder zu den Treffen ausgewertet.[20] Die auf diese Weise identifizierten engeren Kreise können schließlich um eine – leider nur eklektisch herstellbare – Liste von Mitgliedern ergänzt werden, die für die Einladung von besonders vielen Gästen auf MPS-Konferenzen verantwortlich zeichneten.[21]

---

19 Entsprechende Angaben sind bis 1998 verfügbar in: Marc Haegemann, Inventory of the General Meeting Files of the Mont Pèlerin Society (1947–1998), Gent 2004. Aber die Teilnahmeliste der Weltkonferenz 1988 in Tokio ist weder in Gent noch im MPS-Archiv der Hoover Institution (Stanford) vorhanden. Weil die Vollständigkeit des Datensatzes eine Bedingung quantitativer historischer Netzwerkanalysen ist, müssen wir uns auf den Zeitraum 1947–1986 beschränken.

20 Als hervorgehobene Beiträge erfasst wurden die folgenden: chairman, introduction, discussion opener, speaker, account, oral contribution, presidential address, opening address, commentator.

21 Leider sind die uns vorliegenden Informationen bezüglich der Einladung von Gästen unvollständig. Über entsprechende Angaben verfügen wir für die Weltkonferenzen 1957, 1958, 1959, 1968, 1972, 1974, 1976, 1978, 1980, 1984 und 1986.

Im Gegensatz zur lediglich illustrierenden Netzwerkanalyse[22] und zu erklärenden Verfahren,[23] wird die quantitative Methode hier in erster Linie explorativ zur Identifikation führender Personenkreise oder bislang verkannter oder zu wenig beachteter Personengruppen eingesetzt. Sicherlich könnten auf der Grundlage einer sachdienlich erweiterten quantitativen historischen Netzwerkanalyse z.B. auch Hinweise über die relative Bedeutung bestimmter Strömungen des Neoliberalismus gewonnen werden, die zum Testen von Hypothesen geeignet wären, z.B. Nollerts Behauptung der Verdrängung des Ordoliberalismus.[24] Dabei wäre allerdings zu unterscheiden, ob über die relative Bedeutung einzelner Strömungen des Neoliberalismus im Kreise der *Mont Pèlerin Society* oder über die (wirtschafts-)politische Bedeutung bestimmter Strömungen in Ländern, Regionen oder Themengebieten gesprochen wird, und es wäre darüber hinaus zu prüfen, inwiefern sich die verschiedenen Strömungen im Zeitverlauf (zum Beispiel durch die gemeinsame Arbeit im Rahmen der *Mont Pèlerin Society*) beeinflusst oder anders verändert haben. Könnte der erste Fragenkomplex noch mit dem Instrument quantitativer historisch-sozialer Netzwerkanalysen unter Rückgriff auf bibliometrische Methoden[25] bearbeitet werden, so erfordert die zuletzt aufgeworfene Frage eine ideengeschichtlich angelegte, inhaltsanalytische und diskurstheoretische Vertiefung. Eine Überprüfung von Hypothesen wie der Verdrängung ordoliberaler Positionen würde unterdessen den Rahmen des vorliegenden Beitrages sprengen, der sich deshalb vorwiegend bescheidenere (explorative) Ziele setzen muss, aber gleichwohl über eine rein illustrative Nutzung von quantitativen Verfahren hinausgeht.

22 Wie z.B. bei Nollert zu finden: Nollert, Waging the War of Ideas.

23 Anhand eines Kirchenregisters wurden wichtige Elemente von Tönnies (Hypo-)These zum historischen Übergang von gemeinschaftlicher zur gesellschaftlichen Lebensweise (Moderne) empirisch widerlegt. Eine starke Veränderung der Verhaltensmuster (lokale gegenüber weniger lokalen Mustern der Lebensweise) konnte nicht bestätigt werden. Vgl. Charles Wetherell, Historical Social Network Analysis, in: International Review of Social History, 43/1998, Supplement 6, 125-144.

24 Vgl. auch Marie-Laure Djelic, Marketization: From intellectual agenda to global policy making, in: Marie-Laure Djelic/Kerstin Sahlin-Andersson: Transnational Governance, Cambridge 2006, 53-73.

25 Vgl. diesbezüglich den interessanten Vergleich von Netzwerken, Ökonomen und Soziologen, die in führenden Journals zu Fragen der Privatisierung im postsozialistischen Russland publiziert haben, von Bruce Kogut/Andrew Spicer, Critical and alternative Perspectives on International Assistance to Post-Communist Countries: A Review and Analysis, Worldbank: Operations Development Department 2004 [www.worldbank.org/oed/transitioneconomies/docs/literature_review.pdf] (22.5.08).

Ohne auf der Grundlage quantitativ-positivistischer Messung selbst schon Objektivität zu beanspruchen wird vermutet, dass im Rahmen qualitativer Verfahren bewusste oder unbewusste Filter bei der Auswahl von untersuchten Personen(-Gruppen) durch quantitative Kriterien – in diesem Fall (gemeinsame) Präsenz auf Konferenzen und öffentliche Auftritte dort – vermieden werden.[26] Erwartet werden kann Aufschluss über Gruppen von besonders häufig – auf den immer mehrtägigen Konferenzen – sozial interagierenden und von besonders hervorgehoben auftretenden Neoliberalen, die plausibel auf einen "engeren Kreis" im Rahmen der Organisation verweisen, der besser verstanden werden muss und dessen Beitrag zur Entwicklung des neoliberalen Denkkollektives – auf der erweiterten Grundlage einer vertieften qualitativen Untersuchung – möglicherweise noch genauer zu klären wäre. Präzise lautet unsere Frage: Gibt es im Rahmen der mit Hilfe der quantitativen historischen Netzwerkanalyse identifizierten Gruppen Personen, die bislang von der Forschung nicht oder ungenügend berücksichtigt worden sind? Kann mit Hilfe der quantitativen historischen Netzwerkanalyse ein (auch über Amtsperioden von Funktionären hinweg) aktiver engerer Kreis entdeckt und identifiziert werden?

Grundsätzlich ist die folgende Untersuchung von der Hypothese geleitet, dass sich die bislang vorwiegend qualitative Forschung um bestimmte, für die historische Entwicklung des neoliberalen Denkkollektives bedeutende Personen noch nicht oder zu wenig gekümmert hat. Abgesehen von berühmten Persönlichkeiten wie Hayek oder Friedman dienen die formalen Amtsträger der MPS (Präsidenten, Schatzmeister, Geschäftsführer) hier als Vergleichsgruppe für den mit Hilfe des quantitativen Verfahrens ermittelten Personenkreis. Darüber hinaus können die mit Hilfe der quantitativen Netzwerkanalyse entdeckten Personen mit den in Hartwells[27] halboffizieller und Walpens[28] kritischer Geschichte – die beiden zentralen Referenzquellen der bisherigen Forschung – behandelten MPS-Mitgliedern abgeglichen werden.

Bereits vorab wollen wir nicht verschweigen, dass mit Hilfe der quantitativen Netzwerkanalyse tatsächlich eine Reihe von Individuen identifiziert werden können, die bislang in der Diskussion über die historische Entwicklung des Neoliberalismus kaum eine Rolle gespielt haben. Wir gehen auf die eine oder andere der über das quantitative Verfahren ins Scheinwerferlicht gerückten Personen am

26 Z.B. interessieren sich Ökonomen wahrscheinlich stärker für die in der MPS organisierten Ökonomen als für die Wissenschaftler anderer Disziplinen, so etwa kann ein besonderes Interesse für die Mitglieder der eigenen Nationalität vorherrschen etc.

27 Hartwell, A History of the Mont Pelerin Society.

28 Walpen, Die offenen Feinde und ihre Gesellschaft.

Ende dieses Beitrags kurz ein und skizzieren den Forschungsbedarf, der sich daraus ergibt. Abschließend muss aber auch auf die Grenzen des Ertrages einer *quantitativen* historischen Netzwerkanalyse aufmerksam gemacht werden.

Ein engerer Kreis oder engere Kreise?

Für die Entwicklung der sozialen Beziehungen der Mitglieder der *Mont Pèlerin Society* waren die zunächst jährlich, später alle zwei Jahre stattfindenden Weltkonferenzen von zentraler Bedeutung.[29] Viele Mitglieder lernten sich auf den Tagungen überhaupt erst kennen; im Verlauf der häufig eine Woche währenden Veranstaltungen, die bisweilen den Charakter von Blockseminaren besaßen, wurden zahlreiche Freundschaften geknüpft. Der dänische Ökonom Christian Gandil hob in einem Kommentar zu Hartwells Geschichte der MPS hervor: "The basis for a friendship is to be in agreement concerning outlook of life". Er habe im Laufe der Zeit viele Freunde unter den europäischen und US-amerikanischen MPS-Mitgliedern gewonnen. Namentlich genannt werden insgesamt sieben US-amerikanische Gelehrte, die Gandil im Laufe der Zeit in den USA privat besuchte. Es handelt sich um den Gründer der Foundation for Economic Education Leonard Read, den Ökonomen John van Sickle, den *Think Tank*-Mitarbeiter Floyd Harper, den Gründer des Liberty Fund Pierre Goodrich, Jameson Campaigne (Editor des Indianapolis Star) und den Wissenschaftler Arthur Kemp.[30] Die sozialen Bande zwischen MPS-Mitgliedern gingen zweifellos häufig über ein fachlich-kollegiales Miteinander hinaus,[31] das den Alltag auf akademischen Fachkonferenzen weithin prägt.

Im Zeitraum 1947–1986 fanden insgesamt 26 Weltkonferenzen statt. Um einen engeren Kreis (zunächst auf die Konferenzteilnahme bezogen) zu identifizieren, kann ein weiter gefasstes Netzwerk aus Personen, die auf mindestens 50 Prozent (n=13), und ein engeres Netzwerk aus Personen, die auf mindestens 75 Prozent (n=19) der Konferenzen (gemeinsam) anwesend waren, erstellt werden. An mindestens 75 Prozent der MPS-Konferenzen (= mindestens 19) haben über

29 Einen Eindruck von der 1961 in Turin abgehaltenen Konferenz ermöglicht die vom Istituto Bruno Leoni bereit gestellte Audio-Aufzeichnung [www.brunoleoni.it/riscoprirebl/interna.aspx?codice=0000000012] (1.6.08).

30 Christian Gandil, comment on R.M. Harwell "The History of the Mont Pelerin Society", 1986, 3.

31 Zu wichtigen Selektionsaspekten der "MPS-Kameraderie" vgl. Walpen, Die offenen Feinde und ihre Gesellschaft, 108.

den Zeitraum 1947–1986 hinweg unterdessen lediglich vier Personen teilgenommen: F. A. von Hayek, Christian Gandil, Antony Fisher und Leonard Read. Neben den beiden Akademikern Hayek und Gandil – der eine berühmt, der andere nicht – handelt es sich also um zwei sehr regelmäßige Teilnehmer aus der Wirtschaft, die ihre unternehmerischen Fähigkeiten auch für Belange des intellektuellen Unternehmertums mit der Gründung und dem Management von Stiftungen und *Think Tanks* unter Beweis stellten: Die von Read (USA) gegründete Foundation for Economic Education und das von Fisher (UK) gegründete Institute of Economic Affairs sind als Prototypen einer großen Zahl von neoliberalen *Think Tanks* zu begreifen und haben einen neuen *Think Tank*-Typus (advokatisch bzw. *parteiisch*) begründet.[32]

An der Hälfte der MPS-Weltkonferenzen nahmen im Zeitraum von 1947 bis 1986 insgesamt 33 Personen teil, unter ihnen sicherlich viele tragende Kräfte der neoliberalen Bewegung. Aus unterschiedlichen Gründen zeigt der Versuch der Bestimmung eines engeren Kreises für einen Gesamtzeitraum von 40 Jahren aber unbefriedigende Resultate, weshalb wir auf diesen Personenkreis hier nicht näher eingehen. Wir wissen zum Beispiel aus der Literatur, dass die MPS 1960 in eine große Krise geriet, in deren Folge ursprünglich zentrale Personen (wie der deutsche Ökonom Wilhelm Röpke und der Schweizer MPS-Geschäftsführer Albert Hunold) ausschieden.[33] Einige der in der Frühzeit zweifelsohne zum engsten Kreis gehörenden Mitglieder sind deshalb unter den 33 häufigen Teilnehmern an Weltkonferenzen nicht aufzufinden, obwohl sie bis zu ihrem Austritt an allen oder fast allen Konferenzen teilnahmen. Eine Auswertung der Konferenzteilnahme über den gesamten Zeitraum diskriminiert sicher auch weitere für das Netzwerk zentrale Personen, die (z.B. aus Altersgründen) noch nicht so lange zum Kreis gehört haben wie die vier Genannten, oder zu früh verstarben, um 13 oder gar 19 Konferenzen im Gesamtzeitraum zu besuchen.

32 Generell können allesamt häufig als Think Tanks bezeichnete akademische Forschungsinstitute (Universitäten ohne Studenten), kommerzielle Forschungs- und Beratungsunternehmen, parteipolitische Institute sowie parteiische/advokatische Typen unterschieden werden. Vgl. Dieter Plehwe, Think tanks, in: Hans-Jürgen Urban (Hg.), ABC zum Neoliberalismus. Von "Agenda 2010" bis "Zumutbarkeit", Hamburg 2006, 224-226.

33 Bei dem Konflikt ging es im Kern um die Ausrichtung der Arbeit der MPS. Während F. A. von Hayek und andere eine langfristige intellektuelle Debatte bezweckten und eine politische Öffentlichkeit mieden, strebten Albert Hunold, Wilhelm Röpke u.a. eine stärkere öffentliche Wahrnehmung der MPS-Aktivitäten an, vgl. Hartwell, A History of the Mont Pelerin Society, 100f.; Walpen, Die offenen Feinde und ihre Gesellschaft, 145f.

Insgesamt ist der Zeitraum von 40 Jahren zu lang für eine sinnvolle Bestimmung und Analyse eines (sich wandelnden) engeren Kreises bzw. der periodisch engeren Kreise, wie im folgenden anhand der genaueren Untersuchung von zwei Teilzeiträumen (1947–1962 und 1964–1986 mit jeweils 13 Konferenzen) gezeigt werden kann. Der erste Zeitraum ist kürzer, weil die Weltkonferenzen zunächst jährlich abgehalten wurden, seit den 1960er Jahren aber alternierend mit regionalen MPS-Konferenzen alle zwei Jahre veranstaltet werden. Bei der Analyse des ersten Teilzeitraums ziehen wir zusätzlich zur Darstellung des "sehr engen Kreises" (Teilnahme an 75 Prozent = mindestens zehn Konferenzen) diejenigen Personen heran, die an mindestens der Hälfte der Konferenzen (abgerundete 50 Prozent-Grenze: 6 Konferenzteilnahmen) anwesend waren. Vermutlich weil die Gesamtgruppe im ersten Zeitraum noch nicht sehr groß war, möglicherweise aber auch aufgrund von Kosten und anderen Reiseumständen, haben im ersten Zeitraum viel weniger Personen sehr kontinuierlich an den Konferenzen teilgenommen als im zweiten Zeitraum.

Engerer Kreis 1947–1962

Eine recht übersichtliche Gruppe von Personen beteiligte sich im ersten Untersuchungszeitraum von 1947 bis 1962 sehr regelmäßig an den MPS-Konferenzen. Grafik 1 zeigt ein one-mode-Netzwerk, d.h. die Linien zwischen Personen stellen die Konferenzen dar, auf denen diese Personen mindestens zehn Mal gemeinsam anwesend waren. Neben den mit Linien verbundenen MPS-Mitgliedern können mit John van Sickle, Ludwig Albert Hahn und Leonard Read drei weitere Personen, allesamt US-Amerikaner (bzw. im Fall von Albert Hahn im US-Exil Lebende), identifiziert werden, die ebenfalls mindestens zehn Mal an MPS-Konferenzen teilgenommen haben, wenngleich weniger als zehn Mal mit mindestens einem weiteren unter den regelmäßigeren Gästen.

Grafik 1: Personen, die zwischen 1947 und 1962 auf mindestens zehn Konferenzen (*gemeinsam*) anwesend waren.

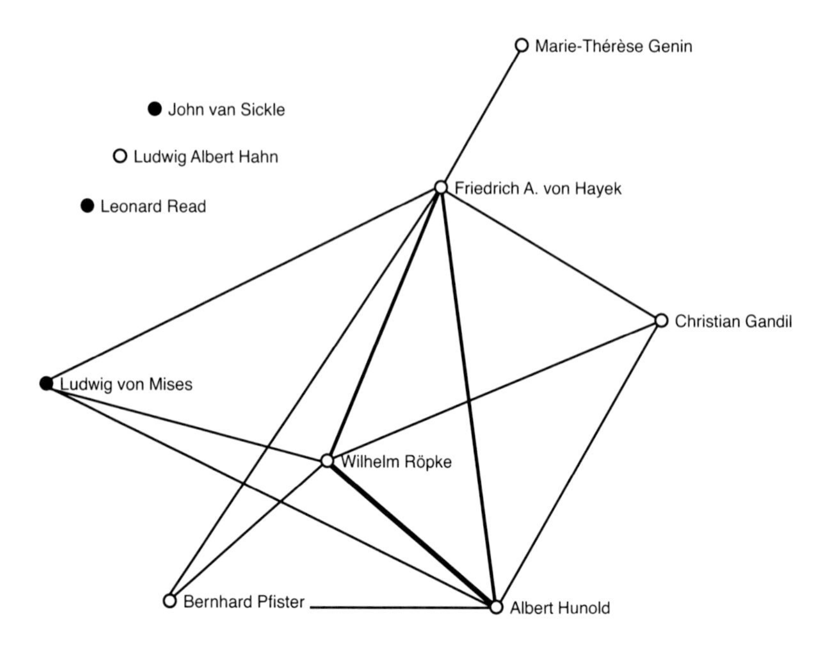

Quelle: Teilnahmelisten der MPS general meetings 1947–1986, eigene Auswertung.

Es muss nicht überraschen, dass die Gruppe der US-Amerikaner in diesem Kreise relativ klein ist: Die Konferenzen fanden überwiegend in Europa statt. Erst 1959 wurde ein Meeting in den USA (Princeton) abgehalten. Zwei der drei Teilnehmer aus den USA verfügten bereits über enge Beziehungen in Europa. Van Sickle lebte bereits in den 1920er Jahren in Österreich, wo er Kontakt mit von Mises und anderen zukünftigen MPS-Mitgliedern hielt.[34] Hahn ging von Frankfurt aus ins Exil.[35] Read wiederum hatte als Verbandspolitiker und Gründer einer unternehmensnahen Stiftung keine Schwierigkeiten, die erforderlichen Mittel für die kostspieligen Reisen aufzubringen.

34 John V. Van Sickle, What Mises Did for Me [www.mises.org/misestributes/sickle.asp] (26.5.08).

35 Der proto-keynesianische Konjunkturtheoretiker emigrierte über die Schweiz in die USA, wo er unter dem Einfluss der österreichischen Schule zum "glühenden Anti-Keynesianer" mutierte (vgl. Jan-Otmar Hesses Beitrag zum Uni-Report der Johann Wolfang Goethe Universität Frankfurt vom 21. Januar 2007 [www.vff.uni-frankfurt.de/dok/UniReport_07_01.pdf] (28.5.08).

Mit Wilhelm Röpke und Albert Hunold treten zwei Personen als zentral hervor, die in der w. o. skizzierten Auswertung der häufigen Teilnahme im längeren Zeitraum entfallen, weil sie in Folge der Krise Anfang der 1960er Jahre aus der Organisation ausschieden (bzw. Röpke auch wenig später verstarb). Lediglich drei der zehn Mitglieder des "engeren Kreises" (bezüglich der Teilnahme) hatten in der Zeit von 1947–1992 offizielle Ämter inne (von Hayek, Röpke, Hunold). Als einzige Frau gehört die französische Verlegerin Genin zur Gruppe der sehr häufig teilnehmenden Personen.

Um weiteren Aufschluss über einen potenziell engeren Kreis der ersten Generation zu erhalten, nehmen wir im Folgenden eine vertiefte Analyse der (auf den Konferenzen) besonders aktiven Mitglieder in diesem Zeitraum vor. Auf der Grundlage der Auswertung der Konferenzprogramme lässt sich zeigen, wer unter den Anwesenden offiziell zu Wort kam, z.B. als Referent, Kommentator oder Diskussionsleiter. Auf den 13 Konferenzen im Teilzeitraum 1947–1962 haben insgesamt 147 Personen in offiziellen Funktionen gesprochen. Die überwiegende Zahl der Teilnehmer trat lediglich wenige Male so hervor, ein kleinerer Kreis von Personen aber recht häufig (bis zu zehn Mal). Gehen wir von der Person als Grenzfall aus, die am häufigsten gesprochen hat (Wilhelm Röpke mit zehn Beiträgen), und bestimmen wir 50 Prozent davon als "häufig", so berücksichtigen wir im folgenden alle Personen, die fünf "offiziell registrierte" Beiträge geleistet haben. Die Schwelle zum "sehr häufig" Sprechenden wird bei 75 Prozent, also bei acht Beiträgen, festgelegt. Bei dieser Grenzziehung fällt ein Großteil der Sprecher, nämlich 131 Personen, nicht in den "engeren Kreis" der häufig hervorgehoben agierenden MPS-Mitglieder. Insgesamt 14 Personen hatten fünf bzw. sechs Mal offizielle Sprechfunktionen inne, lediglich Jacques Rueff war mit sieben Beiträgen beteiligt, und nur Wilhelm Röpke fällt mit zehn Beiträgen in die Kategorie "sehr häufig gesprochen".

Für die nachfolgende Zusammenstellung unterschiedlicher Teilgruppen der anhand quantitativer Kriterien bestimmten engeren Kreise definieren wir folgende Grenzwerte:

- Häufig anwesend (50 Prozent): mind. 6 Konferenzen;
- Sehr häufig anwesend (75 Prozent): mind. 10 Konferenzen;
- Häufig gesprochen: mind. 5 Mal;
- Sehr häufig gesprochen: mind. 8 Mal.

Die folgende Tabelle 2 informiert zunächst über die häufig teilnehmenden, aber weniger als fünf Mal auf den Konferenzen offiziell hervorgehoben agierenden Mitglieder.

Tabelle 2: Häufig oder sehr häufig anwesende (mind. sechs Mal), *selten Funktionen übernehmende* (weniger als fünf Mal) Personen.

Person	Land	Berufsgruppe	anwesend	gesprochen
Milton Friedman	USA	Wissenschaft (Ökonomie)	6	*4*
Floyd A. Harper*	USA	*Think Tank*	6	*2*
Lawrence Fertig*	USA	Journalismus	6	*2*
Antony Fisher *	UK	Wirtschaft	6	*2*
S. Herbert Frankel *	UK	Wissenschaft (Ökonomie)	6	*2*
Jean-Pierre Hamilius *	Luxemburg	Politik	6	*0*
George A. Duncan *	Irland	Wissenschaft (Pol. Ökonomie)	7	*2*
Alfred Müller-Armack *	Deutschland	Wissenschaft	8	*2*
Volkmar Muthesius *	Deutschland	Wissenschaft	8	*2*
Edith Eucken-Erdsiek *	Deutschland	Schriftstellerin	8	*0*
Alfred Suenson-Taylor *	UK	Wirtschaft	8	*1*
Francois Trévoux *	Frankreich	Wissenschaft (Recht/Ökonomie)	8	*2*
Daniel Villey *	Frankreich	Wissenschaft (Ökonomie)	8	*3*
Andries de Graaff *	Niederlande	Wissenschaft (Ökonomie)	8	*0*
Trygve J. B. Hoff *	Norwegen	Journalismus	8	*3*
George Morisot *	Frankreich	Wirtschaft	9	*1*
Henry M. Andrews *	UK	??	9	*0*
Hans Ilau *	Deutschland	Politik	9	*3*
John V. van Sickle *	USA	Wissenschaft (Ökonomie)	10	*4*
Marie-Thérèse Genin *	Frankreich	Verlagswesen	10	*0*
Ludwig A. Hahn *	Deutschland	Wissenschaft (Ökonomie)	10	*3*
Bernhard Pfister *	Deutschland	Wissenschaft	10	*3*
Leonard E. Read *	USA	*Think Tank*	10	*1*
Christian Gandil *	Dänemark	Wissenschaft (Ökonomie)	11	*2*
Albert Hunold	Schweiz	Wirtschaft	12	*4*

* nicht unter den offiziell gewählten Amtsinhabern.

Quelle: Marc Haegemann, Inventory of the General Meeting Files of the Mont Pèlerin Society (1947–1998). Gent 2004, eigene Auswertung.

Mit Ausnahme von Hunold und Friedman handelt es sich allesamt um Personen, die keine offiziellen Wahlfunktionen der MPS inne hatten. Wissenschaftler und Nicht-Wissenschaftler halten sich in etwa die Waage unter den häufig anwesenden, aber relativ selten offiziell auftretenden Personen. Im Hinblick auf das Geschlechterverhältnis im Kreise der Neoliberalen ist an dieser Zusammenstellung interessant, dass die beiden einzigen Frauen, die als Mitglieder häufig (Edith Eucken-Erdsieck) bzw. sehr häufig (Marie-Thérèse Genin) an MPS-Konferenzen teilnahmen, nie offizielle Sprechfunktionen wahrgenommen haben.

Mit Friedrich A. Lutz und Arthur Asher Shenfield gibt es im ersten Untersuchungszeitrum nur zwei Personen, die häufig hervorgehoben agiert haben (mindestens fünf Mal), aber *relativ selten* (weniger als sechs Mal) *anwesend* waren. Beide gehörten zu den gewählten Mandatsträgern (gegen Ende des bzw. nach dem Untersuchungszeitraum).

Die folgende Tabelle 3 stellt die häufig anwesenden und häufig Funktionen übernehmenden Personen vor, also den auf beide Grenzziehungsfaktoren (Teilnahme und Sprechfunktion) bezogenen "engsten Kreis".

Tabelle 3: Häufig anwesend (mind. sechs Mal) und *häufig hervorgehoben agierende* (mind. fünf Mal) Personen:

Person	Land	Berufsgruppe	anwesend	*gesprochen*
Bruno Leoni	Italien	Wissenschaft	6	*5*
Henry Hazlitt *	USA	Journalismus	7	*6*
Fritz Machlup	USA**	Wissenschaft (Ökonomie)	9	*6*
Jacques Rueff *	Frankreich	Wissenschaft, Politik	9	*7*
John Davenport *	USA	Journalismus	9	*5*
Ludwig von Mises *	USA**	Wissenschaft/*Think Tank*	11	*6*
Wilhelm Röpke	Deutschland	Wissenschaft	12	*10*
Friedrich A.von Hayek	USA/D**	Wissenschaft	12	*6*

* nicht unter den offiziell gewählten Amtsinhabern

** nach Emigration aus Österreich

Quelle: Haegemann, Inventory of the General Meeting Files of the Mont Pèlerin Society, eigene Auswertung.

Wilhelm Röpke fällt als einziger in die Kategorie "sehr häufig anwesend und sehr häufig gesprochen", er war sicherlich bis 1962 eine der zentralsten Personen im Netzwerk. Interessant erscheint, dass im ersten Untersuchungszeitraum nur zwei der vier US-basierten unter den am häufigsten Anwesenden und Sprechenden US-Amerikaner waren (die Journalisten Davenport und Hazlitt). Abgesehen vom harten Kern der österreichischen Schule in den USA (die Ökonomen von Mises, von Hayek und Machlup) finden wir den Italienischen Rechtsgelehrten Bruno Leoni, den französischen Sozial- und Wirtschaftswissenschaftler Jaques Rueff sowie den deutschen Wirtschaftswissenschaftler Wilhelm Röpke in diesem Kreis, also allesamt europäische Akademiker. Lediglich drei (von Hayek, Röpke, Leoni) der acht zu diesem engeren Kreis gehörigen Personen hatten offizielle Wahlfunktionen in der Organisation inne.

Insgesamt lässt sich für den ersten Untersuchungszeitraum festhalten, dass *europäische Akademiker* den engeren Kreis der MPS-Mitglieder dominieren. Aus den Vereinigten Staaten tragen gemäß der vorliegenden quantitativen Auswertung insbesondere Journalisten (Davenport, Hazlitt) und Leonard Read, ein Verbandspolitiker und Stiftungsgründer, regelmäßig zur Entwicklung der MPS bei. Auch im mit 25 Personen größeren Kreis häufig anwesender, aber selten Sprechfunktionen übernehmender Personen gibt es in diesem Zeitraum nur wenige Amerikaner. Neben den Wissenschaftlern Milton Friedman und John van Sickle handelt es sich um einen weiteren Journalisten (Lawrence Fertig) und einen weiteren *Think Tank*-Mitarbeiter (Floyd A. Harper).

Abschließend ermöglicht die Auswertung der Sponsoren von Gästen (potenziell zukünftige Mitglieder der MPS) für drei Konferenzen (St. Moritz 1958, Princeton 1959, Oxford 1960) die Vermittlung eines weiteren Eindrucks besonders hervorragender Personen. Fünf MPS-Mitglieder fungierten mit mindestens zehn Einladungen besonders häufig als Sponsoren:

Tabelle 4: Sponsoren von Gästen auf drei MPS-Konferenzen.

Sponsor	Zahl der Gäste
Albert Hunold, Schweiz	46
F.A. von Hayek, USA*	20
Jasper Crane, USA	16
Antony Fisher, UK	13
Ludwig von Mises, USA*	10

* ursprünglich Österreich

Quelle: Gästelisten St. Moritz 1958, Princeton 1959, Oxford 1960, eigene Auswertung.

Aus dieser Übersicht wird zum einen die besondere Bedeutung des ersten Sekretärs der MPS ersichtlich. Neben Albert Hunold als Wirtschaftsintellektuellem war mit Jasper Crane (DuPont) ein weiterer Wirtschaftsmann (und der einzige gebürtige US-Amerikaner) für einen großen Teil der Einladungen an Gästen/potenziellen Mitgliedern verantwortlich. Crane war zentral an der Organisation des MPS-Meetings in Princeton beteiligt und arbeitete eng mit Leonard Read und Floyd Harper (beide Foundation for Economic Education) zusammen:[36] Im Gegensatz zu den anderen prominenten Sponsoren handelt es sich hier wohl eher um eine auf das Princeton Meeting bezogene Momentaufnahme.

Wie stellt sich die Situation im zweiten Untersuchungszeitraum von 1964 bis 1986 dar?

Engerer Kreis 1964–1986

Im zweiten Untersuchungszeitraum fanden ebenfalls 13 MPS-Weltkonferenzen statt, d. h. die Schwellenwerte im Hinblick auf die Konferenzteilnahme bleiben gleich (50 Prozent: 6; 75 Prozent: 10). Im Zeitraum von 1964 bis 1986 nahmen 112 Personen, also sehr viele Mitglieder, an mindestens der Hälfte der Konferenzen teil. Dies ist ein interessanter Hinweis auf die große Bedeutung, welche die Konferenzen offenbar für viele Mitglieder hatten. Die folgende Analyse und Darstellung konzentriert sich auf die demgegenüber übersichtlichere Gruppe von Personen, die an mindestens zehn Konferenzen (75 Prozent) teilgenommen haben. Damit wird die Messlatte zur Feststellung eines besonderen Engagements als Indikator für die Zugehörigkeit zu einem engeren Kreises für diesen Zeitraum höher gelegt als im ersten Zeitraum. Der größere Personenkreis wird für diesen Zeitraum bei der kombinierten Auswertung der häufig anwesenden und häufig in offiziellen Funktionen auftretenden Mitglieder berücksichtigt (Tabelle 6).

Die folgende Grafik zeigt den im Vergleich zum ersten Zeitraum recht großen Kreis von Personen, die besonders häufig, nämlich an mindestens zehn Konferenzen (75 Prozent) teilgenommen haben.

36 Phillips-Fein, Down from the Mountaintop.

Grafik 2: Personen, die auf mindestens zehn Konferenzen (gemeinsam) anwesend waren

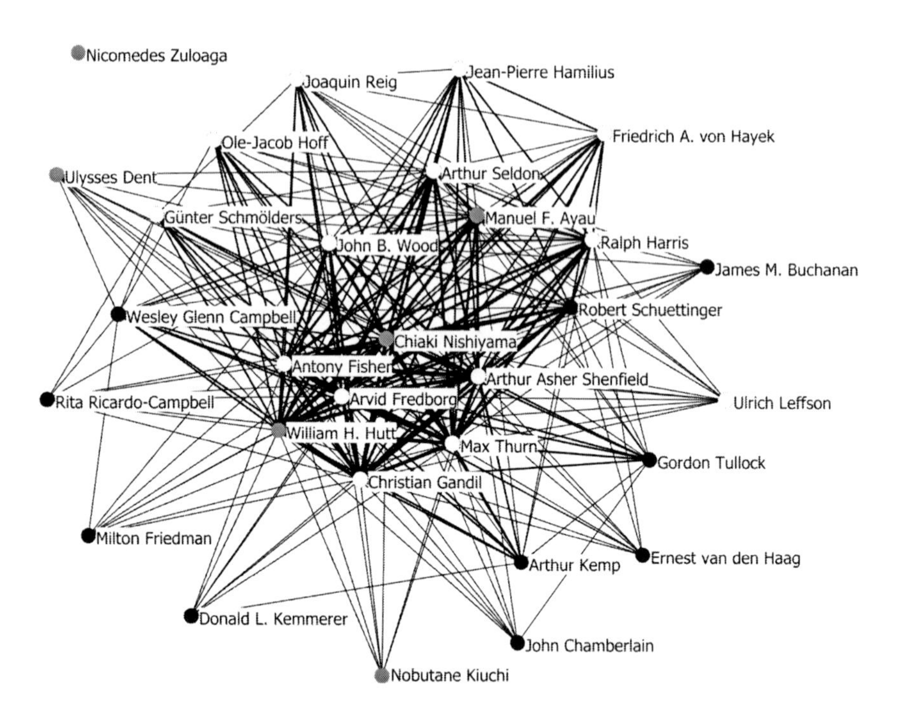

Quelle: Teilnahmelisten der MPS general meetings 1947–1986, eigene Auswertung.

Im zweiten Zeitraum war der venezolanische Publizist Nicodemes Zuloaga der einzige, der zwar nicht mindestens zehn Mal mit mindestens einer Person gemeinsam, aber insgesamt ebenfalls zehn Mal anwesend war. Interessanterweise gibt es im zweiten Untersuchungszeitraum sogar sieben Personen, die auf allen 13 Konferenzen gemeinsam anwesend waren. Es handelt sich um die w. o. bereits erwähnten Christian Gandil, Antony Fisher, Max Thurn, Artur Asher Shenfield sowie um den südafrikanischen Ökonomen William H. Hutt, den schwedischen Journalisten Arvid Fredborg und den japanischen Ökonomen Chiaki Nishiyama. Immerhin drei der Weltkonferenz-Dauergäste hatten keine Wahlfunktion inne (Fisher, Gandil, Fredborg). Insgesamt nimmt der zuvor deutlichere Eurozentrismus der Kerngruppe des MPS-Neoliberalismus ab. Neben den nun zahlreicheren US-Amerikanern stoßen Lateinamerikaner und Japaner[37] in den über die Häufigkeit der Teilnahme bestimmten engeren Kreis vor. Welchen Aufschluss erlaubt die vertiefte Analyse der hervorgehoben agierenden Mitglieder im zweiten Untersuchungszeitraum?

Insgesamt haben im zweiten Teilzeitraum deutlich mehr, nämlich 210 Personen eine offizielle (Sprech-)Funktion übernommen, und zwar wieder zwischen ein und zehn Mal. Analog zum ersten Zeitraum wird die 50 Prozent-Grenze bei fünf Redebeiträgen, die 75 Prozent-Grenze bei acht Beiträgen festgelegt. Somit umfasst der so berechnete "engere Kreis" 18 Personen, von denen elf fünf Mal gesprochen haben und jeweils zwei Mitglieder sechs bzw. sieben Mal. In die Kategorie "sehr häufig gesprochen" fallen James Buchanan mit acht Beiträgen, Milton Friedman mit neun Beiträgen und Arthur Shenfield mit zehn Beiträgen.

Wie schon für die Analyse des ersten Teilzeitraums definieren wir für die nachfolgende Zusammenstellung unterschiedlicher Teilgruppen der anhand quantitativer Kriterien bestimmten engeren Kreise folgende Grenzwerte:

- Häufig anwesend: mind. 6 Konferenzen;
- Sehr häufig anwesend: mind. 10 Konferenzen;
- Häufig gesprochen: mind. 5 Mal;
- Sehr häufig gesprochen: mind. 8 Mal.

Weil insgesamt 94 Personen auf mindestens sechs Konferenzen und damit häufig anwesend waren, die aber nur selten Funktionen übernommen haben,[38] stellen wir (Tabelle 5) für diesen Zeitraum lediglich den Kreis der Personen vor, die *sehr häufig* (mindestens zehn Mal) *anwesend* waren, aber in diesem Zeitraum *relativ selten Funktionen übernommen* haben (weniger als fünf Mal).

37 Chiaki Nishiyama hat 1960 in Chicago promoviert. Seine Doktorarbeit: "The Theory of Self-Love: An Essay on the Methodology of the Social Sciences and Esprecially of Economics, with Special References to Bernard Mandeville". Nishiyama wird von Hayek in einer Studie zum Werk David Humes prominent als Mandeville Experte zitiert, vgl. Friedrich August von Hayek, Die Rechts- und Staatsphilosophie David Humes, in: ders., Freiburger Studien, Tübingen 1969, 232-248, hier: 234.

38 43 Personen waren häufig anwesend, die keine einzige offizielle Sprechfunktion übernommen haben.

Tabelle 5: Sehr häufig anwesende, aber relativ selten Funktionen übernehmende Personen.

Person	Land	Berufsgruppe	anwesend	*gesprochen*
John Chamberlain *	USA	Journalismus	10	*0*
Ulysses Dent *	Guatemala	Wirtschaft	10	*0*
Donald L. Kemmerer *	USA	Wissenschaft (Ökonomie)	10	*0*
Nobutane Kiuchi *	Japan	Wirtschaft	10	*3*
Ulrich Leffson *	Deutschland	Wissenschaft	10	*0*
Rita Ricardo-Campbell *	USA	Wissenschaft (Ökonomie)	10	*3*
Nicodemes Zuloaga *	Venezuela	Publizistik	10	*1*
Wesley G. Campbell *	USA	*Think Tank*	11	*3*
Jean-Pierre Hamilius *	Luxemburg	Politik	11	*3*
Arthur Kemp	USA	Wissenschaft	11	*4*
Joaquin Reig *	Spanien	Wissenschaft (Ökonomie)	11	*0*
Gordon Tullock *	USA	Wissenschaft (Ökonomie)	11	*4*
Friedrich A. von Hayek	UK, USA, Deutschland**	Wissenschaft (Ökonomie)	11	*4*
Manuel Ayau	Guatemala	Wirtschaft	12	*3*
Robert Schuettinger *	USA, UK	Wissenschaft	12	*3*
Arthur Seldon *	UK	*Think Tank*	12	*3*
John B. Wood *	UK	*Think Tank*	12	*0*
Antony Fisher *	UK	Wirtschaft	13	*2*
Arvid Fredborg *	Schweden	Journalismus	13	*2*
Christian Gandil *	Dänemark	Wissenschaft (Ökonomie)	13	*4*
Max Thurn	Österreich	Politik	13	*4*

* nicht unter den offiziell gewählten Amtsinhabern
** nach Emigration aus Österreich
Quelle: Haegemann, Inventory of the General Meeting Files, eigene Auswertung.

Immerhin vier Personen in dieser Gruppe von Personen mit relativ seltenen offiziellen Konferenzauftritten im Zeitraum von 1964 bis 1986 – von Hayek, Thurn, Kemp und Ayau – hatten als Präsidenten oder Sekretäre Wahlfunktionen inne. Gemäß den vorliegenden Angaben handelte es sich ansonsten in diesem Zeitraum überwiegend um Mitglieder aus den Bereichen *Think Tank*, Politik und Wirtschaft, die sehr häufig teilnahmen, aber relativ selten zu den Konferenzen in offiziellen Funktionen beitrugen. Immerhin aber traf dies auch für neun zum Teil sehr renommierte Wissenschaftler zu, die somit nicht in erster Linie in ihrer Funktion als Experten kamen. Immerhin sechs Personen nahmen sehr regelmäßig teil, ohne auf den Konferenzen offizielle Funktionen wahrzunehmen.

Im zweiten Untersuchungszeitraum gibt es keine Personen, die häufig hervorgehoben agierten (mind. fünf Mal), aber seltener (weniger als sechs Mal) anwesend waren. Häufig anwesend (mind. sechs Mal) waren und häufig hervorgehoben agiert (mind. fünf mal) haben folgende Personen (Tabelle 6):

Tabelle 6: Häufig anwesende und häufig Funktionen übernehmende Personen.

Person	Land	Berufsgruppe	anwesend	*gesprochen*
Herbert Giersch	Deutschland	Wissenschaft (Ökonomie)	6	*5*
Fritz Machlup	USA**	Wissenschaft (Ökonomie)	6	*5*
Sergio Ricossa *	Italien	Wissenschaft (Ökonomie)	6	*5*
Jacques van Offelen *	Belgien	Politik	6	*5*
George J. Stigler	USA	Wissenschaft (Ökonomie)	6	*6*
Gottfried Haberler *	USA**	Wissenschaft (Ökonomie)	8	*5*
Gaston Leduc	Frankreich	Wissenschaft (Ökonomie)	8	*5*
Barbara Shenfield *	UK	NGO	8	*5*
Ramon Diaz	Uruguay	Wissenschaft (Ökonomie)	9	*6*
Ernest van den Haag *	USA**	Wissenschaft	10	*5*
James M. Buchanan	USA	Wissenschaft (Ökonomie)	10	*8*
Milton Friedman	USA	Wissenschaft (Ökonomie)	10	*9*
Ole-Jacob Hoff *	Norwegen	Journalismus	11	*5*
Günter Schmölders *	Deutschland	Wissenschaft	11	*5*
Ralph Harris	UK	*Think Tank*	12	*7*
William H. Hutt *	Südafrika***	Wissenschaft	13	*5*
Chiaki Nishiyama	Japan	Wissenschaft (Ökonomie)	13	*7*
Arthur A. Shenfield	UK	*Think Tank*	13	*10*

Quelle: Haegemann, 2004: Inventory of the General Meeting Files of the Mont Pèlerin Society (1947–1998), eigene Auswertung.

* nicht unter den wichtigen Amtsinhabern

** nach Emigration aus Österreich (Haberler) bzw. Niederlande (van den Haag)

*** ursprünglich Großbritannien

Lediglich drei Personen, James M. Buchanan, Milton Friedman und Arthur Asher Shenfield waren sehr häufig anwesend und haben sehr häufig offizielle Sprechfunktionen übernommen. Mit Buchanan, Friedman und Stigler gibt es in der zweiten Untersuchungsperiode drei gebürtige US-amerikanische Akademiker, die zum engsten Kreis häufiger Teilnehmer/Sprecher der MPS gehören, während die US-amerikanische Beteiligung (abgesehen von den emigrierten Österreichern) zuvor wie gezeigt überwiegend aus Journalisten bestand. Lediglich ein Japaner (Nishiyama) ergänzt noch die Gruppe der insgesamt nach wie vor dominierenden Europäer. Immerhin acht unter diesen besonders häufig aktiven MPS-Mitgliedern sind nicht unter den offiziellen Amtsinhabern (z.B. der Italiener Ricossa, der Norweger Hoff etc.), können also erst mit Hilfe der quantitativen Analyse ins Rampenlicht gerückt werden.

Für den zweiten Untersuchungszeitraum liegen Sponsorenlisten für acht Konferenzen vor. Besonders häufig als Sponsoren fungierten in diesem Zeitraum folgende Personen:

Tabelle 7: Sponsoren von Gästen auf drei MPS-Konferenzen.

Sponsor	Zahl der Gäste
Chiaki Nishiyama, Japan	110
Ralph Harris, UK	71
Antony Fisher, UK	41
Arthur A. Shenfield, UK	40
Leonard E. Read, USA	29
Milton Friedman, USA	23
Wesley Glenn Campbell, USA	22
Henry Manne, USA	22
Manuel Ayau, Guatemala	17
Antonio Martino, Italien	16
James M Buchanan, USA	14
Max Thurn, Österreich	13
Friedrich A. von Hayek, Deutschland*	13
Dennis Bark, USA	12

* ursprünglich Österreich

Quelle: Gästelisten Aviemore 1968, Montreux 1972, Brüssel 1974, St. Andrews 1976, Hong Kong 1978, Stanford 1980, Cambridge 1984, St. Vincent 1986, eigene Auswertung.

Über die in Tabelle 7 genannten Personen hinaus trat zum einen das Hoover Institut als Sponsor auf (29 Einladungen im Zusammenhang mit der MPS-Konferenz in Stanford 1980). Zum anderen fungiert das Commitee der MPS 63 Mal als Sponsor von Gästen, wobei zwischen einem Executive Committee und einem Program Committee unterschieden wurde. Wiederum werden z.B. mit dem Law and Economics Professor Henry Manne und den Mitarbeitern der Hoover Institution, Campbell und Bark, Personen in besonderen Funktionen sichtbar, die nicht unter den Amtsträgern der MPS zu finden sind. Gegenüber den (bekannten) Akademikern (Friedman, Buchanan, Hayek) waren *Think Tank*-Mitarbeiter (Harris, Shenfield, Read, Campbell, Bark) und Wirtschaftsleute (Fisher, Ayau) offenbar sehr aktiv bei der Rekrutierung von Gästen (und damit potenziellen Mitgliedern) – gefolgt von Politikern unter den MPS-Mitgliedern wie Antonio Martino und Max Thurn. Nishiyamas 110 Einladungen standen im Wesentlichen im Zusammenhang mit der Rekrutierung von Gästen für das Hong Kong-Meeting der MPS im Jahr 1978. Zweifelsohne war Nishiyama die zentrale Person der MPS in Japan. Leider ist über ihn und seine neoliberalen Aktivitäten in Japan noch sehr wenig bekannt.

Schlussbetrachtung

Die quantitative Netzwerkanalyse zeigte für den ersten Untersuchungszeitraum (1947–1962) die Namen von vier Personen des engeren Kreises (häufige und hervorgehobene Teilnahme), die keine Wahlämter inne hatten. Im zweiten Zeitraum wird die Aufmerksamkeit auf insgesamt neun Personen gelenkt. Die folgende Tabelle 8 fasst die Ergebnisse bzgl. der Personen zusammen, die keines der wichtigsten Wahlämter innehatten:

Tabelle 8: Häufig anwesende und Funktionen übernehmende MPS-Mitglieder, die im Untersuchungszeitraum keine der wichtigsten Wahlfunktionen wahrgenommen haben.

Zeitraum	Person	Land	Berufsgruppe
1947–1962	Henry Hazlitt	USA	Journalismus
	Jacques Rueff	Frankreich	Wissenschaft, Politik
	John Davenport	USA	Journalismus
	Ludwig von Mises	USA**	Wissenschaft

Zeitraum	Person	Land	Berufsgruppe
1964–1986	Sergio Ricossa	Italien	Wissenschaft
	Jacques van Offelen	Belgien	Politik
	Gottfried Haberler	USA**	Wissenschaft
	Barbara Shenfield	UK	NGO
	Ramon Diaz *	Uruguay	Wissenschaft
	Ernest van den Haag	USA **	Wissenschaft
	Ole-Jacob Hoff	Norwegen	Journalismus
	Günter Schmölders	Deutschland	Wissenschaft
	William H. Hutt	Südafrika**	Wissenschaft

* Diaz wurde später zum Präsidenten der MPS gewählt (1998–2000).
** nach Emigration aus Österreich (von Mises, Haberler), Niederlande (van den Haag) und UK (Hutt)

Einige der hier identifizierten Personen standen sicherlich nicht wirklich "im Schatten von Hayek und Friedman", z.B. die beiden Exil-Österreicher Ludwig von Mises und Gottfried Haberler oder auch der französische Wirtschaftstheoretiker und Europapolitiker Jacques Rueff und der belgische liberale Politiker (und Minister) Jacques Offelen. Die beiden US-amerikanischen Journalisten Henry Hazlitt und John Davenport wurden bislang in ihrer zentralen Rolle als US-amerikanische Neoliberale in der Anfangszeit der neoliberalen Bewegung gegenüber den berühmteren Akademikern vermutlich eher unterschätzt. Ihre Arbeit hat zweifelsohne in den USA, aber auch in Großbritannien erheblich zur Steigerung des Renommees neoliberaler Akademiker beigetragen: Das erste vom Institute of Economic Affairs in London publizierte Buch wurde z.B. rasch vollständig verkauft, nachdem es von Henry Hazlitt in der Zeitschrift *Newsweek* positiv besprochen worden war.[39] Mit Arvid Fredborg ergänzt ein weiterer Journalist (aus Schweden) im zweiten Untersuchungszeitraum die Liste der in bestimmten Zeiträumen sehr häufig anwesenden Mitglieder, die keine der wichtigen offiziellen Funktionen der MPS wahrnahmen. Der Norweger Ole Jacob Hoff (Zeitschrift Farmand) war Dauergast und übernahm häufig hervorragende Funktionen. Er diente der MPS auch als Editor eines vorübergehend publizierten Newsletters.

39 Vgl. Frost, Antony Fisher: Champion of Liberty.

Wer waren Sergio Ricossa, Barbara Shenfield, Ramon Diaz, Ernest van den Haag, Günter Schmölders und William H. Hutt, und was trugen sie zur Entwicklung des neo- bzw. rechtsliberalen Denkens bei? Abgesehen von den Journalisten lenkt die quantitative Netzwerkanalyse häufig anwesender und sprechender Mitglieder ohne Top-Wahlämter die Aufmerksamkeit mit Sergio Ricossa auf einen italienischen Politikökonomen (Universitäten von Catania und Turin), der darüber hinaus Funktionen in den italienischen *Think Tanks Centro Luigi Einaudi* und *Istituto Bruno Leoni* wahrnahm. Die Soziologin Barbara Shenfield war die erste Frau im Kreise der MPS-Mitglieder, die häufig offiziell zu Wort kam. Sie gab ihre akademische Karriere (Lecturer Birmingham University, Mitgründerin Buckingham University) in den 1980er Jahren zugunsten des Chefsessels des *Women's Royal Voluntary Service* auf. Barbara Shenfield hatte ebenso wie ihr Mann Arthur Funktionen im Institute of *Economic Affairs* und im *Adam Smith Institute* inne.[40] Ramón Díaz wiederum war Wirtschaftsprofessor in Uruguay und Chef der dortigen Zentralbank. Nach dem guatemaltekischen Unternehmer Manuel Ayau wurde er später als zweiter Lateinamerikaner zum Präsidenten der MPS gewählt. Der (Rechts-)Soziologe *Ernest van den Haag* war *John M. Olin Professor of Jurisprudence and Public Policy* an der Fordham University und verbreitete seine radikalen Positionen (z.B. für die Todesstrafe und für Rassensegregation) während 45 Jahren in einer regelmäßigen Kolumne der Zeitschrift *National Review*.[41] Viele Beobachter ordnen solche Denkvorstellungen eher dem neokonservativen als dem neoliberalen Lager zu, übersehen dabei aber die Breite des neoliberalen Spektrums, das in manchen Fragen extrem weit rechts angesiedelt ist. Recht, Sicherheit und Staat können bei vielen Rechtsliberalen durchaus Vorrang haben gegenüber (wert-)konservativen ethischen Erwägungen. Der deutsche Sozialökonom Günter Schmölders schließlich gründete "1958 (...) in Köln die *Forschungsstelle für empirische Sozialökonomik*, in der Theorien über ökonomisch relevantes Verhalten unter Rückgriff auf Erkenntnisse der Psychologie, Sozialpsychologie und Soziologie erstmals interdisziplinär mit den Mitteln der empirischen Sozialforschung überprüft und analysiert wurden (...). Die von Schmölders begründete sozialökonomische Verhaltensforschung als

40 In einem Nachruf findet sich ein schöner Hinweis auf die Wahrnehmung der relativen Bedeutung von Barbara Shenfield, von Hayek und Friedman: "As a member of the Mont Pelerin Society, an international group of liberal intellectuals, she would attend their prestigious international conferences with Milton Friedman and Friedrich von Hayek." (Obituary: Dame Barbara Shenfield, The Independent, London, 26.6.2004, by Harry Phibbs) [findarticles.com/p/articles/mi_qn4158/is_20040626/ai_n12793740/pg_1] (28.5.08).

41 [en.wikipedia.org/wiki/Ernest_van_den_Haag] (28.5.08).

empirische Wissenschaft ist eine für einen dem Neoliberalismus verschriebenen Wissenschaftler der 1950er und 1960er Jahre erstaunliche Hinwendung zu einer weltoffenen Wirklichkeitsnähe, wie sie zu dieser Zeit keineswegs überall anzutreffen war", schreiben *Wikipedia*-Autoren in offensichtlicher Verwechslung neoliberaler Ökonomen mit neoklassischen Modellökonomie.[42] Der an der Londoner LSE ausgebildete William H. Hutt schließlich machte sich einen Namen als Kritiker von Gewerkschaften. Er attackierte das Apartheidregime in seiner Wahlheimat Südafrika aufgrund der Monopolstellung weißer Gewerkschaftsmitglieder.[43]

Über die Arbeit und das Wirken vieler der hier als dem engeren Kreisen zugehörig identifizierten Personen im Rahmen der *Mont Pèlerin Society* und darüber hinaus ist z. T. noch sehr wenig bekannt. Zum Teil hatten die hier identifizierten Personen (weniger wichtige?) Ämter in der MPS inne, die weder auf der Webseite der MPS noch in der Literatur vollständig dokumentiert sind. So war van Offelen 1964 z.B. Vizepräsident, gehörte Sergio Ricossa von 1976–1982 dem *Board of Directors* an. Andere hatten zwar keine Ämter inne, werden aber, wie von Mises, sicher nicht zu Unrecht von Hartwell als besonders einflussreich beschrieben.[44] Die Auswahl des Wirtschaftsmannes Manuel Ayaus für das Präsidentenamt hatte sicherlich viel mit seinem Beitrag zur Gründung der explizit neoliberal ausgerichteten *Marroquin* Universität in Guatemala zu tun.[45] Die Verbreitung des neoliberalen Denkens in Lateinamerika profitiert zudem zweifelsohne von der Sichtbarkeit lokaler Protagonisten wie derzeit etwa Hernando de Soto.[46]

Wenngleich sich die Teilung des Gesamtzeitraums von 1947 bis 1986 in zwei Teilzeiträume als sinnvoll erweist (z.B. um früh verstorbene oder ausgeschiedene Personen zu erfassen), ermöglicht die Auswertung des längeren Gesamtzeitraums wichtige Ergänzungen. Einzelne Personen können auf diesem Weg identifiziert werden, die aufgrund des Schnitts der Teilzeiträume verloren gehen. So war z.B. der amerikanische Ökonom Benjamin Rogge (Wabash College, Indiana) auf 13 Konferenzen anwesend (vier offizielle Sprechfunktionen), taucht aber in keinem der Teilzeiträume als Zugehöriger des "engeren Kreises" auf.

42 [de.wikipedia.org/wiki/G%C3%BCnter_Schm%C3%B6lders] (28.5.08).

43 [en.wikipedia.org/wiki/W.H._Hutt] (28.5.08).

44 Vgl. Hartwell, A History of the Mont Pelerin Society, 230.

45 Manuel Ayau, The War of Ideas in Guatemala, in: John C. Goodman/Ramona Marotz-Baden (Hg.), Fighting the War of Ideas in Latin America, Dallas 1990, 138-146.

46 Tim Mitchell, Property Rights against Poverty, in: Philip Mirowski/Dieter Plehwe (Hg.)., The Making of the Neoliberal Thought Collective, Cambridge (im Erscheinen).

Wenn im Rahmen einer historisch-sozialen Netzwerkanalyse kürzere Zeiträume (Generationen) festgelegt werden (müssen), so kann eine Kontrolluntersuchung längerer Zeiträume der Diskriminierungsgefahr begegnen.

Ohne Zweifel bewährt sich das vorgestellte Verfahren einer quantitativen historisch-sozialen Netzwerkanalyse, um Personen sichtbar zu machen, die sich häufig und in einigen Fällen hervorgehoben an den Weltkonferenzen beteiligt haben, aber keine offiziellen Ämter im Rahmen der *Mont Pèlerin Society* bekleideten. Für diesen Personenkreis empfiehlt es sich, im Rahmen einer genaueren qualitativen Untersuchung zu prüfen, ob die Hypothese der Zugehörigkeit zu einem engeren Kreis haltbar ist. Darüber hinaus könnte ein genauerer Vergleich der beiden Teilzeiträume zur Klärung von weiteren Fragen beitragen: Kann von einer Verschiebung des Gravitationszentrums weg von Europa gesprochen werden, oder ist es sinnvoll, von der Entwicklung mehrerer Gravitationszentren zu sprechen? Wie homogen bzw. heterogen (im Sinne von Zugehörigkeit zu verschiedenen Strömungen des Neoliberalismus) sind die engeren Kreise und wie verändert sich die Komposition im Laufe der Zeit? Dazu müssten genauere inhaltliche Profile der Personen erarbeitet werden, die hier im Rahmen eines rein quantitativen Verfahrens ermittelt wurden. Zu den weiteren Fragen, die sich vor dem Hintergrund der vorliegenden Ergebnisse stellen, gehört auch die Klärung des rasanten Anstiegs von 33 Mitgliedern, die im ersten Untersuchungszeitraum häufig auf Weltkonferenzen anwesend waren, auf 122 Mitglieder, die im zweiten Untersuchungszeitraum häufig anwesend waren. Ansätze zur Erklärung hierfür könnten z.B. die in diesem Zeitraum stattfindende Vergrößerung der MPS sein und der vermutlich wachsende Wohlstand der Mitglieder (bzw. der sie unterstützenden Stiftungen). Macht es einen Unterschied, ob Mitglieder eine Verdichtung ihrer Kontakte suchen oder ob eine wachsende Zahl von Sponsoren für die regelmäßigere Anwesenheit verantwortlich ist? Ob die häufige und häufig gemeinsame Anwesenheit auf Konferenzen Konsequenzen hatte, könnte mittels einer Analyse von Kooperationen zwischen Mitgliedern geprüft werden. Schließlich wäre es aufgrund der vorliegenden Ergebnisse von Interesse, die (Veränderung der) Zusammensetzung der engeren Kreise z.B. im Hinblick auf die verschiedenen Berufsgruppen genauer zu analysieren. Besonders die Gruppe der Journalisten und Intellektuelle aus Unternehmen und Wirtschaftsverbänden verdienen gezieltere Aufmerksamkeit, aber zweifelsohne auch die zahlreichen weltweit weniger prominenten Wissenschaftler.

Wie ergiebig die quantitative historisch-soziale Netzwerkanalyse zur Klärung der aufgeworfenen Frage nach einem engeren Kreis bzw. engeren Kreisen im Rahmen der *Mont Pèlerin Society* ist, lässt sich nicht ohne eine qualitativ vertiefte Forschung auf Basis der Korrespondenz wichtiger MPS-Mitglieder, weiterer

Konferenzunterlagen und Analysen der inhaltlichen Beiträge sowie ihrer Zirkulation klären. Ob überaus regelmäßige Gäste der MPS *general meetings* wie der dänische Ökonom Christian Gandil tatsächlich mehr Beachtung verdienen, bzw. inwiefern sie ggf. mehr Beachtung verdienen, lässt sich erst anhand einer qualitativ vertiefenden Studie aufschlüsseln. Laut Ebenstein erinnert sich Gandil daran, dass die frühen Treffen von Europäern dominiert wurden, während später US-Amerikaner stärker im Vordergrund standen.[47] Das lässt sich im Hinblick auf die regelmäßig teilnehmenden und häufig in offiziellen Funktionen zu Wort kommenden Mitglieder höchstens durch die im zweiten Zeitraum sehr häufigen Interventionen von Milton Friedman und James Buchanan belegen. Generell wird der Anteil der Europäer an der Entwicklung des MPS-Neoliberalismus insgesamt und speziell auch in den USA eher unter- als überschätzt, wenn die häufige und besonders hervorragende Teilnahme an den Weltkonferenzen als sinnvoller Indikator erachtet werden kann.

Zumindest in einer Hinsicht hat der bislang sicherlich wenig berücksichtigte dänische Vielflieger Gandil jedenfalls eine hervorragende Rolle für die MPS(-Forschung) gespielt: Er überließ seine wohl geordneten Konferenzunterlagen dem *Liberaal Archief* in Gent und leistete damit einen unschätzbaren Beitrag zur historisch-sozialen Netzwerkforschung, mit deren Hilfe die Geschichte neoliberaler Personenkreise, Organisationszusammenhänge und Diskurse in Zukunft genauer rekonstruiert werden kann.

47 Gandil wurde von Alan Ebenstein für seine Hayek-Biographie interviewt, wird dort aber fälschlich als langjähriges *niederländisches* MPS-Mitglied bezeichnet. Alan Ebenstein, Friedrich Hayek. A Biography, Chicago 2003, 192.

Augusta Dimou

Knowledge Transfer: Intellectuals' Networks and the Transmission of Socialist Theory in the Southeast European Periphery

Introduction

Along with other theories of mass representation of the nineteenth century, socialism entered the space of Southeastern Europe as one of the options of constructing political modernity in the region. Due to the structural discrepancies between socialism's locus of inception – Western Europe – and the area of its adaptation – Southeastern Europe – socialism was to receive its entry ticket in the region not as a theory responding to the exigencies of modernization and the industrial revolution, but rather in reverse correlation, as a recipe for modernization. Concomitantly, it were to proliferate in the first place as a part of a discursive modernity informing the imaginary of progress, before it could claim the political representation of the social subjects that would come about as a result of the social polarization of modernization processes.[1]

The dissemination of socialism in the Balkans was a gradual process. In the initial phase, during the 1850s and 1860s, it involved the infiltration of clusters of

1 Noteworthy in this respect are the reflections of the Romanian socialist Dobrogeanu-Gherea, who stressed the reverse correlation between structure and superstructure in the countries of the periphery. In his "Socialism in Backward Countries," he argued, that "the fact that the evolution of backward societies is influenced and even determined to a large extent by advanced societies gives rise to two fundamental peculiarities in the way in which backward societies evolve. The first concerns the time span of the evolution, which is shorter than in advanced countries. The second is that in backward societies, political, social, juridical and other forms [the superstructure] are transformed before the socio-economic basis is developed, a basis which in advanced countries gave birth to this superstructure." Quoted in: Georges Haupt, Model Party: the Role and Influence of German Social Democracy in South East Europe, in: Georges Haupt, Aspects of International Socialism 1871–1914, Cambridge 1986, 57.

radical ideas often in the form of eclectic amalgamations, progressively replaced, from the 1870s and particularly the 1890s onwards, through the systematic transfer of models or paradigms from the various centers of European intellectual authority into the southeastern periphery. What constituted an authoritative center changed through time following the fortunes of the international socialist movement; Bits of French and Italian radical thought in the mid of the nineteenth century, a strong influence emanating from Russia during the 1860s to the 1880s for the greatest part of the north-central Balkans, a switch of focus to west-central Europe, predominantly Germany (to a lesser extent Austria), from the 1890s onwards until the First World War, and a major reorientation towards Soviet Russia from the inter-war period and after. The geo-strategic architecture of the Cold War cemented this last connection through the institutionalization of Peoples' Democracies in the largest part of the peninsula during the 1940s. Nevertheless, the Balkans provided also for challenges and alternatives to the bipolar geopolitical constellation of the post-war period. Yugoslavia represented not only a different model of socialist development, but occupied after the Stalin-Tito split in 1948 and the eventual reconnection to Russia after 1953, also a particular position between East and West. Finally, the split of the Greek communist movement in communists and euro-communists after 1968 signaled also the beginning of a dual European orientation within the Greek communist movement.

Due to their intermediary, liminal geographic location between East and West and their diachronic position at the cross-roads of Europe, the Balkans exemplify well, almost in the form of a miniature, the convolute and interactive history of European socialism, ranging from the reception of Italian and Russian anarchism and Russian populism to Social Democracy, Bolshevism, Trotskyism, Euro-communism, etc. The reception each time of all these different currents was not merely a reflection of the diversity and the vicissitudes of the international socialist movement, and the diverse intellectual and cultural traditions both of western and eastern origin that impregnated the various Balkan countries. It bears also witness to the local preoccupations of the Balkan socialists and the internal local dynamics of the local/regional sections of the socialist movement.

The history of Balkan socialism pertains, therefore, to the international and transnational history of socialism altogether, and offers itself as an interesting case study in the dissemination of European political and intellectual traditions at the fringes of Europe. It can furthermore stand emblematic of the multiple influences and passages of orientation from East to West and the other way around. It attests to the entangled and convolute relationship between the eastern and western part of the continent and their reciprocal, interdependent and complex history. It is precisely in these multi-lateral and interconnected aspects, that the history of socialism can be understood best as constituting a part of the common European legacy. It implicated diverse parts of the continent in transnational transfer processes, partaking along with other intellectual systems to the historical development, which is commonly referred to as "Europeanization."[2] The prevailing Cold War dichotomy and its equally simplistic follow-up, pointedly stylized as the "return to Europe" for its east-central orphan half, often overshadow this fact. Perspicacious historians have already pointed at the conceptual problems accompanying the writing of an authentically shared and balanced European history, able to encompass in an equilibrated manner the legacy of both its eastern and western parts.[3] Apparently the Cold War perspective has survived also in another respect. The canonization of socialism/communism in a "respectable" western and a "contrite" eastern variant obstructs the integration of the history of socialism/communism in an interconnected European history, that is, not merely a history pertaining to the ex-Eastern Block, the locus where the communist experiment was materialized, but as a history shared by both the western and eastern parts of the continent during the twentieth century.[4] However, even as conflictual or separated history, these two continental stories are heavily dependent upon each other, and each one of them is completely unthinkable without its twin half. The post-communist canonization of European history as an uninterrupted

2 The term "Europeanization" does not refer to a coherent and value in-build specific worldview or civilization. Rather, it is applied here as a term to designate the legacy of diverse shifts in innovation, the development of intellectual systems and the crystallization of power constellations, which in various forms and multiple layers influenced one way or the other the old continent and the world beyond it. In their interaction, be it in the form of accumulation, conflict, complementarity or contradiction they constitute what we call European history or the legacy of Europe. By the same token, "Europeanization" entails neither a belief in unconditional and perpetuating progress nor a dictate of unity. Socialist theory constituted part of European modernity in so far as it was a product of European modernity and simultaneously an answer to it. In conjunction with other intellectual systems that left a long-lasting intellectual and political imprint on the continent, such as the Enlightenment, the Romantic or Liberalism, Socialism produced also exegetical narratives, thinking patterns, analytical categories and transnational identities, which appeared credible to and were appropriated by large sections of the European populations as constituting part of their vision of modernity.

3 On the relationship between West European and East European history as a methodological, cognitive and historical problem in the context of producing a new European history, see: Hartmut Kaelble, Europäische Geschichte aus westeuropäischer Sicht?, in: Gunilla Budde/ Sebastian Conrad/Oliver Janz (eds.), Transnationale Geschichte, Themen, Tendenzen und Theorien, Göttingen 2006, 105-116; see also Manfred Hildemeier, Osteuropa als Gegenstand vergleichender Geschichte, in: ibid., 117-136.

4 Augusta Dimou, Alter Wein in alten Flaschen? Darstellungen von Sozialismus in deutschen Schulbüchern, in: Internationale Schulbuchforschung 4/2004, 347-363.

path towards democracy, intentionally more than unintentionally, ostracizes the history of communist Eastern Europe from the canon of European history and "normative" European development. Last but not least, the history of socialism/communism is intricately related to yet another diachronic challenge of European history, that is, the broader issue of European modernization and its diverse and unequal paths. As such it raises the greater question of European socio-economic development and whether this should be regarded as a one-way street or as a process consisting of multiple modernities, that is, diverging modernization paths and models as well as developmental zones.

The History of Socialism and Transfer

The intellectual history approach to socialism has traditionally stressed the dissemination of ideas, in other words, the transnational history of socialism. Intellectual history both of a local and international brand, has by and large canonized the transmission of various socialist paradigms according to a universalizing measure-stick of orthodoxy vs. deviation, while usually under-estimating the local dynamic of the receiving societies. The international history of socialism has not really detached itself from this static model of transmission, reiterating in a certain way some of the thinking patterns not inimical to the socialist movement itself. The belief in the "nomothetic" development of history, that is, that the world peripheries were only bound to recapitulate the processes of the most advanced capitalistic countries, perhaps only in a different tempo, was a deeply ingrained belief of marxist orthodoxy and left little space for more intricate and entangled perspectives.[5] While emphasizing the transnational character of the transmission process, the analytical perspective of these exegetical approaches usually remains focused on the perspective of the authoritative center. Ironically, whereas, on the one hand, incorporating the world's peripheries into a narrative of world history was one of the emancipatory intentions of international socialism, on the other hand, precisely this view fails to inscribe into the history of international socialism the standpoint of its own peripheries.

Newest methodological approaches emanating from cultural studies and the study of the history of ideas, contest this static model of transmission, emphasizing

5 Marcel van der Linden advances a similar argument with respect to the historical conceptualization of workers' and labor movements in world peripheries. See his Transnationale Arbeitergeschichte, in: Transnationale Geschichte, 265-274.

rather the reciprocal character of transfer processes.[6] Dealing predominantly with bilateral transfer relationships between diverse cultural entities and geographic zones, the central ambition of transfer studies, is to illucidate transport as a "process" in the making, rather than as the simple reflex, the mere product of a copying or mimetic act. By paying strong attention to the actual process of transmission and the social and cultural aspects of contextualization, it is shown, that transfer from one context into the other is tantamount to creative activity that can be best understood as relational and interconnected history. The focus thus is not only on dissemination and the filters of diffusion, but most importantly on the process of creative appropriation from the side of the receiver society.[7] The process of reception resembles rather that of a "translation," an adaptation, whose outcome proceeds in "negotiation" with a given context.

Adaptation, that is, the way an ideological system can be rendered intelligible for a society, advances according to a menu of options but also of limitations, and is moreover contingent upon a variety of contextual conditions: the socio-economic background of a society, the time factor, that is, the moment a given paradigm enters a society, the correlation between global and local timing, the capacity of a paradigm to generate meaning in a society and its capacity to carve out a distinct political space in a given political environment or constellation. As individual components or in their combination, several of these factors determine largely the political viability of a newly introduced theory. The adaptation of socialist paradigms did not always lead to flexible forms of "glocalized" thinking. On the contrary, the interplay between global and local, bridging theory and practice were often cumbersome exercises for the socialists of the periphery. As I have tried to demonstrate elsewhere,[8] the process of "translation"

---

6 The literature on "transfer" is voluminous, here only some representative examples: Michel Espagne/Michael Werner (eds.), Transferts. Les relations interculturelles dans l'espace franco-allemand (XVIIIe et XIX siècle), Paris 1988; Michel Espagne/Matthias Middell (eds.), Von der Elbe bis an die Seine. Kulturtransfer zwischen Sachsen und Frankreich im 18. und 19. Jahrhundert (Deutsch/Französische Kulturbibliothek. Bd. 1), Leipzig 1993; Hans-Jürgen Lüsebrink/Rolf Reichardt (eds.), Kulturtransfer im Epochenbruch Frankreich-Deutschland 1770 bis 1815, Leipzig 1997; Rudolf Muhs (ed.), Aneignung und Abwehr. Intellektueller Transfer zwischen Deutschland und Großbritannien im 19. Jahrhundert, Bodenheim 1998; Joachim Matthes (ed.), Zwischen den Kulturen? Die Sozialwissenschaften vor dem Problem des Kulturvergleiches (Soziale Welt, Sonderband 8), Göttingen 1992; Hartmut Kaelble/Jürgen Schriewer (eds.), Vergleich und Transfer, Komparatistik in den Sozial-, Geschichts- und Kulturwissenschaften, Frankfurt/Main 2003.

7 Michel Espagne, Les transferts culturels franco-allemands, Paris 1999, 23-26.

8 For a detailed analysis, see: Augusta Dimou, Entangled Paths Towards Modernity. Contextualizing socialism and nationalism in the Balkans. Budapest/New York 2009 (forthcoming).

required often a form of adaptation more akin to the transformation, mutation or even the displacement of a paradigm. In other words, the introduction of socialism came eventually to fulfill a different political function than was intended originally. The fact that in some cases the contextualization of a paradigm seemed to reach a dead-end, was often cause for "reconsideration," prompting socialists often to seek alternatives in "revisionist" or "deviationist" models. The search for alternatives (for ex. Marxist orthodoxy vs. Revisionism or Stalinism vs. Trotskyism, just to mention a few) was not only a reflex of the theoretical or practical power struggles within the international socialist movement. It was at the same time the result of local gestations in search for appropriate answers to local dilemmas. The development of the Yugoslav socialist model was precisely the result of the combination of both dilemmas. Furthermore, on an additional analytical plane, relating to theoretical debates in the international socialist arena was also an instrument, a way of settling "personnel" issues within the local sections of the socialist movement. Positioning oneself thus between the international and the local level and within the various concentric circles of proximity or distance to the authoritative center, was a complex interplay often involving utilitarian interests both on the macro- and the micro-scale, that is, as much from the side of the center as from the side of the periphery, in spite of their asymmetrical relationship. This complex nexus of reciprocity naturally reached its apogee in the case of the Third International. The history of the compound center-periphery relations within the context of the Comintern remains still to be written.

Intellectuals' Networks and Transfer

Ever since the late eighteenth century, the transmission of diverse intellectual influences in the Balkans was the result of the labor of "learned men" (merchants, civil servants, clergymen, teachers). With the gradual extension of education as part of the nation- and state-building process, the transfer of ideas, became the domain of activity of intellectuals in the broad sense of the term. Based on extensive and elaborate networks of communication , both groups functioned as "middlemen," as intermediary "channels" for the dissemination of knowledge connecting thus the Balkan lands with the major centers of intellectual production and the broader currents of European thought. More than simply carriers of ideas, intellectuals also functioned both metaphorically and literally, as the principle "translators" of the new credos.

Network analysis explores patterns of social activity and organization with the intention to render visible structures and behavioral patterns, which due to the absence of an institutionalized structure usually remain invisible. Network analysis therefore can be a resourceful methodological tool when it comes to the study of transnational intellectual transfer. It aims in the first place at identifying the channels of communication, the directions in which information flowed as well as the connecting and re-distributive knots in the circulation of knowledge-capital. This analytical angle in the study of networks delivers interesting information about the geographical distribution (directions, range, extent, dynamic) of transfer, the prominent and prevalent or less prevalent streams of ideas and their carriers, the genealogies of transmission, the proliferating figures of an age as well as the social and cultural capital they accumulated via association. Furthermore it can shed light on the milieus in which intellectuals operated, the social, political and intellectual milieus to which they managed to connect to, as well as the milieus which they wished to encompass or relate to. In addition, the study of intellectuals' networks in conjunction with the study of elites can provide valuable information on the social background and the social activity of intellectuals, the social organization of an intellectual and/or cultural establishment, the prevalence of certain intellectual paradigms or traditions over others, the structures and forms of association, which in their turn can help explain the propensity of social actors to behave according to specific patterns. Intellectuals' networks fulfilled a double function; on the one hand they aimed at securing the flow of information, while guaranteeing on the other, the expansion of the sources and resources of information. Last but not least, the combination of network and transfer analysis can be fruitfully applied in the study of center-periphery relations as well as in the study of intra-periphery relations. In the first case, it seeks to illuminate the connections and transfers between the diverse European sources/centers of authority and the Balkans, while in the second it inquires into the transfer processes within the Southeast European space.

Networks are self-promoting channels in the name of specific interests. Their capacity to function both as inclusive and exclusive mechanisms and their need for expansion, make them dynamic and at the same time stable and flexible social organisms. They serve both the advancement of individual and group interests, usually fusing both aspects. Despite the fact that a network is weakly institutionalized, the social actors involved tend nevertheless to develop particular forms of behavior. Analysis of networks in conjunction with transfer may help to identify the changing geographical orientation of intellectual transfer, including changes of the primary and secondary transmission channels. A characteristic example is the change in geographic direction between the transfer of Enlightenment thought and that of socialist ideas in Southeast Europe. If the itineraries via which Enlightenment thought entered the Balkans encompassed a broad geographic space, predominantly Western and Central Europe and to a far lesser extent Eastern Europe, the itineraries of early socialism signaled almost a reversal of this geographic configuration. For the central-northern part of the Balkans (Serbia, Bulgaria and Romania), revolutionary ideas during the 1870s and 1880s came predominantly from Russia. Clusters of socialist thought came from West European channels as well, but they were of subordinate significance. Moreover, chunks of Western socialist thought infiltrated the Balkans in a roundabout way, often mediated via Russian channels. Whereas Greek channels had been instructive in the dissemination of Enlightenment thought in a large part of the Balkan peninsula (Bulgarian lands, Danubian Principalities, Asia Minor etc.), with the establishment of the various nation states in the area and the decrease of Greek as a *lingua franca* by the end of the nineteenth century, they became quite insignificant. Linguistic, cultural, political and other reasons determined also the fact that Greece was not touched by Russian socialist thought until approximately the time of the Third International. The inverted correlation was valid for a great part of the Balkan Slavs, whose linguistic affiliation among other reasons, facilitated access to Russian literature and intellectual activity.

By tracing the educational itineraries of learned men it is possible to map out the prevalent academic routes they followed. Simultaneously one can identify the loci of education which influenced their intellectual formation. Educational journeys usually followed already demarcated paths. Established groups of compatriots' and student "colonies" provided not only a good reason for academic migration, but also facilitated the flow of students from specific areas, cities or regions. The prominence of certain academic institutions provided an additional motive. Parallel to the identification of national student networks, it is possible to identify the more generic international environment in which learned men developed their worldviews, by examining also groups and networks with which they associated in their place of study. Such was the case with Swiss universities (Zurich and Geneva), whose liberal atmosphere and the admission of women made them especially attractive to Russian students.[9] The Swiss connection functioned partially as an extension of the Russian one. For the generation of

9 J. M. Meijer, Knowledge and Revolution, The Russian Colony in Zurich (1870–1873), Publications in Social History/Internationaal Instituut voor Sociale Geschiedenis, Amsterdam 1956.

Serbian students studying in Zurich during the 1860s and 1870s,[10] a close association with the local Russian milieu was instrumental for the development of their world outlook. Characteristic of this Russian impact is the testimony of Pera Todorović, a leading figure of the Serbian Radicals:

> "In any case, the live example of the Russian nihilists imparted on us an influence more than anything else. Faith is contagious – and when we saw how our Russian friends believed unconditionally in socialism, we believed in it too. In our eyes, the truthfulness of socialism was fully proven by the fact, that it was young men and women – and what kind of men and women! – willing to perish in the gallows or spend their best years in Russian mines for this socialism. [...] We read a lot [...] and yet again practical work meant a lot more to us than theory. Our Russian friends told us: Study above all through life and struggle, this way you will first of all learn what you have to do. Indoubtedly, life is hard, you will be chased, exposed to temptation, and experience disappointments, – but if you are imbued with the right faith, it will stand firm against difficulties and it will be strengthened on the contrary [...]. This discourse of our Russian friends has such an influence on us that many could not wait to finish school, but rushed immediately to the struggle. They called us the party of the 'non-graduated students.'"[11]

For the Bulgarian students who studied in Geneva during the late 1880s and early 1890s,[12] the close connection with the Russian Marxist Group around Plekhanov, Zasulič and Akselrod and the timely association with the Second International provided them with a good opportunity to follow closely developments in the international socialist arena and helped them to clarify rather early their ideology. The Geneva group of Bulgarian socialist students functioned as one of the principal networks for the dissemination of socialist literature back home in Bulgaria. The student milieu to which intellectuals connected, was formative in terms of raw models, models of activity and intellectual fermentation. Both Svetozar Marković, founding figure of the Serbian Radicals and Dimitur Blagoev, founding figure of the Bulgarian socialist party, formed their worldviews in close symbiotic association with student communities in Russia. In the case of the latter, his community was to develop into a proper political activist group in St. Petersburg.

10 Sofija Skoric, The Populism of Nikola Pašić: The Zürich Period, in: East European Quarterly 4/1980, 469-85; Andrej Šemjakin, Nikola Pašić i Russkie Socialistii v Cjurihe (1868–1872) [Nikola Pašić and the Russian Socialists in Zürich (1868–1872)], in: TokoviIstorije 1-2/1997, 5-40.

11 Slobodan Jovanović, Pera Todorović, Vol. 2, Belgrade 1990, 218f.

12 Dimitar Genchev, Profili ot Kafene "Landolt", Sofia 1990.

In addition, network analysis can reveal links between individuals on the one hand and authorities and the political establishment on the other. The chain of connectivity works two ways. It helps identify the groups/institutions/networks that supported the flow of individuals, the agendas of such institutions, and the organizational structure of the network. Simultaneously, it offers information on the attitudes of intellectuals towards the status quo and the political establishment. An important network of this kind for the promotion of Russian state interests were the various Pan-Slavic committees, which sponsored the academic education of several Balkan students of Slavic origin for the purpose of winning over the South Slavs. Sponsorship could play a determining role in the behavioral patterns of intellectuals and their attitude towards power. State sponsored Bulgarian students in Geneva tended to entertain good relationships with the ruling government, in contrast to the non-sponsored ones, who were politically more radically inclined.

The identification of the network structure discloses also the diffusion pattern of ideas and the role of multiplicators. Here, the Bulgarian case serves as a good example: In the 1880s and 1890s, the majority of the Bulgarian socialist intellectuals were professionally integrated as teachers. While jobs in the civil service sector were hardly available around the turn of the century, there was a clear demand for teaching staff and this professional opportunity attracted radical university graduates. The fact that the socialist intellectuals „informally" won control over a basic mechanism of social reproduction goes to explain two important facts; Firstly, the continuity in the recruitment of socialist cadres, a chain clearly linking teachers and pupils over several generations, and secondly, the diffusion mechanisms of socialism through the educational system.

Greek socialist intellectuals in the second half of the nineteenth century demonstrated quite a different behavioral pattern. Due to the existence of a functioning representative parliamentary system, Greek socialists had little incentive for political radicalization, unlike their Serbian or Bulgarian colleagues. A clear break with the political system seemed unnecessary and many Greek socialist intellectuals therefore tended to connect to existing intellectuals' and/or power networks (for example, the demoticist network),[13] instead of creating

13 The "demoticist" movement represented one of the two contending sides in the linguistic debate that engaged the Greek intellectual establishment around 1900. The linguistic question has a long pedigree dating back to intellectual debates of the eighteenth century and evolved around the issue of the appropriate Greek idiom to be used as the official language in the Greek kingdom. The conflict involved the adherents of a popular (vernacular/spoken) Greek idiom, the demotic language, thus also their characterization as "demoticists," and the adherents of a more archaic linguistic idiom, closer to the ancient Greek language, named "katharevousa," designated as the "purists".

alternative forms of political self-organization in order to contest the status quo. Moreover, the early Greek socialist intellectuals tended to follow the network connections provided by the Greek diaspora communities, a fact which also led to their geographical dispersion. Whereas Serbian and Bulgarian socialist intellectuals in the late nineteenth and early twentieth century showed centripetal tendencies (that is, after their academic pilgrimage abroad, they tended to return to their native homeland), Greek socialist intellectuals showed centrifugal tendencies – that is, after their academic formation they sought professional integration also in the broader and wealthier world of the Greek diaspora communities beyond the confines of the Greek kingdom. These reasons along with others explain the belated institutionalization of a socialist party in Greece.

Regarding the transfer process from the perspective of intra-periphery relations, it is worthwhile to emphasize that there was barely a cross-Balkan fertilization in the adaptation of the various socialist paradigms in the nineteenth century. Generally speaking none of the Balkan countries adopted its socialism from its surrounding neighbours, no matter how theoretically advanced they might have been. The Bulgarian socialists at the turn of the century, for example, were in good command of foreign literature and socialist theory. Some theoreticians, like the Romanian Dobrogeanu-Gherea had developed interesting theoretical positions, etc. Transnational figures of standing, who were active across the Balkans and transgressed cultures with ease, such as Kristjiu Rakovski were rather the exception. No doubt, influences on a small scale did exist, but they did not go beyond singular cases or individuals, while even this kind of limited influence was restricted. It never involved the proper adaptation of paradigms. Linguistic barriers may explain this partly. However, it seems to be more the predicament of small countries of the periphery, and perhaps a further testimony to the psychological disposition of dependency that the principal and primary connection was always sought and found in authoritative centers outside of the Balkans, while intra-Balkan communication remained limited.[14] The above observation has been a diachronic trait of intra-Balkan relations in the age of nation-states.

14 Instances of political cooperation did exist, for example when the Balkan socialists opposed both the Balkan Wars and the First World War. These were, however, rather reactions in moments of crisis than forms of long-standing, durable cooperation. The above observation has to be partially corrected for the inter-war period, when the Balkan Federation provided for centralized coordination of strategies and know-how, however under the hegemonic auspices of the Bulgarian Communist Party. It should also be remembered that the Yugoslav communists were instrumental in the setting up of the Albanian Communist Party and finally that the Yugoslav communists achieved emancipation from the big authoritative center in the Tito-Stalin break of 1948.

The transfer of various ideologies in the Southeast European periphery is a constitutive part of the history of Balkan modernity. At the same time, it raises the issue of the diverse and asymmetrical temporalities of modernity, both as a "real" object of inquiry and as a mode of "subjective" perception. As mentioned in the introductory section, a displacement or discrepancy in the function of ideologies can be observed in their transposition into a different context. The introduction of socialist criticism in the Balkans during the nineteenth century was not a reaction to the exigencies of modernity, but offered itself rather as a recipe for modernization, or as a substitute for the frustrated expectations arising out of the incomplete project of political liberalism in some of the Balkan countries. Socialism entered Southeast Europe in the first place due to political rather than social exigencies and established itself due to the priority of the political over the social factor. Moreover, we can observe a rearrangement, a quasi overlapping of temporal sequences, quite different from the temporal sequences that generated these same ideologies in the first place and in the initial matrix. In the case of the Balkans, we witness for example, the quasi-synchronous introduction of liberalism and socialism in the nineteenth century. Die "Gleichzeitigkeit des Ungleichzeitigen", that is, the simultaneous presence of different time structures, as coined by Reinhard Koselleck , was and remained well into the twentieth century a characteristic trait of modernity of the Balkan periphery.[15]

15 Reinhart Koselleck, Vergangene Zukunft, Frankfurt am Main 1979.

Ottokar Luban

Die Spartakusgruppe als Teil des Netzwerks der Zimmerwalder Antikriegsbewegung 1915–1918

Zur sozialistisch-marxistischen Ideologie der II. Sozialistischen Internationale gehörte als konstituierender Bestandteil die internationale Solidarität des Proletariats und der Klassenkampf. Dies manifestierte sich beispielhaft in der bekannten, einstimmig angenommenen Resolution des Stuttgarter Kongresses von 1907, bestätigt auf den Konferenzen von Basel und Kopenhagen 1910 bzw. 1912. Danach galt als Richtschnur, alles zu tun, um den Ausbruch eines Kriegs zu verhindern. "Falls der Krieg dennoch ausbrechen sollte, ist es die Pflicht, für dessen rasche Beendigung einzutreten und mit allen Kräften dahin zu streben, die durch den Krieg herbeigeführte wirtschaftliche und politische Krise zur Aufrüttelung des Volkes auszunutzen und dadurch die Beseitigung der kapitalistischen Klassenherrschaft zu beschleunigen."[1] Doch nach Ausbruch des Ersten Weltkriegs rissen nicht nur die direkten nachrichtentechnischen Kommunikationsmöglichkeiten zwischen den sozialistischen Parteien der kriegsführenden Staaten ab, sondern diese Parteien unterstützten fast alle geschlossen ihre bürgerlichen Regierungen und bewilligten ihnen die Finanzmittel, vor allem für die Kriegsführung. Damit wurde der Sozialistischen Internationale ein entscheidender Teil ihrer ideologischen Grundlage und damit die Möglichkeit zu einer Zusammenarbeit entzogen. Dies stellte zweifellos erst einmal – wie von Rosa Luxemburg gekennzeichnet – den "Zusammenbruch" der Sozialistischen Internationale dar.[2]

1 Abgedruckt in: Dokumente und Materialien zur Geschichte der deutschen Arbeiterbewegung, Reihe II: 1914–1945, Bd. 1, Juli 1914–Oktober 1917, hg. vom Institut für Marxismus-Leninismus beim ZK der SED, 2. durchgesehene Aufl., [Ost-]Berlin 1958 (im Folgenden: DuM, II, 1), 3-8, hier 3.

2 Rosa Luxemburg, Der Wiederaufbau der Internationale [1915], in: Rosa Luxemburg: Gesammelte Werke, Bd. 4, August 1914 bis Januar 1919, hg. von der Rosa-Luxemburg-Stiftung, Gesellschaftsanalyse und Politische Bildung e.V, 6., überarbeitete Aufl., Berlin 2000, 20.

Insbesondere die deutsche sozialdemokratische Partei, die größte und einflussreichste der Sozialistischen Internationale, vermittelte seit Kriegsbeginn bei den ausländischen Genossinnen und Genossen den Eindruck einer rein nationalistisch-reformistischen Partei, weil sie eine halbabsolutistische Regierung unterstützte, die vom preußischen Militarismus durchdrungen war, den die deutschen Sozialdemokraten in den Vorkriegsjahren noch scharf bekämpft hatten. Erschwerend kam hinzu, dass die deutsche Partei den Einmarsch der deutschen Truppen in das neutrale Belgien – häufig international als Beweis der Angreiferrolle Deutschlands gewertet – ohne jede Kritik hingenommen hatte.

Der Eindruck einer vollständigen nationalistischen Wende der nunmehr regierungstreuen SPD-Politik wurde dadurch noch massiv verstärkt, dass die Sozialdemokratie in Deutschland den neuen Kurs in voller Einmütigkeit zu vertreten schien. Kritik an der Politik der SPD-Parteiführung und der SPD-Reichstagsfraktion war zum einen wegen des Belagerungszustandes und der damit verbundenen scharfen Pressezensur sowie zum anderen wegen des Aufrufs der Parteileitung zur Parteieinheit und der damit verbundenen Anweisung an die sozialdemokratischen Funktionäre und Redakteure auf Unterlassung innerparteilicher Kritik erheblich erschwert. Damit sollte nicht nur innenpolitisch, sondern auch innerparteilich der *Burgfriede* gelten.

Da im offiziellen Organisationsrahmen und in der SPD-Presse sowohl international wie national die Kommunikationsmöglichkeiten stark beeinträchtigt waren und damit die öffentliche, ja sogar die parteiintern bleibende Darstellung des eigenen oppositionellen Standpunkts so gut wie unmöglich gemacht wurde, blieb den Linken eigentlich nichts anderes übrig, als neben der Organisation ein Netzwerk der Gleichgesinnten aufzubauen, dazu bestehende informelle Kontakte zu nutzen bzw. neue herzustellen, um auf diesem Wege die ideologische Grundlage der Sozialistischen Internationale am Leben zu erhalten oder soweit wie möglich wiederherzustellen.

Erste Versuche zur Knüpfung internationaler und nationaler Netzwerke

Von den ersten Kriegsmonaten an versuchte die linke Gruppierung um Rosa Luxemburg dem Eindruck entgegenzuwirken, die deutsche Sozialdemokratie stünde einmütig hinter der nationalistischen Politik. Jürgen Rojahn hat 1985 in einer detaillierten, materialreichen Studie dargestellt, wie Luxemburg, Karl Liebknecht, Clara Zetkin und Franz Mehring gegenüber den sozialistischen Parteien des neutralen Auslands und Englands – in Briefen an ihre führenden

Vertreter und in Erklärungen in deren Zeitungen – klarstellten, dass es durchaus Kräfte in der deutschen Partei gab, die gegen die Burgfriedenspolitik und für die Beschlüsse der Internationale eintraten.[3] Gleichzeitig wurde innerhalb von Deutschland eine Sammlung der nach Kriegsbeginn weitgehend isolierten und versprengten Linken, also der Opposition gegen die Kriegskreditbewilligung, angestrebt.

Symptomatisch für die prinzipientreue internationalistische Politik des Rosa-Luxemburg-Kreises ist der wenig bekannt gewordene Versuch aus der Zeit um die Jahreswende 1914/15, eine eigene Monatsschrift mit Mitarbeitern aus zehn europäischen Ländern und aus den USA herauszugeben, die "die Grundsätze des internationalen Sozialismus verfechten". Die – unter der Herausgeberschaft von Luxemburg und Mehring – vorgesehenen Autoren waren ca. 55 international bekannte Sozialisten wie z. B. Cachin (Frankreich), Keir Hardie, Mc Donald (England), Martow, Axelrod (Russland), Schlüter (USA), Huymans, Anseele (Belgien), Roland-Holst, Pannkoek (Holland), Balabanoff, Morgari (Italien), Grimm, Lang (Schweiz), Högland, Ström (Schweden) sowie ca. 15 deutsche Sozialdemokraten.[4] Doch unter den Kriegsbedingungen – besonders wegen des in Deutschland herrschenden Belagerungszustands – musste dieser Plan einer Zeitschrift mit internationalen sozialistischen Publizisten aufgegeben werden. Es kam – unter großen Schwierigkeiten und nach vielen Verzögerungen – erst im April 1915 zur Publikation der Zeitschrift *Die Internationale*, an der lediglich deutsche Autorinnen und Autoren mitwirkten. Da die Zeitschrift sogleich von den Behörden unter Vorzensur gestellt wurde, beließen es die Herausgeber bei der einen Nummer. Doch seitdem gab sich der Kreis um Rosa Luxemburg programmatisch die Bezeichnung "Gruppe Internationale", wenn sich auch seit Mitte des Jahres 1916 der Name "Spartacusgruppe" oder "Spartakusgruppe" einbürgerte, nach dem seit Februar 1916 hektographiert und ab September 1916 gedruckt erscheinenden illegalen Periodikum *Spartacus*.

Bei der Vorbereitung des Drucks und des Vertriebs der Zeitschrift kam es erstmals seit Kriegsbeginn auf Initiative des Luxemburg-Kreises am 14. März

3 Vgl. Jürgen Rojahn, Um die Erneuerung der Internationale. Rosa Luxemburg contra Pieter Jelles Troelstra. Zur Haltung der radikalen Linken in Deutschland nach dem 4. August 1914, in: International Review of Social History 1/1985, 2-150.

4 Schreibmaschinenmanuskript "Entwurf eines Rundschreibens", als Absender: Rosa Luxemburg und Franz Mehring, jeweils mit Adresse, mit vielen handschriftlichen Ergänzungen und Änderungen, am oberen Rand der Seite handschriftlich: "Zur gefälligen Begutachtung und Korrektur! Freundlichen Gruß F. M. [Franz Mehring]", in: Stiftung Archiv der Parteien und Massenorganisationen der DDR im Bundesarchiv, Berlin-Lichterfelde [SAPMO BArch Berlin-Lichtf.], NY 4001, Nr.17, Bl. 32.

1915 zu einer überregionalen konspirativen Konferenz der Linken in Berlin, mit Oppositionellen aus Berlin, Dresden, Düsseldorf, Frankfurt am Main, Gotha und Stuttgart. Da *Die Internationale* mit 5.000 Exemplaren in Berlin und 4.000 im Reich – fast die Auflagenhöhe des von Kautsky herausgegebenen offiziellen SPD-Theorie-Organs *Die Neue Zeit* – Mitte April 1915 innerhalb weniger Tage in der sozialdemokratischen Parteiorganisation vertrieben werden konnte, waren Polizei- und Militärbehörden nicht mehr in der Lage, auch nur einige Exemplare zu beschlagnahmen. Die kritischen Beiträge und die effektive Verbreitung riefen eine heftige Reaktion des Parteivorstands sowie eine als Flugblatt verteilte Stellungnahme der Herausgeber und Autoren der *Internationale* hervor, was noch zu einer Verstärkung der parteiöffentlichen Aufmerksamkeit für das neue Organ führte.[5] Bei der Vorbereitung der Herausgabe der Zeitschrift – insbesondere des Vertriebs – entstand erstmals ein relativ dicht geknüpftes illegales Netzwerk der deutschen Linken, das sich bei weiteren Aktionen wie dem von Karl Liebknecht initiierten Unterschriftenflugblatt vom 9. Juni 1915 erst einmal bewährte, bis in den folgenden Monaten durch strafweise Einberufungen zum Militär und Verhaftungen der aktiven Gruppenmitglieder (Wilhelm Pieck, Hermann Duncker, Ernst Meyer, Hugo Eberlein) wieder eine Schwächung der Netzwerkverbindungen eintrat.

Wiederherstellung eines Teilnetzwerks der sozialistischen Internationale: Die Frauenkonferenz in Bern im März 1915

Zur Sammlung der Linken auf internationaler Ebene gab es als erstes eine Initiative, die von Clara Zetkin ausging, der Verantwortlichen für das Frauensekretariat der Sozialistischen Internationale. Sie stellte bald nach Kriegsausbruch von ihrem Wohnort Stuttgart aus wieder alte Kontakte zu Genossinnen im Ausland her und bereitete ab Jahresende 1914 eine internationale sozialistische Frauenkonferenz vor. Vom 26. bis 28. März 1915 versammelten sich in Bern Sozialistinnen aus Deutschland, England, Frankreich, Italien, Russland (Bolschewiki und Menschewiki), Polen sowie dem Gastgeberland Schweiz und verabschiedeten nach intensiven Diskussionen eine Erklärung und einen Aufruf "Frauen

5 Bericht von Wilhelm Pieck [geschrieben 1920], in: DuM, II, 1, 135 f.; Flugschrift mit Rundschreiben des Parteivorstandes vom 25. April 1915 und Stellungnahme der Herausgeber und Autoren, o. D., in: ebd., 157-161. Die Reichskonferenz wird auch von Clara Zetkin in einem Brief an Robert Grimm erwähnt (Internationales Institut für Sozialgeschichte, Amsterdam [IISG], Sammlung Robert Grimm – Nachlieferung, Brief vom 13. März 1915, unp.) Datum der Konferenz – wohl falsch – bei Pieck: 3. März, bei Zetkin: morgen, also 14. März.

des arbeitenden Volkes!", der die Frauen zum Protest gegen den Krieg aufrief und einen schnellen Friedensschluss forderte. Allein in Deutschland sollen nach Zetkins eigener Aussage konspirativ über 100.000 Exemplare verbreitet worden sein.[6] Wegen dieser Aktivitäten war sie wie weitere an Herstellung und Vertrieb des Flugblatts der Frauenkonferenz Beteiligte den staatlichen Verfolgungen ausgesetzt, saß vom 29. Juli bis zum 13. Oktober 1915 in Untersuchungshaft. Dies verschlimmerte ihre bereits bestehende Herzerkrankung noch, so dass sie für die weitere Kriegszeit nicht reisefähig, auch immer wieder arbeitsunfähig war und damit nur noch eingeschränkt auf brieflichem Wege die internationalen Kontakte aufrechterhalten konnte.[7]

Der Rosa-Luxemburg-Kreis in Berlin schickte zwar mit Käte Duncker und Marta Arendsee zwei Delegierte zur Berner Konferenz, war aber an der eigentlichen Organisation nicht beteiligt. Denn zum einen war dies Angelegenheit von Clara Zetkin als der Beauftragten des Frauensekretariats der Sozialistischen Internationale, zum anderen war die Luxemburg-Gruppierung mit der aufwendigen Vorbereitung ihrer Zeitschrift und der Mitarbeit in der wachsenden Opposition in Berlin vollständig ausgelastet.[8]

Wenn auch durch Clara Zetkins Krankheit die weiteren internationalen Aktivitäten der linken Genossinnen stark beeinträchtigt waren und eine weitere Frauenkonferenz dieser Art in der Kriegszeit nicht mehr zustande kam, so hatte Clara Zetkin den unter den Kriegsbedingungen besonders beachtenswerten Erfolg erzielt, dass mit der internationalen sozialistischen Frauenkonferenz in Bern vom März 1915 sich zum ersten Mal seit Kriegsbeginn wieder Sozialistinnen aus kriegsführenden und neutralen Ländern gemeinsam zu Beratungen zusammen fanden. Zudem kam mit dem von fast allen teilnehmenden Sozialistinnen getragenen Aufruf die internationale Solidarität und die Antikriegshaltung im Sinne des Stuttgarter Beschlusses – wenn auch in zurückhaltender Form – wieder zur Geltung. Die sozialistischen Frauen hatten damit den männlichen linken Genossen ein Beispiel gegeben.[9]

6 Von Zetkin verfasster offizieller Konferenzbericht und Aufruf, in DuM, II, 1, 119-124 bzw. 125-127; Gilbert Badia, Clara Zetkin. Eine neue Biographie, Berlin 1994, 141-145; Briefe Zetkins an Robert Grimm zur Konferenz, 28. Januar, 20. Februar, 13. März, 28. Juli 1915 sowie o. D., in: IISG, Sammlung Robert Grimm, Nachlieferung, unp.; Russisches Staatsarchiv für sozialpolitische Geschichte [RGASPI], Moskau, f. 528, op. 2, Nr. 355, Bl. 82-137 (Anklageschrift gegen Zetkin u. a.); ebd., Nr. 260, Bl. 20.

7 Vgl. ebd., Bl. 216, 216 Rücks., Bl. 40, 40 Rücks. (ärztliche Gutachten von 1916 und 1918).

8 IISG, Sammlung Grimm – Nachlieferung, unp., Brief Zetkins an Grimm vom 13. März 1915; Badia, 141.

9 Aus Platzgründen kann hier nicht auf die Belebung der Sozialistischen Jugendinternationale eingegangen werden.

Entstehung der Zimmerwalder Bewegung und erste Konferenz im September 1915

Hauptinitiator für eine internationale Sammlung der linken Sozialdemokraten war der Schweizer Nationalrat und Redakteur der *Berner Tagwacht*, Robert Grimm, der in seiner Zeitung die kritischen Stimmen gegen die Burgfriedenspolitik der deutschen Parteiführung zur Geltung kommen ließ und deshalb schon wenige Wochen nach Kriegsausbruch mit den deutschen Linken zusammenarbeitete, zumal die *Berner Tagwacht* bis Herbst 1915 ungehindert in Deutschland bezogen werden konnte. Grimm hatte Clara Zetkin auch maßgeblich bei der Organisation der Berner Frauenkonferenz unterstützt.

Nachdem verschiedene offizielle Versuche der sozialdemokratischen Parteiführer Troelstra (Niederlande), Branting (Schweden) und Grimm gescheitert waren, die Vertreter möglichst aller sozialdemokratischen Parteiführungen aus den kriegsführenden Staaten zumindest zu informellen Gesprächen wieder an einen Tisch zu bekommen,[10] griff im Mai 1915 Robert Grimm eine Anregung des russischen Menschewisten Martow zu einem internationalen Treffen der oppositionellen Sozialdemokraten auf. Es ging Grimm nicht um die Spaltung der Arbeiterbewegung, sondern um die "Festlegung einer Aktionslinie für den Kampf gegen den Krieg", womit man sich gemeinsam und damit wirkungsvoller an die Arbeiter aller Länder wenden könne.[11]

Nach einer vorbereitenden Konferenz in Bern am 11. Juli 1915[12] trafen sich unter maßgeblicher Mitwirkung des schweizerischen sozialdemokratischen Parteiführers Robert Grimm und der italienischen Sozialistin Angelica Balabanoff vom 5. bis zum 8. September 1915 im kleinen Schweizer Ort Zimmerwald in der Nähe von Bern 38 aus elf unterschiedlichen Ländern kommende europäische Sozialisten verschiedenster Schattierungen[13] mit dem gemeinsamen Ziel, entsprechend dem zitierten Beschluss der Sozialistischen Internationale von 1907 sich für eine aktive Friedenspolitik einzusetzen. Nach langwierigen Diskussionen einigten sie sich auf den Text eines Friedensmanifests und die Einrichtung einer Koordinierungsstelle, einer "Internationalen Sozialistischen Kommission" (ISK), der Grimm, Balabanoff, weiterhin der Schweizer Nationalrat Charles Naine und der italienische Kammerdeputierte Oddino Morgari angehörten, und

10 Vgl. Rojahn, 121-126.

11 Rojahn, 126.

12 Vgl. Horst Lademacher (Hg.), Die Zimmerwalder Bewegung. Protokolle und Korrespondenz, I, Protokolle, The Hague, Paris 1967 [Lademacher, I], 31-41 (Protokoll).

13 Vgl. ebd., 45-47 (Präsenzliste).

auf die Herausgabe eines Periodikums, des Bulletins. Die Vertreter Frankreichs und Deutschlands verabschiedeten eine gemeinsame Erklärung, in der sie sich gegen alle Annexionsbestrebungen und für die Rückkehr zum Klassenkampf aussprachen. Beim Friedensmanifest schlossen sich die beiden Vertreter der Gruppe Internationale Berta Thalheimer und Ernst Meyer der Mehrheitsmeinung an, keine konkreten Maßnahmen für eine zukünftige veränderte sozialdemokratische Politik wie die Ablehnung der Kriegskredite in den Parlamenten oder gar Massenaktionen zu erwähnen. Das Manifest mit einer eindrucksvollen Schilderung der Kriegsgräuel schloss lediglich mit dem allgemeinen Aufruf: "Proletarier aller Länder vereinigt Euch!"[14]

Nach Robert F. Wheeler "scheint schon allein die Nachricht von einer Zusammenkunft deutscher und französischer Sozialisten einen sehr großen Eindruck hinterlassen zu haben."[15] Dies mag sicherlich nur für die Funktionäre und Parteimitglieder gegolten haben, die der regierungsloyalen Haltung der Parteiführung ablehnend oder zweifelnd gegenüber standen. Eine Massenwirkung konnten die Kundgebungen der Zimmerwalder Konferenz noch nicht erzielen, da die Stimmung in der Bevölkerung trotz der beginnenden Kriegsmüdigkeit noch nicht reif dafür war.

Dagegen hatten die informellen Kontakte auf der Konferenz einen deutlicheren Effekt. Während auf den offiziellen Sitzungen in Zimmerwald der deutsche Reichstagsabgeordnete Georg Ledebour sich noch vehement dagegen wehrte, eine Aufforderung zur Ablehnung der Kriegskredite im Reichstag durch die Opposition in die Resolution aufzunehmen,[16] soll er nach einem zuverlässig wirkenden Polizeibericht – außerhalb der offiziellen Tagung – auf Drängen Karl Radeks zugesagt haben, dass die deutsche Fraktionsminderheit bei der nächsten Reichstagssitzung gegen die Kriegskredite stimmen würde,[17] was am 20. Dezember 1915 und bei den folgenden Abstimmungen im Reichstag auch geschah. Dies war zweifellos ein bedeutsames praktisches Ergebnis der Konferenz.

---

14 Ebd., 166-169 (Manifest), 169 (Zitat), 175 f. (Gemeinsame Erklärung), 178 f. (Einrichtung und Zusammensetzung der Internationalen Sozialistischen Kommission), 80 (Berta Thalheimer), 131f. (Ernst Meyer).

15 Robert F. Wheeler, USPD und Internationale. Sozialistischer Internationalismus in der Zeit der Revolution, Frankfurt am Main/Berlin/Wien 1975, 15.

16 Vgl. Lademacher, I, 128 (Ledebour).

17 Vermerk des bei der Politischen Polizei in Berlin für Agenten im neutralen Ausland zuständigen Kriminalwachtmeisters Winhuisen vom 12. Oktober 1915, in: Landesarchiv Berlin, A Pr. Br., Rep. 030, Nr. 15967, Bl. 11.

Die zentrale Verbindungsperson zwischen Zimmerwald und Deutschland: Berta Thalheimer

Nach der Zimmerwalder Konferenz im September 1915 entwickelte sich die zum Landesvorstand der württembergischen linken SPD-Organisation gehörende Berta Thalheimer aus Stuttgart zur wichtigsten Verbindungsfrau der Gruppe Internationale. Sie besaß intensive Kontakte zur Schweiz mit der ISK, hauptsächlich zu Grimm und Balabanoff, in Richtung Berlin zur Führung der Luxemburg-Gruppierung und weiteren Oppositionskreisen wie auch zu verschiedenen Regionen des Reiches. Sie kannte einerseits die führenden Mitglieder der Gruppe Internationale schon von Vorkriegsaufenthalten in Berlin[18] und andererseits Grimm und Balabanoff von Aufenthalten in der Schweiz – als Assistentin Clara Zetkins – bei der Vorbereitung und als Teilnehmerin der Berner Frauenkonferenz im März 1915. Die Stuttgarter Polizei attestierte ihr eine "führende Rolle in Württemberg und Reich", sie sei "Bindeglied" zwischen Berlin (Liebknecht, Mehring, Luxemburg) und Stuttgart (Zetkin).[19] Berta Thalheimer nahm sowohl an der Konferenz in Zimmerwald wie an der in Kienthal im April 1916 wie an den Sitzungen der erweiterten ISK in Bern im Februar und im Mai 1916 teil. Fast die gesamte Korrespondenz in der Zeit von September 1915 bis Juni 1916 zwischen der deutschen Opposition und der ISK mit Grimm und Balabanoff lag in den Händen der 1915 32-jährigen Sozialdemokratin,[20] obwohl Grimm auch Deckadressen für andere deutsche Oppositionelle besaß.[21]

Die Kommunikation zwischen den oft unter Postüberwachung stehenden Linken in Deutschland und erst recht mit dem Ausland, selbst wenn es ein neutraler Staat war, brachte viele Schwierigkeiten mit sich. Um die Briefkontrolle zu täuschen bzw. zu vermeiden, wurde unsichtbare Tinte verwendet, und es wurden Deckadressen benutzt. Dennoch kam es immer wieder zur Unterbrechung der Verbindungen, weil Deckadressen nicht funktionierten, Postsendungen von der Briefzensur aufgehalten oder beschlagnahmt wurden oder weil die als Deckadressen zwischengeschalteten Adressaten die Weitergabe der Briefe schlicht vergaßen. Die Korrespondenz zwischen Thalheimer und Grimm ist voller Klagen über ausstehende Sendungen.

18 Theodor Bergmann, Die Thalheimers. Geschichte einer Familie undogmatischer Marxisten, Hamburg 2004, 25-27.

19 Königlich Württembergische Landespolizeistelle Z. St., 18. Dezember 1916, in: Bundesarchiv, Berlin-Lichterfelde, R 3003, C 85/16, Nr.5, Bl. 58.

20 Die Korrespondenz mit Angelika Balabanoff ist nicht erhalten geblieben.

21 Vgl. IISG, Sammlung Grimm. Band Archiv Robert Grimm (Zimmerwald usw.) 1915–1923, Mappe Adressverzeichnisse, 1, Buch D, Reportoir I.

Diese Beeinträchtigung der Netzwerkverbindungen in der Zimmerwalder Bewegung zwischen den deutschen Genossen und der zentralen Koordinierungsstelle in der Schweiz war kriegsbedingt und damit sozusagen durch objektive Bedingungen verursacht. Es gab aber auch Störungen im mühsam geknüpften Netzwerk der deutschen Linken auf Grund diverser Meinungsverschiedenheiten zwischen und innerhalb der Oppositionsgruppen.

Differenzen innerhalb der deutschen Opposition

Erstens versuchte der Journalist Julian Borchardt, der um die von ihm herausgegebene linkssozialistische Zeitschrift "Lichtstrahlen" in Berlin eine Arbeiterschule mit einem politischen Diskutierklub, ab Ende 1915 unter dem Namen "Internationale Sozialisten Deutschlands" (ISD) firmierend, gegründet hatte, gegenüber der Koordinierungsstelle in Bern als einziger Repräsentant der gesamten deutschen Opposition aufzutreten, wozu ihn sein Freund Karl Radek von der Schweiz her offenbar noch ermuntert hatte. Es gab auf der Zimmerwalder Konferenz im September 1915, an der Borchardt teilnahm, und insbesondere auf der Sitzung der erweiterten ISK im Februar 1916 in Abwesenheit von Borchardt lange Debatten über die Berechtigung seines Mandats als abstimmungsberechtigter Teilnehmer bzw. über die Zulassung der ISD zu den Tagungen der Zimmerwalder Bewegung.[22] Durch die Verhaftung Borchardts im Februar 1916 in Berlin beruhigte sich der Streit wieder.

Zweitens gab es innerhalb der Gruppe Internationale in den Monaten November 1915 bis Anfang März 1916 erhebliche Meinungsverschiedenheiten über die einzuschlagene Taktik, was bisher in der Geschichtsforschung wenig Beachtung gefunden hat. Während Berta Thalheimer im November 1915 bei Gesprächen mit Anhängern der Gruppe Internationale in verschiedenen deutschen Städten eine geringe Aktionsbereitschaft bei den organisierten Arbeitern feststellte,[23] was in dem Schreiben Julian Marchlewskis und Ernst Meyers vom 15. November 1915 an Grimm noch bekräftigt wurde,[24] glaubten Rosa Luxemburg

22 Die Zimmerwalder Bewegung, hg. von Horst Lademacher, Bd. II, Protokolle, The Hague/Paris 1967 [Lademacher, II], 296f. (Schreiben Borchardts u. a. an Grimm, 15. November 1915), 297f. (Schreiben Radeks vom 16. November 1915), 356f. (Entgegnung der Gruppe Internationale z. Hd. von Grimm, ca. Anfang Dezember 1915); Lademacher I, 53, 164 (Diskussion über Borchardts Mandat auf der Zimmerwalder Konferenz Sept. 1915), 206-213 (Diskussion über Borchardt und die ISD auf der Sitzung der erweiterten ISK Februar 1916).

23 Vgl. Lademacher, II, 298f.: Brief B. Thalheimers an Robert Grimm vom 15. November 1915.

24 Vgl. IISG, Sammlung Grimm-Nachlieferung, A 127, [rot] 69.

mit einer radikalen Programmatik[25] und Karl Liebknecht mit heftigen Attacken auf die gemäßigte Opposition um Haase und Ledebour einen großen Teil der SPD-Mitgliedschaft, zumindest erst einmal in Berlin, für sich gewinnen und die Arbeiterschaft aktivieren zu können. Die scharfen Polemiken Liebknechts gegen Angehörige der Fraktionsminderheit riefen die Kritik Mehrings hervor, und es kam im Februar 1916 zu heftigen Auseinandersetzungen zwischen beiden.[26] Letztendlich setzte sich die harte Linie Luxemburg-Liebknecht weitgehend durch. Die Gruppe Internationale sammelte sich nach Beratungen auf einer Reichskonferenz am 2. Januar 1916 in Berlin hinter dem hauptsächlich von Luxemburg und Liebknecht erarbeiteten radikalen Leitsätzen und auf einer kurz darauf am 16. März folgenden weiteren Konferenz hinter einem entschiedenen Aktionsprogramm. Beide Dokumente wurden auf Sitzungen der Zimmerwalder Bewegung den dortigen Teilnehmern unterbreitet.[27] Vertreter der gemäßigten Opposition waren zu den Tagungen der Gruppe Internationale im Januar und März 1916 nicht hinzugezogen worden.

Drittens wurden die Vertreter der Gruppe Internationale Mitte Februar 1916 aus dem Kreis der Berliner Gesamtlinken auf Betreiben von Georg Ledebour und Adolph Hoffmann ausgeschlossen, weil die Luxemburg-Liebknecht-Anhänger am 2. Januar 1916 eine separate Konferenz durchgeführt und gegenüber der ISK mit einem eigenen Programm, den Leitsätzen, aufgetreten waren.[28] Erst im Laufe des Sommers 1916 wurde diese Trennung stillschweigend beendet.

25 Siehe Rosa Luxemburg, Gesammelte Briefe, Bd.5, Leitung der Redaktion: Annelies Laschitza/ Günter Radczun, Berlin (Ost) 1984, 93.

26 Vgl. Käte an Hermann Duncker, 17. Januar 1916, in: SAPMO, NY 4045, Nr. 133, Bl. 54.

27 Vgl. Lademacher I, 231-234 (Leitsätze, von Thalheimer auf der Sitzung der erweiterten ISK am 6. Februar 1916 vorgetragen), 291-295 (Aktionsprogramm, hier "Thesen" genannt, von Ernst Meyer auf der Konferenz von Kienthal am 25. April 1916 vorgetragen).

28 Vgl. Käte an Hermann Duncker, 18. Februar 1916, in: SAPMO, NY 4045, Nr. 133, Bl. 187.

Die Lockerung der Beziehungen der Spartakusgruppe zur Zimmerwalder Bewegung im Sommer 1916

Nach Verbüßung ihrer einjährigen Gefängnisstrafe befand sich Rosa Luxemburg ab Mitte Februar 1916 wieder in Freiheit, konnte aber schon aus Passgründen an keiner der internationalen Besprechungen und Konferenzen in der Schweiz teilnehmen. Die dort gefassten Beschlüsse schienen ihr offensichtlich nicht zündend und radikal genug, denn Ende Mai 1916 gelangte sie nach mehrmonatiger Mitwirkung am politischen Geschehen zu dem Schluss, dass die Zimmerwalder Bewegung mit ihren Beschlüssen wenig bewirken könnte, weil "sie selbst eine lose Vereinigung ziemlich weit divergierender Elemente der Opposition ist" und "deshalb ihren Kundgebungen eine gewisse Halbheit und Flachheit anhaftet." Sie betonte mit Nachdruck, "internationaler Sozialismus besteht nicht in Konferenzen, Resolutionen und Manifesten, sondern in Taten, in Kampf, in Massenaktionen."[29]

Angesichts des Umstands, dass von der Gruppe Internationale im Mai 1916 noch Berta Thalheimer und Ernst Meyer konstruktiv an der Sitzung der erweiterten ISK in Bern teilgenommen hatte, kommentierte Grimm diese Kritik Luxemburgs im Spartakusbrief vom 28. Mai 1916 in einem Brief an Thalheimer vom 26. Juni 1916 sarkastisch: Man frage sich selbst in den der Gruppe Internationale nahe stehenden Kreisen des Auslands, "wozu denn Ihre Gruppe sich überhaupt auf eine Konferenz eingelassen hat. Wir müssten also nach Euerm Rezept Konferenzen einberufen, um den Leuten zu sagen, dass Konferenzen vollständig überflüssig sind! Zu dieser Auffassung haben wir uns bis jetzt noch nicht aufschwingen können. Vielleicht kommt das noch. Dann werden wir uns schleunigst verduften, vielleicht geht es dann rascher."[30] Mit ihrer Forderung nach Ausrichtung der gesamten politischen Möglichkeiten auf die schnelle Herbeiführung von Massenaktionen nahm die Gruppe Internationale unter dem Einfluss Rosa Luxemburgs eine ähnliche Haltung wie die Zimmerwalder Linke um Lenin ein. Dagegen blieb die Gruppe Internationale – ganz im Gegensatz zu Lenin – in der Frage der organisatorischen Spaltung der sozialistischen Organisationen – zumindest hinsichtlich der nationalen Partei – bei ihrer Auffassung, dass es in erster Linie um die Gewinnung der Massen in den Organisationen und nicht um die Eroberung der Instanzen ginge und deshalb keine Trennung oder Spaltung das Ziel sei. Das stellte Berta Thalheimer gegenüber einem Plädoyer Lenins für die Spaltung der

29 Spartakusbriefe, hg. vom Institut für Marxismus-Leninismus beim ZK der SED, Berlin [Ost] 1958, 179.

30 Lademacher, II, 578.

Parteien und der Internationale auf der Konferenz in Kienthal im April 1916 mit aller Klarheit in Abgrenzung zu Lenin fest.[31]

Die intensive Mitwirkung der Gruppe Internationale in der Zimmerwalder Bewegung ging mit der vorübergehenden Inhaftierung Berta Thalheimers und einer Reihe weiterer Stuttgarter Linken am 28. Juni 1916 in Stuttgart zu Ende, zumal im Juli und August 1916 auch die meisten Spartakusführer inhaftiert wurden, darunter Rosa Luxemburg, Franz Mehring, Julian Marchlewski (Karski) sowie Ernst Meyer, letzterer die zweite wichtige Kontaktperson und Delegierter bei den Zimmerwald-Tagungen. Das an sich schon sehr fragile Netzwerk zwischen den deutschen oppositionellen Sozialdemokraten und der Koordinierungsstelle der Zimmerwalder Internationalen Sozialistischen Kommission (ISK) in Bern war erst einmal so gut wie zerstört.

Beschränkung auf persönliche Kontakte einzelner Spartakusvertreter: Die 3. Zimmerwalder Konferenz im September 1917 in Stockholm

Für die Folgezeit gibt es kaum Quellen für die Verbindung zwischen der Spartakusgruppe und der ISK in Bern bzw. nach dem Ausscheiden Grimms und dem Umzug der ISK nach Stockholm im Jahre 1917. Auf jeden Fall wurde die Möglichkeit von persönlichen Kontakten bei Aufenthalten in der Schweiz und in Schweden genutzt. Ende 1916, Anfang 1917 war Paul Levi aus gesundheitlichen Gründen einige Monate in der Schweiz, pflegte dabei den Kontakt zu Angelica Balabanoff, Radek und den Bolschewiki und informierte höchstwahrscheinlich die Spartakusführer in Berlin über seine Gespräche.[32] Eine weitere langjährige Vertrauensperson der Spartakusleitung, der Publizist Eduard Fuchs, führte sowohl bei seinen Besuchen in der Schweiz wie bei einem über zweimonatigen Aufenthalt im August und September 1917 in Stockholm Gespräche mit Angelica Balabanoff und Vertretern der Bolschewiki und nahm dort höchstwahrscheinlich für die Spartakusgruppe an der dritten Zimmerwalder Konferenz vom 5. bis 9. September 1917 teil.[33] Die in einem Privatprotokoll der Stockholmer Tagung

31 Vgl. Lademacher, I, 363f. (Thalheimer), 362f. (Lenin).

32 Vgl. Angelica Balabanoff, Erinnerungen und Erlebnisse, Berlin 1927, 119; Sibylle Quack, Geistig frei und niemandes Knecht. Paul Levi/Rosa Luxemburg. Politische Arbeit und persönliche Beziehung. Mit 50 unveröffentlichten Briefen. Lebensbilder, Frankfurt am Main/Berlin 1986, 119-122.

33 Vgl. Balabanoff, 119; Ottokar Luban, Die Finanzierung der illegalen Antikriegsflugschriften im Ersten Weltkrieg. Spartakusgruppe und linksbürgerliche Pazifisten im Bund "Neues Vaterland", in: Jahrbuch für historische Kommunismusforschung 2008, 39f.

(eigentlich nur eine Rumpfkonferenz mit relativ wenigen Teilnehmern) mehrfach als Rednerin erwähnte Spartakusvertreterin Käte Duncker trug dazu bei, dass eine Aufforderung zum internationalen Massenstreik zur Herbeiführung des Friedens entgegen den Bedenken des USPD-Parteivorsitzenden Hugo Haase in das Manifest aufgenommen wurde.[34] Das Manifest wurde zwar erst ab November 1917 verbreitet, diente aber den Streikpropagandisten, wie der amerikanische Historiker Robert F. Wheeler nachgewiesen hat, als Argumentationshilfe sowohl in der Entstehungs- wie in der Durchführungsphase. Nach Wheeler "kann man die Tatsache nicht bestreiten, dass die 'Friedenskundgebung aus Stockholm' während des Streiks an verschiedenen Stellen in Deutschland auftaucht." Und er schlussfolgert unter Einbeziehung der vorangegangenen Arbeitsniederlegungen in Österreich, dass „eine Reihe von Anzeichen (...) auf einen eindeutigen Zusammenhang zwischen diesem Manifest und der Streikbewegung hindeuten."[35] Die Politische Polizei in Berlin meinte in einem Streikbericht vom 5. Februar 1918 zum Stockholmer Manifest, dass "die aufstachelnde Wirkung nicht übersehen werden" dürfte und wies auf gleichzeitig begonnene Ausstände in Österreich-Ungarn, Frankreich, England und Spanien hin.[36]

Damit trug das Stockholmer Manifest – gerade wegen der Propagierung des Gedankens der Internationalität der Massenaktion – im Zusammenhang mit der Ausstrahlung der russischen Oktoberrevolution und der zunächst enttäuschten Friedenshoffnung dazu bei, den Massenstreik vom Januar/Februar 1918 mit fast einer Million Arbeiterinnen und Arbeiter in Deutschland zu entfachen und zu stärken. Daran hatte das fragile Netzwerk der Zimmerwalder Bewegung in einer dafür reifen Situation einen wesentlichen Anteil. Wheeler konstatiert "ein Wiedererwachen des sozialistischen Internationalismus", der "nicht nur auf einige radikale Führer beschränkt" war; "es war eine Massenbewegung von größeren Ausmaßen, die eine Zeitlang [einschließlich der folgenden Revolutionszeiten] die politische Arbeiterbewegung des ganzen Kontinents zu ergreifen schien."[37]

34 Vgl. Lademacher I, 456, 461, 464-466.

35 Wheeler, 37-39, 38 (Zitate).

36 Bericht der Politischen Polizei Berlin vom 5. Februar 1918, in: Dokumente aus geheimen Archiven, Bd. 4, 1914–1918. Berichte des Berliner Polizeipräsidenten zur Stimmung und Lage der Bevölkerung in Berlin, 1914–1918, bearbeitet von Ingo Materna und Hans-Joachim Schreckenbach unter Mitarbeit von Bärbel Holtz, Weimar 1987, 251, 252 (Zitat).

37 Wheeler, 8.

Charakteristika der Netzwerkverbindungen

Das institutionelle Netzwerk der Sozialistischen Internationale wurde durch den Krieg in zweifacher Hinsicht zerstört: Zum einen war die programmatische Grundlage, konkretisiert im einstimmigen Stuttgarter Beschluss, von den sozialdemokratischen Parteien der kriegsführenden Länder in der Praxis aufgegeben worden. Zum anderen waren die Verbindungen aus technischen Gründen und wegen der Maßnahmen der Regierungsbehörden aller kriegsführenden Staaten (Postkontrolle mit Beschlagnahmen, Passverweigerungen) unterbrochen bzw. durch den Umweg über neutrale Länder sehr fragil geworden. Das quasi provisorische Netzwerk der Zimmerwalder Bewegung knüpfte sowohl an die programmatische Grundlage wie an personelle Beziehungen der Vorkriegszeit an. Die Zimmerwalder Bewegung sollte, so die bewusste Entscheidung der Mehrheit der Mitwirkenden, ein informelles Netzwerk bilden und nicht die kriegsbedingt funktionsunfähige alte Institution der Sozialistischen Internationale ersetzen.

Die Arbeitsweise des Zimmerwalder Netzwerks ähnelte dem der Sozialistischen Internationale. Auf Konferenzen, die immer den besten und schnellsten Fluss der Informationen im Netzwerk ermöglichten, wurde eine Abstimmung über die einzuschlagende gemeinsame Strategie und Taktik angestrebt und häufig auch erreicht. Diese gemeinsame Handlungsgrundlage wurde über die Konferenzteilnehmerinnen und -teilnehmer in die nationalen Netzwerke eingegeben – durch Berichte der Teilnehmer oder Journalisten in den sozialistischen Zeitungen und Zeitschriften oder mündlich auf Versammlungen. Welch hohe Wertschätzung die Idee der internationalen Solidarität für die Beteiligten besaß, sieht man daran, dass zwei zum rechten Zentrum zu rechnende Parteiführer wie Pieter J. Troelstra aus den Niederlanden und Hjalmar Branting aus Schweden versuchten, die Sozialdemokraten der kriegsführenden Staaten zumindest zu internationalen Treffen mit rein informellem, unverbindlichem Charakter zusammen zu bringen. Neben der Ausstrahlung konkreter Botschaften in Form von Resolutionen stellte also schon die Zusammenkunft auf internationaler Ebene einen besonderen Wert und eine positive Botschaft dar, die von den unter großen Schwierigkeiten arbeitenden Anhängern der kriegsgegnerischen Minderheit in den sozialdemokratischen Parteien in allen Ländern als Ermutigung für ihre Haltung und für ihre Aktivitäten empfunden wurde.

Die breit gefasste programmatische Grundlage der Zimmerwalder Bewegung ermöglichte die Bildung eines viele sozialistische Gruppen einschließenden weiten Netzwerks. Zwar konnte damit eine große Beteiligung erreicht werden, aber es tauchte mehrfach die Gefahr einer Abtrennung eines Teiles des Netzwerks mit der Gruppe der Zimmerwalder Linken um Lenin auf. Nur der Integrationsfähigkeit Robert Grimms mit der im Hintergrund ähnlich wirkenden Angelica Balabanoff ist es zu verdanken, dass das breite Netzwerk erhalten blieb. Das Netzwerk der deutschen Opposition umfasste im Frühjahr und Sommer 1915 alle Gruppierungen, bis sich im September 1915 zuerst die Borchardt-Gruppe abspaltete, die mit Radek liiert war und mit den Zimmerwalder Linken kooperierte. Anfang 1916 trennte sich dann auch die Gruppe Internationale von der Gesamtopposition, so dass beide sowohl im Inland wie auf den Zimmerwalder Tagungen fortan eigenständig auftraten.

Zusammenfassend ist zu bilanzieren, dass sich unterschiedliche Typen von Netzwerken erkennen lassen: a) So nutzte Julian Borchardt schon kurz nach Kriegsausbruch seine Zeitschrift *Lichtstrahlen* mit einem Diskussionsklub, der offiziell als Arbeiterschule firmierte, um den Berliner Oppositionellen in der SPD eine Möglichkeit zur Sammlung und Aussprache zu bieten. Da Borchardt in der Partei als äußerst umstrittene Person angesehen wurde, blieb dieses Netzwerk aber ziemlich wirkungslos, zumal Borchardt im Februar 1916 verhaftet und damit ausgeschaltet wurde. b) Die Herausgabe der neuen Zeitschrift *Die Internationale* und ihr Vertrieb waren Ausgangspunkt eines Netzwerks der Gruppe Internationale, zunächst mit einer Verknüpfung mit dem Netzwerk der Gesamtopposition, ab Anfang 1916 in eigenständiger Form. c) Aus einer einmaligen Aktion wie dem von Liebknecht initiierten Unterschriftenflugblatt vom 9. Juni 1916 entstand ein weit gespanntes Netzwerk, weil bestehende örtliche Netzwerke, soweit sie nicht schon bei der Verbreitung der *Internationale* einbezogen waren, miteinander verbunden wurden. d) Für die gemeinsame Vorbereitung und Durchführung von Massenaktionen wie beim Liebknecht-Streik im Juni 1916 und beim Januarstreik 1918 fanden einst getrennt agierende informelle und institutionelle Netzwerke (Oppositionelle Betriebsobleute, Spartakusgruppe bzw. USPD) zusammen, und es fand zeitweise eine Verknüpfung statt.

Eine besondere Bedeutung für die Einbeziehung der Gruppe Internationale, der späteren Spartakusgruppe, in das Netzwerk der Zimmerwalder Bewegung hatte Berta Thalheimer als Hauptverbindungsstelle für die deutsche Opposition (mit Ausnahme der Borchardt-Gruppe). Politisch engagiert, durch ihre Assistentinnentätigkeit für Clara Zetkin bei der Organisation der Berner Konferenz sowohl mit den Arbeiten vertraut als auch mit zahlreichen deutschen und schweizerischen Akteuren bekannt, konnte sie als Vertrauensperson aller Beteiligter trotz der Postzensur und der drohenden staatlichen Repressionen wirksam die Verbindungen aufrechterhalten, während die brieflichen Kontakte der ISK von Bern aus zu den gemäßigten deutschen Oppositionellen um Ledebour häufig unterbrochen waren.

Die Phase der intensiven Mitwirkung der Spartakusgruppe am Zimmerwalder Netzwerk endete, als fast die gesamte Spartakusführung im Juli und August 1916 inhaftiert wurde und Berta Thalheimer nach vorübergehendem Gefängnisaufenthalt im Sommer 1916 zunächst durch ihre Assistentinnentätigkeit für Leo Jogiches in der Spartakuszentrale von September bis November 1916 für die internationale Arbeit keine Zeit mehr hatte und ab November 1916 endgültig bis Kriegsende im Gefängnis verschwand. Wenn auch danach nur noch die persönlichen Kontakte von Paul Levi in der Schweiz und von Eduard Fuchs und Käte Duncker in Stockholm nachweisbar sind, so zeigt die Mitwirkung Käte Dunckers am Stockholmer Manifest vom September 1917, dass die Spartakusgruppe auch in der zweiten Weltkriegshälfte wirkungsvoll am Netzwerk der Zimmerwalder Bewegung beteiligt war.

Catherine Collomp/Bruno Groppo

The Jewish Labor Committee: An American Network of Transatlantic Solidarity during the Nazi Years

Prologue

When in 1933 the Nazi régime destroyed all democratic institutions in Germany, fascism arrived in Europe's core. No longer was Italy the only fascist country in Europe, and soon other nations were to be engulfed in the vortex of Nazi expansion and domination. Consequently, from 1933, antifascism, the original struggle of Italian militants against the Mussolini régime at home or abroad (mainly from France where many refugees had found a temporary haven) gradually became internationalized as a global and broader social movement that changed the course of most labor organizations in the Western world. In the mid-1930's in a few countries (France, Spain, the United States) the necessity of a united labor movement against the rise of fascism led for a time to a weakening of the Communist/Socialist confrontation through Popular Front policies. In most countries a constellation of organizations came into action, often motivated by humanitarian or religious considerations. Labor movements, in exile, or at home (if not yet under attack), remained at the center of antifascist action. But international labor organizations themselves hardly survived the onslaught of Nazism and fascism. The Labor and Socialist International (LSI), in particular, was shattered by the annihilation of its major component, the German Social Democratic Party (SPD). Its labor corollary, the International Federation of Trade Unions (IFTU), was also greatly weakened by the loss of its main pillar, the Allgemeiner Deutscher Gewerkschaftsbund (ADGB).[1] Unlike communist institutions, the socialist organizations did not have

1 For a recent appraisal of the decline of international organizations, see Ursula Langkau-Alex, Jalons pour une histoire des Internationales socialistes et l'exil dans l'entre-deux-guerres, in: Matériaux pour l'histoire de notre temps, n°84, Oct.–Dec. 2006, 26-38. Langkau-Alex mentions that by 1939, the LSI relied on only 11 of the 39 socialist parties that had originally composed it. See also Bruno Groppo, L'Internationale Ouvrière Socialiste en 1933, in: Serge Wolikow/ M. Cordillot, Prolétaires de tous les pays Unissez vous, 1848–1956, Dijon 1996; Julius Braunthal, History of the International, vol. 2, 1914–1943, London 1967.

the support of a state (USSR) to sustain their existence and direct their activities. In other words, the broad social-democratic networks of international solidarity were themselves partly destroyed and paralyzed by lack of funds and weakening of their decision-making bodies, while the necessity to help refugees, and to organize the resistance to the totalitarian régimes became every day more urgent, costly, and complex. In Europe and in the United States, anti-fascism took multiple forms of action and became a dominant motif of democratic sensitivity that often outgrew the classic scope of the labor movement.

The present paper, through the study of the Jewish Labor Committee (JLC), suggests how American labor acted on behalf of European socialist and labor organizations. At the center of several networks of political, labor and Jewish solidarity, the JLC was able to coordinate the support and rescue of hundreds of European labor leaders from the world of social-democracy attacked in all countries under Nazi or fascist domination.

Historiography and the general context do not logically highlight the role of American labor in the rescue of European socialist and labor leaders during the Nazi and fascist period and World War II. Several factors partly explain this oblivion. Immigration to the US had considerably been reduced since the 1920's and had practically stopped since the drastic reduction of the quotas in the 1930's. American workers in these Depression years were mostly concerned by their shattered economic conditions. On the foreign relations level, in addition, the United States maintained a policy of neutrality and isolationism from European events until the very end of the 1930's when Roosevelt started pressing the country toward intervention. Isolationism and the closing of immigration combined in making the US voluntarily remote from European troubles. As a result, the US did not perform its age-old role as a land of exile and refuge at the time when it was most needed for Jewish people and political opponents to the Third Reich during the Nazi years.[2] In addition, the US labor movement, mostly

2 Among others, the following historians have fully demonstrated the dramatic consequences of the closing of immigration to the US: Arthur Morse, While Six Million Died: A Chronicle of American Apathy, New York 1967; Richard Breitman/Alan M. Kraut, American Refugee Policy and European Jewry, 1933–1945, Bloomington/Indiana 1987; David Wyman, Paper Walls: America and the Refugee Crisis, 1938–1941, Amherst 1968; Id., The Abandonment of the Jews: America and the Holocaust, 1941–1945, (1984) New York 1998. The exceptions to this general statement concerned elite refugees: intellectuals, artists, scientists who were accepted "above the quotas" on temporary visas and hosted by major universities and cultural institutions. See for instance: Laura Fermi, Illustrious immigrants: The Intellectual Migration from Europe, 1930–41, (Chicago 1968) Chicago 1971; Claus Dieter Krohn, Intellectuals in Exile, Refugee Scholars and the New School for Social Research, Amherst 1993. Emmanuelle Loyer, Paris à New York, Intellectuels et artistes français en exil, 1940–47, Paris 2005.

represented by the American Federation of Labor (AFL), was also completely isolated from the international labor movement. Its classic hostility toward socialism had prevented it from being part of the Second International, reconstituted as the Labor and Socialist International (LSI). And, for the same reason, the AFL refused to be affiliated to the International Federation of Trade Unions (IFTU).[3] American workers, focused on their own economic conditions, shunned involvement with European based international organizations which they found too radical and hopelessly divided between feuding communist and socialist factions. European labor and socialist leaders, on their part, often looked down upon the AFL with some condescension for its so-called political neutrality and acceptance of the capitalist system. In other words the US and the European labor movements had remained ideologically and geographically foreign to each other.

One segment of the American labor movement, however, the Jewish Labor Committee (JLC), did not correspond to these paradigms.[4] Founded in 1934, the JLC achieved the rescue of over 500 European labor and social-democratic party

3 The AFL had briefly been affiliated to the IFTU in 1913 in the hope of influencing it to adopt a politically neutral trade-unionist philosophy. The IFTU however collapsed at the outbreak of World War I, and in 1919 the AFL did not resume its membership to what it considered a socialist dominated federation, which consequently remained a quasi exclusively European body.

4 The JLC Records, Holocaust-Era Records of the Jewish Labor Committee, are held at the Robert Wagner Labor Archives Center, New York University, hereafter cited as JLC Records. Gail Malmgreen, curator of these archives, has opened the way for the study of this movement: Labor and the Holocaust, The Jewish Labor Committee and the Anti-Nazi Struggle, in: Labor's Heritage, Oct. 3, 1991, 20-35; Id., Comrades and Kinsmen: The Jewish Labor Committee and Anti-Nazi Activity, in: Christine Collette/Stephen Bird, eds., Jews, Labour and the Left, 1918–1948, Abingdon/Engl. 2000, 4-20; Arieh Lebowitz/Gail Malmgreen, eds., Robert F. Wagner Labor Archives, New York University: The Papers of the Jewish Labor Committee, vol. 14 of Archives of the Holocaust, ed. by Henry Friedlander and Sybil Milton, Garland/NY 1993 (hereafter cited as Papers of the JLC); Jack Jacobs, A Friend in Need: The Jewish Labor Committee and Refugees from the German Speaking Lands, 1933–1945, in: Yivo Annual, 23, 1996, 391-417; Catherine Collomp/Bruno Groppo, Le Jewish Labor Committee et les réfugiés en France, in: Max Lagarrigue, 1940, La France du repli, l'Europe de la défaite, Privat, Toulouse 2001, 211-247; Catherine Collomp, I nostri compagni d'America: The Jewish Labor Committee and the Rescue of Italian Antifascists, 1934–41, in: Altreitalie, 28, gennaio-giugno 2004, 66-83; Catherine Collomp, The Jewish Labor Committee, American Labor, and the Rescue of European Socialists, 1934–1941, in: International Labor and Working Class History, Fall 2005, 112-133.

or labor leaders during World War II bringing them over to America.[5] In doing so it stirred the AFL to abandon its classic isolationist stance. These refugees represented a broad spectrum of political opponents to Nazi, fascist, or communist oppression. Among those saved between September 1940 and July 1941 were such important figures as Friedrich Adler, General Secretary of the Labor and Socialist International (LSI), Julius Deutsch, head of the Austrian Schutzbund and one of the leaders of the workers' rebellion in February 1934, Raphael Abramovitch, head of the Russian Social Democratic Workers' Party in exile (Menshevik), Noach Portnoy, President of the Central Committee of the Polish Bund, George Stolz, Assistant Secretary of the International Federation of Trade Unions (IFTU), Friedrich Stampfer, former editor of the German *Vorwärts* in Berlin, Alberto Cianca, editor of *Giustizia e Libertà* in Paris, and Randolfo Pacciardi who had been commander of the Garibaldi Brigade in Spain. Many refugees from Nazi Germany or fascist Italy had found a temporary haven in France in the 1930's until June 1940 when the German invasion made that country a new death trap for them. Simultaneously, the JLC led another rescue operation from Lithuania where many Polish Bundist militants had escaped in October 1939 and soon lost their brief safety when the Soviets annexed that country in June 1940. The JLC rescued some of the most prominent and endangered of these leaders or intellectuals connected to the Polish Bundist movement from certain death or detention in Nazi, or Soviet internment camps.

Owing to the constraint of the immigration laws which prevented any massive immigration, rescue was envisaged for the prominent leaders of the European Social-Democratic movement, but not for any high number of rank and file members. Like the rescue of European artists, scientists, and intellectuals, their admission to the US was done "over the quotas", and therefore relied on the

5 The number of the saved is a matter of debate. No precise number can accurately characterize the JLC's efforts. Many persons on the JLC lists sought by the Gestapo decided to remain in hiding in France. Others could not be reached or could not leave because of difficult conditions. Some died or were arrested before they could embark for a transatlantic passage. That was the tragic fate of two German social-democratic leaders: Rudolf Hilferding, who committed suicide in prison when arrested in February 1941, and Rudolf Breitscheid, sent to a concentration camp and who died there. Both had been arrested by the French police and handed over to the Gestapo. In 1942, JLC leaders asserted having saved 800 European leaders, that number included all those who had reached the US and probably a few who obtained asylum in Mexico or Cuba. The number we propose here (544) is a minimum, it corresponds to the list of those who had arrived in the US in July 1941, list established by JLC Executive director Isaiah Minkoff, the mastermind of the rescue operations: Papers of Isaiah Minkoff (hereafter Minkoff Papers), B.6, F.10, Robert Wagner Labor Archives, New York University.

previous notoriety of the refugees themselves, and on American persons of influence and persuasion who alone could convince US State Department officials on their behalf. The JLC for all these cases provided the individual affidavits guaranteeing, on the one hand, that these leaders were in immediate danger of internment and death if they remained in Europe, asserting, on the other, that they would be provided with the means of their subsistence in the US, and that they were persons of great intellectual, or social influence in European democracies, which in fact also explicitly implied that they were not communists.

The present paper tries to present the several political, cultural or more personal networks, by which the JLC was able to reach and save these persons. What was its ideological position within the US and the international labor movement? And, more practically: through what channels was it able to reach out from New York to European refugees in their deepest retreats or internment camps in occupied France and bring many of them over to American shores?

The JLC and its founders

Before their emigration to the United States before the First World War, most of the men who became the JLC founders and main activists had been Bundist[6] militants in the Russian empire. Their Jewish, secular, socialist and non-Zionist identity defined their political creed both in the Old World and in the New. In their youth, these militants, had fought against the tsarist régime to defend the right of Jewish workers, they had resisted brutal repression, had survived in clandestinity, and participated in the larger Russian revolutionary movement. When finally, mostly after the 1905 revolution, they chose to escape from repeated political persecution by emigrating to the United Sates, they helped to build the American labor movement. Certainly the unionization of the garment trades in the first two decades of the XXth century owed its new dynamism to the presence of these Bundist refugees. And in the 1930's, the JLC foundation was a resurgence of this initial Bundist creed for the international defense of Jews and workers and democratic freedom more generally.

6 The General Jewish Workers' Union of Russia, Lithuania and Poland (the Bund) was both a union and a socialist revolutionary political party. Founded in 1897, it was devoted to the defense of Jewish workers and the protection of Yiddish culture in the Zone of settlement in the Russian Empire.

The life of Baruch Charney Vladeck,[7] a prominent Bundist leader in the Polish provinces, who became the JLC founder in 1934, is emblematic of that generation. Born in Dukora near Minsk, Baruch Nachman Charney (his original name) received a religious education in a yeshiva and was influenced by Zionism but belonged to the left wing Poale Zionist movement. Because of that political activism in 1904 he was arrested and jailed in a Minsk prison which, according to Melech Epstein's expression, served as a kind of "political apprenticeship" to underground life and revolutionary theory. Abandoning Zionism, Charney Vladeck (his new name as a political activist) became part of the Bundist movement for the defense of the Jewish proletariat. In the 1905 upheaval, Vladeck, as one of the leaders of the general strike, was arrested again in Vilno. Escaping, he continued the fight in underground conditions. One of the cadres of the Bund in the Polish provinces, he was a traveling lecturer, and was acclaimed as "the young Lassalle" in reference to the founder of the German socialist party. A delegate of the Bund at the 1907 convention of the Russian Social Democratic Workers' Party in London, he was a foremost figure of the Russian revolutionary movement. Confronted with the constant repression by the tsarist police, he escaped to New York in November 1908 where his political reputation had preceded him. Within a few years, Vladeck reached prominent positions in the Socialist Party of America as well as in the American Jewish world. Elected twice on the socialist ticket for the board of aldermen of Williamstown (part of the New York City administration), he was also the manager of the Yiddish socialist paper, *The Jewish Daily Forward*, edited by Abraham Cahan. Widely read in the US, the paper published American and European Jewish contributors and circulated news on the worldwide diaspora. Vladeck was now situated at the heart of the transatlantic Jewish world. In 1936, elected again to the New York City Council, under Fiorello La Guardia's mayoralty, Vladeck was in charge of public housing. He died prematurely at the age of 52 in November 1938.

7 On Vladeck (1886–1938) see Melech Epstein, Baruch Charney Vladeck, in: Profiles of Eleven, 323-357, Wayne State University Press, Detroit 1965; John Herling, Vladeck, in: Survey Graphic, vol. XVIII n°11, Nov. 1939, 663-701 and vol. XIX n°1, Jan. 1940, 29-47; Bernard Johnpoll/Harvey Klehr, Biographical Dictionary of the American Left, Westport/Conn. 1986, Vladeck, 392-397.

Both David Dubinsky[8] and Sidney Hillman[9] who respectively became the presidents of the International Ladies Garment Worker's Union (ILGWU) and of the Amalgamated Clothing Workers of America (ACWA), had a similar history combining revolutionary activism in the Russian empire and dynamic involvement as trade union leaders in the American labor movement. These men quickly and pragmatically adapted their political vision and pugnacity to the American environment without losing contact with their personal and political European background. Hillman, however, did not remain personally involved in the JLC. But ACWA secretary-treasurer, Joseph Schlossberg (more Zionist than the other JLC leaders), actively engaged his union's participation to the Committee.

In the 1930's, the unions they presided upon, as well as the smaller ones gathered under the umbrella of the United Hebrew Trades, became the JLC's numerical and financial pillars. In addition, the Workmen's Circle, a mutual benefit society of Jewish workers throughout the United States was another of the JLC's large founding institutions.[10] Numerically small political organizations – the Jewish Socialist Verband and the Left Poale Zion – also participated to this movement. Together, these organizations were part of the tight network that supported the Yiddish speaking working class world of American cities. They

8 Born in Brest-Litovsk, Dubinsky (1892–1982) received a short education in a Zionist school of Lodz. Apprenticed to this father's trade as a baker, he was arrested in 1908 for political activism with Bundist revolutionaries, jailed for two years and sent to Siberia from which he escaped, returned to Lodz and thence emigrated to the United States where he arrived in January 1911. Soon involved in the garment trades struggles he became the leader of ILGWU local union 22, and elected ILGWU president in 1932. J. C. Rich, David Dubinsky, the Young Years, in: Labor History, Spring 1968, 5-14; David Dubinsky/A.H. Rankin, Dubinsky, A Life with Labor, New York 1977; Robert D. Parmet, The Master of Seventh Avenue, David Dubinsky and the American Labor movement, New York 2005.

9 Born in Zagare, Lithuania, Hillman (1887–1946) was involved in socialist political action from his years in a Kovno Yeshiva. As a Bundist he was arrested twice in 1903 and 1905 serving a six month sentence but maintained his political activism. He emigrated first to Manchester England, and then reached the United States in August 1907. Working in Chicago in the Hart Schaffner and Marx coat company, he led a strike which soon made him the founder of the new (and AFL dissident) Amalgamated Clothing Workers' Union of America of which he was president from 1914 to his death in 1946. Melech Epstein, Profiles of Eleven, Sidney Hillman, 269-295; Steve Fraser, Labor Will Rule, Sidney Hillman and the Rise of American Labor, New York 1991.

10 Joseph Baskin was the General Secretary of the Workmen's Circle. Born in Biala, Russian Empire; educated in Switzerland and France. Active in Jewish Labor Bund from 1897; member of the Foreign Committee of the Bund 1905–1905. Emigrated to the US in 1907. Active in the Workmen's Circle in Pittsburgh. And in the Jewish Socialist Federation of the Socialist Party. General Secretary of the Workmen's Circle. Founding secretary of the JLC, Baskin died in 1952. Lebowitz and Malmgreen, Papers of the JLC, XVIII.

constituted what was collectively described as "Jewish Labor". Linked by their common cultural characteristics originating in the massive emigration of the turn of the century, in the span of a few decades, these organizations had recreated a comparable pattern of autonomous working class activism and solidarity to what had existed in the Pale.[11] In the United States, given the post World War I weakness and internal divisions of the Socialist Party of America, the former Bundists' political commitment found its strongest expression in what they developed as the social-democratic missions of the union movement. By the mid 1930's, these unions and their leaders, like the majority of the Jewish electorate, had become ardent supporters of the New Deal, of President Roosevelt and of the Democratic Party.

Representing only a portion of the AFL, let alone of the entire US labor movement, the JLC nevertheless by the mid 1930's could rely on a 500,000 membership affiliated to it through the unions or the Workmen's Circle. This number constituted a significant source of financial and material support which the JLC called upon to contribute to fund raising drives for the support of refugees and for other collective actions. Because most of their members were first generation immigrants who had relatives and friends in Europe, and because of the socialist background of their national leaders, the garment trades unions were certainly the most internationalist ones in the AFL or even among the unions that later composed the Congress of Industrial Organizations (CIO).[12] The ILGWU for instance, was one of the rare unions to have maintained through

11 The Pale of Settlement, the western border region of Russian empire, where Jews were allowed to live, included a great part of present-day Poland, Lithuania, Ukraine, Belarus. On working class solidarity among Jewish immigrants see for instance: Melech Epstein, Jewish Labor in USA, 1914–1952, New York 1953; Irving Howe, World of Our Fathers. The Journey of East European Jews to America and the Life they Found and Made, New York 1976; William Sorin, The Prophetic Minority. American Jewish Immigrant Radicals, 1880–1920, Bloomington 1985; Daniel Soyer, Jewish Immigrant Associations and American Identity in New York, 1880–1939, Cambridge 1997.

12 The CIO emerged in 1935 as a rival organization to the rather conservative AFL. ILGWU president David Dubinsky, ACWA president Sidney Hillman, and John Lewis, President of the United Mine Workers, were among the separatists who founded the CIO. The ILGWU, however, while expelled from the AFL in 1937, remained independent until 1940 when it renewed its affiliation to it. The ACWA from its creation had remained independent from the AFL (it was briefly affiliated to it in 1934 and 1935), but, like the UMWA, became a steadfast CIO union. Thus among JLC leaders, Dubinsky remained close to AFL president William Green, and Sidney Hillman was one of the leaders of the rival CIO federation. Thus with Dubinsky close to AFL president William Green, and the ACWA in the CIO, the JLC had a foot in both labor federations. In 1940 the ILGWU resumed its AFL affiliation.

the 1920's an affiliation to the corresponding International Trade Secretariat of the clothes-making industry within the IFTU. One can safely estimate that these social-democratic (but non-communist) unions in the needle trades were at the heart of international solidarity within the ranks of American labor.[13] All networks and organizations originating from that milieu were actively enrolled in the anti-Nazi struggle. Contrary to the dominant vision of American labor's isolationism and political neutrality, the study of Jewish labor reveals intense international cooperation in the anti-Nazi, anti-fascist struggle.

The predominantly Jewish outlook and culture in the garment trades unions however did not preclude a more cosmopolitan sense of working class solidarity. By the 1930's, clothing workers had become an ethnically diverse labor force. The Jewish, Yiddish-speaking, workers were gradually replaced by other immigrants among whom Italians constituted the most numerous and organized group. This connection between Italians and Jews, often seen as antagonistic in the labor market,[14] here provided another link with the European world and its specific political problems. It added antifascism, and the help to refugees from the Mussolini regime, to the JLC's initial focus on the struggle against Nazi Germany and anti-Semitism. Luigi Antonini,[15] the leader of Local 89 and ILGWU vice-president, became the voice of American labor's antifascist commitment. Several other Italian local unions, such as ILGWU Local 48, and ACWA local 63 headed by Augusto Bellanca, were actively involved in the struggle.[16]

The core values of Bundism were the basic ideological reasons for JLC participants to react as they did to the rise of Nazi Germany. Like all persons of

13 Some unions in the 1930's like the Furriers International Union had a communist orientation, but they were numerically small and isolated in the US labor movement. During the 1920's a "Civil War" had taken place in the garment trades unions between pro and anti-communist factions. The adamant anti-communist position of both the ILGWU and ACWA leadership had overcome this internecine struggle but this had left their ranks and treasuries depleted by the end of the decade, a situation aggravated by the economic depression that started in 1929. It is only in the mid-1930's with the Comintern's popular front strategy that the political climate became more politically unified in the labor movement. The CIO however harbored many communist leaders and members, while the AFL remained steadfastly anti-communist.

14 Ronald Bayor, Neighbors in Conflict. The Irish, Germans, Jews and Italians of New York City, Urbana/Illinois 1988.

15 Luigi Antonini (1883–1968) had been the founder of the Italian Chamber of Labor in 1913 and of the Anti-Fascist Alliance in 1922.

16 Local 89, with a 40.000 membership, was ILGWU's largest local union. Local 89 and 48 were numbered as such not because of numerical succession but in political reference to the 1789 and 1848 revolutions. Both the ILGWU and the ACWA had been part of the nascent antifascist movement that developed in the US in the 1920's among Italian-American Workers.

Jewish origin, their sensitivity to anti-Semitic persecutions was aroused by the régime of terror which Hitler's accession to power now unleashed on Jewish people. Bundists had linked the fight against anti-Semitism to the larger revolutionary struggle against all reactionary forces. But, differently from most Marxist ideologues, they acted for the defense of Jews and Jewish (Yiddishist) culture as Jews, not simply as workers. As articulated by Vladimir Medem, one of its most prominent leaders in the Pale, Bundism combined universal proletarian internationalism with the defense of the oppressed Jewish people and its secular culture. With the advent of the Nazi régime, the JLC founders immediately understood that anti-Semitism and attacks on the labor movement were part and parcel of the same ideology. Unlike most socialists and communists (for whom racism was to be solved by the workers' revolutionary movement), Bundist militants were particularly sensitive to anti-Semitic persecution which they saw as a harbinger of all anti-democratic attacks. Vladeck, in his 1934 plea to obtain the support of the AFL for the JLC's mission was extremely explicit on this notion:

> "In these torture chambers of Fascism and tyranny, the Jew occupies a conspicuous and painful place. As workers, we are persecuted for being militant, as traders for being greedy. If we produce geniuses we are charged with disrupting the work; if we produce criminals we are charged with corrupting it. When we give our lives for liberty we are contemptuous internationalists. When we comply and obey we are cowards. One of the most important reasons why all tyrants hate us is because of our long experience in resisting injustice and cruelty. [...] It is hard enough to be a Jew, but it is doubly hard to be a Jew and a worker. Whether it be Germany, or Poland, Austria or Rumania or Latvia, whether a country is entirely fascist or half-fascist, the Jewish worker, the Jewish craftsman, the Jewish little man is the first to pay the penalty."
> "Since the coming of industrial age", he concluded, "the Jews have been a true barometer for the labor movement. Whenever and wherever a government begins to persecute the Jews, it inevitably follows with persecuting the workers [...]. The first blast against the Jews is only the fore-runner of a dark storm against labor".[17]

A second characteristic of the Bundist heritage in the JLC was its constant hostility to communism. After the Russian Revolution, Bundists in the Soviet Union did not survive the Bolshevik domination and persecution: they were either physically liquidated or their movement was absorbed by the Communist party. Those who were able to escape from Bolshevik Russia therefore harbored an

17 AFL, 1934 Convention, Proceedings, 443-445.

adamant opposition to communism. JLC leaders asserted that they were fighting for the protection of democratic values against all tyrannical governments, putting the Soviet Union and the Third Reich on a par in this respect. Such statements may have been used for the sake of efficiency vis-à-vis the US State Department or even the AFL, whose support they were seeking, but they corresponded to an acquired distrust learned at the expense of the lives of many comrades. Even with the 1941–45 USSR participation in the Allied forces, the JLC continued to harbor lucid fears as to Stalinist manoeuvering against non-communist leaders. The fate of Henryk Erlich and Viktor Alter, the two leaders of the Polish Bund, incarcerated since 1939 in Soviet prisons, and assassinated in 1943, only confirmed such fears.[18]

In Poland, the Polish Bund, as a party of the Jewish proletariat, had survived in the interwar years. Since 1930 it had become affiliated to the Labor and Socialist International (LSI).[19] This institutional link provided Bundists in Poland and in the diaspora, including therefore the JLC leaders, with direct contacts with the cadres of the Socialist International. Vladeck's papers for instance evince correspondence with some of these leaders: Rafael Abramovitch (Russian Social-Democratic Workers' Party in exile), Friedrich Adler (LSI General Secretary), Otto Bauer (Austrian Social-Democratic Party leader), Karl Kautsky (Marxist theoretician), and Julius Deutsch (Austrian Schutzbund). In 1935, Vladeck went to Europe, where he met some of these leaders especially in Prague where the German Social-Democratic Party in exile (SOPADE) had its office until 1938. In Paris Vladeck was also in contact with the IFTU leaders who had transferred their new headquarters to that city.[20] In 1936 he traveled to Central Europe again, made a trip to the USSR and to Palestine. Vladeck's

18 On Erlich and Alter, see Daniel Blatman, Notre liberté et la vôtre, Le mouvement ouvrier juif Bund en Pologne, 1939–1949, Paris 2002, 101-124; Isabelle Tombs, Erlich and Alter, the "Sacco and Vanzetti" of the USSR: An Episode in the Wartime History of International Socialism, in: Journal of Contemporary History 23-24, 1988, 531-549. Erlich and Alter had been liberated by the Soviet authorities in 1941 and contributed to the international Jewish mobilization against Hitler's war. They were again arrested two years later and executed. Their assassination aroused a wide protest wave in the world.

19 On the Polish Bund, Blatman, Notre liberté et la vôtre; Id., The Bund in Poland, 1935–1939, in: Polin 9/1996, 58-82.

20 On the occasion of Vladeck's visit in Paris, Walter Schevenels wrote to him, Sept. 24 1935, expressing "the gratitude of the European Labour Movement, and especially of the victims of fascism, for the splendid proof of solidarity given by the workers of the United States" and underlining that "Europe looks to them to do their bit to assure the future of the International labour movement and in the last resort of civilization itself", JLC Records, 20 B9, F14.

Jewish identity as a Bundist made him particularly sensitive to the situation of national minorities, a position which added to his proximity to Austrian socialists, within the larger social-democratic family. This perspective eventually led him to also support dissenting groups on the left of the SPD such as that of Neu Beginnen, whose leader Karl Frank (alias Paul Hagen) he first met in Prague in 1935. The JLC connection to the LSI – if not direct affiliation – therefore was the broadest institutional and ideological framework guiding its activists to their course of action. As a corollary, the labor connections through the IFTU, which had to be reconstituted on the AFL side, represented another circle of transatlantic social-democratic ties. Socialism and labor solidarity, rather than a classless or religious Jewish identity, was the basis of the JLC leaders' ideological foundation. More precisely, it is the combination of Socialist and Jewish identity that made them doubly sensitive to the plight of victims of all fascist, and totalitarian regimes.

Developing this dual identity, the JLC made it its mission to alert the non-working class Jewish organizations in the United States (i.e. the more middle class Jewish Congress and in particular the Joint Distribution Committee) to the fact that Jews were not the only victims of Nazi oppression. Conversely, its mission was also to make the American labor movement more conscious of the dangers and inroads of anti-Semitism (Father Coughlin's ranting from his pulpit at the Shrine of the Little Flower in Detroit was one significant reminder that American workers were not immune to anti-Semitism). Strategically, the JLC intended to bridge Labor and Jewish activism into a single front against fascism and Nazism. It was Vladeck's conviction that only the combined forces of organized labor and progressive Jewish organizations could stall the progress of Nazi forces. In these endeavors, the JLC was the militant vanguard of the American labor movement's reaction to fascism and Nazism. The rescue operations it achieved in 1940–41 attest to this dual Jewish and Labor identity: from Poland and Lithuania, the refugees rescued by the JLC were most exclusively Jews, members of the Bund or affiliated to it, while those saved from their last refuge in France, whether Jews or Gentiles, owed their plight to their political activity in the labor and the socialist movement: German, Austrian, Italian socialist representatives, labor leaders, as well as former Mensheviks. The fact that many of the former Mensheviks, were Jewish, like Abramovitch himself, and as such had been close to the original Bund, added to the interlocking socialist and Jewish connection. The defense of their Jewish (Yiddishist) identities situated Bundists differently from many of the cadres of the socialist world who, even when they were Jewish (Friedrich Adler, Otto Bauer, Leon Blum, Giuseppe Modigliani), were entirely dedicated to the promotion of universal socialism, and did not initially combat anti-Semitism as part of the Nazi ideology.[21] In later years, from 1942, the JLC, helpless to obtain further rescue opportunities from the State Department, concentrated its efforts on humanitarian gestures toward the Jewish victims of Nazism, for the Warsaw ghetto population and its survivors, or the Jewish civilian populations in Russia, Hungary, Rumania and in France.

Given the context of American insularity and the increasing looseness of international affiliations, personal connections were of the utmost significance for the emergence and efficiency of stronger transatlantic ties. Ideas rarely travel alone, especially at times when the usual means of publication are not available, and when the survival of individuals is at stake. The rescue of hundreds of European leaders would not have taken place in the 1940's had not the JLC from its inception woven close ties with many segments of the European internationals (IFTU and LSI) and their representatives. We attempt here to establish a genealogy of these links.

The Plotkin-Plettl German connection

The first German anti-nazi labor refugee to reach the United States was Martin Plettl, the president of the Clothing Workers Union (Deutscher Bekleidungsarbeiterverband). Arrested in Berlin during the infamous week of May 1st, 1933, he was sent to a concentration camp, like most German labor leaders. Managing to escape, he reached the Netherlands, where he was helped by the President of the International Clothing Workers' Federation, Van der Heeg. A few months later, in October 1933, Plettl was safely invited to give a number of lectures to American labor audiences on the reality of the Nazi regime: "Labor in Germany and in Europe today."

The connection between Plettl and American audiences was the fruit of an individual initiative. Abraham Plotkin, an organizer for the ILGWU, had happened to be in Berlin in the fateful winter of 1932–33.[22] Having initially gone there to learn about German labor's unemployment compensation and other social programs, which he wanted American unions to emulate, Plotkin had met

21 See Enzo Traverso, Les Marxistes et la question juive, Paris 1997.

22 Abraham Plotkin's papers are part of the ILGWU Records, at the Kheel Labor and Management Documentation Center, Cornell University, New York. An edition of Plotkin's Berlin diary, edited by Catherine Collomp and Bruno Groppo, is forthcoming: An American in Hitler's Berlin, The Diary of Abraham Plotkin, 1932–1933, Urbana, University of Illinois Press, 2008.

and interviewed many of the leaders of the powerful ADGB and several Social Democratic Party's experts as well as the IFTU secretary general Walter Schevenels whose headquarters were in Berlin before the Nazi takeover. Finally, from February to May 1933, Plotkin was the witness of the Third Reich's attacks on German labor. He saw the arrest and incarceration of those leaders he had interviewed and often befriended in the preceding months. These encounters were the first direct personal source of information on attacks on German labor in the first month of the Third Reich. Upon his return to the United States, Plotkin wrote an article that appeared in the AFL's organ, *American Federationist*, in August 1933, on "The Destruction of the Labor Movement in Germany."[23] Informing American trade unionists that Nazism was not only a danger to Jews, but that the whole German labor movement had been destroyed by Nazi physical terrorism, this article impressed AFL President William Green and convinced him of the necessity to launch a boycott of German goods and services.[24]

Once back in the United States, in July 1933, Plotkin organized an invitation to the United States for Martin Plettl and his secretary Dorothea Heinrich. The goal was to secure their safety and to inform American workers of the situation in Germany. The committee formed by Plotkin for that purpose prefigured the foundation of the JLC that occurred shortly afterwards. Composed of ILGWU President David Dubinsky, ACWA secretary-treasurer Joseph Schlossberg, Workmen's Circle Secretary Joseph Baskin, and *Jewish Daily Forward* manager B.C. Vladeck, the committee effectively sponsored Plettl's journey to the United States and organized a tour of American cities from November 1933 to February 1934 where he was to speak to labor audiences. A few weeks later, the same committee emanating from the Jewish labor organizations now coordinated its action onto a larger scale and officially founded the Jewish Labor Committee in New York City on February 25, 1934. The suppression of the Austrian workers' rebellion in Vienna in February 1934 was the immediate political cause that moved Vladeck and his comrades into public political action on behalf of the labor victims of Nazism and political persecution.

The JLC's declared mission was to "give aid to Jewish and non-Jewish labor institutions overseas; to assist the democratic labor movement in Europe; provide succor to victims of oppression and persecution and to combat anti-Semitism

23 Abraham Plotkin, The Destruction of the Labor Movement in Germany, in: American Federationist, August 1933, 811-826.

24 On the boycott of German goods see Moshe R. Gottlieb, American Anti-Nazi Resistance, 1933–1941: An Historical Analysis, New York 1982. In involving the AFL in a boycott, William Green was in fact joining a decision already made by the LSI and IFTU in August 1933.

and racial and religious intolerance abroad and in the United States".[25] Understanding that US immigration laws precluded an attempt to offer asylum to any massive number of refugees, the JLC's strategy was to finance underground activity in Europe and support social-democratic leaders victims of Nazism. To that end a US$ 150,000 fund was launched among affiliated bodies. This Labor Chest for victims of Nazism and Fascism was run by ILGWU president David Dubinsky as treasurer. In 1934, under the auspices of the AFL who joined the campaign, it became the Labor Chest for the Liberation of European Workers. These funds were transmitted to the Matteotti Fund jointly run by the LSI and the IFTU.[26]

Tours, funds, education: the building of antifascist networks

Invitations to other European refugees sponsored by the JLC or its constituent organizations became a frequent feature of American anti-Nazi and anti-fascist activism. These invitations had several functions. They were the occasion of fund-raising activities destined to support the refugees themselves now in America. But beyond this immediate purpose, the sums gathered in these events accrued to LSI or IFTU monetary funds for the victims of Nazism or fascism, thereby further extending American support to European labor movements. Finally the lecture tours given on these occasions were part of an educational effort to inform American workers.

Conversely, the reciprocal attendance of American delegates to international conventions in Europe was another occasion for contacts. Crisscrossing the Atlantic ocean became a frequent factor in the 1930's of the rapprochement brought about by the fight against Nazi and fascist expansion and terror. These tours were closely monitored by ILGWU and ACWA or Workmen's Circle delegates. For instance, after speaking to New York City audiences, Plettl was sent to Cleveland, Chicago, Saint Louis, Baltimore, Philadelphia, Boston and Newark. Every stop was organized by the delegates of the local unions of garment workers who were required to prepare and attend "A Boycott Meeting", or a

25 JLC Records, B2 F1. The February 25, 1934 meeting where the JLC was founded was initially called the "Labor Conference for Jewish Affairs", it was also entitled "People's Conference against Nazism and Fascism", JLC Records, B2 F1; JLC Constitution, JLC Records, B1 F1.

26 AFL, Proceedings of the 1934 Convention, 443-445. On the Matteotti Fund see Bruno Groppo, Le Fonds International de Solidarité de l'Internationale ouvrière socialiste, 1934–1940, in: José Gotovitch/Anne Morelli, dir., Les Solidarités internationales, Bruxelles 2003, 55-64.

"Dinner and Luncheon Meeting" or a "Lecture on Labor in Germany and Europe Today."[27] The talks were reported in the ILGWU organ *Justice*, or the ACWA's *Advance*. At the end of his tour back in New York City, on February 22, 1934, Plettl was honored to a "Hands Across the Sea" dinner at Central Plaza Hotel attended by 500 persons, who donated 4535 dollars to support the dismembered trades unions of Germany.[28] Plettl never returned to Germany or Europe. He gave a speech at the ACWA convention in May 1934, and continued to work for stronger transatlantic labor ties.[29]

Other German and Austrian leaders made their way to American working class audiences. Gerhard Seger,[30] a former Social-Democratic member of the Reichstag (1930-33), came to the US in February 1935. His presence was used to deflect the occasional pro-Nazi sentiment that sporadically existed among German-American workers in the Detroit area. Julius Deutsch,[31] head of the Austrian Schutzbund and one of the leaders of the workers' rebellion in February 1934, was also invited by Vladeck to find support in the United States in November and December 1934, and was made to deliver talks on the situation in Austria.[32]

---

27 Dubinsky to local delegates, Abr. W. Katovsky, Morris Bialis, Ben Gilbert, et al., Nov. 9 1933. ILGWU Records 5780/02 B.134 F4B; Justice, Nov. 1, 1933; Dec. 1933; March 1934.

28 ACWA, Proceedings of 1934 Convention 189-192. Dubinsky to "Dear Sirs and Brothers" (ILGWU.members) Feb. 2 1934, ILGWU Records, 5780/02, B134 F4B; Justice, Nov. 1933; Dec. 1933; March 1934; According to the New York Times, "700 Honor Martin Plettl" Feb. 22 1934.

29 Plettl and his secretary/companion Dorothea Heinrich stayed in the US living on a monthly allowance granted to them by the ILGWU and the ACWA. From the US, Plettl tried to create an official representation of the German Trade Unionists in exile at the IFTU, demanding Vladeck to represent this project at the IFTU's 1935 meeting in Paris, but apparently failed to obtain the support of his German comrades for that purpose. Plettl to Van der Heeg, June 1935; Plettl to Dubinsky August 10 1935, ILGWU Records, 5780/02 B134 F. 4B.

30 Gerhardt Seger (1896–1967), social-democratic journalist and member of the Reichstag. After Hitler's seizure of power was detained in the Nazi concentration camp Oranienburg, but managed to escape and went into exile, first in Prague and later in Britain and the United States. His book "Oranienburg, Erster authentischer Bericht eines aus dem Konzentrationslager Geflüchteten", published in Prague in 1934 by the Sopade, was one of the first personal accounts of conditions in the Nazi concentration camps.

31 Julius Deutsch (1884–1968). After the repression of the Austrian workers' rebellion, Deutsch went into exile in Czechoslovakia, where with Otto Bauer he organized the social-democratic underground resistance. During the Spanish civil war he was a general of the Republican army. In 1940, he went into exile in the United States, where he worked during the war in the Office of War Information.

32 JLC Records B16, F15.

In the 1934–35 winter, the visit of former representative of the Italian Socialist Party, Giuseppe Modigliani,[33] was another of these occasions to create bonds of solidarity within American working class circles and across the Atlantic. At the ILGWU 1934 Convention, delegates unanimously endorsed decisions on anti-Nazi activities. Among other resolutions, they included the decision to initiate and actively participate in organizing conferences and plans to fight fascism, and to raise a $50,000 fund for the purpose of assisting all victims of fascism. Luigi Antonini, president of Italian Local 89 of the New York dress-makers, and first vice-president of the ILGWU, called attention to the fact that Italy, "the first to feel the fascist blow, was omitted in the consideration on the subject." Thus a motion that included solidarity with Italian antifascists was carried unanimously. Antonini's first initiative was to invite socialist leader Giuseppe Modigliani to the Fifteenth Anniversary of Local 89 to be celebrated in November 1934 to give lectures to Italian-American labor audiences. Like most other socialist and trade-union leaders, Modigliani had found refuge in France after the advent of the Mussolini régime and the murder of Giacomo Matteotti.[34]

Managed by ILGWU organizer Serafino Romualdi and ACWA local leader, Augusto Bellanca,[35] Modigliani's tour was a symbolic and financial success. One of its purposes was to counteract pro-fascist sympathies in the ranks of Italian-American workers. From November 1934 to March 1935, Modigliani toured the cities where Italian-American workers could be expected to offer a large assistance. His stops included Rochester, Syracuse, Utica, Buffalo (all four cities in NY state), Toronto (Canada), Cleveland, Cincinnati (Ohio), Detroit, San Francisco, Los Angeles, Philadelphia, Pittsburgh, Baltimore, and Washington. Everywhere efforts were made to rally large crowds. From the East to the West coast, the Italian leader, whose speeches were translated by Romualdi, exposed the situation of Italian

33 Giuseppe Modigliani (1872–1947), brother of the painter Amadeo Modigliani, was one the principal leaders of reformist socialism in Italy. During the fascist dictatorship he lived in exile in France and played an active role in the Labour and Socialist International. After the German invasion of southern France he took refuge in Switzerland. Cf. Vera Modigliani, Esilio, Milan 1946.

34 ILGWU, 1934 Convention, 162-165, 327-31. On Antonini, see Philip V. Cannistraro, Luigi Antonini and the Italian Anti-fascist Movement in the United States, 1940–43, in: Journal of American Ethnic History, Fall 1985, 21-40. Antonini to Pietro Nenni, August 8 1934, Antonini papers, ILGWU Records 5780/023, B.36, F.4; La Strenna commemorativa del XV anniversario della fondazione della Italian Dressmakers Union, Locale 89, ILGWU, compiled by the Italian Labor Education Bureau, New York 1934.

35 Romualdi was the editor of "Giustizia", the Italian version of ILGWU organ "Justice"; and Augusto Bellanca was the head of ACWA Italian local 63 of coat makers.

workers and the needs of the underground anti-fascist movement in Italy and in exile. At the end of the tour Modigliani was made honorary president of Local 89 and given a column in *Justice*, the ILGWU organ, where he continued to develop information about general conditions in Europe and the antifascist struggle. The 10.000 dollar check collected during the lecture tour contributed to Il Fondo Italiano entrusted to Modigliani for antifascist exiles, as a part of the LSI and IFTU Matteotti fund. Modigliani's intervention with Dubinsky ascertained that, differently from the JLC's initial Labor Chest, primarily destined to German and Austrian underground fighters, these funds were used to help the Italian Confederation of Labor in exile.[36]

Such contacts were the source of more institutional developments that paved the way toward the AFL's reaffiliation to the IFTU which was to be confirmed in 1937. American delegations to the conventions of the International Clothing Federation for instance became frequent: ILGWU vice-president Isidore Nagler was in London in August 1934; Julius Hochman, General Manager of the New York Cloak Joint Board, also traveled to Europe (England, Poland, and Russia) making contacts with union representatives on the way.[37] Dubinsky himself, appointed by William Green as AFL representative to the International Labor Organization, was in Geneva in 1935. He also attended the 1936 IFTU Convention as well as that of the Clothing Federation Convention held in London. Each of these journeys was the occasion to investigate the European problems more closely, establish contacts with IFTU and LSI leaders, transmit financial aid to refugees, and also to strengthen links with Polish delegates whom he met in these venues and in Poland.[38]

36 Augusto Bellanca Papers, ACWA Records 5619, Box 146. ILGWU Records, 5780/002, B.118 F.1; On Modigliani's tour, see Modigliani to Antonini, May 14-19, 1935, 5780/023, B.35 F.1; Justice, Dec. 1934, 16; Jan. 1, 1935, 4; Jan. 15, 1935, 5; Feb. 15, 1935, 3. In March 1935, Dubinsky offered Modigliani a $ 10.000 check collected during his tour, Justice, April 1, 1935, 12. On the profascist proclivity of the Italian-American population see John Patrick Diggins, Mussolini and Fascism, the View from America, Princeton 1972; Stefano Luconi, La "Diplomazia Parallela": Il regime fascista e la mobilitazione politica degli italo-americani, Milano 2000; On antifascism see Fraser Ottanelli, "If Fascism Comes to America, We Will Push it Back to the Ocean": Italian-American Antifascism in the 1920's and 1930's, in: in Donna Gabaccia/Fraser Ottanelli, eds., Italian Workers of the World: Labor Migration and the Formation of Multiethnic States, Urbana/Illinois 2001, 178-196.

37 Justice, Aug. 1934, 14; Jan. 1935, 4.

38 Dubinsky asserted that he had traveled to his native land half a dozen times in the past decade, Justice, August 15, 1936. In 1937 the ILGWU invited Herschel Himmelfarb, representative of Polish Clothing Workers Union, "I am proud", the latter said "that the Jewish workers [in Poland] led by the Bund contribute their proper share in this heroic struggle. Despite our difficulties we have been able to build a union of 450.000 organized workers", Justice, June 1, 1937.

Antonini also came into direct contact with the European situation. In the fall of 1935 he attended the Labor and Socialist World Congress of Italians against the war in Ethiopia, held in Brussels. There, he met Friedrich Adler, LSI General Secretary, Menshevik Rafael Abramovitch (now exiled from Berlin to Paris) and Edo Fimmen,[39] Secretary of the International Transport Workers and member of the governing board of the IFTU. Antonini was greeted by the leaders of the Italian antifascist movements: Giuseppe Modigliani of course, but also Pietro Nenni, President of the Italian Socialist Party in exile and member of the Executive Board of the Labor and Socialist International, Bruno Buozzi President of the Italian Confederation of Labor, and the leaders of Giustizia e Libertà, a movement that involved intellectuals as well as trade-unionists and registered socialists in the antifascist struggle. Acquainting him with the whole political spectrum of Italian emigration in France, as well as with many representatives of the Labor and Socialist International, this trip enlarged Antonini's and consequently Dubinsky's awareness of the scope and organizations of the anti-Nazi and antifascist movements.[40]

The AFL's reaffiliation to the IFTU

The Nazi destruction of the German labor movement, a tragic issue in itself, also considerably weakened the international labor movement as embodied in the LSI and IFTU of which it had been the main pillar. IFTU leaders now actively sought new sources of support and solidarity. The Plotkin/Plettl connection was the initial source of information for American labor on the necessity to provide help for the IFTU's survival. Plettl acquainted Dubinsky and Vladeck to former German labor leaders exiled in Paris, or in Prague, to whom money was transmitted for their expenses and for underground work.[41] It was Plettl again who suggested Vladeck to invite IFTU President William Citrine to the AFL convention

39 Edo Fimmen (1881–1942), Dutch labor leader, played a very active role in the international mobilisation against fascism and Nazism. See: Willy Buschak, Edo Fimmen. Der schöne Traum von Europa und die Globalisierung, Eine Biografie, Essen 2002; The International Transportworkers' Federation 1914–1945 – The Edo Fimmen Era, ed. by Bob Reinalda, Amsterdam 1997.

40 Justice, Oct. 1, 1935, 7; Oct. 15, 1935, 6; Nov. 1, 1935, 3; Nov. 15, 1935, 6.

41 Schevenels to Plotkin, June 3, 1933, Plotkin Collection, Kheel Center, 6036/016, B2 F15: writing from Paris, on June 3, 1933, IFTU General Secretary, said "Our urgent task will be to create a wide front of relief for the victims of Fascism both in and out of Germany [for this] we shall need to have the widest possible international basis". Plettl to David Dubinsky, August 10, 1935; April 14, 1936 in ILGWU Records, 5780/02, Box 134 Folder 4B.

in October 1934.[42] "Such an event," he suggested, "will strengthen the fighting spirit of European labor, it will also mean real workers' solidarity, proclaimed on an international scale instead of the usual communist phraseology which is contrary to the fight of our movement for liberty and freedom.[43] Both Vladeck and Citrine delivered impressive speeches at the AFL Convention in San Francisco. The former presented the goal of the newly founded JLC in its twofold mission to fight anti-Semitism and protect political victims of Nazism. And Walter Citrine, as TUC General Secretary and IFTU President, described the utter destruction of German, Austrian and Italian labor movements at the hands of Nazi and fascist perpetrators. He insisted on the necessity of American and European labor to act together. Following the Convention, Citrine was invited to give lectures in several American cities. As he later remembered, in these labor audiences, Jewish workers were always the most responsive on the questions of international solidarity.[44]

The outbreak of the Civil War in Spain precipitated the AFL's reaffiliation to the IFTU. Citrine, and IFTU General Secretary Walter Schevenels, came to the United States in 1936 to press the matter further.[45] Needing funds for humanitarian support, the IFTU requested American aid. Dubinsky launched a fund raising drive, Labor's Red Cross for Spain, with a 250,000 dollar objective destined to finance a hospital and civilian support for the families of Republican loyalists. In 1937, the AFL formalized its membership to the IFTU. As one ILGWU commentator remarked, it was unfortunate that American labor was divided [between the AFL and the CIO] at the moment it joined the International Federation. Perhaps American unity would be urged by the move, he suggested.[46] The money collected by the ILGWU for Labor's Red Cross for Spain contributed to the LSI-IFTU Spanish Committee of the International Solidarity Fund created within the Matteotti Fund.[47] Providing aid to Spanish republicans was a contested

42 B.C. Vladeck to Dubinsky July 19, 1934, transmitting a letter by Plettl suggesting that Citrine be invited at the AFL 1934 Convention, Dubinsky correspondence, ILGWU Records, 5780/002, Box 39 F3B.

43 Plettl to Vladeck, July 8, 1934, ILGWU Records, ibid.

44 AFL, 1934 Convention, Proceedings, 435-444; Walter Citrine, Men and Work: An Autobiography, London 1964, 346-47.

45 Citrine to Dubinsky, "Visit to the States," Sept 1, 1936. Details on Citrine's and Schevenels' tour, Sept–Oct. 1936, ILGWU Records, 5780/02, B. 47 F.1B.

46 Justice, August 1, 1937.

47 AFL, Proceedings of the 1937 Convention, 628-630; William Green, American Federationist, Dec 1937, 1293–94; Justice, August 1, 1937, 16. Walter Schevenels, Forty Five Years of the International Federation of Trade Unions, Brussels 1955, 245-255; Dubinsky Correspondence, ILGWU Records, 5780/02 B47, F1B. and B164-166 and B4, F1. Citrine to Dubinsky, idid., B.166 F1A. G. Van Goethem, Conflicting Interests, the International Federation of Trade Unions, 1919–45, in: Anthony Carew/Michel Dreyfus, et al., eds., The International Confederation of Free Trade Unions, Bern 2000, 147-160.

issue between pro and anti-communist forces. Dubinsky, as treasurer of Labor's Red Cross for Spain, was soon attacked as being pro-communist. Cautious to avoid such slander he used politically neutral terms to assert that the funds were destined to "the trade unionists and laborites of Spain in their present titanic struggle to retain a democratic government in that country and to ensure elementary human liberties against the onslaught of fascism and reaction [...] Labor's Red Cross for Spain, is sponsored by the IFTU with headquarters in Paris, of which Mr. Walter Citrine is President."[48] The intensification of that political struggle in the following years, however, as the Comintern increased its support to Republicans, stopped the ILGWU, and for that matter the AFL, in their financial solidarity. The matter had inner political resonances in the US too as the CIO started rivaling the ILGWU and the AFL on international labor relations à propos Spanish Republicans.[49]

The JLC and German socialists[50]

Socialist parties in exile also actively sought American support and recognition. The JLC and the AFL received demands from the SOPADE (German Social Democratic Party in exile, whose seat was removed from Prague to Paris after the Munich agreement and the German annexation of the Sudeten) to recognize its representation in the US – the German Labor Delegation – which claimed to be the sole representative in America of the German labor movement in exile. Friedrich Stampfer,[51] former editor of the German socialist *Vorwärts* and member of the SOPADE Executive Bureau, came to the US in early 1940 for that purpose. Gerhardt Seger, who had become the editor of the *Neue Volkszeitung*,

48 Dubinsky, August 1936 in ILGWU Records, 5780/02, B166 F1A.

49 See the debates about the visit of Léon Jouhaux (French CGT), Ramon Pena (Spanish Federation of Labor), Edo Fimmen (International Transport Workers Federation) in New York on their way back from a labor conference in Mexico in September 1938. To avoid mined territory, Dubinsky preferred to stay neutral and not attend the rally. Ibid., B.166 F.3a.

50 On the JLC support of German socialists, Jack Jacobs's article, "A Friend in Need" is fundamental.

51 Friedrich Stampfer (1874–1957), German social-democratic leader, member of the Reichstag until 1933. After the Nazi seizure of power, he went into exile first to Prague, then to Paris and finally to the United States.

Albert Grezinsky[52] (President) and Rudolf Katz[53] (Executive Secretary) in New York, who had formed the German Labor Delegation, were actively involved in this campaign. In 1940, the AFL Executive board accepted to shed its constant mistrust of socialist oriented labor movements, let alone parties, and approved to support the German Labor Delegation, "to assist the free, democratic, independent unions in Germany which were similar to our own American Federation of Labor". To be accepted by AFL officials and members, the wording of that decision euphemistically understated the political components of the German labor movement in both its SPD and ADGB organizations.[54]

The JLC however was divided on the issue. In 1935, in Prague, through Friedrich Adler, Vladeck had been acquainted to the Neu Beginnen movement which dissented from the SOPADE. Its leader Karl Frank, who took the name of Paul Hagen, was a former communist (1926–29) but anti-Stalinist. He criticized the SOPADE for its moderation in the resistance and lack of vision for a reconstructed socialist movement. Vladeck facilitated Paul Hagen's contacts in the US and provided the movement with a regular stipend of $2000 a year. In Europe, in the underground resistance, Hagen hoped that Neu Beginnen, although a minority movement, would replace the former Social-Democratic Party. Writing to Vladeck in 1937, he argued for the creation of a new party, referring to his experience as a former Bundist, and his sympathy for underground work. "You know too well," he wrote, "how small the progress of an underground movement in months and years sometimes is until the crisis of the dictator regime has come. But in these limits we have doubled our forces, have many new contacts and friends. We have much more reputation among the progressive wing of socialists in Europe, especially much better relations to Brouckere [sic], Adler, Bauer and Blum."[55]

52 Albert Grezinsky (1879–1948), German social-democratic leader, was head of the Berlin police in 1925, minister of the Interior in the Prussian government from 1926 to 1930, then again head of the Berlin police until 1933. He was in exile first in Switzerland, then in France, and from 1937 in New York, where he was the president of the German Labor Delegation and a member of the Council for a Democratic Germany.

53 Rudolf Katz (1885–1961), German social-democratic lawyer, emigrated in 1935 to New York, where he was executive secretary of the German Labor Delegation. After the war he returned to Germany and from 1947 to 1950 was minister of Justice of the Schleswig-Holstein.

54 G. Seger, A Member of the German Labor Delegation in the United States, AFL 1939 Convention, 290-292. F. Stampfer at AFL 1940 Convention, 401. Secretary Treasurer G. Meany's Report, ibid., 48. William Green and George Meany, Letter to the officers of national and international unions, Feb. 28, 1940, JLC Records, B.9 F.6.
See also Rudolf Katz's Diary, Rudolf Katz Collection, Microfilm Reel 115, Leo Baeck Institute, New York, entries for Dec. 1939 –Feb. 1940.

55 Paul Hagen to Vladeck Oct. 3, [1937], Vladeck Papers, Robert Wagner Labor Archives, NYU, R.1859 (Anti-Nazi series).

Vladeck's death in October 1938 threatened Hagen's contact with the JLC which so far had mostly been personally engaged by Vladeck himself. The SOPADE demand for help and its absolute opposition to Neu Beginnen further weakened Hagen's position. Yet Adolph Held, Vladeck's successor at the head of the JLC, remained true to the founder's commitment.

The JLC heard the two sides of the feuding parties, Stampfer and Hagen, and finally pragmatically granted its subsidies to each of them, the German Labor Delegation and Neu Beginnen, continuing to lend a hand "to all true socialists seeking help." The accusations against Hagen had been vicious, both within the SOPADE and in the United States, verging on slander reinforced by the American anti-communist taboo.[56] Adolph Held expressed the view that "there would be too much misunderstanding if only one group was supported." He believed that the ILGWU and the ACWA would also support Hagen's group and suggested that the sum of $12,000 which the GLD demanded be split between the two organizations.[57] During the 1940–41 rescue operations, the JLC continued to refuse to take sides in this conflict and was thus able to include persons designated both by the SOPADE and by Hagen to be rescued from France.

In the US Hagen contributed to the foundation of American Friends of German Freedom. This organization was an initiative of Frank Kingdon, (President of Newark University), Freda Kirchwey, editor of *The Nation*, and theologian Reinhold Niebuhr. With Vladeck's support, Paul Hagen was able to bring together the JLC world of labor and this network of antifascist intellectuals acting for the sake of German victims of Nazi political and cultural repression. It is this organization which founded the Emergency Rescue Committee in June 1940, whose delegate in Marseilles, Varian Fry, is generally known as the savior of so many artists and writers trapped in southern France. Fry's original mission, however, was not only to aid and save leading cultural figures, but also political personalities belonging to the world of labor. As he reported in the 1945 account of his mission, originally his role was to save the "young members of the various

56 On Hagen see Bruno Groppo, De Karl Frank à Paul Hagen, in: Matériaux pour l'histoire de notre temps, 60, Oct–Dec 2000, 31-33.

57 JLC Records, Minutes of the Executive Committee, Feb. 15, 1940, March 7, 1940, B.1, F.3; Minutes of the Office Committee, March 23, 1940, B.1, F.6.
The FBI record concerning Paul Hagen contains his defense against the SOPADE's accusations, National Archives, Department of Justice Files, 149-1820, Paul Hagen, Box B. 336, Declassification number: NND 013059, (May 1, 2001).

left wing groups," that is to say the Neu Beginnen friends of Paul Hagen.[58] In Marseilles, a collaboration took place between Varian Fry, the ERC agent, and Frank Bohn who had been sent by the AFL, to help the escape of leading socialists designated by the SOPADE, but whose mission had been funded by the JLC. Both ERC and JLC networks thus collaborated to save the greatest number possible of people stranded in Southern France.

Poland

Since the mid 1930's the worsening situation for Jewish people in Poland had been the object of constant concern for JLC members. Most of its leaders (Vladeck, Dubinsky, Schlossberg) had traveled to Poland several times in the 1930's maintaining close contact with the world of Jewish workers. On behalf of persecuted Polish Jews, they had tried, to no avail, in 1936, to intervene at the State Department level for a relaxation of immigration laws.[59]

With the invasion of Poland by the Nazi and the Soviet armies in September 1939, the fate of Polish people generally, and that of Jews in particular, took a tragic turn. In a JLC meeting on September 7 1939, three delegates from the Polish Bund, who had reached the United States since 1938, Jacob Pat,[60] Emanuel Nowogrodsky,[61] and Benjamin Tabaschinsky,[62] reported on the Polish situation. The war, they said, "had put the 3,5 million Jews into a virtual hell."

58 Varian Fry, Surrender on Demand, New York 1945, reprinted by Johnson Books, Boulder 1997, 11. In his preface to the book, which, among others, is dedicated to Paul Hagen, Fry said "Most of all it was a feeling of sympathy for the German and Austrian Socialist Parties which led me to go to France in the summer of 1940, a sympathy born of long familiarity with their principles and their works", ibid. xiii. See also Varian Fry Papers, ed. by Karen J. Greenberg, vol. 5, in: Archives of the Holocaust, New York 1990.

59 Vladeck and AFL president William Green's meeting with Cordell Hull, April 13, 1936, Vladeck to Schlossberg, ACWA Records, 5619, B.140, F.4.

60 Jacob Pat born in 1890 in Byalistok (Russian empire), a member of the Zionist Workers' Party (Poale Zion) in 1905, then of the Bund. Lived in Warsaw 1921–1938; secretary of the network of Yiddish schools (1921–29). Emigrated to the US in 1938. Became JLC executive secretary most closely in charge of relief to Poland.

61 Nowogrodsky, representative of the Polish Bund, in New York, did not become a JLC member. He argued with Jacob Pat that only Bundist leaders, but not their families, should receive the adequate visas. Daniel Blatman, Votre liberté et la nôtre, 46-48, 57-59.

62 Benjamin Tabaschinsky born in Bialystok, Jewish religious education, a Bundist from age 16. One of the founders of the system of Yiddish schools in Poland and president of the Byalistok board for these schools. Was in the US when Poland was invaded, became a fund raiser for the JLC relief operations (Lebowitz and Malmgreen, Papers of the JLC, 404-405).

They asked for a reorientation of the relief operations in existence. "We cannot permit that the political, economic and cultural activities of the Jewish masses should stop. We must organize our relief work [from] America so that these activities be strengthened and even broadened." In response, the JLC stepped up its relief operations and decided to launch a "half-million dollar campaign" at its November 9, conference. In addition, the JLC explicitly took the responsibility for the rescue of the intellectual leadership of the Polish labor movement. JLC President, Adolph Held, stated he had received "information about a large number of leaders in the labor movement of Poland who [had] remained in Warsaw and in other cities of the Nazi occupied portion of Poland, together with their families." The JLC, which had a list of their names and addresses proposed to act to organize their emigration out of Poland.[63] They offered to pay for emergency visas to England or to the United States for these persons. Many of these Bundists having then (October 1939) reached Lithuania, it was out of this country that the evacuation of some 80 persons (members of the Bund or educators in Jewish schools, journalists, and families) later took place on the conceived temporary visa plan. This time however the itinerary was not westward but eastward, through the Soviet Union, Japan and the US West Coast.

Conclusion

The rescue operation itself that started in July 1940 when France was invaded by the German army, and Lithuania by the Soviets, shall not be described here in any details for lack of space.[64] In itself it was the positive outcome of the efforts made by the JLC to keep track of refugees in their precarious itineraries, through Europe. The efficiency of the rescue that brought some 544 refugees to America between July 1940 and July 1941 was based on the JLC' maintenance of active networks of support and identification since the early 1930's. The JLC's protégés

63 JLC Records, Minutes of Executive Committee, Sept. 7, 1939. The Polish Relief Committee which had raised money independently from the JLC now became part of it; its leaders, J. Pat and B. Tabachinsky, were to become executive members of the JLC, Minutes of Executive Committee, Nov. 8, 1939, JLC Records, B.1, F.3.

64 That point is more fully developed in C. Collomp, The Jewish Labor Committee, American Labor, and the Rescue of European Socialists, 1934–1941, in: International Labor and Working Class History, Fall 2005, 112-133; C. Collomp, I Nostri compagni d'America: The Jewish labor Committee and the Rescue of Italian Antifascists, 1934–1941, in: Altreitalie, n°28, gennaio-giugno 2004, 66-83; C. Collomp/B. Groppo, Le Jewish Labor Committee et les réfugiés en France, in: Max Lagarrigue, 1940, La France du repli, l'Europe de la défaite, Privat, Toulouse 2001, 211-247.

ranged from the original political family of Polish Bundists to leaders of all national groups affiliated to the Social-Democratic movement, mainstream or dissidents, as political parties or labor organizations, including the international organizations LSI and IFTU. The JLC contributed to the survival of hundreds of persons by bringing them to American shores. It helped maintain their institutions with funds and ideological support and through the channeling of money to refugees stranded in France, England, Casablanca, Lisbon, Mexico, Cuba, or Shanghai. This uninterrupted transatlantic solidarity rested on the contribution of hundreds of thousands of individuals in the United States, members of the labor unions and of the Workmen's Circle that formed the JLC. Mutual help – a typical feature of American organized labor – was particularly well organized among Jewish associations and benefit societies.

In this endeavor the JLC pulled the AFL out of its classic isolation and pseudo-neutrality; it favored its reaffiliation to the IFTU.[65] Yet the JLC was situated far to the left of the AFL's narrow political stance. The American Federation could never have acted alone on behalf of European socialists. Attracting the demand for help from a constellation of political groups the JLC in kaleidoscopic fashion reflected the full scope of European political organizations. The limits of its generosity were bounded on the one hand by the impossibility to change the US immigration rules that admitted refugees only on an individual (and certified) basis and this only during a short span of time (1940–41: before the US itself entered the war), and, on the other hand, the JLC's refusal to compromise with communist positions. But the social-democratic creed included groups situated to the left of the main parties, such as Neu Beginnen, or even outside the party system such as members of Giustizia e Libertà. Solidarity sprang primarily from political motives and was directed to all victims of fascism for whom they could provide American visas, Jews or Gentiles, prominent labor leaders, or lesser known activists, writers and intellectuals. In Marseilles the JLC and the Varian Fry committee (Emergency Relief Committee) operated in common for the same persons, thus blending the distinction between artists and political activists.

The JLC's clear-sighted premonitory vision however that anti-Semitism and attacks on labor were two sides of the same coin of Nazi ideology was tragically confirmed. No longer able to bring any number of refugees to the US from 1942 onwards, its leaders now devoted their full activity to humanitarian gestures for the Jewish victims of the war, in Poland, in USSR, Hungary and Rumania.

65 Soon, the AFL used this introduction to European foreign policy as a plank from which to develop its anti-communist interventions in the Cold War.

Inhaltsangaben / Summaries

International – transnational: Forschungsfelder und Forschungsperspektiven
Susan Zimmermann
Der Beitrag diskutiert Geschichte und unterschiedliche Verwendungen der Begriffe "international" und "transnational" in den Sozial- und Geisteswissenschaften. Dominante Strömungen der Trans- und Internationalismusforschung sind von einer Hypostasierung der nicht-staatsgetragenen Dimensionen des Trans- bzw. Internationalen gekennzeichnet, und tragen, aus sehr unterschiedlichen Gründen, nur in beschränktem Maße zur produktiven Überwindung traditioneller Konzeptionen von Staatlichkeit und dem internationalen System bei. Beide Forschungsrichtungen vernachlässigen das Problem der globalen Ungleichheit bei der Untersuchung trans- und internationaler Phänomene. Der Beitrag schließt mit der Vorstellung von Ansatzpunkten einer systematischen Einbeziehung dieser Dimension des Trans- und Internationalen in die Forschung, die einen Beitrag dazu leisten könnten, diese Probleme zu überwinden.

Netzwerke und Geschichte: Netzwerktheorien und Geschichtswissenschaften
Christoph Boyer
Der Beitrag rekonstruiert einen Begriff (sozialer) Netzwerke, der für die Erkenntniszwecke der Sozial- bzw. Geschichtswissenschaften brauchbar sein kann. Netzwerke erbringen eine spezifische Art von Koordinations- und Kommunikations-, Ordnungs- und Steuerungsleistungen. Sie weisen gegenüber alternativen Formen sozietaler Koordination (Markt, Hierarchie) unter gewissen Voraussetzungen Transaktionskostenvorteile auf. Der Historiker tut gut daran, sich des Instrumentariums der systemtheoretisch orientierten Netzwerkanalyse zu bedienen. Umgekehrt kann er deren hochaggregiert-abstrakte und oft zeitlosen Konstrukte konkretisieren, individualisieren und verzeitlichen. Netzwerke finden sich in modernen Gesellschaften, aber nicht nur dort. Damit weitet sich der Blick auf

ein intertemporal-komparatives Forschungsprogramm, das systematisch wie historisch-konkret die Orte und Funktionen von Netzwerken in umgreifenden Kontexten erschließt.

Geschichtswissenschaft und Netzwerkanalyse: Potenziale und Beispiele
Wolfgang Neurath, Lothar Krempel
Erst seit wenigen Jahren sind wir in der Lage, historische Ereignisse als Beziehungskonstellationen zu beschreiben und zu analysieren. Dies erlaubt es, lokale Quellensammlungen abzugleichen und zu beurteilen. Die dabei hervortretenden transnationalen Bezüge reflektieren den aktuellen Stand der verwendeten Quellen. Die Verschränkung diverser empirischer Datensätze kann wertvolle Hinweise auf die globalen Angelpunkte der bisher nur lokal analysierten historischen Daten geben.

Die neuen Techniken der Visualisierung von Netzen auf Basis algorithmischer Operationen bieten die Chance, enorme Datenmengen, die auf andere Weise nicht zu überschauen wären, zu analysieren. Diese Techniken leisten mehr als nur die Veranschaulichung der Forschungsergebnisse, sie stellen vielmehr selbst Forschungsinstrumente dar. In Verbindung mit diesen Verfahren erlaubt es gerade die Kombination verschiedener historischer Quellen, das historische Material tiefergehend zu erschließen.

Transnational, Transregional, Transcultural: Social History and Labor Migrants' Networks in the 19th and 20th Centuries
Dirk Hoerder
A brief juxtaposition of the concepts of international working class solidarity and transnational networks and spaces will be followed by a discussion of diasporic networks and concepts of transregional, translocal, and transcultural networks and of gendered connections between localities and regions. Next, the 1990s concept of "transnationalism" will be historicized, critiqued, and evaluated. The term, introduced in the 1920s, underwent complex modifications. Historians' empirical data demonstrate the emergence of transnational communities in the 19th century or earlier. To integrate translocal, transregional, and transnational perspectives, I suggest a Transcultural Societal Studies-approach. On the basis of research on migration in the present, issues faced by national and international labour movements and by states, which remain bound to territories though their inhabitants come from many other states (e.g. Canada) and whose citizens move worldwide, will be briefly discussed.

Netzwerke und Arbeitsmärkte: Annäherungen an ein Problem transterritorialer Arbeitsgeschichte

Ravi Ahuja

Der Beitrag behandelt den Zusammenhang von Netzwerken und Arbeitsmärkten am Beispiel der sozialen Organisation maritimer Arbeit im kolonialen Südasien. Ausgehend von einer Erörterung des Netzwerkbegriffs werden zunächst Ansätze zur Beschreibung von Netzwerken aufgezeigt, die der Dynamik gesellschaftlicher Prozesse gerecht werden können. Der Beitrag kritisiert die Gegenüberstellung von hierarchischen Institutionen und *zentrumslosen* Netzwerken anhand einer Fallstudie zu den Netzwerken indischer Seeleute. Ausgehend von diesen Überlegungen geht er auf die Frage ein, inwieweit die Netzwerkkonzeption für eine transterritoriale – und nicht bloß transnationale – Geschichte der Arbeit nutzbar gemacht werden kann. Im Detail beleuchtet der Beitrag die Frage, aus welchen Gründen es indischen Seeleuten nicht gelang, eine Angleichung an den rechtlichen und materiellen Status „weißer" Seeleute zu erreichen. Weder das drakonische koloniale Arbeitsrecht noch die Einwanderungsgesetze, die die Freizügigkeit der so genannten Lascars und damit ihre Chancen, höhere Löhne zu erzielen, erheblich verringerten, können hinreichende Erklärung für die Segmentierung des maritimen Arbeitsmarktes liefern. Vielmehr regelten informelle Formen sozialer Organisation, nicht selten auf transterritorialer Ebene, den Zugang zum globalen maritimen Arbeitsmarkt, die Entlohnung, Arbeitskonditionen und die räumliche Mobilität der indischen Seeleute.

Transnational Networks of Capital and Class Strategies in the Global Political Economy

Kees van der Pijl

The structure of transnational networks of corporate interlocks together with membership of strategic planning groups such as Bilderberg and the Trilateral Commission give insight into how the global political economy and capitalism are connected. The West, historically constituted around a liberal English-speaking core, has conquered the commanding heights of the world economy along with the growth of capital; facing it is a succession of "contender states", whose internal social and economic structures are subject to the pressures for integration by the West. Capital and the Western bloc of states operate according to different but complementary principles, which are confirmed by the membership of key planning groups of representatives of the most central transnational corporations.

***Normativists in Boots* in the US Military**

Ariel Colonomos

Transnational networks operate as "entrepreneurs of norms" and "moral entrepreneurs". They have achieved significant results, most notably since the end of the Cold War. However, when activating their own networks, the state, the government and its various agencies have sometimes the capacity to counter this "norm proliferation". This is particularly the case in the field of security. This paper discusses the role of national and government oriented lawyers' networks in the context of the so-called "war on terror". It shows that lawyers and ethicists in government, working for the White House or for the military, anticipate and counter the critiques elaborated by civil society and human rights lawyers. It discusses the opposition between cosmopolitan transnational activism and patriotic nationalist expertise, as well as the role of both groups in the future.

Die Transnationalisierung globaler Heilsgüter am Beispiel der Pfingstbewegung

Sebastian Schüler

Kulturelle, technische und ökonomische Globalisierungsprozesse des 20. Jahrhunderts, sowie gesellschaftliche Pluralisierungsprozesse von Lebensstilen und Weltanschauungen haben auch den Blick auf 'Religion' verändert. Die so genannte "Pentecostalization" kann als Beispiel religiöser Globalisierung genannt werden. Spätestens seit Max Weber umschreiben religionswissenschaftliche und kulturwissenschaftliche Analysen von Religion Prozesse und Strategien der Transnationalisierung mit Hilfe religionsökonomischer Theorien und Methoden. Glaubenssysteme und religiöse Weltanschauungen können daher in Anschluss an Pierre Bourdieu als Heilgüter verstanden und unter marktökonomischen Bedingungen untersucht werden. Bestimmte konfessionelle Ausrichtungen wirken wie Heilsprodukte oder sogar Marken, die vertrieben werden können und dem gesellschaftlichen und individuellen Kontext angepasst werden müssen. In dem Beitrag werden Strategien der Vermarktung von Heilsgütern am Beispiel einer spezifischen pfingstlich-charismatischen Denomination (ICFG) in Geschichte und Gegenwart vorgestellt und dabei Spannungen des religiösen (und ökonomischen) Feldes im Prozess der Transnationalisierung ausgelotet. Religiöse Heilsgüter sind, vor allem im evangelikalen Bereich, globale Produkte, die für einen globalen Markt – zur Errettung aller Menschen – bestimmt sind. Von Interesse ist dabei die Frage nach Strategien der Multiplikation und Ausbreitung religiöser Heilsgüter im transnationalen Raum. Wie verstehen sich lokale Gemeinden als "Vorposten" neuer Gemeindegründungen in anderen Regionen und Nationen? Ein weiteres Interesse gilt der Rolle der christlich-charismatischen Identitäts-

und Netzwerkbildung. Der Prozess der Transnationalisierung von Heilsgütern könnte anhand eines Dreischritts von der Entstehung einer globalen Heilsmarke über die Relokalisierung vor Ort und die erneute Translokalisierung unter globalen Prämissen beschrieben werden.

Networks as drivers of innovation and European scientific integration: The role of the Ford Foundation in the late Sixties and early Seventies

Giuliana Gemelli

In the framework of the Ford Foundation's policies in Europe during the softer phase of the Cold war, the creation of research networks was considered a crucial complement to the narrow and formalistic training that dominated educational programs in European universities and a basic framework to enhance the circulation of new talents in the European continent. The aim was to produce fresh research and increase not only the link between European and American institutions but also among European scholars and academic networks. The goal was also the creation of effective links between intellectuals, administrators and political representatives in the European countries as drivers of integration and dissemination of a new agenda whose aim was the dissemination of a new paradigm in political and social sciences (empirical research) as well as the lowering of the role of "old" elites of power. The paper analyzes the opportunities and constraints of emerging networks, with a specific focus on political sciences and experimental psychology, by using the concept of epistemic communities as a heuristic tool.

Global Population Policy: Emergence, Function and Development of a Network

Maria Mesner

In using the Rockefeller philanthropy and the Ford Foundation as case studies my presentation traces down the development of the "population" network, identifies the various actors' motivating attitudes and tenets as well as their strategies to achieve their ends. By focusing on ruptures and contradictions within philanthropic foundations as well as between foundations and other groups I will ask how the networks adapted to a changing environment. I will discuss the preconditions for the shift in paradigms which occurred in the 1950s and 1960s and will scrutinize the links and relations between groups of actors which made the population network viable and functioning.

Die Friedrich-Ebert-Stiftung als internationales Netzwerk
Patrik von zur Mühlen
Die Friedrich-Ebert-Stiftung begann Ende der 1950er Jahre mit ihrer internationalen Arbeit, wobei sie vielfach hierbei an die Stelle des Deutschen Gewerkschaftsbundes trat, der ihr das entwicklungspolitische Engagement nahe legte und abtrat. Durch die internationale Gewerkschaftsbewegung, die Sozialistische Internationale sowie sozialdemokratische Parteien in den Partnerländern war diese Arbeit eingebettet in weltweite Netzwerke, die von der Stiftung für Kooperationszwecke genutzt wurden. Um ihrer Arbeit Nachhaltigkeit zu verleihen, stellte die Stiftung auch selbst eine Vernetzung von Partnerorganisationen her, die in erfolgreichen Fällen auch dann bestehen blieben, wenn sich die Stiftung aus der Projektarbeit zurückzog. Schließlich konnte die Schaffung von Netzwerken auch das ausdrückliche Ziel ihrer Arbeit sein, um durch institutionalisierte Dialoge und Formen der Zusammenarbeit Konfliktpotenziale zu entschärfen und Voraussetzungen für eine nachhaltige internationale Zusammenarbeit zu schaffen.

"A people's peace in the colonies": Die International Labour Organization als Teil eines transnationalen Netzwerks zur Reform kolonialer Sozialpolitik 1940–1944
Daniel Maul
Im Zuge des Zweiten Weltkrieges vollzog die International Labour Organization (ILO) in ihrer Behandlung der sozialen Probleme der Kolonialgebiete einen Paradigmenwechsel. Die Erklärung von Philadelphia von 1944 brach mit den partikularistischen Kolonialdoktrinen der Vergangenheit, die zu einem guten Teil auch das Programm der Organisation in der Zwischenkriegszeit bestimmt hatten. Sie postulierte stattdessen allgemeine soziale Rechte des Individuums, aus denen sich der Aufruf an die Kolonialmächte ableitete, ihre Gebiete aktiv und unter einem allgemeinen Sozialziel zu entwickeln. Der Beitrag erörtert den Anteil an der Verwirklichung dieses Programms, der der Einbindung der ILO in ein informelles Netzwerk aus kolonialreformerisch orientierten Organisationen und Einzelpersonen während der Kriegszeit zukam.

Im Schatten von Hayek und Friedman: Die Vielflieger im Kreise der *Mont Pèlerin Society*. Quantitative Analyse als Explorationsinstrument der historisch-sozialen Netzwerkforschung
Dieter Plehwe
Vor dem Hintergrund überwiegend qualitativer Netzwerk- und Diskursanalysen neoliberaler Intellektueller und Think Tanks wird in diesem Beitrag eine quantitative historisch-soziale Netzwerkanalyse von etwa 1.000 Personen vorgestellt,

die in der 1947 gegründeten Mont Pèlerin Society zusammen organisiert waren. In der primär qualitativen Forschung zu einer so großen Zahl von Personen besteht die Notwendigkeit einer bewussten (oder unbewussten) Auswahl von eingehender diskutierten Personen und Zusammenhängen, die andere notwendig vernachlässigt. Vor diesem Hintergrund wird die Frage aufgeworfen, ob es bislang ungenutzte Möglichkeiten zur Kontrolle der Auswahl von als wichtig erachteten Personen und Zusammenhängen gibt, z.B. unter Rückgriff auf quantitative Indikatoren. Häufig und häufig hervorgehoben agierende Mitglieder der Mont Pèlerin Gesellschaft, die gewissermaßen im Schatten berühmter Persönlichkeiten wie Friedrich August von Hayek und Milton Friedman standen, werden auf der Grundlage der Teilnahmelisten und der Programme der Weltkonferenzen der Mont Pèlerin Gesellschaft identifiziert. Mit Hilfe dieses Verfahrens kann auf bislang vernachlässigte Kreise neoliberaler Persönlichkeiten aufmerksam gemacht werden, deren historische Bedeutung für die Entwicklung des Neoliberalismus allerdings erst im Rahmen einer vertieften qualitativen Untersuchung sinnvoll beurteilt werden kann.

Knowledge Transfer: Intellectuals' Networks and the Transmission of Socialist Theory in the Southeast European Periphery

Augusta Dimou

The article discusses the dissemination of socialist ideas in Southeastern Europe in the late nineteenth and early twentieth century. The transfer of socialist ideology provides for a case study in order to examine both the integration of European thought in the Balkan context, and rethink the history of socialism in Europe as entangled rather than as polarized history. It proposes furthermore a new take on the intellectual history of socialism, whereby the reception of socialist paradigms is revisited from the perspective of transfer studies. It suggests to move the analytical focus from the viewpoint of mechanical transportation to the analysis of the mediation and diffusion mechanisms of transfer. Emphasized is the necessity to pay increased attention to the process of local reception as well as to the various mechanisms and the logic that condition the appropriation and renewed contextualization of ideas and paradigms. The article underlines further the utility of network analysis in the research of intellectual transfer. Network analysis serves in the first place to identify and reconstruct the geographical mobility and the communication arteries of the socialist intellectuals. It allows for the identification of the channels through which intellectuals gained access to knowledge and information and can chart out quite well the radius, breadth and direction of their social activity. Finally, an analysis of the "hubs" and ramifications in their communication is instructive on the intellectuals' societal function and their relationship to authority and power.

Die Spartakusgruppe als Teil des Netzwerks der Zimmerwalder Antikriegsbewegung 1915–1918

Ottokar Luban

Die Zimmerwalder Bewegung war eine informelle Vereinigung von europäischen Sozialisten verschiedener Schattierungen mit dem gemeinsamen Ziel, entsprechend dem Beschluss der Sozialistischen Internationale von 1907 sich während des Krieges für eine aktive Friedenspolitik mit Massenaktionen – bis zu einer revolutionären Erhebung – einzusetzen. Am Beispiel der Verbindung der Spartakusgruppe zur Leitung der Vereinigung in der Schweiz werden das Funktionieren dieses unter den Kriegsbedingungen sehr fragilen Netzwerkes und seine politischen Ergebnisse (z. B. Massenstreiks in Österreich und Deutschland im Januar 1918) ebenso dargestellt wie das brüchige Netzwerk der verschiedenen, mit vielen Gegensätzen behafteten Gruppen der deutschen sozialdemokratischen Opposition.

The Jewish Labor Committee: An American Network of Transatlantic Solidarity during the Nazi Years

Catherine Collomp, Bruno Groppo

This paper analyses the role of the New York-based Jewish Labor Committee in the rescue of European socialists, and trade union leaders persecuted by Nazi or fascist regimes. The JLC was founded in 1934 by leaders of the Jewish labor movement who had formerly been Bundist activists in the Russian Empire before they migrated to the United Sates. By maintaining ties with socialist and labor leaders in Europe, the JLC was able to create transatlantic networks of solidarity on which its war time rescue operations were based. In 1940–41, the JLC saved hundreds of political refugees (Jewish or not) from certain arrest by Nazi, fascist or communist forces. Among them were some of the leading figures of the Labor and Socialist International, as well as cadres and members of the Polish, German, Austrian, and Italian labor movements and Socialist parties. This paper explores how these networks were created or revived through political but also personal contacts maintained within the world of European and American social-democracy since the early 1930s.

AutorInnen und Herausgeber / Authors and editors

Ahuja, Ravi
Professor an der School of Oriental and Africans Studies, Universität London. Aktuelle Forschungsfelder: Sozial- und Wirtschaftsgeschichte Indiens. Publikationen: Pathways of Empire. Circulation, 'Public Works' and Social Space in Colonial Orissa (1780–1914), Hyderabad 2007; Die Erzeugung kolonialer Staatlichkeit und das Problem der Arbeit. Eine Studie zur Sozialgeschichte der Stadt Madras und ihres Hinterlandes zwischen 1750 und 1800, Stuttgart 1999.

Boyer, Christoph
Professor für Europäische Zeitgeschichte an der Universität Salzburg. Forschungsfelder: Europäische Zeitgeschichte und Geschichte Ostmitteleuropas. Publikationen: Nationale Kontrahenten oder Partner? Studien zu den Beziehungen zwischen Tschechen und Deutschen in der Wirtschaft der ČSR, München 1999; Sozialistische Wirtschaftsreformen. Tschechoslowakei und DDR im Vergleich, Frankfurt am Main 2006 (Hg.).

Collomp, Catherine
Professorin für amerikanische Geschichte an der Universität Paris-Diderot. Forschungsfelder: Amerikanische Arbeiter- und Immigrationsgeschichte. Publikationen: Entre Classe et nation. Mouvement ouvrier et immigration aux Etats-Unis, Paris/Berlin 1998; Exilés et réfugiés politiques aux Etats-unis 1789–2000, Paris 2003 (hg. mit Mario Menéndez); American in Hitler's Berlin, Abraham Plotkin's diary, 1932–1933, Champaign 2008 (hg. mit Bruno Groppo).

Colonomos, Ariel
Forschungsbeauftragter am Centre National de la Recherche Scientifique, Centre d'Études et de Recherches Internationales in Paris; Forschungsfelder: Politische Theorie, internationale Beziehungen und internationale Normen. Publikationen: Eglises en réseaux – Trajectoires politiques entre Europe et Amérique, Paris 2000; La morale dans les relations internationales. Rendre des comptes, Paris 2005; engl. Übersetzung: Moralizing International Relations. Called to Account, New York 2008.

Dimou, Augusta
Wissenschaftliche Mitarbeiterin am Institut für Slavistik der Universität Leipzig. Forschungsfelder: Ideengeschichte und Transfergeschichte sowie Geschichte des Sozialismus und Kommunismus in Südosteuropa. Publikationen: The "Wheel of History", the "Dark Mass" and the Antinomies of Modernity in the Semiperiphery. The 1903 Split in the Bulgarian Social Democracy, in: JGKS 3/2001, 79-105; "... and then the Prince kissed Sleeping Beauty". Some Thoughts on Popular Narratives of the Wars of Liberation in the Balkans. A Metaphoric Reading of a Metaphor, in: JGKS 6/2004, 187-196.

Gemelli, Giuliana
Professorin für Zeitgeschichte an der Universität Bologna. Forschungsfelder: Transatlantische Beziehungen, Rolle von Stiftungen und sozialer Verantwortung in der Zeitgeschichte. Publikationen: American Foundations in Europe: The Ford Foundation and Europe (1950's–1970's). Cross-fertilization of Learning in Social Sciences and Management, Brüssel 1998 (Hg.); American Foundations in Europe. Grant-Giving Policies, Cultural Diplomacy, and Trans-Atlantic Relations, 1920–1980, Brüssel 2003 (hg. mit Roy Macleod).

Groppo, Bruno
Forschungsbeauftragter am Centre National de la Recherche Scientifique, Centre d'Histoire Sociale du XXe Siècle, Univ. Paris I. Forschungsfelder: Vergleichende Geschichte der politischen Bewegungen und des politischen Exils. Publikationen: Gesichter in der Menge. Kollektivbiographische Forschungen zur Geschichte der Arbeiterbewegung, Leipzig 2006 (hg. mit Berthold Unfried); Le siècle des communismes, Paris 2000 (hg. mit Michel Dreyfus et al.); An American in Hitler's Berlin, Abraham Plotkin's diary, 1932–1933, Champaign 2008 (hg. mit Catherine Collomp).

Himmelstoss, Eva
Historikerin, Geschäftsführerin der ITH. Projektmanagerin am Theater, im Medienbereich und im Verlagswesen, Redakteurin und Lektorin wissenschaftlicher Fachpublikationen.

Hoerder, Dirk
Professor für Sozialgeschichte der USA an der Universität Bremen, z.Zt. an der Arizona State University. Forschungsfelder: Globale Migration, Arbeitsmigration, nordamerikanische Sozialgeschichte. Publikationen: Creating Societies. Immigrant Lives in Canada, 1999; Cultures in Contact. World Migrations in the Second

Millennium, Durham 2002; "To Know Our Many Selves. Changing Across Time and Space". From the Study of Canada to Canadian Studies, Augsburg 2005.

Krempel, Lothar
Wissenschaftlicher Mitarbeiter am Max-Planck-Institut für Gesellschaftsforschung in Köln und Privatdozent an der Universität Duisburg-Essen im Lehrgebiet empirische Sozialforschung. Forschungsfelder: Ökonomische Prozesse, Organisationsverflechtungen und historische Netzwerke. Publikationen: Visualisierung komplexer Strukturen. Grundlagen der Darstellung mehrdimensionaler Netzwerke, Frankfurt am Main 2005; About the Image: Diffusion Dynamics in a Historical Network, in: Structure and Dynamics: eJournal of Anthropological and Related Sciences (online).

Luban, Ottokar
(Ehrenamtlicher) Sekretär der Internationalen Rosa-Luxemburg-Gesellschaft. Forschungsfelder: Rosa Luxemburg, Geschichte des frühen Kommunismus. Publikationen: Die ratlose Rosa: Die KPD-Führung im Berliner Januaraufstand 1919 – Legende und Wirklichkeit, Hamburg 2001; China entdeckt Rosa Luxemburg. Internationale Rosa-Luxemburg-Gesellschaft in Guangzhou am 21./22. November, Berlin 2007 (hg. mit Narihiko Ito/Theodor Bergmann/Stefan Hochstadt).

Maul, Daniel
Wissenschaftlicher Mitarbeiter am Historischen Institut der Justus-Liebig-Universität Gießen. Forschungsfelder: Geschichte des Kolonialismus und der Dekolonisation, Geschichte der Menschenrechte seit der frühen Neuzeit. Publikationen: Menschenrechte, Sozialpolitik und Dekolonisation – Die Internationale Arbeitsorganisation (IAO) 1940–1970, Essen 2007; The International Labour Organization and the Struggle against Forced Labour from 1919 to the Present, in: Labor History 4/2007, 477-500.

Mesner, Maria
Leiterin der Stiftung Bruno Kreisky Archiv Wien und Dozentin am Institut für Zeitgeschichte der Universität Wien. Forschungsfelder: Historische Komparatistik, Geschlechtergeschichte des Politischen, politische Kulturen in Österreich und den USA, Geschichte der Reproduktion in der Moderne. Publikationen: Das Geschlecht der Politik, Wien 2004 (mit Margit Niederhuber/Heidi Niederkofler/Gudrun Wolfgruber); Entnazifizierung zwischen politischem Anspruch, Parteienkonkurrenz und Kaltem Krieg. Das Beispiel der SPÖ, Wien/München 2005 (Hg.); Land der Söhne. Geschlechterverhältnisse in der Zweiten Republik, Innsbruck/Wien/Bozen 2007 (hg. mit Johanna Gehmacher).

Mittag, Jürgen
Geschäftsführer des Instituts für soziale Bewegungen der Ruhr-Universität Bochum und der Stiftung Bibliothek des Ruhrgebiets. Forschungsfelder: Geschichte des 20. Jahrhunderts, europäische Integration, soziale Bewegungen und politische Parteien. Publikationen: Wilhelm Keil (1870–1968). Sozialdemokratischer Parlamentarier zwischen Kaiserreich und Bundesrepublik. Eine politische Biographie, Düsseldorf 2001; Politische Parteien und europäische Integration. Entwicklung und Perspektiven transnationaler Parteienkooperation in Europa, Essen 2006 (Hg.).

Neurath, Wolfgang
Bundesministerium für Wissenschaft und Forschung (Wien). Forschungsfelder: Wissenschaftsgeschichte und Netzwerkforschung. Publikationen: Regierungsmentalität und Policey. Technologien der Glückseligkeit im Zeitalter der Vernunft, in: ÖZG 4/2000, 11-33; Innovations-Netzwerke in Österreich. Potenziale und Anwendungen der Sozialen Netzwerkanalyse im Kontext der österreichischen F&E-Politik, in: Wirtschaftspolitische Blätter 3/2003, 353-365 (mit Harald Katzmair); Networks of Innovation – Evaluation and Monitoring Technology Programs based on Social Network Analysis, in: Newsletter, Plattform für Forschungs- und Technologieevaluierung 2004 (mit Harald Katzmair).

Plehwe, Dieter
Wissenschaftlicher Mitarbeiter in der Abteilung Internationalisierung und Organisation am Wissenschaftszentrum Berlin für Sozialforschung. Forschungsfelder: Internationale Politische Ökonomie, Entwicklungsökonomie und -politik, Netzwerke des Neoliberalismus. Publikationen: Neue Logistik für deutsche Konzerne – "Deregulierung". Lean Production und Großfusionen in der Speditionsbranche, Duisburg 1994; Deregulierung und transnationale Integration der Transportwirtschaft in Nordamerika, Münster 2000; Neoliberal Hegemony. A Global Critique, Oxford/New York 2005 (hg. mit Bernhard Walpen und Gisela Neunhöffer).

Schüler, Sebastian
Wissenschaftlicher Mitarbeiter und Promotionsstudent am Seminar für Allgemeine Religionswissenschaft an der Westfälischen Wilhelms-Universität Münster. Forschungsfelder: Kognitive Religionstheorien, Pfingstbewegung, transnationale religiöse Netzwerke, Religionsästhetik, sowie Methoden und Theorien der Religionswissenschaft. Publikation: "Global Play on Local Ground – Arbeitswelten einer Frankfurter Werbeagentur", in: Regina Römhild/Sven Bergmann

(Hg.): Global Heimat. Ethnographische Recherchen im transnationalen Frankfurt, Frankfurt am Main 2003 (mit Heide Hintze und Isa Mann).

Unfried, Berthold
Dozent am Institut für Wirtschafts- und Sozialgeschichte der Universität Wien und Präsident der ITH. Forschungsfelder: Kulturgeschichte des Stalinismus, Formen des politischen Gebrauchs von Geschichte, Entschädigung von historischem Unrecht im internationalen Vergleich, Experten und Netzwerke. Publikationen: Der stalinistische Parteikader. Identitätsstiftende Praktiken und Diskurse in der Sowjetunion der dreißiger Jahre, Köln/Weimar 2001 (mit Brigitte Studer); Ökonomie der "Arisierung". Zwangsverkauf, Liquidierung und Restitution von Unternehmen in Österreich 1938 bis 1960, Wien/München 2004 (mit Ulla Felber et al.); "Ich bekenne". Katholische Beichte und sowjetische Selbstkritik, Frankfurt am Main/New York 2006.

van der Linden, Marcel
Direktor der Forschungsabteilung des IISG und Professor für die Geschichte sozialer Bewegungen an der Universität Amsterdam. Forschungsfelder: Global labour history. Publikationen: Social Security Mutualism: The Comparative History of Mutual Benefit Societies, Bern 1996 (Hg.); New Methods for Social History, Cambridge 1999 (hg. mit Larry Griffin); Transnational Labour History. Explorations, Aldershot 2003.

van der Pijl, Kees
Professor für Internationale Beziehungen an der Universität Sussex. Forschungsfelder: Internationale Geschichte und Politische Ökonomie. Publikationen: Transnational Classes and International Relations, London 1998; Global Rivalries from the Cold War to Iraq, London/New Dehli 2006; Nomads, Empires, States, London 2007.

von zur Mühlen, Patrik
Ehem. wissenschaftlicher Mitarbeiter der Friedrich-Ebert-Stiftung (Bonn). Forschungsfelder: Nationalsozialismus, Widerstand und Exil 1933–35, Spanischer Bürgerkrieg, DDR-Geschichte, Baltische Geschichte. Publikationen: Der "Eisenberger Kreis". Jugendwiderstand und Verfolgung in der DDR 1953–1958, Bonn 2007; Wider den braunen Terror. Briefe und Aufsätze aus dem Exil, Bonn 2004 (bearb. mit Marek Andrzejewski); Die internationale Arbeit der Friedrich-Ebert-Stiftung. Von den Anfängen bis zum Ende des Ost-West-Konflikts, Bonn 2007.

Zimmermann, Susan
Professorin am Department of History und am Department of Gender Studies der Central European University in Budapest; Forschungsfelder: Frauen- und Geschlechtergeschichte des 19. und 20. Jahrhunderts, Geschichte der Sozial- und Geisteswissenschaft. Publikationen: Prächtige Armut. Fürsorge, Kinderschutz und Sozialreform in Budapest, Sigmaringen 1997; Die bessere Hälfte? Frauenbewegungen und Frauenbestrebungen im Ungarn der Habsburgermonarchie 1848 bis 1918, Wien/Budapest 1999; Internationalismen. Transformation weltweiter Ungleichheit im 19. und 20. Jahrhundert, Wien 2008 (hg. mit Karin Fischer).